U0836174

司法解释·参考案例·实务探讨

证券期货违法犯罪案件办理指南

司法解释·参考案例·实务探讨

FOR FUTURE CASES OF
SECURITIES CRIME A PRACTICAL GUIDE

证券期货违法犯罪案件办理指南

打击证券期货违法犯罪专题工作组 / 编

主 编 裴显鼎 黄 炜 苗有水 副主编 刘晓虎 常明君

最高人民法院刑二庭
最高人民检察院法律政策研究室
最高人民检察院侦监厅
公安部经侦局
中国证监会法律部

北京大学出版社
PEKING UNIVERSITY PRESS

图书在版编目(CIP)数据

证券期货违法犯罪案件办理指南/裴显鼎,黄炜,苗有水主编. —北京:北京大学出版社,2014.10

ISBN 978-7-301-24798-3

Ⅰ. ①证… Ⅱ. ①裴… ②黄… ③苗… Ⅲ. ①证券交易—刑事犯罪—案件—处理—中国—指南 ②期货交易—刑事犯罪—案件—处理—中国—指南 Ⅳ. ①D924.33-62

中国版本图书馆 CIP 数据核字(2014)第 209303 号

书　　名:证券期货违法犯罪案件办理指南
著作责任者:裴显鼎　黄　炜　苗有水　主编
责 任 编 辑:陆建华　白　茹
标 准 书 号:ISBN 978-7-301-24798-3/D·3670
出 版 发 行:北京大学出版社
地　　址:北京市海淀区成府路 205 号　100871
网　　址:http://www.yandayuanzhao.com
新 浪 微 博:@北京大学出版社　@北大出版社燕大元照法律图书
电 子 信 箱:yandayuanzhao@163.com
电　　话:邮购部 62752015　发行部 62750672　编辑部 62117788
出版部 62754962
印　刷　者:三河市博文印刷有限公司
经　销　者:新华书店
730 毫米×1020 毫米　16 开本　23.75 印张　389 千字
2014 年 10 月第 1 版　2014 年 10 月第 1 次印刷
定　　价:69.00 元

编委会

主　编｜裴显鼎　黄　炜　苗有水

副主编｜刘晓虎　常明君

编　委（按姓氏笔画排序）

王晓东　王文利　毛毕华　文　武　叶建勋　叶晓颖　石莉芳
刘　东　刘　炤　刘为波　刘晓虎　刘　伟　许永安　巩海滨
孙曙伟　林琨霖　齐　宁　李金发　李燕明　张建忠　张建棣
吴　陶　苗有水　罗子发　逄锦温　欧阳健生　胡宝海　夏建亭
夏　冰　黄太云　黄　炜　黄　赪　常明君　程合红　梁永生
焦津洪　彭　伟　韩耀元　韩开创　裴显鼎　雷建斌　滕必炎

撰稿人（按姓氏笔画排序）

万志尧　马小卫　孙　炜　刘晓虎　许媛媛　肖晚祥　苗有水
罗开卷　范　莉　邬小骋　赵志春　常明君

出版说明

2009年8月，根据国务院整治非法证券活动协调小组的决定，最高人民法院、最高人民检察院、公安部、中国证券监督管理委员会以及全国人大常委会法制工作委员会、国务院法制办公室等部门联合成立了打击证券期货违法犯罪专题工作组。经过近两年调研，最高人民法院、最高人民检察院、公安部和中国证券监督管理委员会于2011年4月联合下发了《关于办理证券期货违法犯罪案件工作若干问题的意见》，后因“绿大地”等案发，最高人民法院又于2012年下发了最高人民法院、最高人民检察院《关于贯彻执行〈关于办理证券期货违法犯罪案件工作若干问题的意见〉有关问题的通知》。2013年5月，在广泛征求意见的基础上，最高人民法院、最高人民检察院联合出台了《关于办理内幕交易、泄露内幕信息刑事案件具体应用法律若干问题的解释》。这三个司法文件是司法机关和资本市场监管机构发挥各自职能，维护资本市场秩序的重要成果，对于打击证券期货违法犯罪，保护投资者合法权益，具有深远意义。

为及时解决办案过程出现的新情况、新问题，帮助广大读者正确理解和适用《关于办理内幕交易、泄露内幕信息刑事案件具体应用法律若干问题的解释》和《关于办理证券期货违法犯罪案件工作若干问题的意见》以及最高人民法院、最高人民检察院《关于贯彻执行〈关于办理证券期货违法犯罪案件工作若干问题的意见〉有关问题的通知》，最高人民法院刑二庭、中国证监会法律部会同打击证券期货违法犯罪专题工作组等其他部门的相关人员，立足司法实践，对办理证券期货违法犯罪案件过程中存在的突出法律问题进行了梳理和分析，并编著了《证券期货违法犯罪案件办理指南》一书。本书分为四个部分：第一部分司法解释、参考案例及实务探讨，旨在加深读者对内幕交易司法解释、内幕交易刑事案件法律适用问题的争议焦点以及相关处理原则的全面了解,并通过以案说法切实加强同类案件的司法指导;第二部分规范性指导意见及相关法律问题探讨,旨在加深读者对司法解释外的规范性指导文件的理解,并通过实务问题的探讨,促进整治非法证券活动协调小组各成员单位达成共识,指导和监督地方各级人民法院、人民检察院、公安部门、证监部门在执法上的分工合作和相互制约;第三部分相关法律、法规及其他法律规范性文件,旨在提供系统、全面的执法办案资料,为执法人员办理证券期货违法犯罪案件提供一本可靠的办案手册,免得为寻找资料而耗费大量时间;第四部分附录材料,旨在介绍近年来内幕交易等违法犯罪总体情况,展示整治非法证券活动协调小组在打击内幕交易等犯罪方面的调研成果和相关规范性文件发布情况。全书既注重理论分析,又注重实务操作,具有较强的指导性和实用性。

由于时间匆忙,编者水平有限,本书难免存在一些疏漏和错误,敬请广大读者批评指正!

打击证券期货违法犯罪专题工作组

二〇一四年八月

目　录

第一部分　司法解释、参考案例及实务探讨

第二部分　规范性指导意见及相关法律问题探讨

第三部分　相关法律、法规及其他法律规范性文件

第一部分
司法解释、参考案例及实务探讨

【司法解释及其理解与适用】

最高人民法院、最高人民检察院《关于办理内幕交易、泄露内幕信息刑事案件具体应用法律若干问题的解释》

（2011 年 10 月 31 日最高人民法院审判委员会第 1529 次会议、2012 年 2 月 27 日最高人民检察院第十一届检察委员会第 72 次会议通过，2012 年 3 月 29 日法释〔2012〕6 号公布）

最高人民法院

最高人民检察院

公告

《最高人民法院、最高人民检察院关于办理内幕交易、泄露内幕信息刑事案件具体应用法律若干问题的解释》已于 2011 年 10 月 31 日由最高人民法院审判委员会第 1529 次会议、2012 年 2 月 27 日由最高人民检察院第十一届检察委员会第 72 次会议通过，现予公布，自 2012 年 6 月 1 日起施行。

二〇一二年三月二十九日

最高人民法院、最高人民检察院

关于办理内幕交易、泄露内幕信息刑事案件

具体应用法律若干问题的解释

为维护证券、期货市场管理秩序，依法惩治证券、期货犯罪，根据刑法有关规定，现就办理内幕交易、泄露内幕信息刑事案件具体应用法律的若干问题解释如下：

第一条 下列人员应当认定为刑法第一百八十条第一款规定的“证券、期货交易内幕信息的知情人员”：

（一）证券法第七十四条规定的人员；

（二）期货交易管理条例第八十五条第十二项规定的人员。

第二条 具有下列行为的人员应当认定为刑法第一百八十条第一款规定的“非法获取证券、期货交易内幕信息的人员”：

（一）利用窃取、骗取、套取、窃听、利诱、刺探或者私下交易等手段获取内幕信息的；

（二）内幕信息知情人员的近亲属或者其他与内幕信息知情人员关系密切的人员，在内幕信息敏感期内，从事或者明示、暗示他人从事，或者泄露内幕信息导致他人从事与该内幕信息有关的证券、期货交易，相关交易行为明显异常，且无正当理由或者正当信息来源的；

（三）在内幕信息敏感期内，与内幕信息知情人员联络、接触，从事或者明示、暗示他人从事，或者泄露内幕信息导致他人从事与该内幕信息有关的证券、期货交易，相关交易行为明显异常，且无正当理由或者正当信息来源的。

第三条 本解释第二条第二项、第三项规定的“相关交易行为明显异常”，要综合以下情形，从时间吻合程度、交易背离程度和利益关联程度等方面予以认定：

（一）开户、销户、激活资金账户或者指定交易（托管）、撤销指定交易（转托管）的时间与该内幕信息形成、变化、公开时间基本一致的；

（二）资金变化与该内幕信息形成、变化、公开时间基本一致的；

（三）买入或者卖出与内幕信息有关的证券、期货合约时间与内幕信息的形成、变化和公开时间基本一致的；

（四）买入或者卖出与内幕信息有关的证券、期货合约时间与获悉内幕信息的时间基本一致的；

（五）买入或者卖出证券、期货合约行为明显与平时交易习惯不同的；

（六）买入或者卖出证券、期货合约行为，或者集中持有证券、期货合约行为与该证券、期货公开信息反映的基本面明显背离的；

（七）账户交易资金进出与该内幕信息知情人员或者非法获取人员有关联或者利害关系的；

（八）其他交易行为明显异常情形。

第四条 具有下列情形之一的，不属于刑法第一百八十条第一款规定的从事与内幕信息有关的证券、期货交易：

（一）持有或者通过协议、其他安排与他人共同持有上市公司百分之五以上股份的自然人、法人或者其他组织收购该上市公司股份的；

（二）按照事先订立的书面合同、指令、计划从事相关证券、期货交易的；

（三）依据已被他人披露的信息而交易的；

（四）交易具有其他正当理由或者正当信息来源的。

第五条 本解释所称“内幕信息敏感期”是指内幕信息自形成至公开的期间。

证券法第六十七条第二款所列“重大事件”的发生时间，第七十五条规定的“计划”、“方案”以及期货交易管理条例第八十五条第十一项规定的“政策”、“决定”等的形成时间，应当认定为内幕信息的形成之时。

影响内幕信息形成的动议、筹划、决策或者执行人员，其动议、筹划、决策或者执行初始时间，应当认定为内幕信息的形成之时。

内幕信息的公开，是指内幕信息在国务院证券、期货监督管理机构指定的报刊、网站等媒体披露。

第六条 在内幕信息敏感期内从事或者明示、暗示他人从事或者泄露内幕信息导致他人从事与该内幕信息有关的证券、期货交易，具有下列情形之一的，应当认定为刑法第一百八十条第一款规定的“情节严重”：

（一）证券交易成交额在五十万元以上的；

（二）期货交易占用保证金数额在三十万元以上的；

（三）获利或者避免损失数额在十五万元以上的；

（四）三次以上的；

（五）具有其他严重情节的。

第七条 在内幕信息敏感期内从事或者明示、暗示他人从事或者泄露内幕信息导致他人从事与该内幕信息有关的证券、期货交易，具有下列情形之一的，应当认定为刑法第一百八十条第一款规定的“情节特别严重”：

（一）证券交易成交额在二百五十万元以上的；

（二）期货交易占用保证金数额在一百五十万元以上的；

（三）获利或者避免损失数额在七十五万元以上的；

（四）具有其他特别严重情节的。

第八条 二次以上实施内幕交易或者泄露内幕信息行为，未经行政处理或者刑事处理的，应当对相关交易数额依法累计计算。

第九条 同一案件中，成交额、占用保证金额、获利或者避免损失额分别构成情节严重、情节特别严重的，按照处罚较重的数额定罪处罚。

构成共同犯罪的，按照共同犯罪行为人的成交总额、占用保证金总额、获利或者避免损失总额定罪处罚，但判处各被告人罚金的总额应掌握在获利或者避免损失总额的一倍以上五倍以下。

第十条 刑法第一百八十条第一款规定的"违法所得"，是指通过内幕交易行为所获利益或者避免的损失。

内幕信息的泄露人员或者内幕交易的明示、暗示人员未实际从事内幕交易的，其罚金数额按照因泄露而获悉内幕信息人员或者被明示、暗示人员从事内幕交易的违法所得计算。

第十一条 单位实施刑法第一百八十条第一款规定的行为，具有本解释第六条规定情形之一的，按照刑法第一百八十条第二款的规定定罪处罚。

《关于办理内幕交易、泄露内幕信息刑事案件具体应用法律若干问题的解释》的理解与适用

苗有水　刘晓虎

2012年3月29日，最高人民法院、最高人民检察院联合发布了《关于办理内幕交易、泄露内幕信息刑事案件具体应用法律若干问题的解释》（以下简称《解释》）。《解释》是最高人民法院、最高人民检察院针对证券、期货犯罪出台的第一部司法解释，共11条，全面系统地对内幕信息的知情人员，非法获取内幕信息的人员，内幕信息敏感期，内幕交易、泄露内幕信息定罪处罚标准等法律适用问题进行了诠释。为准确理解、适用《解释》，现就《解释》的制定背景、起草过程和主要内容说明如下：

一、《解释》的制定背景

近年来，随着我国证券、期货市场的飞速发展，内幕交易、泄露内幕信息犯罪案件呈逐年增多发展态势。截至2011年底，全国法院审结内幕交易、泄露内幕信息犯罪案件共20余件，其中2007年1件、2008年1件、2009年4件、2010年5件、2011年11件。与普通犯罪相比，内幕交易、泄露内幕信息犯罪具有以下特征：一是社会危害大。证券、期货犯罪涉案金额大，社会影响面广，涉及投资者众多，严重危及资本市场运行安全和经济社会秩序。二是专业性强。资本市场关系复杂，技术手段先进，涉及证券、期货、法律、会计、

计算机和网络通信技术等诸多领域，犯罪分子往往具有较深的专业背景，熟悉资本市场运行规则和信息技术，惯于利用规则和制度的漏洞逃避法律追究。三是查处难度大。证券、期货交易具有无纸化、信息化等特点，犯罪分子往往利用互联网、3G通信等先进技术传递信息和意图，加大了事后取证的难度，导致内幕交易、泄露内幕信息犯罪的实发案件数量与查办的案件数量存在较大落差。如2008年初至2011年底，中国证券监督管理委员会（以下简称“中国证监会”）获取内幕交易线索的案件有426件，而真正立案调查的只有153件。2008年，公安机关查办的经济犯罪案件共8.35万件，但由中国证监会移送到公安机关的证券、期货犯罪案件仅10余件。鉴于上述情况，最高人民法院、最高人民检察院、公安部、中国证监会成立整治非法证券活动协调小组。2009年8月上旬，整治非法证券活动协调小组就设立打击证券、期货犯罪专题工作组，专门负责推进打击证券、期货犯罪专项工作达成共识，并明确了由最高人民法院牵头制定关于办理内幕交易、泄露内幕信息刑事案件司法解释的工作任务。

二、《解释》的起草过程

2009年8月下旬，为贯彻落实整治非法证券活动协调小组会议精神，最高人民法院会同最高人民检察院、公安部、中国证监会针对当前证券、期货犯罪的发展态势以及司法实践中反映比较突出的问题，进行了深入调研。在充分听取一线办案人员意见的基础上，通过召开专家座谈会、成果协调会和审稿会等多次会议论证，2009年12月最高人民法院起草了《关于办理内幕交易、泄露内幕信息刑事案件具体应用法律若干问题的解释（草稿）》（以下简称《草稿》），并将《草稿》及时送往全国人大常委会法制工作委员会、国务院法制办公室、最高人民检察院、公安部、中国证监会等相关部门以及北京、上海、江苏、广东、浙江、福建等证券、期货犯罪高发、频发的省（市）高级人民法院进一步征求意见。参考上述部门的意见，最高人民法院对《草稿》作了全面修改、完善，并提交最高人民法院审判委员会1529次会议、最高人民检察院第十一届检察委员会第72次会议审议通过。

三、《解释》的主要内容

《解释》旨在解决当前司法实践中争议较大、反映突出的法律适用问题，在内容上既充分吸收了中外法学理论研究成果，又合理借鉴了国外成功司法经验；既保证了合法性、稳定性，又力求有所突破，准确把握内幕交易、泄露内幕信息犯罪的发展态势和规律。

（一）关于内幕信息的知情人员范围

内幕信息的知情人员，包括基于管理地位、监督地位、职业地位或者通过职务行为能够接触或者获得内幕信息的人员。关于内幕信息的知情人员范围，《解释》援引了《证券法》第74条、《期货交易管理条例》第82条第（十二）项的规定。

《证券法》第74条规定："证券交易内幕信息的知情人包括：（一）发行人的董事、监事、高级管理人员；（二）持有公司百分之五以上股份的股东及其董事、监事、高级管理人员，公司的实际控制人及其董事、监事、高级管理人员；（三）发行人控股的公司及其董事、监事、高级管理人员；（四）由于所任公司职务可以获取公司有关内幕信息的人员；（五）证券监督管理机构工作人员以及由于法定职责对证券的发行、交易进行管理的其他人员；（六）保荐人、承销的证券公司、证券交易所、证券登记结算机构、证券服务机构的有关人员；（七）国务院证券监督管理机构规定的其他人。"

《期货交易管理条例》第82条第（十二）项规定："内幕信息的知情人员，是指由于其管理地位、监督地位或者职业地位，或者作为雇员、专业顾问履行职务，能够接触或者获得内幕信息的人员，包括：期货交易所的管理人员以及其他由于任职可获取内幕信息的从业人员，国务院期货监督管理机构和其他有关部门的工作人员以及国务院期货监督管理机构规定的其他人员。"

司法实践中，对内幕信息的知情人员的认定，要注意以下三个问题的把握：

1. 严格区分证券、期货监督管理机构的规定与证券、期货监督管理机构的认定

《证券法》第74条、《期货交易管理条例》第82条第（十二）项的兜底项均授予监督管理机构有权规定内幕信息的知情人员。在理解和适用这两条的兜底项时，要将监督管理机构对内幕信息的知情人员的规定与具体案件中监督管理机构对内幕信息的知情人员的认定区分开来。前者是一种抽象行政行为，具有部门规章的性质；而后者往往是应司法机关的请求，基于监督管理机构对专业知识、经验的把握而出具的一种意见材料，既不是抽象行政行为，也不是具体行政行为。证券、期货监督管理机构出具的认定意见，经司法机关审查，具有客观性、真实性和合法性的，可以作为定案的根据。

2. 发行人（上市公司）的控股股东、实际控制人控制的其他公司的董事、监事、高级管理人员不是法定的内幕信息的知情人员

在《解释》起草过程中，有观点认为，上述人员可以通过发行人、上市公

司的内部传阅文件获悉内幕信息,应当通过《解释》将上述人员明确为内幕信息的知情人员。后经征询有关部门,发行人(上市公司)的内部文件未必都传阅到其控股股东、实际控制人控制的其他公司的董事、监事、高级管理人员,而且这种可能性很大,因而《解释》未将上述人员明确规定为内幕信息的知情人员。

3. 内幕信息的知情人员不包括单位

关于内幕信息的知情人员,《证券法》与《期货管理条例》《刑法》采用的表述不同。《证券法》采用的是"知情人"的表述,而《期货管理条例》和《刑法》均采用的是"知情人员"的表述。由于《证券法》第74条规定的内幕信息的知情人包括持有公司5%以上股份的股东(公司)、发行人控股的公司,有观点认为,《刑法》第180条规定的"人员"应当包括单位,将"人员"仅解释为自然人与《刑法》第180条规定单位可以成为内幕交易、泄露内幕信息罪的主体相矛盾。

经研究认为,"人员"指的仅是自然人,而不包括单位,这是汉语中的通解。这样的理解并不与刑法关于单位犯内幕交易、泄露内幕信息罪的规定相违背,因为单位犯罪并非必须由单位具体实施,而是通过具体自然人实施的。如果自然人是根据单位集体决议,为了单位利益而从事内幕交易,就应当追究单位犯内幕交易罪的责任。同理,非法获取内幕信息的人员也仅指自然人,不包括单位。

(二) 关于非法获取内幕信息的人员的范围

非法获取内幕信息的人员概括起来包括三类:一是非法手段型获取内幕信息的人员,即获取信息的手段行为本身是非法的,如通过窃取、刺探手段获取内幕信息的;二是特定身份型获取内幕信息的人员,即获取信息的手段行为未必是非法的,但其作为特定身份的人员不应获取内幕信息,如内幕信息知情人员的配偶从知情人员处获取内幕信息;三是积极联系型获取内幕信息的人员,即主动联络、接触行为未必是非法的,但结合行为目的分析,行为人毕竟是从内幕信息的知情人员处获取不应该获取的内幕信息,因此其获取行为是非法的。具体分述如下:

1. 关于非法手段型获取内幕信息的人员

《解释》第2条第(一)项对以非法手段获取内幕信息的人员进行了规定。在征求意见过程中,有观点提出,窃取、骗取、套取、窃听、利诱、刺探或者私下交易这些非法手段在含义上存在交叉、重复,不如从行为人有无内幕信息知情的权利角度认定获取内幕信息的行为是否非法,任何内幕信息知情人员以外的人获取内幕信息都属非法获取内幕信息,建议取消非法手段的规定。如果保留本项规定,建议增加被动获悉内幕信息而从事内幕交易的犯罪情形。

经研究认为,窃取、骗取、套取、窃听、利诱、刺探或者私下交易这些手段在含义上虽然不是彼此完全孤立的,但每种手段都具有明显的特色,将这些手段行为并列规定不至于造成混同。当前,主流观点认为,在定罪过程中应当坚持主客观相统一原则。在这一原则主导下,要认定行为人是非法获取内幕信息,除了要求行为人在客观上通过行为获取信息并从事或者明示、暗示他人从事或者泄露该信息导致他人从事与该信息有关的证券、期货交易,还要求行为人在获悉信息时主观上明知该信息是内幕信息。因此,仅仅从行为人有无内幕信息知情的权利角度认定获取内幕信息是否非法的观点,难以在法理上经得住推敲。

2. 关于特定身份型非法获取内幕信息的人员

《解释》起草过程中,关于特定身份型非法获取内幕信息人员的范围,主要围绕以下两个问题展开分析讨论:

(1) 应否将特定身份型非法获取内幕信息的人员范围扩展到内幕信息知情人员的配偶、父母、子女之外的其他近亲属。由于内幕信息知情人员的近亲属获取内幕信息具有天然的便利条件,要加大对内幕信息的保密力度,除了强化内幕信息知情人员的保密义务,还应适度设置内幕信息知情人员的近亲属的保密义务,所以《解释》第 2 条第(二)项将内幕信息知情人员的近亲属规定为特定身份型非法获取内幕信息的人员。在起草之初,唯恐打击面过大,《解释》将特定身份型非法获取内幕信息的人员范围限定为内幕信息知情人员的配偶、父母、子女。后考虑到内幕信息知情人员的兄弟姐妹、(外)祖父母、(外)孙子女以及其他近亲属与内幕信息知情人员的配偶、父母、子女具有同等便利条件,如果仅将特定身份型非法获取内幕信息的人员范围限制为配偶、父母、子女,留给内幕交易犯罪分子规避法律的空间将会非常大。基于这一考虑,《解释》将特定身份型非法获取内幕信息的人员范围扩展到内幕信息知情人员的所有近亲属。

(2) 应否将特定身份型非法获取内幕信息的人员范围扩展到与内幕信息知情人员关系密切的人。肯定观点认为,内幕信息知情人员的情妇、情夫以及其他与其关系密切的人,在获取内幕信息的条件上,具有与内幕信息知情人员的近亲属同等的便利,应当设置此类人员的保密义务,将该类人员有条件地明确为非法获取内幕信息的人员。建议具体参照以下两种模式予以规定：一种模式参照最高人民法院、最高人民检察院《关于办理受贿刑事案件适用法律若干问题的意见》的规定，使用“特定关系人”的表述；另一种模式参照刑法修正案（七）“利用影响力受贿罪”的规定，使用“关系密切的人”的表述。否定观点认为，目前我国证券、期货市场处于起步发展阶段，法治理念和法律体系、制度尚不健全，如果将关系密切的人纳入非法获取内幕信息人员的范围，可能会造成打击面过大，在实践层面上也不易操作，搞不好会带来不好的社会效果。

《解释》采纳了前一种观点。具体理由如下：一是与内幕信息知情人员关系密切的人从事内幕交易或者泄露内幕信息的现象越来越普遍，需要在政策上加大打击力度。二是关系密切的人从内幕信息知情人员那里获取内幕信息，具有与近亲属一样的便利条件，而且由于其身份更具隐秘性，规避法律的空间更大，所以有必要纳入刑法的调整范围。三是在非法获取内幕信息人员的范围上，行政法与刑法没有本质区别，最高人民法院《关于审理证券行政处罚案件证据若干问题的座谈会纪要》第 5 条采用了“内幕信息知情人员的配偶、父母、子女以及其他有密切关系的人”的规定，为加强行刑衔接，可以参照这一表述。四是就身份关系而论，与内幕信息知情人员关系密切的人从事内幕交易与《刑法》第 388 条之一规定的与国家工作人员关系密切的人利用影响力受贿，在利用影响力这一方面具有一定的相似性，在技术规范上援引《刑法》第 388 条之一的表述并无不妥。

3. 被动型获取内幕信息的人员应否认定为非法获取内幕信息的人员

首先，必须明确两个前提：第一，此处被动型获取内幕信息的人员必须是内幕信息知情人员的近亲属或者与其关系密切的人之外的人，如果是内幕信息知情人员的近亲属或者与其关系密切的人，则无论是主动获取还是被动获取内幕信息，均属于非法获取内幕信息的人员；第二，被动型获取内幕信息的人员主观上必须是明知：一是明知信息的性质，即明知信息是内幕信息；二是明知信息的来源，即明知信息是内幕信息的知情人员泄露的或者明知信息是他人非法获取的。

在具备上述两个前提下，被动型获取内幕信息的人员应否认定为非法获取内幕信息的人员，主要存在两种观点。

一种观点认为，根据刑法的规定，内幕交易、泄露内幕信息罪的主体只有两类，即内幕信息的知情人员和非法获取内幕信息的人员。被动获取内幕信息的人员不具有保密内幕信息的义务，其行为手段也不具有非法性，因此不能认定为非法获取内幕信息的人员。

另一种观点认为，内幕交易、泄露内幕信息罪保护的法益是证券、期货交易的管理制度和投资者的合法权益，被动获取内幕信息的人员应否认定为非法获取内幕信息的人员，关键要看被动获取内幕信息的人员有无利用内幕信息侵害这些法益的目的。一些资本市场比较发达的国家对被动型获取内幕信息的人员都保留了追究刑事责任的空间。例如美国是最早对内幕交易进行立法的国家，美国证券交易委员会制定的《14e-3 号规则》规定："当任何人已采取主要步骤进行公开收购或收购已正式展开时，其他取得与该公开收购有关的重要消息，且明知或可知此消息未公开，并明知该消息来自公开收购人或目标公司或其职员、内部人、代表进行公开收购之人，不得买进或卖出该公司之股份。"英国对内幕交易的现行立法主要体现在《1993 年刑事审判法》。《1993 年刑事审判法》第五章第 57 条规定了内幕人的认定条件：一是消息本身属于内幕信息或行为人知道其属于内幕信息；二是行为人从内部渠道获取的信息，或者知道该信息来自内部。欧盟关于内幕交易和市场操纵（市场滥用）2003/6 号指令第 4 条明确，任何人如果知道或应当知道自己所掌握的信息是内幕信息，则不得从事与该内幕信息有关的证券、期货交易。日本将内幕交易罪的主体扩展到情报受领人，即包括从公司关系人处直接获悉的与上市公司内部业务相关的重要情报的人员。我国香港地区对内幕交易罪主体范围的规定与上述国家也基本相似。应当借鉴这些发达国家和地区的成熟做法，有条件地将被动型获取内幕信息的人员认定为非法获取内幕信息的人员。

上述两种观点均有一定道理，考虑到我国证券、期货市场尚处于起步发展阶段，被动型获取内幕信息的人员从事内幕交易或者泄露内幕信息的情形又十分复杂，实践中难以准确把握，出于审慎起见，《解释》未将被动型获取内幕信息的人员明确规定为非法获取内幕信息的人员。值得强调的是，如果被动获取内幕信息的人员与传递信息的人员具有犯意联络，则可能构成内幕交易、泄露内幕信息罪的共犯。

（三）关于非法获取内幕信息的人员的认定

由于窃取、骗取、套取、窃听、利诱、刺探或者私下交易这些手段本身是非法的，所以对于非法手段型获取内幕信息人员的认定相对简单。在《解释》起草过程中，争议的焦点主要是围绕特定身份型、积极联系型非法获取内幕信息的人员的认定上。

鉴于有关内幕信息的知情人员与其近亲属或者与其关系密切的人之间交流信息的取证十分困难,《解释》曾借鉴最高人民法院、最高人民检察院、公安部《关于办理毒品犯罪案件适用法律若干问题的意见》第2条的做法,规定内幕信息知情人员的近亲属或者与其关系密切的人在内幕信息敏感期内从事或者明示、暗示他人从事或者泄露内幕信息导致他人从事与该内幕信息有关的证券、期货交易的,必须对相关明显异常交易或者其获得信息的来源作出合理解释,不能作出合理解释的,应当认定为非法获取内幕信息的人员。后在征求意见过程中,有观点提出,上述规定是一种举证责任倒置,而举证责任倒置是无罪推定的例外,应当严格限制,且必须由法律明文规定。多数观点则认为,要求上述人员作出合理解释与举证责任倒置存在显著区别,认定上述人员非法获取内幕信息是基于敏感时期、敏感身份、敏感行为等基础事实所作的一种认定。换言之,根据这些基础事实就基本可以认定上述人员是非法获取内幕信息。"合理解释"本质上属于抗辩条款,发挥的是阻却犯罪事由的功能,体现的是有利被告人原则。

后经多方分析论证,鉴于使用"合理解释"这样的措词容易给人举证责任倒置的误导,《解释》未使用"合理解释"的表述。结合实践,《解释》对特定身份型非法获取内幕信息人员的认定明确了这样一个思路:先由司法机关认定相关交易行为是否明显异常;在确定这一前提下,司法机关必须进而认定相关明显异常交易有无正当理由或者正当信息来源。相关交易人员,明示、暗示人员或者泄露内幕信息的行为人可以就其行为有无正当理由或者正当信息来源提出抗辩;对无正当理由或者无正当信息来源的,应当认定行为人为非法获取内幕信息的人员。

积极联系型获取内幕信息的人员的认定原理同上,在此不再赘述。

(四) 相关交易行为明显异常的认定

1. 关于"相关交易行为"的理解

《解释》规定的"相关交易行为",包括三类交易行为:第一类是指内幕信息的知情人员从事的与该内幕信息有关的证券、期货交易;第二类是指被明示、暗示的人员从事的与内幕信息有关的证券、期货交易;第三类是指非法获取内幕信息的人员从事的与内幕信息有关的证券、期货交易。

2. 关于"相关交易行为明显异常"的认定

实践中,对"相关交易行为明显异常"的认定主要综合从交易时间吻合程度、交易背离程度、利益关联程度三个方面进行把握。《解释》第3条吸收了这一普遍做法，明确了从以下三个方面综合把握相关交易行为是否明显异常：

一是时间吻合程度。即从行为时间与内幕信息形成、变化、公开的时间吻合程度把握。所要比对的时间主要有以下三类：行为人开户、销户、激活资金账户或者指定交易（托管）、撤销指定交易（转托管）时间；资金变化时间；相关证券、期货合约买入或者卖出时间。

二是交易背离程度。即从交易行为与正常交易的背离程度把握。正常交易主要体现在以下两点：基于平时交易习惯而采取的交易行为；基于证券、期货公开信息反映的基本面而理应采取的交易行为。

三是利益关联程度。即从账户交易资金进出与该内幕信息的知情人员或者非法获取人员有无关联或者利害关系把握。

所谓综合把握，是指不能单纯从上述某一个方面认定交易是否明显异常，而必须综合三个方面进行全面分析、论证。考虑到实际情况错综复杂，许多情形难以预料，《解释》第3条第（八）项还规定了兜底项。

（五）关于内幕交易、泄露内幕信息犯罪阻却事由的理解

内幕交易的抗辩条款在西方发达国家、我国香港地区被广泛应用。如：美国《刑事审判》对内幕交易抗辩条款有专章规定；香港《证券期货条例》也有专章规定。借鉴这些成熟资本市场国家和地区的做法，《解释》第4条采用“列举＋兜底”方式规定了四项内幕交易、泄露内幕信息犯罪的阻却事由。

1. 如何理解和适用《解释》第4条第（一）项的规定

（1）如何理解《证券法》第76条第2款的规定

《解释》第4条第（一）项规定的“持有或者通过协议、其他安排与他人共同持有上市公司百分之五以上股份的自然人、法人或者其他组织收购该上市公司股份的”援引了《证券法》第76条第2款前半部分的规定。有观点提出，《证券法》第76条第2款同时规定了“本法另有规定的适用其规定”，因此只有在排除适用证券法其他相关规定的前提下，才可将“持有或者通过协议、其他安排与他人共同持有上市公司百分之五以上股份的自然人、法人或者其他组织收购该上市公司股份的”行为认定为内幕交易犯罪的阻却事由。经研究认为，上述观点是对《证券法》第76条第2款的误读。该款行为无需附加任何其他条件，就应当认定为内幕交易犯罪的阻却事由。《证券法》第76条第1款是禁止性规定，第2款相当于除外规定，第2款中的“本法另有规定”所明确的正是该类行为属于正当、合法交易。

（2）如何在实践中把握《解释》第4条第（一）项的适用条件

司法实践中，出现了不少以收购上市公司股份为由而实际从事内幕交易的案件，如何准确理解和适用《解释》第4条第（一）项，直接影响到罪与非罪的认定。

根据相关规定，持有上市公司5%以上股份的自然人、法人或者其他组织收购该上市公司股份的，必须向交易所报备，并在两天内不能再买卖该上市公司股票。如果拟收购30%以上股份的，还必须发出要约公告，经证监会批准，也可以获取豁免权，即在不发出要约公告的条件下继续收购。上述信息无疑会严重影响到股票、期货的价格，对于收购人而言，属于强制披露的信息；对于收购人以外的人，属于禁止知悉的信息。由于收购信息与收购过程密不可分，为了鼓励、维护公司之间正常的收购，应当允许持有上市公司5%以上股份的自然人、法人或者其他组织，在该重大收购信息尚未公开前，利用该信息收购该上市公司股份。收购决议如果是经二个以上收购人商议通过的，收购行为被称为“一致行动”，收购人被称为“一致行动人”。①

对《解释》第4条第（一）项的适用，要注意从以下三个方面严格把握：一

---

① 根据中国证监会《上市公司收购管理办法》（2012年修订）第83条的规定，一致行动人是指通过协议、合作、关联方关系等合法途径扩大其对一个上市公司股份的控制比例，或者巩固其对上市公司的控制地位，在行使上市公司表决权时采取相同意思表示的两个以上的自然人、法人或者其他组织。

如无相反证据，投资者有下列情形之一的，为一致行动人：

（1）投资者之间有股权控制关系。

（2）投资者受同一主体控制。

（3）投资者的董事、监事或者高级管理人员中的主要成员，同时在另一个投资者担任董事、监事或者高级管理人员。

（4）投资者参股另一投资者，可以对参股公司的重大决策产生影响。

（5）银行以外的其他法人、其他组织和自然人为投资者取得相关股份提供融资安排。

（6）投资者之间存在合伙、合作、联营等其他经济利益关系。

（7）持有投资者30%以上股份的自然人，与投资者持有同一上市公司股份。

（8）在投资者任职的董事、监事及高级管理人员，与投资者持有同一上市公司股份。

（9）持有投资者30%以上股份的自然人和在投资者任职的董事、监事及高级管理人员，其父母、配偶、子女及其配偶、配偶的父母、兄弟姐妹及其配偶、配偶的兄弟姐妹及其配偶等亲属，与投资者持有同一上市公司股份。

（10）在上市公司任职的董事、监事、高级管理人员及其前项所述亲属同时持有本公司股份的，或者与自己或者前项所述亲属直接或者间接控制的企业同时持有本公司股份。

（11）上市公司董事、监事、高级管理人员和员工与其所控制或者委托的法人或者其他组织持有本公司股份。

（12）投资者之间具有其他关联关系。

是关于收购人的把握。如果是单独持有上市公司5%以上的股份,收购人仅限单独持有人。如果是共同持有上市公司5%以上的股份,则收购人仅限共同持有人。二是关于收购信息的把握。如果是单独持有,收购信息指的是单独持有人拟收购上市公司的信息。如果是共同持有,则收购信息指的是共同持有人之间达成的拟收购上市公司的信息。三是关于收购行为的把握。只有收购人利用收购信息收购上市公司股票、期货的,才能适用《解释》第4条第1项的规定。收购人以外或者收购人利用收购信息以外的信息的,不能适用该项规定。如B公司拟收购A上市公司,持有A上市公司5%以上股份的股东曹某获知此消息后,利用其控制的账户购入大量A上市公司股票。曹某与B公司显然不是一致行动,B公司拟收购A公司的信息属于曹某收购A公司股份信息之外的信息,因此曹某的行为不能适用《解释》第4条第(一)项的规定。

2. 如何理解按照事先订立的书面合同、指令、计划从事相关交易作为一种阻却事由

有观点认为,内幕交易人往往会制作虚假的书面合同、指令以及计划,用作规避内幕交易的事由,建议对《解释》中的该项内容不作规定。经研究认为,如果行为人按照事先订立的书面合同、指令、计划从事相关证券、期货交易,表明其完全是出于正当理由而从事交易。因此,从实体法的角度出发,按照事先订立的书面合同、指令、计划从事相关证券、期货交易,应当作为阻却内幕交易犯罪的事由。至于对《解释》该项规定可能引发大量制作虚假合同、指令、计划的担忧,实际涉及的是刑事证据的认定,属于另一层面的问题。基于上述考虑,《解释》保留了该项规定。

3. 如何理解依据已被他人披露的信息而交易作为一种阻却事由

《解释》第4条第(三)项规定的"他人披露"是指强制披露信息以外的其他人在国务院证券监督管理机构指定的报刊、媒体以外的报刊、媒体披露相关信息。《解释》第4条第(三)项规定的"依据已被他人披露的信息而交易"是指行为人之所以从事相关股票、期货交易是因为从非指定报刊、媒体获取了相关信息,换言之,是他人在非指定报刊、媒体披露的信息促使行为人从事相关股票、期货交易。广大股民对国务院证券监督管理机构指定的报刊、媒体披露的信息的信赖程度要远高于非指定报刊、媒体披露的信息。由于依据非指定报刊、媒体披露的信息从事股票、期货交易,实质上具有很大博弈的成分,所以即便从非指定报刊、媒体获悉的信息与后来指定报刊、媒体公布的内幕信息相同,行为人也可以基于这一事由主张自己的行为不构成犯罪。

值得强调的是，如果行为人在交易过程中同时从内幕信息的知情人员处获取了内幕信息，且真正促使行为人从事相关证券、期货交易的是行为人对内幕信息知情人员泄露的信息的信赖，则不能适用《解释》第4条第（三）项的规定。

4. 兜底抗辩事由

实践中，不可否认存在行为人依据本人的知识、经验判断或者通过其他正当途径获悉内幕信息的事实，这些事实难以一一穷举，因此《解释》第4条第4项规定了兜底项。

（六）内幕信息敏感期的认定

1. 关于内幕信息敏感期的理解

根据《解释》第5条第1款的规定，"内幕信息敏感期"是指内幕信息自形成至公开的期间。在《解释》起草过程中，有观点认为，公开就是社会公众知悉的时刻，一旦公开，就谈不上敏感的问题，建议将"形成至公开的期间"修改为"形成至公开之前的期间"。经研究认为，《解释》第5条第1款"形成至公开的期间"的核心词汇是"期间"，公开只是一个点，公开之后，就不在此期限之内，因此"形成至公开的期间"的表述不至于造成混乱。"公开之前"表达的则是一个时段，"至公开之前"表述的期间模糊不定，在逻辑上欠缺严谨，故该意见未被采纳。

另有观点对本条规定的内幕信息敏感期的截止期提出异议，认为内幕信息公布后的较短时间内，内幕信息难以反馈到广大股民，内幕信息的部分影响力仍然存在，应当从实质影响力上把握内幕信息敏感期的截止期，建议将截止期延至内幕信息公布后的12小时乃至24小时。由于《刑法》明文规定内幕交易、泄露内幕信息犯罪的时间点是内幕信息尚未公开前，从严格法律意义上讲，内幕信息公开了就不再是内幕信息，利用这些信息就不可能构成犯罪。再者，作为股民，应当对国务院证券监督管理机构指定报刊、媒体发布的信息在第一时间了解和掌握，不积极了解和掌握这些信息所造成的不利后果应当归结于本人的责任。对不具有第一时间了解和掌握信息条件的股民而言，其不利条件在其入市炒股时就应考虑在内，从这一角度而言，也就不存在公不公平的问题。基于上述分析，《解释》明确规定内幕信息敏感期的截止期为内幕信息的公开。

2. 关于内幕信息公开的形式

内幕信息的公开是否必须通过国务院证券监督管理机构指定的报刊、媒体发布，实践中对这一问题存在不同认识。一种观点认为，内幕信息是否公开是以市场是否消化内幕信息作为认定标准的，不以在国务院证券监督管理机构指定的报刊、媒体发布为要件，在非指定报刊、媒体上发布也应视为内幕信息的公开。另一种观点认为，根据《证券法》第70条的规定，内幕信息必须以在国务院证券监督管理机构指定的报刊、媒体发布的方式公开。①

为使广大股民对非指定报刊、媒体披露的信息与指定报刊媒体公开的信息形成区别认识，保持对权威报刊、媒体发布内幕信息的信赖程度，《解释》第5条根据相关法律规定，明确内幕信息必须以在国务院证券监督管理机构指定的报刊、媒体发布的方式公开，强制披露信息人以外的人在非指定报刊、媒体披露内幕信息的，不能认定为内幕信息的公开。

3. 关于内幕信息形成之时的认定

在司法实践中，一般将《证券法》第67条第2款所列"重大事件"的发生时间，第75条规定的"计划""方案"以及《期货交易管理条例》第82条第（十一）项规定的"政策""决定"等的形成时间，认定为内幕信息的形成之时。②

---

① 《证券法》第70条："依法必须披露的信息，应当在国务院证券监督管理机构指定的媒体发布，同时将其置备于公司住所、证券交易所，供社会公众查阅。"

② 《证券法》第67条："发生可能对上市公司股票交易价格产生较大影响的重大事件，投资者尚未得知时，上市公司应当立即将有关该重大事件的情况向国务院证券监督管理机构和证券交易所报送临时报告，并予公告，说明事件的起因、目前的状态和可能产生的法律后果。

下列情况为前款所称重大事件：（一）公司的经营方针和经营范围的重大变化；（二）公司的重大投资行为和重大的购置财产的决定；（三）公司订立重要合同，可能对公司的资产、负债、权益和经营成果产生重要影响；（四）公司发生重大债务和未能清偿到期重大债务的违约情况；（五）公司发生重大亏损或者重大损失；（六）公司生产经营的外部条件发生的重大变化；（七）公司的董事、三分之一以上监事或者经理发生变动；（八）持有公司百分之五以上股份的股东或者实际控制人，其持有股份或者控制公司的情况发生较大变化；（九）公司减资、合并、分立、解散及申请破产的决定；（十）涉及公司的重大诉讼，股东大会、董事会决议被依法撤销或者宣告无效；（十一）公司涉嫌犯罪被司法机关立案调查，公司董事、监事、高级管理人员涉嫌犯罪被司法机关采取强制措施；（十二）国务院证券监督管理机构规定的其他事项。"

《证券法》第75条："证券交易活动中，涉及公司的经营、财务或者对该公司证券的市场价格有重大影响的尚未公开的信息，为内幕信息。

下列信息皆属内幕信息：（一）本法第六十七条第二款所列重大事件；（二）公司分配股利或者增资的计划；（三）公司股权结构的重大变化；（四）公司债务担保的重大变更；（五）公司营业用主要资产的抵押、出售或者报废一次超过该资产的百分之三十；（六）公司的董事、监事、高级管理人员的行为可能依法承担重大损害赔偿责任；（七）上市公司收购的有关方案；（八）国务院证券监督管理机构认定的对证券交易价格有显著影响的其他重要信息。"

《期货交易管理条例》第82条第（十一）项："内幕信息，是指可能对期货交易价格产生重大影响的尚未公开的信息，包括：国务院期货监督管理机构以及其他相关部门制定的对期货交易价格可能发生重大影响的政策，期货交易所做出的可能对期货交易价格发生重大影响的决定，期货交易所会员、客户的资金和交易动向以及国务院期货监督管理机构认定的对期货交易价格有显著影响的其他重要信息。"

然而，随着证券、期货市场的飞速发展，上述认定模式越来越难适应打击证券、期货市场犯罪的需要。如广东董某内幕交易案。董某曾是影响“广发证券借壳延边公路”内幕信息形成的主要决策人，董某指使他人买入相关证券的行为远在内幕信息正式形成之前，按照传统理解，董某的大部分行为都不在内幕信息敏感期内，对于该部分行为不能认定为内幕交易、泄露内幕信息的行为；再如江苏刘某内幕交易、泄露内幕信息案。刘某曾是南京市经委主任，是牵头重组高淳陶瓷股份有限公司并借壳上市的主要参与人员。在洽谈过程中，刘某指使其妻陈某买入高淳陶瓷股票 60 余万股，折合 430 万元，最终获利 700 多万元。刘某是在重组计划、方案正式形成之前指使其妻从事相关证券交易的，按照传统理解，该部分行为不能认定为内幕交易、泄露内幕信息的行为。然而，该部分行为的社会危害性和所体现的行为人的主观恶性比传统内幕交易、泄露内幕信息行为有过之而无不及。因此，对于能够影响内幕信息形成的动议、筹划、决策或者执行人员，应当区别于普通的内幕信息的知情人员，内幕信息的敏感期应当自其动议、筹划、决策或者执行初始时间开始起算。

（七）内幕交易、泄露内幕信息的定罪量刑标准

1. 单次证券交易成交额、期货交易占用保证金数额的认定

如何认定单次证券交易成交额、期货交易占用保证金数额，实践中存在不同看法。一种观点认为，应当根据不同情形，以单次买入金额或者卖出金额作为成交额（占用保证金数额）。在利空消息案件中，以单次买入金额作为成交额（占用保证金数额）；在利好消息案件中，以单次卖出金额作为成交额。另一种观点认为，以初始买入金额作为成交额（占用保证金数额），既有利于被告人，也有利于证据收集，同时便于计算获利金额，应当以初始买入金额作为成交额（占用保证金数额）。

经研究认为，买入金额、卖出金额均能体现行为的社会危害程度。在有的案件中，买入金额最能准确体现行为的社会危害大小，而在有的案件中，卖出金额最能准确体现行为的社会危害大小。考虑到具体案件中情况比较复杂，《解释》对此未确立一个统一的原则。实践中，对于单次买入金额、卖出金额不同的，比较普遍的做法是按照“从一重处断”原则，即将数量大的认定为成交额（占用保证金数额）。

2. 获利或者避免损失数额的认定

如何认定获利或者避免损失数额，是按照实际所得还是按照账面所得，是司法实践中经常遇到的问题。一种观点主张，获利或者避免损失数额应当

按照实际所得计算,不能按照账面所得进行计算。另一种观点认为,获利或者避免损失数额应当按照账面所得进行计算。

经调研,在有的案件中,股票仅卖出一部分;在有的案件中,行为人为逃避处罚通常选择卖亏;而在有的案件中,对未抛售的涉案股票可能需要进行应急处理,根据具体股市行情决定是否抛售。考虑到实际情况纷繁多变,《解释》未对获利或者避免损失数额的认定确立一个总的原则。实践中比较倾向的观点是,对已抛售的股票按照实际所得计算,对未抛售的股票按照账面所得计算,但对为逃避处罚而卖亏的股票,应当按照账面所得计算。对于涉案股票暂不宜抛售的,在认定获利或者避免损失数额时,应当按照查封股票账户时的账面所得计算,但在具体追缴财产或退赔财产时,可按最终实际所得认定获利或者避免损失数额。

此外,还有一个问题值得探讨的是,企业分红能否计入获利数额?一种观点认为,企业分红与内幕交易行为无关,不应计入获利数额;另一种观点认为,企业分红与买进的股票数量成正比,而买进的股票数量直接与内幕信息的影响力有关,因此企业分红应当计入获利数额。

《解释》未对此作明确规定,实践中比较倾向的做法是,将交易过程中的企业分红计入获利数额。具体又分两种情况:一是企业业绩、分红本身是内幕信息,行为人获取该信息后,买进大量股票。该情形下,将企业分红计入获利数额没有任何争议。二是企业业绩、分红与内幕信息无关,只不过在行为人买进大量股票后,企业分发了红利。由于内幕信息的影响力主要体现在证券、期货交易量、交易价格的变化上,而交易量与企业分红数额直接成正比,即买进的股票越多,企业分红就越多。因此,企业分红多少与知情内幕信息之间具有刑法上的因果关系,应当将企业分红计入获利数额。

3. 情节严重与情节特别严重的量比

在起草之初,基于证券、期货犯罪涉及的数额一般都偏高的考虑,又鉴于其情节严重(起刑点标准)与最高人民检察院、公安部联合发布的相关立案追诉标准最好保持一致,《解释》曾单方面提高了情节特别严重的认定标准,将内幕交易、泄露内幕信息罪的情节严重和情节特别严重量化比例确定为1∶10。后在征求意见过程中,不少意见认为,通常司法解释对情节严重与情节特别严重的量化比例确定在1∶4至1∶5之间,建议本解释遵循常例。参考这一意见,《解释》将“情节严重”与“情节特别严重”的量比确定为1∶5。

（八）二次以上内幕交易或者泄露内幕信息相关交易数额的累计计算

1. “相关交易数额”的理解

《解释》第8条中的“相关交易数额”中的“相关交易”与《解释》第2条第（二）、（三）项规定的“相关交易”涵义相同。“相关交易数额”，包括相关交易行为的成交额、占用保证金额、获利或者避免损失数额，不能仅理解为成交额。

2. 相关交易数额是否累计计算

实践中，对这一问题存在不同主张。一种观点认为，以初始成交额（占用保证金数额）、获利或者避免损失数额认定行为人的犯罪数额，既有利于被告人，又有利于证据收集，还便于违法所得的计算。如果进行累计，一旦涉案人员对证据进行了销毁，就难以准确计算相关交易数额总量。因此，最好以初始成交额（占用保证金数额）、获利或者避免数额作为最终的犯罪数额，反对将相关交易数额进行累计。另一种观点认为，证券、期货犯罪与其他挪用公款的职务犯罪不同，证券、期货犯罪主要体现在交易量的变化对市场秩序以及由此导致的对股民权益的侵害，应当对成交额（占用保证金数额）、获利或者避免损失数额进行累计。《解释》采纳了后一种观点。

3. 关于纳入累计的内幕交易行为的范围

《解释》第8条对内幕交易数额的累计计算仅作了原则性规定，即必须依法累计计算。对这一原则性规定，应理解为对内幕交易数额累计计算的限定，即单次内幕交易或者泄露内幕信息行为如不构成犯罪但超过行政处罚时效期限或者构成犯罪但超过追诉期限的，不在累计范围，但依照法律不受追诉期限限制的除外。

要准确认定累计数额，必须准确认定哪些行为能够作为累计对象。由于一般违法行为和犯罪行为的处罚时效不同，所以首先必须界分一般违法行为和犯罪行为。违法行为必须在行政处罚时效之内的限定旨在限制刑罚权的无限扩大，科学体现刑法的谦抑精神。行政违法行为，处罚时效一般为2年（逃税行为除外），对于已过处罚时效的一般违法行为，如果不能追究行政责任，那么无疑也不宜追究刑事责任，这应是社会主义法治精神的原则性要求。针对已经举报、行政执法机关或者司法机关已经立案，不受行政处罚时效期限或追诉期限限制的违法犯罪行为，行政处罚权或者刑罚权没有限制，因此对这类内幕交易行为应当纳入累计范围。

（九）犯罪数额构成不同情节的处罚原则

《解释》第9条第1款对犯罪数额构成不同情节的犯罪规定了处罚原则。

在内幕交易、泄露内幕信息案件中，只要成交额（期货案件为占用保证金额）、获利额其中之一达到入罪标准，就构成犯罪。从原理分析，社会危害性是定罪量刑最基本的依据，《解释》之所以将成交额、占用保证金额、获利额作为定罪依据，是因为这三者均能体现行为的社会危害程度。在有的案件中，交易数额（保证金额）最能准确体现行为的社会危害大小，而在有的案件中，获利或者避免损失数额最能准确体现行为的社会危害大小。理论界和实务界的主流观点均认为，同一行为成交额（占用保证金额）、获利或者避免损失数额构成不同情节的，应当按照“从一重处断”原则确定有关被告人的量刑幅度。

由于内幕交易、泄露内幕信息犯罪有情节严重和情节特别严重两个法定刑幅度，且情节严重、情节特别严重均是通过成交额（占用保证金额）、获利或者避免损失数额来体现的，所以三者不仅是区分罪与非罪的标准，还可能是区分此罪与彼罪的标准。如在牵连犯、想象竞合犯案件中，一般是按处罚较重的罪进行定罪处罚，这就要求准确找到能够体现最重罪行的犯罪数额。这一定罪逻辑，反过来表明，在同一案件中，如果犯罪数额构成不同情节的，一般按照处罚较重的数额确定量刑幅度。

基于上述分析和论证，《解释》第 9 条第 1 款规定：“同一案件中，成交额、占用保证金额、获利或者避免损失额分别构成情节严重、情节特别严重的，按照处罚较重的数额定罪处罚。”

（十）关于共犯情形罚金刑的适用

共同犯罪情形，是按照共同犯罪数额计算罚金，还是按照各自的犯罪数额计算罚金，在司法实践中不好把握，因此有必要予以明确。

一般情况下，定罪与量刑应坚持同一数额标准，但在共同犯罪案件中，特别是人数众多的共同犯罪案件中，这一原则应有所修正，否则必然导致罚金数额过大，而出现根本无法执行的情况。《解释》第 9 条第 2 款借鉴最高人民法院、最高人民检察院、海关总署《关于办理走私刑事案件适用法律若干问题的意见》第 22 条的规定①，对共同犯罪的罚金刑适用在总额上作了如下限制：构成共同犯罪的，按照共同犯罪行为人的成交总额、占用保证金总额、获

① 《关于办理走私刑事案件适用法律若干问题的意见》第 22 条：“关于共同走私犯罪案件如何判处罚金刑问题审理共同走私犯罪案件时，对各共同犯罪人判处罚金的总额应掌握在共同走私行为偷逃应缴税额的一倍以上五倍以下。”

利或者避免损失总额定罪处罚，但判处各被告人罚金的总额应掌握在各被告人获利或者避免损失总额的1倍以上5倍以下。

（十一）违法所得数额的理解

“违法所得数额”通常被理解为“获利数额”，如1995年最高人民法院《关于审理生产、销售伪劣产品刑事案件如何认定“违法所得数额”的批复》将“违法所得数额”界定为“生产、销售伪劣产品获利的数额”。由于生产、销售行业的违法犯罪行为很少涉及损失避免的认定，所以将此处的“违法所得”理解为“获利数额”有其一定的合理性。然而，证券、期货交易是一种高风险的投资行业，获取内幕信息后，买入行为可能获取暴利，卖出行为可能避免损失，因此，行为人在内幕信息敏感期内卖出证券、期货所避免的损失应当认定为《刑法》第180条第1款规定的“违法所得”。

（十二）泄露内幕信息人员、明示人员、暗示人员的罚金数额

1. 非共犯情形下泄露内幕信息人员、明示人员、暗示人员的罚金数额

《刑法》第180条第1款对内幕交易、泄露内幕信息罪规定了并处或者单处违法所得1倍以上5倍以下罚金，然而，对于非共犯情形下的泄露内幕信息人员、明示人员、暗示人员，此处的“违法所得”是指从事内幕交易的违法所得还是指因泄露内幕信息或者明示、暗示行为而获取的报酬，该问题亟须明确。

有观点认为，非共犯情形下泄露内幕信息人员未参与内幕交易，也就未从交易行为中获取所得。由此而论，对于此类人员，违法所得只能是因其泄露、明示、暗示行为而获取的报酬，将此处的“违法所得”理解为内幕交易人员的违法所得，违背了刑法原意。另外，获取内幕信息人员可能自己未从事内幕交易但将内幕信息再泄露，甚至连锁泄露内幕信息二三次，由此根据所有人的内幕交易违法所得对泄露人员进行处罚，便显失公平。经研究认为，《刑法》第180条第1款规定的“违法所得”应是指内幕交易人员的违法所得。该条之所以未具体明确违法所得主体，从一个角度可以理解为是立法者的疏漏，但从另一角度也可以理解为是一种立法技术，将此处的“违法所得”理解为内幕交易人员的违法所得，并未违背立法原意。对关系密切的人泄露内幕信息，可能根本不存在什么报酬，因此将“违法所得”理解为泄露内幕信息行为，明示、暗示行为的报酬，与立法原意不符。基于这一分析，《解释》第10条第2款规定：“内幕信息的泄露人员或者内幕交易的明示、暗示人员未实际从事内幕交易的，其罚金数额按照因泄露而获悉内幕信息人员或者被明

示、暗示人员从事内幕交易的违法所得计算。”

2. 对二手以上的内幕信息传递行为是否追究刑事责任

一种观点认为，我国应当采取信息内容为主，传递身份为辅模式。对多级传递内幕信息行为的认定，主要看被传递人是否明知其接受的信息为内幕信息，其次考虑传递人与被传递人之间的关系。但从当前司法现状出发，对二手以上的内幕信息传递行为，原则上不应追究刑事责任，否则打击面过大。如在证券、期货市场比较发达的欧盟采取的是传递身份模式，对二手以下的传递者仅给予行政处罚，而日本对二手以下的传递者则不追究任何责任。

另一种观点认为，对于内幕交易、泄露内幕信息行为的认定，关键在于内幕信息传递人主观上是否明知。如果属于明知是内幕信息而予以传递的，即表明行为人在传递时具有主观恶性，属于恶意侵犯法益，无论是第几手传递内幕信息，都应当追究刑事责任。当前，世界各国对内幕信息多级传递行为的认定模式存在一定差别。我国当前证券、期货市场秩序过乱，应借鉴美国模式进行综合治理。美国采取的是信息内容模式，传递身份在所不问。2000年，美国有个内幕交易案件，追究了内幕信息传递第六手的刑事责任。

经研究认为，并非所有存在二传、三传的案件都难以认定泄露内幕信息人员的责任，即便难以认定，在能够认定的限度内也应追究泄露内幕信息人员的责任。对于泄露内幕信息行为，即如二传、三传不是从内幕信息知情人员那里获悉信息，但如果泄露内幕信息人员知晓有二传、三传乃至之后的人在利用其泄露的内幕信息进行交易而不加制止或未有效制止，那么其就应当对这些从事内幕交易的行为承担责任。

（十三）关于无获利且未避免损失情形的罚金刑适用

在无违法所得的情况下，如何适用罚金刑，实践中存在分歧。

一种观点认为，应当处以罚金刑，具体适用时可以选择替代标准。理由是：首先，从刑罚设置原理分析，对经济犯罪处以财产刑是必要的；其次，从刑法条文的表述分析，“并处或者单处违法所得一倍以上五倍以下罚金”意味着必须处以罚金刑；再次，突破刑法规定，弥补立法漏洞的做法，在司法解释中已有先例可循。如生产、销售伪劣商品罪中的“销售金额”就是一适例。

另一种观点认为，并处罚金刑只是为了区别单处罚金刑，即在判处主刑的同时也可以判处罚金刑，但并非必须判处罚金刑，特别是在没有违法所得情形下。理由如下：首先，不处以罚金刑不等于不处罚，主刑的轻重仍然是罪刑均衡的主要参考指标；其次，刑法明文规定按照违法所得计算罚金，司法解释无权突破刑法对没有违法所得情形规定罚金计算标准；此外，在内幕交易、泄露内幕信息案件中，难以在违法所得之外找到计算罚金的替代标准，如果以交易额替代违法所得，那么将会大大加重内幕交易、泄露内幕信息行为人的财产刑。

《解释》对此未作明确。实践中，比较倾向的做法是对行为人判处 1 000 元的罚金，即以罚金刑的下限作为判处行为人的罚金数额，如此解决了具体案件中无违法所得而无罚金参照标准与刑法规定的并处罚金而必须判处罚金之间的矛盾。

（十四）关于定罪量刑标准是否区分单位和个人主体

有观点认为，单位犯罪和个人犯罪在起诉标准和处刑上均应有所区别。而反对观点认为，2008 年《关于经济犯罪案件追诉标准的补充规定》（以下简称《补充规定》）没有区分单位和个人两种主体，因此无需区别单位犯罪主体和个人犯罪主体。经研究认为，就本罪而言，刑法对单位犯罪规定了单独的法定刑，即便不对单位犯罪和个人犯罪的量刑标准加以区别，也可以追求两者之间的量刑平衡。因此，《解释》采纳了后一种观点。

（作者单位：最高人民法院刑二庭）

【参考案例】

肖时庆受贿、内幕交易案

核心提示：因获取让壳信息而指使他人购买让壳公司股票，后借壳公司改变的，是否影响内幕信息的认定？

一、基本案情

被告人肖时庆，男，1964年11月26日出生，汉族，湖南省隆回县人，博士研究生学历。2006年2月至案发前先后任中国银河金融控股公司党委委员、中国银河证券股份有限公司党委书记、纪委书记、总经理，2006年7月25日至2007年12月24日兼任中国证券监督管理委员会（下称“中国证监会”）上市公司并购重组审核委员会委员。2009年5月13日因涉嫌犯受贿罪被逮捕。

河南省郑州市人民检察院以被告人肖时庆犯受贿罪、内幕交易罪，于2010年11月19日向郑州市中级人民法院提起公诉。

被告人肖时庆提出如下辩解：

1. 其获得的信息是虚假信息，不是内幕信息；

2. 其系基于其专业知识判断而从事国元证券股票交易的（其他辩解略）。

肖时庆的辩护人认为，中国证监会关于内幕信息的认定无效，不具有法律依据（其他辩护理由略）。

郑州市中级人民法院经审理查明：

1. 受贿事实（略）；

2. 内幕交易事实。

2004年，被告人肖时庆担任中国证监会上市公司监管部副主任期间，得知中国石油化工股份有限公司（以下简称“中石化”）拟对下属上市子公司进行整合试点，探索整体上市。2006年，肖时庆通过担任中石化下属上市公司财务顾问的机会，获悉中石化即将启动第二批下属上市公司的股改和重组工作的信息。同年9月，原中国证监会工作人员申尔让肖时庆刺探光大证券股份有限公司（以下简称“光大证券”）拟借壳中石化下属上市公司北京化二股份有限公司（以下简称“北京化二”）上市信息的准确性。肖时庆从光大证券财务总监胡世明处获取光大证券正在与中石化就借壳事宜进行谈判的信息后，于9月21日至29日，指使肖爱英、邹国庆利用其控制的马志勇、欧阳春梅、苏晓英、肖爱英、刘花等多个账户买入北京化二股票4 306 002股，交易成本人民币（以下币种均为人民币）35 290 545.12元。后来，中石化与国元证券股份有限公司（以下简称国元证券）就让壳重组达成协议，北京化二股票由此更名为“国元证券”。2007年10月国元证券股票复牌后，肖时庆指使邹国庆将所控制的刘花股票账户上的国元证券股票售出，指使肖爱英将所控制的其他股票账户上的国元证券股票于2008年5月16日全部清仓。经司法会计鉴定，肖时庆等人从中获利共计103 901 338.92元。案发后，肖时庆亲属退回赃款72 513 058.9元。

郑州市中级人民法院认为，被告人肖时庆利用非法获取的内幕信息买卖股票，获利103 901 338.92元，情节特别严重，其行为构成内幕交易罪。肖时庆一人犯有数罪，应实行并罚。郑州市人民检察院指控肖时庆犯罪的事实清楚，证据确实充分，指控的罪名成立。依照《中华人民共和国刑法》第三百八十五条、第三百八十八条、第三百八十六条、第三百八十三条第一款第一项、第一百八十条第一款、第六十九条、第四十八条第一款、第五十七条第一款、第六十四条以及《最高人民法院关于处理自首和立功具体应用法律若干问题的解释》第四条之规定，郑州市中级人民法院以被告人肖时庆犯受贿罪，判处死刑，缓期二年执行，剥夺政治权利终身，并处没收个人全部财产；犯内幕交易罪，判处有期徒刑八年，并处罚金人民币1.5亿元；决定执行死刑，缓期二年执行，剥夺政治权利终身，并处没收个人全部财产；违法所得予以追缴，上缴国库。

一审宣判后，被告人肖时庆不服，以原判认定其犯内幕交易罪证据不足，缺乏合法根据，适用法律不当（受贿罪的上诉理由略），向河南省高级人民法院提出上诉。

河南省高级人民法院经公开审理认为，一审法院认定的事实清楚，证据确实、充分，定罪准确，量刑适当，审判程序合法，裁定驳回上诉，维持原判。

二、争议问题

1. 因获取让壳重组信息而指使他人买入让壳公司股票，后借壳公司改变的，是否影响内幕信息的认定？

2. 如何认定行为人是基于专业知识的研判还是基于对内幕信息的确信而从事相关的证券、期货交易？

3. 中国证监会应司法机关的需要就内幕信息有关问题出具的认定意见，能否作为定案根据？

三、裁判评析

(一)因获取让壳重组信息而指使他人购买让壳公司股票,后借壳公司改变的,不影响内幕信息的认定

本案在审理过程中,对肖时庆从光大证券财务总监胡世明处获取的信息能否认定为内幕信息存在不同意见。一种观点认为,内幕信息必须是真实的,肖时庆通过刺探手段获取的是光大证券借壳北京化二上市的信息,但后来光大证券并未借壳成功,最终借壳北京化二的是国元证券,因此肖时庆获取的信息是虚假的,不应当认定为内幕信息。另一种观点认为,肖时庆获取的光大证券与中石化就借壳北京化二谈判的信息是真实的,且对北京化二股票的交易量和交易价格具有重大影响,该信息符合《证券法》第 75 条、《刑法》第 180 条规定的内幕信息的构成特征。我们赞同后一种观点,具体理由如下:

1. 内幕信息以真实性为构成特征,但对真实性的认定应当坚持二元标准

内幕信息是否以真实性为构成特征,实践中存在不同观点。肯定观点认为,内幕信息必须是真实的。不真实的信息,属于虚假信息,编造并传播这种信息,可能构成编造并传播证券、期货交易虚假信息罪。因误信这种信息而从事证券、期货交易的人是受害者,不能将这种虚假信息作为内幕信息而认定误信者构成内幕交易罪。反对观点则认为,内幕信息不以真实性为构成特征。实践中,国务院证券监督管理机构指定的报刊、媒体披露的信息未必都是真实的。如"银广夏""蓝田股份"等股票,一度被视为市场绩优股,然而其在指定报刊、媒体披露的利润都是虚假的。《深圳证券交易所股票上市规则》《上海证券交易所股票上市规则》均有类似规定,即"本所根据有关法律、法规、规章对上市公司公开披露的信息进行形式审核,对其内容的真实性不承担责任"。该规定足以表明内幕信息内容上是虚假的情况完全可能存在。因此,真实性不是内幕信息的认定要件,只要信息向社会公开可能对证券、期货交易价格或者交易量产生重大影响,就应当认定为内幕信息。

上述两种观点之间没有原则性分歧,争议的焦点源于真实性的认定标准的差异。我们认为,内幕信息必须是真实的,但对真实性的认定应当坚持二元标准。

(1) 对于最终公开的内幕信息,应当以相对真实为认定标准。所谓"相对真实",是指相对于国务院证券监督管理机构指定的报刊、媒体首次公开的

信息是真实的[①]，只要信息与指定报刊、媒体首次公开的信息基本一致，就应当认定信息具有真实性。至于指定报刊、媒体公开的信息是否准确或者是否失实在所不问。这是基于广大股民对指定报刊、媒体信赖的考虑，信息只要经指定报刊、媒体公开，往往对相关证券、期货的市场交易价格、交易量会带来重大影响。即便该种信息不准确，甚至失实，但在尚未公开前，也应当被禁止利用来从事证券、期货交易，因为利用这种相对真实的信息所带来的社会危害未必小于客观真实的信息。当然，如果信息连相对真实性都不具有，则交易人员、泄露信息人员不能构成内幕交易、泄露内幕信息罪，故意泄露人员可能构成编造并传播证券、期货交易虚假信息罪或者操纵证券、期货市场罪。如果根据社会上正常的人的预判，信息根本不可能影响有关证券、期货的交易价格或者交易量，则不管信息是否具有相对真实性，都不能认定为内幕信息，因为《证券法》第 75 条、《刑法》第 180 条规定的“内幕信息”必须是对证券、期货交易价格或者交易量具有重大影响的信息。如果根据一般人的预判，信息对证券、期货的交易价格或者交易量具有重大影响，但实际并未产生影响的，不影响内幕信息的认定，这种情形下可能是因为偶然介入的因素导致一般人预判的影响未实现。

（2）对于因谈判失败或者公司高管人员故意违规不予披露等因素而最终未在指定报刊、媒体公开的内幕信息，应当以客观真实为认定标准。在该情形下，无法通过指定的报刊、媒体是否公开这一标准认定信息是否真实，应当以信息内容是否真正发生为认定标准。如果信息内容真实发生，就应当认定信息是真实的。如本案光大证券与中石化就借壳北京化二上市的信息内容，与客观事实相符，即便该信息未在指定报刊、媒体公开，也不影响该信息的真实性。

2. 借壳公司的改变是否影响内幕信息真实性的认定

本案被告人肖时庆通过职务行为获悉中石化启动下属公司让壳的计划，这一信息比较确定，而且最终转化为现实。肖时庆通过刺探获取光大证券正在与中石化谈判借壳重组事项的信息，并获取中石化所启动的下属公司为北京化二这一关键信息。该信息经庭审质证，与客观事实相符，因此肖时庆所获取的信息具有真实性。这一真实信息如果公开，对北京化二股票的价格和

① 之所以在这里强调首次公开，是因为指定的报刊、媒体也会根据上市公司提供的情况不断勘正信息内容，这些内容实质可能属于另一内幕信息。

交易量具有重大影响。根据《证券法》第75条对内幕信息的定义和《刑法》第180条关于内幕交易、泄露内幕信息罪罪状的描述，肖时庆获取的信息符合内幕信息的构成特征，应当认定为内幕信息。利用该信息从事与信息有关的股票交易，情节严重的，应当认定构成内幕交易罪。

无论后来光大证券是否向北京化二借壳成功，也无论后来肖时庆的股票交易是利好还是利空，只要肖时庆获取光大证券与中石化谈判有关借壳北京化二上市的信息，并从事北京化二股票的交易，就完全齐备内幕交易罪的构成要件。至于光大证券与北京化二重组失败，国元证券向北京化二借壳成功，则属于另一内幕信息。不可否认，国元证券成功借壳北京化二上市的消息公开后，北京化二股票的交易价格和交易量均大幅上涨，肖时庆获利103 901 338.92元与这一利好信息有关，因此，在该情形下，根据成交额量刑要比根据获利额量刑要更为准确。如果根据获利额确定被告人的量刑，则要适度考虑其他利好因素的介入对获利额的影响，对被告人在一定幅度内可酌情从轻处罚。

（二）对是基于专业知识的研判还是基于对内幕信息的确信而从事有关证券、期货交易的认定，要准确分析促使行为人作出交易决定的关键因素

在具体案件中，基于对内幕信息的确信而从事有关证券、期货交易的行为人往往会辩解其是基于专业知识的研判而作出交易决定的。对于这一辩解的真伪，要结合具体案情，准确分析促使行为人作出交易决定的因素中有无内幕信息的影响。

本案被告人肖时庆辩解，其系利用自己的知识、智慧，根据股权改制的整体趋势做出判断而购买北京化二股票的。经查，肖时庆通过刺探所获取的信息，足以表明北京化二让壳重组已势在必行，一般人获取这种信息也可判断出购买北京化二股票将会获得非常优厚的市场回报。肖时庆指使他人重仓、全仓持有北京化二股票，看似是孤注一掷的博弈行为，但实质上，促使其作出交易决定的是其对北京化二让壳重组的确信，而这恰恰是内幕信息的主要内容。股改是全方位、整体推进的，肖时庆却将全部资金投入北京化二，这一资金流向与其平时交易习惯明显背离。肖时庆在2004年便得知中石化探索整体上市的思路，却集中在2006年9月底全仓持有北京化二股票，这一交易时间点与内幕信息的形成以及其获取内幕信息的时间点高度吻合。可见，肖时庆的上述行为足以表明其交易行为明显异常，也足以说明促使其作出交易决定的真正因素是其对获取的内幕信息的确信，而非其根据专业知识对股改政

策作出的判断。

此外，对于既利用了专业知识判断，又利用了获取的内幕信息而从事有关的证券、期货交易的行为，如何定性，实践中也存在一定的争议。鉴于近年来证券、期货市场犯罪的专业化、隐蔽化等特点，为从严打击证券、期货犯罪，对内幕信息的影响力不应作程度限制，不要求内幕信息对行为人交易决定的影响是唯一的，只要行为人获取的内幕信息对促使其交易决定有一定影响，即帮助其在一定程度上确信从事相关交易必定获得丰厚回报，就应当认定行为人是利用内幕信息从事内幕交易。具体把握的原则如下：

（1）对于具有专业知识的人员，即使是利用专业知识掌握了内幕信息的内容，只要其进行专业知识判断时依据了其利用职务或工作便利获取的信息，也应当认定为内幕信息的知情人员。

（2）对于具有专业知识的人员，如果其通过非法手段获取了内幕信息，同时在此过程中也通过其专业知识加强了其判断，或者是先通过专业知识预判出重组对象，后通过获取内幕信息加强了对其预判的确信，原则上只要其从事与内幕信息有关的证券、期货交易，情节严重的，就应当追究内幕交易的刑事责任。

（三）中国证监会应司法机关需要就内幕信息有关问题所作的认定，经审查具有客观性、合法性的，可以作为定案根据

中国证监会就内幕交易有关问题出具的认定意见能否作为刑事诉讼证据的争议，由来已久。一种观点认为，中国证监会出具认定意见是依据行政处罚法而非刑事诉讼法作出的，作为行政主管机关，中国证监会无权收集刑事诉讼证据，因此其出具的认定意见不能作为刑事诉讼证据。另一种观点认为，中国证监会应司法机关的需要，基于其专业知识、经验的把握而出具的认定意见，可以作为刑事诉讼证据使用。

我们赞同后一种观点。对于行政执法机关根据行政法规合法收集的证据材料，是否可以直接作为刑事诉讼中的证据，曾有争议。2011 年最高人民法院、最高人民检察院、公安部、中国证监会联合印发的《关于办理证券期货违法犯罪案件工作若干问题的意见》第 4 条规定："证券监管机构可以根据司法机关办案需要，依法就案件涉及的证券期货专业问题向司法机关出具认定意见。"修改后的《刑事诉讼法》第 52 条第 2 款也明确规定："行政机关在行政执法和查办案件过程中收集的物证、书证、视听资料、电子数据等证据材料，在刑事诉讼中可以作为证据使用。"据此，我们认为，对于在行政执法中收

集的实物性证据，因其具有客观性、稳定性，可以直接在刑事诉讼中使用。对于行政机关依据上述实物证据作出的检验报告、认定结论等，经司法机关审查，具有客观性、真实性和合法性的，可以作为定案的证据。

本案中，公安部向中国证监会发出《关于商请对肖时庆涉嫌北京化二股票内幕交易案有关事项进行认定的函》，发函中认定光大证券与中石化就借壳北京化二进行谈判属于内幕信息，该内幕信息的价格敏感期为2006年8月17日至2006年11月25日，胡世明属于内幕信息的知情人员，肖时庆属于非法获取内幕信息的人员。中国证监会就上述发函出具了回函意见，同意公安部发函中的认定意见。中国证监会出具的回函意见，实际是对公安机关收集的书证、电子数据、证人证言、行政相对人（刑事诉讼中的被告人）陈述等证据作出的综合性、专业性的意见材料，可以作为刑事诉讼中的证据使用。

值得注意的是，中国证监会出具的认定意见，在内容上虽然具有鉴定意见的性质，但因主体不具有鉴定资质，所以在具体证据类别上不能归类为鉴定意见。目前，实践中比较倾向的观点是将中国证监会出具的认定意见作为一种准书证予以使用。

（撰稿：最高人民法院刑二庭　刘晓虎）

杜兰库、刘乃华内幕交易，刘乃华泄露内幕信息案

核心提示：内幕信息、内幕信息的知情人员和非法获取人员如何认定以及相关法律适用问题如何把握。

一、基本案情

被告人杜兰库，男，1956年11月29日出生，原系中国电子科技集团公司总会计师。因涉嫌犯内幕交易罪于2010年6月4日被逮捕。

被告人刘乃华，女，1958年4月29日出生，系被告人杜兰库之妻。因涉嫌犯内幕交易罪于2010年6月4日被逮捕。

江苏省无锡市人民检察院以被告人杜兰库、刘乃华犯内幕交易、泄露内幕信息罪，向江苏省无锡市中级人民法院提起公诉。

被告人杜兰库辩称：其未具体参与高淳陶瓷公司的重组谈判工作，不是

内幕信息的知情人员;其是通过网上查询和专业知识判断出重组对象,并未利用内幕信息;其未与妻子刘乃华合谋买卖高淳陶瓷股票。杜兰库的辩护人提出:杜兰库获取的信息不属于内幕信息;中国证券监督管理委员会(以下简称中国证监会)出具的《关于杜兰库等人涉嫌内幕交易、泄露内幕信息案有关问题的认定函》(以下简称《认定函》)不能作为证据使用;杜兰库没有犯罪的主观故意,也不存在与刘乃华合谋的事实。

被告人刘乃华辩称:其主观上未意识到杜兰库告知的信息是内幕信息,也未认识到自己买卖高淳陶瓷股票的行为构成内幕交易犯罪;其不存在与杜兰库合谋买卖高淳陶瓷股票的事实;其是初犯、偶犯,案发后能积极配合侦查机关追缴涉案违法所得。刘乃华的辩护人提出:杜兰库告知刘乃华的信息不属于内幕信息;证监会对内幕信息的知情人员没有认定权,《认定函》关于刘乃华系非法获取内幕信息人员的认定无法律依据;杜兰库与刘乃华未进行合谋,不构成共同犯罪;刘乃华向赵丽梅等人透露高淳陶瓷公司可能要重组的信息不属于泄露内幕信息。

江苏省无锡市中级人民法院经公开审理查明:

2009 年 1 月,中国电子科技集团第十四研究所(以下简称"十四所")为配合南京市人民政府"再造十家百亿企业集团工程"项目的实施,促进民品产业化发展,做大做强其下属企业国睿集团有限公司(以下简称"国睿集团"),欲通过南京地区一家上市公司进行资产重组实现借壳上市。同年 2 月初,十四所经南京市人民政府的协调,并经时任南京市经济委员会主任刘宝春牵线,与南京市高淳县人民政府就投资合作及收购高淳陶瓷公司的国有股份等事宜进行商谈。双方经商洽和实地考察,均表达了合作的意向。3 月 6 日,十四所草拟了《合作框架》(初稿),明确了高淳县人民政府将所持的高淳陶瓷公司部分股权转让给十四所,使该所成为高淳陶瓷公司第一大股东、实际控制人等内容。4 月 19 日十四所与高淳县人民政府签署了《合作框架意向书》。4 月 20 日高淳县人民政府开会商讨高淳陶瓷公司重组停牌事宜,同日高淳陶瓷公司发布《关于公司重大事项停牌公告》,宣布公司控股股东正筹划重大资产重组事项,公司股票自 4 月 21 日起停牌。4 月 21 日至 5 月 21 日期间,高淳陶瓷公司例行发布了《重大资产重组事项进展公告》《复牌公告》等一系列公告。5 月 22 日,高淳陶瓷股票复牌交易后,股票价格连续 10 个交易日涨停。

被告人杜兰库作为中国电子科技集团公司(以下简称《中电集团》)总会计师,负责分管集团内部的资本运作。2009 年 3 月 23 日,杜兰库与中电集团财务部主任张登洲陪同国务院驻中电集团监事会领导到下属的十四所等单位考察。当晚，在杜兰库住宿的酒店房间内，十四所所长罗群、十四所副总经济师鲍卫平向杜、张两人汇报了十四所拟发展民品项目，准备收购南京地区股份制企业借壳上市，请求中电集团给予支持等内容，并详细透露了拟借壳公司的概况：公司总股本为八千余万股左右；公司股权结构较好，第一大（国有）股东占总股本的百分之三十左右；有地方政府支持。3 月 29 日，杜兰库回到北京后，根据罗群、鲍卫平汇报的借壳公司的概况在互联网上检索出南京地区唯一符合上述条件的只有高淳陶瓷公司。3 月 31 日，杜兰库陪同中电集团领导到南京参加十四所搬迁仪式期间，南京市人民政府领导就十四所收购重组事宜出面协调，使其进一步确信十四所拟借壳的公司为高淳陶瓷公司。4 月 1 日，杜兰库回北京后，即将中电集团下属单位欲重组高淳陶瓷公司的信息告知其妻刘乃华，双方均同意购买高淳陶瓷股票。次日，杜兰库通过其个人股票交易账户买入 21 000 股高淳陶瓷股票，支付资金人民币（以下币种均为人民币）142 986. 61 元。由于杜兰库顾虑其参与十四所收购、重组高淳陶瓷公司工作的身份，担心自己的名字出现在高淳陶瓷公司的股东名单中，遂于 4 月 3 日、13 日、17 日分 4 笔将上述高淳陶瓷股票全部抛出，账面收益 7 514. 39 元。此后，杜兰库逐步将个人股票交易账户中的资金分别转入其所操控的王静、杜浩等亲属的股票交易账户中。4 月 7 日，经刘乃华要求，杜兰库再转出 20 万元至亲属李妍的股票交易账户中。2009 年 4 月 2 日至 4 月 20 日期间，杜兰库单独操作买入高淳陶瓷股票共计 223 000 股，支付资金共计 1 542 185. 52 元，卖出后非法获利 2 470 351. 38 元；杜兰库、刘乃华共同操作买入高淳陶瓷股票 137 100 股，支付资金共计 966 946. 91 元，卖出后非法获利 1 739 692. 46 元。

2009 年 4 月初，刘乃华还将从杜兰库处获悉高淳陶瓷公司可能重组的信息泄露给赵丽梅。赵又将信息泄露给刘迺祥、刘宇斌（均另案处理）。赵丽梅、刘迺祥、刘宇斌先后买入高淳陶瓷股票共计 784 641 股，在高淳陶瓷股票复牌后抛出，非法获利 12 019 744. 91 元。

案发后，被告人杜兰库、刘乃华已退缴全部违法所得。侦查机关扣押涉案电脑两台等物，冻结涉案股票交易和资金账户。

江苏省无锡市中级人民法院认为，被告人杜兰库作为中电集团总会计师参与十四所与高淳陶瓷公司资产重组事项，因履行工作职责而获取内幕信息，属于内幕信息的知情人员；被告人刘乃华从杜兰库处获悉该内幕信息，系非法获取内幕信息的人员。在内幕信息尚未公开前，杜兰库、刘乃华从事与该内幕信息有关的股票交易，构成内幕交易罪的共犯；刘乃华还将内幕信息泄露给他人，导致他人从事与该内幕信息有关的股票交易，构成泄露内幕信息罪；二被告人的行为均属情节特别严重。公诉机关指控二被告人犯罪的事实清楚，证据确实、充分，但指控杜兰库犯内幕交易、泄露内幕信息罪的罪名不当，应予纠正。杜兰库在内幕交易共同犯罪中起主要作用，是主犯；刘乃华起次要作用，是从犯，依法可以减轻处罚。此外，杜兰库、刘乃华在案发后已退缴全部赃款，均可酌情从轻处罚。依照《中华人民共和国刑法》第一百八十条第一款、第三款，第二十五条第一款，第二十六条第一款，第二十七条，第六十四条之规定，无锡市中级人民法院以被告人杜兰库犯内幕交易罪，判处有期徒刑六年，并处罚金四百二十五万元；以被告人刘乃华犯内幕交易、泄露内幕信息罪，判处有期徒刑三年，并处罚金四百二十五万元；侦查机关扣押的杜兰库、刘乃华违法所得 4 210 043.84 元予以没收，上缴国库。

宣判后，杜兰库、刘乃华均未提出上诉，公诉机关也未提出抗诉。

二、争议问题

1. 在 4 月 19 日正式《合作框架意向书》形成之前，十四所拟收购、重组高淳陶瓷公司的信息是否属于内幕信息？

2. 既利用了因职务行为获取的信息也利用了专业知识判断出重组对象，对于该类人员能否认定为内幕信息的知情人员？

3. 杜兰库、刘乃华是否构成内幕交易罪的共犯？

4. 如何认定中国证监会出具的关于内幕信息、内幕信息的知情人员以及内幕信息敏感期的性质？

三、裁判评析

（一）杜兰库获取的十四所拟收购、重组高淳陶瓷公司的信息属于内幕信息

根据《证券法》第 67 条、第 75 条的规定，内幕信息是指证券交易活动中，涉及公司的经营、财务或者对该公司证券的市场价格有重大影响的尚未公开的信息，包括持有公司 5% 以上股份的股东或者实际控制人，其持有股份或者控制公司的情况发生较大变化；公司股权结构的重大变化等重大事件信息。本案被告人杜兰库从十四所罗群等人处获取并告知刘乃华的信息，属于《证券法》第 67 条、第 75 条规定的内幕信息。具体理由如下：首先，高淳陶瓷公司资产重组涉及控股 31.33% 的股东转让股权，属于持有公司 5% 以上股

份的股东持有股份、控制公司的情况发生变化的重大事件;十四所受让股权,拟成为第一大股东,属于公司股权结构的重大变化。其次,2009 年 2 月初,十四所多方促进收购、重组高淳陶瓷公司股份,3 月 6 日十四所草拟了《合作框架》,意味着十四所拟收购、重组高淳陶瓷公司借壳上市的工作基本确定。4 月 20 日高淳陶瓷公司发布《关于公司重大事项停牌公告》,宣布公司控股股东正筹划重大资产重组事项,意味着收购、重组信息的公开。2009 年 2 月初至 4 月 19 日为该内幕信息的敏感期,杜兰库获取信息的时间是 2009 年 3 月 23 日,在内幕信息敏感期内;再次,自 2009 年 3 月 6 日双方形成《合作框架》初稿,到 4 月 20 日高淳陶瓷公司发布停牌公告、向社会公开披露重大资产重组事项前,十四所收购、重组高淳陶瓷公司的信息始终控制在很小的人员范围内,相关部门对该信息采取了相应的保密措施;此外,十四所收购、重组高淳陶瓷公司的信息对股价和交易量具有重大影响。高淳陶瓷公司发布重组公告后,高淳陶瓷股票价格在 2009 年 5 月 22 日复牌交易后连续 10 个交易日涨停,这一事实充分表明十四所收购、重组高淳陶瓷公司的信息对高淳陶瓷股票价格具有重大影响。综合上述四点,杜兰库获取的十四所拟收购、重组高淳陶瓷公司事项在公开披露前应当认定为内幕信息。

（二）对于利用专业知识判断出重组对象的人员是否认定为内幕信息的知情人员,关键要看该类人员在利用专业知识判断时有否依据因职务行为获取的信息

对于具有专业知识的人员,不论其是否是利用专业知识掌握了内幕信息的内容,原则上只要其判断时依据了因其职务或工作获取的信息,就应当认定为内幕信息的知情人员。否则,就给证券、期货领域中具有证券、期货专业的人员开辟了一条绿色通道。这样的认定也符合当前打击证券、期货违法犯罪的政策精神。本案被告人杜兰库作为中电集团总会计师,负责分管集团内部的资本运作。2009 年 3 月 23 日晚,杜兰库从十四所所长、十四所副总经济师处获悉十四所拟收购、借壳公司的概况。虽然杜兰库是在 3 月 29 日回北京后通过互联网检索或专业知识判断出重组对象,但其如果没有依据职务所获悉的借壳公司的概况就不可能得出重组对象。更何况,杜兰库当时对通过检索或专业知识所形成的判断并未形成确信,而促使其真正形成确信的是在 3 月 31 日十四所搬迁仪式期间获知南京市人民政府领导就十四所收购重组事宜出面协调一事。因此,杜兰库实质上属于利用职务活动获知内幕信息,应当认定为内幕信息的知情人员。

刘乃华不是内幕信息的知情人员，也不属于通过窃取、骗取、刺探等非法手段获取信息的人员，但其作为内幕信息知情人员的配偶，从知情人员处获取信息，且在内幕信息尚未公开前，从事和泄露内幕信息导致他人从事与该内幕信息有关的证券交易，违反了股票交易应当遵循的公开、公平和诚实、信用原则，破坏了国家对证券交易的管理制度，侵犯了投资者的合法权益。因此，内幕信息知情人员的近亲属或是与内幕信息的知情人员关系密切的人，即便是被动获悉内幕信息，也应当依法认定为非法获取内幕信息的人员。2012年3月29日最高人民法院、最高人民检察院联合发布的《关于办理内幕交易、泄露内幕信息刑事案件具体应用法律若干问题的解释》（以下简称《内幕交易解释》）第2条第2项对此类人员认定为非法获取内幕信息的人员的条件已作了专门明确。

（三）杜兰库、刘乃华合谋买卖高淳陶瓷股票的行为构成内幕交易罪的共犯

杜兰库获取十四所收购、重组高淳陶瓷公司的信息后，将该信息透露给刘乃华，二被告人协商后同意购买高淳陶瓷股票，并大量调集资金，通过他们实际控制的多个股票交易账户从事高淳陶瓷股票交易。杜兰库因顾虑自己的身份影响，还抛售部分以自己股票交易账户购买的高淳陶瓷股票，并将其顾虑告知刘乃华。这一事实足以反映杜兰库、刘乃华均已意识到十四所收购、重组高淳陶瓷公司的信息对高淳陶瓷股票价格具有重大影响，且其获取信息和买入高淳陶瓷股票的时间均在内幕信息公开前，且有明显的因果关系。可见，二被告人主观上具有利用该内幕信息非法获利的明确故意。二被告人分工协作，相互配合，应当认定内幕交易罪的共犯。杜兰库在内幕交易共同犯罪中起主要作用，是主犯；刘乃华起次要作用，是从犯。

本案中，杜兰库与刘乃华是夫妻关系，是利益共同体，杜兰库与刘乃华合谋操作买入高淳陶瓷股票的共同犯罪行为，必将包含杜将内幕信息泄露给刘的行为，杜兰库的泄露内幕信息行为被内幕交易行为所吸收，不另外单独构成泄露内幕信息罪。刘乃华将信息泄露给他人是刘乃华的个人行为，现有证据不能证实杜兰库对此有授意，也不能证实杜对此有主观上明知，杜兰库对刘乃华的该部分行为不承担共犯责任。因此公诉机关指控杜兰库犯内幕交易、泄露内幕信息罪的罪名不当，无锡市中级人民法院予以纠正，认定杜兰库与刘乃华构成内幕交易罪的共犯是正确的。

（四）中国证监会出具的关于内幕信息、内幕信息的知情人员、内幕信息敏感期的认定意见可作为一种证据使用

中国证监会是国务院证券监督管理机构，依法行使监督管理全国证券、期货市场，维护证券期货市场秩序的行政职能。中国证监会根据具体案情需要，就涉及的疑难、复杂的专业性问题出具的认定意见，不是具体行政行为。人民法院对此类意见要进行真实性、合法性、关联性、准确性审查，并根据审查结果决定是否采信。2011 年最高人民法院、最高人民检察院、公安部、中国证监会联合印发的《关于整治非法证券活动有关问题的通知》明确规定，对非法证券活动是否涉嫌犯罪，由公安机关、司法机关认定，公安机关、司法机关认为需要有关行政主管机关进行性质认定的，行政主管机关应当出具认定意见。本案中，中国证监会关于内幕信息、内幕信息敏感期的认定真实、准确、合法，经法院审查，可以作为定案根据。

值得一提的是，在《内幕交易解释》出台前，对未参与分红的泄露内幕信息人员，其情节严重、情节特别严重的标准能否参照因泄露而获取内幕信息人员的成交额、获利或者避免损失数额认定，实践中尚未统一看法。本案在《内幕交易解释》出台之前就已审结，法院未根据具体情节轻重就本案被告人刘乃华泄露内幕信息的行为单独判处刑罚，而是采用选择性罪名的表述方式，对内幕交易、泄露内幕信息罪统一作了判处。《内幕交易解释》出台后，要根据泄露内幕信息情节的轻重，对泄露内幕信息罪单独作出准确评价，以确保对内幕交易、泄露内幕信息行为人在量刑上的平衡。

（撰稿：江苏省无锡市中级人民法院　孙炜　范莉　马小卫）

赵丽梅等内幕交易案

核心提示：内幕信息知情人员的近亲属或者与其关系密切的人被动获悉内幕信息的能否认定为“非法获取证券交易内幕信息的人员”？

一、基本案情

被告人赵丽梅，女，1963 年 4 月 13 日出生，无业。因涉嫌犯内幕交易罪于 2010 年 6 月 5 日被取保候审。

被告人刘宇斌，男，1961 年 6 月 6 日出生，无业，（系被告人赵丽梅的丈夫）因涉嫌犯内幕交易罪于 2010 年 6 月 5 日被取保候审。

江苏省无锡市人民检察院以被告人赵丽梅、刘宇斌犯内幕交易罪，向无锡市中级人民法院提起公诉。

上述二被告人提出如下辩解：

1. 其不属于内幕信息的知情人员；

2. 其在购买高淳陶瓷股票时没有意识到自己的行为是内幕交易犯罪。

被告人赵丽梅的辩护人提出中国证券监督管理委员会（以下简称“中国证监会”）无权对内幕信息的知情人员进行认定，其出具的认定函无效，赵丽梅的行为不构成犯罪。

江苏省无锡市中级人民法院经公开审理查明：

2009 年 1 月，中国电子科技集团第十四研究所（以下简称“十四所”）为配合南京市人民政府“再造十家百亿企业集团工程”项目的实施，促进民品产业化发展，做大做强其下属企业国睿集团有限公司（以下简称“国睿集团”），欲通过南京地区一家上市公司进行资产重组实现借壳上市。同年 2 月初，十四所经南京市人民政府的协调，与南京市高淳县政府就投资合作及收购高淳陶瓷公司的国有股份等事宜进行商谈。双方经商洽和实地考察，均表达了合作的意向。3 月 6 日，十四所草拟了《合作框架》（初稿），明确了高淳县政府将所持的高淳陶瓷公司部分股权转让给十四所，使该所成为高淳陶瓷公司第一大股东、实际控制人等内容。4 月 19 日十四所与高淳县政府签署了《合作框架意向书》。4 月 20 日高淳县人民政府开会商讨高淳陶瓷公司重组停牌事宜，同日高淳陶瓷公司发布《关于公司重大事项停牌公告》，宣布公司控股股东正在筹划重大资产重组事项。4 月 21 日起，高淳陶瓷股票停牌。4 月 21 日至 5 月 21 日期间，高淳陶瓷公司例行发布《重大资产重组事项进展公告》《复牌公告》等一系列公告。5 月 22 日，高淳陶瓷股票复牌交易，股票价格连续 10 个交易日涨停。

2009 年 4 月初，被告人赵丽梅通过刘乃华（另案处理，系杜兰库内幕交易案件中被告人杜兰库的妻子，杜兰库系高淳陶瓷公司重组内幕信息的知情人员）获取高淳陶瓷公司可能要重组的信息后，将该信息告知其丈夫被告人刘宇斌，且在该信息尚未公开前，从事与该信息有关的股票交易。其中赵丽梅与刘宇斌合谋，使用其家庭控制的赵丽梅、刘宇斌、刘璐的股票账户，先后买入高淳陶瓷股票共计 365 134 股，抛售后非法获利人民币（以下币种均为人民币)5 299 682.51 元;赵丽梅还使用其操控的赵湘林的股票账户,先后买入高淳陶瓷股票共计 285 000 股,抛售后非法获利 4 112 949.51 元。

2010 年 10 月 15 日,中国证监会出具的《关于杜兰库等人涉嫌内幕交易、泄露内幕信息案有关问题的认定函》认定,十四所与高淳县人民政府商谈确定由十四所重组高淳陶瓷公司的事项,在尚未公开前属于内幕信息,内幕信息的敏感期为 2009 年 3 月 6 日至 4 月 20 日。

无锡市中级人民法院认为,被告人赵丽梅、刘宇斌作为非法获取证券交易内幕信息的人员,在涉及对证券交易价格有重大影响的信息尚未公开前,利用获取的内幕信息进行股票交易,其行为构成内幕交易罪,且属犯罪情节特别严重情形。赵丽梅与刘宇斌系共同犯罪,其中赵丽梅在共同犯罪中起主要作用,系主犯;刘宇斌在共同犯罪中起次要作用,系从犯,可以减轻处罚。赵丽梅、刘宇斌归案后均能如实供述自己的罪行,在庭审中认罪态度较好,并积极退缴全部犯罪所得,可对其酌情从轻处罚。关于二被告人及其辩护人提出的中国证监会出具的认定函无效的辩解、辩护意见,经研究,认定函是中国证监会应司法机关的需要而出具的,经司法机关依法审查具有客观性、合法性的,可以作为定案根据,故该辩解、辩护意见不予采纳。赵丽梅、刘宇斌对其行为法律性质和法律后果的认识错误,不影响司法机关对其行为性质的认定,故辩护人的相关意见不予采纳。鉴于二被告人在认识上的错误在一定程度上反映出二被告人的主观恶性程度不深,在量刑时可酌情从轻处罚。据此,依照《中华人民共和国刑法》第一百八十条第一款、第三款,第七十二条第一款、第三款,第二十五条第一款,第二十六条第一款、第四款,第二十七条,第六十七条第三款,第六十四条之规定,无锡市中级人民法院以被告人赵丽梅犯内幕交易罪,判处有期徒刑五年,并处罚金九百四十五万元;被告人刘宇斌犯内幕交易罪,判处有期徒刑三年,缓刑五年,并处罚金五百三十万元;侦查机关扣押的赵丽梅、刘宇斌违法所得 9 412 632.02 元予以没收,上缴国库。

一审宣判后,被告人赵丽梅、刘宇斌均未上诉,检察机关也未提出抗诉,判决已发生法律效力。

二、争议问题

1. 内幕信息知情人员的近亲属或者与其关系密切的人被动获悉内幕信息能否认定为"非法获取证券交易内幕信息的人员"?

2. 如何认定交易行为明显异常?

3. 中国证监会出具的认定函能否作为定案根据?

三、裁判评析

（一）内幕信息知情人员的近亲属或者与其关系密切的人被动获悉内幕信息的应当认定为“非法获取证券交易内幕信息的人员”

本案是杜兰库内幕交易，刘乃华内幕交易、泄露内幕信息案的关联案件。在本案审理过程中，由于最高人民法院、最高人民检察院《关于办理内幕交易、泄露内幕信息刑事案件具体应用法律若干问题的解释》（以下简称《解释》）尚未出台，对二被告人主体身份的认定存在不同看法。一种观点认为，本案二被告人明显不属于《证券法》第 74 条规定的内幕信息的知情人员范围。二被告人没有直接从内幕信息的知情人员处获取内幕信息，而是非法获取内幕信息的人员主动向其泄露内幕信息，因而不属于非法获取内幕信息的人员。《刑法》第 180 条的“非法获取”应当理解为通过“窃取、骗取、窃听、监听、刺探、私下交易”或者与此相类似的积极违法手段，二被告人并未采取积极的违法手段，属于被动获悉内幕信息的人员，故不符合内幕交易罪的主体要件。另一种观点认为，对非法获取信息的手段不应作过多的限制，通过泄露内幕信息的人员获取内幕信息，同样属于非法获取内幕信息，二被告人应当认定为非法获取内幕信息的人员。

我们赞同后一种意见。如果明知是内幕信息的知情人员泄露的内幕信息或者是非法获取的内幕信息，还从事与该内幕信息有关的证券、期货交易，实际意味着利用了内幕信息知情人员和非法获取内幕信息人员的违法结果，行为在整体性质上应当属于禁止情形。内幕信息知情人员的近亲属或者与其关系密切的人，具有获取内幕信息的便利途径，如果对该类人员被动获悉内幕信息后从事与内幕信息有关的证券、期货交易的行为不予禁止，那么将会激发大量内幕交易犯罪案件的发生。因此，应当从政策导向上明确对该类人员被动获悉内幕信息后从事内幕交易的行为应予禁止，情节严重的，应当追究刑事责任。

本案被告人刘宇斌与杜兰库的妻子刘乃华是同胞姐弟，赵丽梅又与刘宇斌是夫妻关系，可见，二被告人均系与内幕信息的知情人员杜兰库关系密切的人员。二被告人因杜兰库的妻子泄露而获悉内幕信息，意味着利用了内幕信息知情人员和非法获取内幕信息人员的违法结果，应当认定为非法获取内幕信息的知情人员。2012 年 6 月 1 日起施行的《解释》第 2 条规定：“具有下列行为的人员应当认定为刑法第一百八十条第一款规定的非法获取证券、期货交易内幕信息的人员：……（二）内幕信息知情人员的近亲属或者其他与内幕信息知情人员关系密切的人员，在内幕信息敏感期内，从事或者明示、暗示他人从事，或者泄露内幕信息导致他人从事与该内幕信息有关的证券、期货交易，相关交易行为明显异常，且无正当理由或者正当信息来源的。”根据《解释》的规定，内幕信息知情人员的近亲属或者其他与内幕信息知情人员关系密切的人，不管其是主动获取还是被动获悉内幕信息，均应当认定为非法获取内幕信息的人员。上述特定身份以外的人被动获悉内幕信息，不能适用这一规定。这主要是考虑到我国证券、期货市场尚处于起步发展阶段，当前打击的重点人群是内幕信息知情人员的近亲属或者其他与其关系密切的人员，上述人员之外的人群被动获悉内幕信息后从事内幕交易的现象尚不普遍，因此，《解释》基于政策考虑和当前形势的研判，仅明确了内幕信息知情人员的近亲属或者其他与其关系密切的人员被动获悉内幕信息后从事内幕交易的刑事责任。

（二）交易行为明显异常要综合时间吻合程度、交易背离程度和利益关联程度等方面把握

本案定性的另一个关键点在于对交易行为明显异常的认定。我们认为，本案二被告人从2009年4月3日至17日陆续多次使用其控制的自己或亲属的股票账户密集买入高淳陶瓷股票，又于6月9日起开始陆续抛售该股票，应当认定其交易行为明显异常。具体理由如下：

1. 从时间吻合程度分析。杜兰库在2009年3月31日明确得知十四所欲通过南京高淳陶瓷公司进行资产重组实现借壳上市，4月1日将该信息告知其妻刘乃华。当日，刘乃华又将此信息泄露给本案二被告人赵丽梅、刘宇斌。二被告人于4月3日开始大量买入高淳陶瓷股票。该股5月22日复牌交易后连续10个交易日封于涨停。6月9日二被告人开始陆续抛售该股。可见，二被告人的交易时间与内幕信息的形成、公开等时间高度一致。

2. 从交易背离程度分析。二被告人均供述以前从未关注高淳陶瓷这一小盘股票，后因为知道杜兰库、刘乃华的消息来源比较准确，就不计成本地陆续买入该股。这种“不计成本”主要表现在：(1) 将之前所持的“ST上石化”“辽宁时代”“长城电脑”“巨化股份”“三佳科技”“太钢不锈”等股票全部抛出；(2) 全仓买入高淳陶瓷股票，未留任何补仓资金；(3) 赵丽梅向他人借款120余万元追加买入高淳陶瓷股票。二被告人上述一系列不计成本的交易行为与其正常的交易习惯明显背离。

3. 从利益关联程度分析。账户资金进出与二被告人有紧密关联和利害关系。买入卖出高淳陶瓷股票的账户除了赵丽梅、刘宇斌的以外，还有刘璐（赵丽梅与刘宇斌之女）、李学滨、王淑珍等人的账户，但这些账户分别由二被告人控制。上述股票账户的户主都不懂炒股，也不炒股，对账户内股票具体的买入和卖出、盈亏等情况并不掌握，账户开户后也从未自己使用过。可见，本案内幕交易的账户与二被告人非法获利有直接利益关联，内幕交易后的非法获利实际由二被告人占有。

综合上述三个方面，应当认定二被告人的行为属于交易行为明显异常。

（三）中国证监会出具的认定意见经司法机关审查符合客观性、合法性、关联性的，可以作为定案根据

最高人民法院、最高人民检察院、公安部、中国证监会2011年联合印发的《关于办理证券期货违法犯罪案件工作若干问题的意见》（以下简称《意见》）第4条规定，证券监管机构可以根据司法机关办案需要，依法就案件涉及的证券期货专业问题向司法机关出具认定意见。《意见》规定的这种认定与证券监督管理机构对内幕信息的知情人员的规定存在一定的区别，后者是一种抽象行政行为，具有部门规章的性质；而前者是基于监督管理机构对专业知识、经验的把握而出具的一种意见材料，既不是抽象行政行为，也不是具体行政行为。证券监督管理机构出具的认定意见，经司法机关审查，具有客观性、合法性和关联性，可以作为定案的根据。

本案在办理过程中，中国证监会应司法机关的办案需要，出具了《关于杜兰库等人涉嫌内幕交易、泄露内幕信息案有关问题的认定函》（以下简称《认定函》）。《认定函》对本案内幕信息、价格敏感期起止日期、杜兰库系内幕信息的知情人员、本案二被告人系非法获取内幕信息的人员等，进行了认定，经司法机关审查，具有客观性、合法性和关联性，可以作为本案定案的根据。

（撰稿：江苏省无锡市中级人民法院　孙炜　范莉）

李启红等内幕交易、泄露内幕信息案

核心提示：如何确定内幕信息价格敏感期，建议他人买卖与内幕信息有关的证券行为如何定性以及如何区分洗钱罪与掩饰、隐瞒犯罪所得罪？

一、基本案情

被告人李启红，女，1954年4月18日出生，原系中共中山市委副书记、中山市人民政府市长。因涉嫌犯内幕交易、泄露内幕信息罪、受贿罪于2010年9月29日被逮捕。

被告人郑旭龄，男，1970年2月1日出生，原系中山公用事业集团有限公司总经理助理。因涉嫌犯内幕交易、泄露内幕信息罪于2010年7月6日被逮捕。

被告人谭庆中，男，1963年10月31日出生，原系中山公用事业集团股份有限公司董事长。因涉嫌犯泄露内幕信息罪于2010年7月6日被逮捕。

被告人李启明，男，1959年12月9日出生。因涉嫌犯掩饰、隐瞒犯罪所得罪于2010年7月6日被逮捕。

被告人费朝晖，男，1969年12月28日出生。因涉嫌犯掩饰、隐瞒犯罪所得罪于2010年9月7日被逮捕。

（被告人林小雁、周中星、林永安、郑浩枝、陈庆云的情况略）

广东省广州市人民检察院以被告人李启红、郑旭龄、林小雁、周中星、林永安、郑浩枝、陈庆云、谭庆中、李启明、费朝晖犯内幕交易、泄露内幕信息罪，掩饰、隐瞒犯罪所得罪，受贿罪，向广东省广州市中级人民法院提起公诉。

广东省广州市中级人民法院经公开审理查明：

（一）被告人李启红、谭庆中内幕交易、泄露内幕信息，被告人林小雁、林永安内幕交易，被告人李启明洗钱的事实

2006年年底，中山公用科技股份有限公司（以下简称“科技公司”）的控股股东中山公用事业集团有限公司（后更名为中山公用事业集团股份有限公

司，以下简称“集团公司”）筹备集团公司整体上市。谭庆中将集团公司整体资产注入科技公司的构思告诉郑旭龄，共同研究资产重组的可行性。2007年6月11日，谭庆中向原中山市委书记陈根楷汇报了拟将集团公司优质资产注入科技公司实现集团整体上市的计划。陈根楷表示同意，并要求李启红具体负责此事。后谭庆中即要求郑旭龄准备好有关集团公司重组科技公司并整体上市的材料，并于当月26日向李启红全面汇报了公司整体上市的情况。同年7月3日，李启红、谭庆中、郑旭龄等人向中国证券监督管理委员会（以下简称“中国证监会”）汇报了科技公司重大资产重组的初步方案。

2007年6月，谭庆中、李启红分别向林永安、林小雁泄露上述内幕信息。此后，林小雁筹集资金人民币（以下币种均为人民币）677万元（其中236.5万元属李启红夫妇所有），于2007年6月29日至7月3日期间，累计买入科技公司股票89.68万股，并于同年9月18日至10月15日期间陆续卖出，账面收益19 832 350.52元。

为应付中国证监会调查，掩盖林小雁等内幕交易的犯罪事实，李启明与林永安、林小雁等人商量规避调查事宜。2009年12月，中国证监会找到李启明调查林小雁等人买卖科技公司股票的情况，李启明得知林小雁买卖科技公司股票获利1 000余万元。2010年4月初，李启明向林小雁提出转款1 000万元至郭长祺的存款账户，用于收购建大电器工业（中山）有限公司20%的股权。随后，林小雁安排林伟成于2010年4月6日、7日、9日三次转款共1 000万元至郭长祺的存款账户。

（二）被告人郑旭龄内幕交易、泄露内幕信息，被告人郑浩枝、陈庆云内幕交易，被告人费朝晖洗钱的事实

郑旭龄利用担任集团公司总裁助理的职务便利，知悉集团公司正筹备将集团公司优质资产注入科技公司以实现集团公司整体上市的内幕信息。2007年6月11日，郑旭龄向郑浩枝泄露了该内幕信息，并借用他的证券账户购买科技公司股票。随后，郑浩枝又将该内幕信息告知陈庆云（郑浩枝妻子），并让她筹集资金以购买科技公司股票。同月12日至20日，陈庆云从其姐陈庆珍账户转出75万元，郑旭龄从其岳母刘玉贤账户转出95万元，分别转入郑浩枝在银河证券公司中山营业部的证券资金账户。同月14日至21日，该账户由郑旭龄负责操作，买入科技公司股票累计19.08万股，买入资金1 695 654元。同年9月10日，郑浩枝按照郑旭龄的授意卖出科技公司股票，账面收益4 197 584.2元。

2007年6月26日、27日，费朝晖（郑旭龄妻弟）先后在广发证券股份有限公司中山市中山四路证券营业部激活和新开设证券账户各一个。同月27日至29日，郑旭龄的妻子费红生将其所持股票卖出后，从其资金账户分三笔共转出88万元至费朝晖的建设银行账户。在上述时间内，郑旭龄使用手机号码为13590966494的电话操作费朝晖名下的证券资金账户购买科技公司股票累计12.25万股，投入资金累计878 845.63元。同年9月10日，郑旭龄指使郑浩枝使用该手机以电话委托方式将上述科技公司股票全部抛售，账面收益2 908 045.88元。

2007年9月，费朝晖则在郑旭龄的授意下，谎称其委托郑浩枝理财，由郑浩枝操作其证券账户资金买卖科技公司股票。2008年6月23日，费朝晖将其证券账户买卖科技公司股票的收益提现，将其中154万元存入其母亲刘玉贤的账户，用于申购基金。

（三）被告人郑旭龄泄露内幕信息，被告人周中星内幕交易的事实

2007年6月20日，郑旭龄在周中星的办公室向周泄露了科技公司重大资产重组的内幕信息。同年6月27日至7月2日，周中星操作其妻黄彦及母亲麦慕玲在银河证券公司中山营业部设立的证券账户，投入资金共6 708 329.73元，买入科技公司股票累计88.44万股，并于同年10月8日至10日将该股票全部卖出，账面收益18 097 489.15元。

（四）被告人李启红受贿的事实

2006年至2010年期间，被告人李启红利用担任中共中山市委副书记、中山市人民政府市长的职务便利，为梁某担任中共中山市委组织部副部长等职务提供帮助，并接受梁某的请托，为梁某的子女等人解决入学问题，收受梁某贿送的现金累计港币40万元。2009年6月至8月，被告人李启红接受关某的请托，商请梁某为曾经受过海关行政处罚的关某所在公司申请双A信用级别事项给予支持，并收受关某贿送的现金10万元。

广州市中级人民法院认为，被告人李启红、郑旭龄、谭庆中身为内幕信息的知情人员，在涉及对证券交易价格有重大影响的信息尚未公开前，买入或建议他人买入该证券，并泄露该信息，情节特别严重，其行为均构成内幕交易、泄露内幕信息罪。被告人林永安从李启红、谭庆中处非法获取内幕信息，被告人林小雁从李启红处非法获取内幕信息，被告人周中星、郑浩枝从郑旭龄处非法获取内幕信息，被告人陈庆云从郑浩枝处非法获取内幕信息，并利用该信息尚未公开前，买入相应证券，情节特别严重，其行为均构成内幕交易

罪。李启红身为国家工作人员,利用职务上的便利,非法收受他人财物,为他人谋取利益,还利用本人职权和地位形成的便利条件,通过其他国家工作人员职务上的行为,为请托人谋取不正当利益,收受请托人财物,其行为构成受贿罪。被告人李启明、费朝晖明知是内幕交易犯罪所得而予以掩饰、隐瞒,其行为均构成洗钱罪。公诉机关指控谭庆中仅构成泄露内幕信息罪不当,指控李启明、费朝晖的行为构成掩饰、隐瞒犯罪所得罪罪名不当,均应予纠正。依照《中华人民共和国刑法》第一百八十条第一款、第三款,第三百八十五条第一款,第三百八十八条,第三百八十六条,第三百八十三条,第一百九十一条第一款第一项、第三项,第六十九条,第二十六条第一款、第四款,第二十七条,第六十七条第二款、第三款,第六十四条以及最高人民法院《关于审理洗钱等刑事案件具体应用法律若干问题的解释》第一条、第三条,《关于处理自首和立功具体应用法律若干问题的解释》第二条的规定,判决如下:

1. 被告人李启红犯内幕交易、泄露内幕信息罪,判处有期徒刑六年六个月,并处罚金两千万元;犯受贿罪,判处有期徒刑六年,并处没收财产十万元;决定执行有期徒刑十一年,并处罚金两千万元、没收财产十万元。

2. 被告人郑旭龄犯内幕交易、泄露内幕信息罪,判处有期徒刑七年,并处罚金二千五百三十万元。

3. 被告人周中星犯内幕交易罪,判处有期徒刑六年,并处罚金一千八百一十万元。

4. 被告人林小雁犯内幕交易罪,判处有期徒刑五年六个月,并处罚金一千三百万元。

5. 被告人谭庆中犯内幕交易、泄露内幕信息罪,判处有期徒刑五年,并处罚金七百万元。

6. 被告人郑浩枝犯内幕交易罪,判处有期徒刑五年,并处罚金一百九十万元。

7. 被告人林永安犯内幕交易罪,判处有期徒刑三年六个月,并处罚金三百万元。

8. 被告人陈庆云犯内幕交易罪,判处有期徒刑二年六个月,并处罚金六十万元。

9. 被告人李启明犯洗钱罪,判处有期徒刑二年,并处罚金一百万元。

10. 被告人费朝晖犯洗钱罪,判处有期徒刑一年六个月,并处罚金二十万元。

(其他判项略)

一审宣判后,上述被告人没有上诉,检察机关没有抗诉,判决已发生法律效力。

二、争议问题

1. 如何确定内幕信息价格敏感期?

2. 内幕信息知情人员建议他人买卖与内幕信息有关的证券,但没有获利的行为,如何定性?

3. 如何正确区分洗钱罪与掩饰、隐瞒犯罪所得罪?

三、裁判评析

(一)内幕信息敏感期应自内幕信息形成之时起至内幕信息公开时止

内幕信息敏感期是指自内幕信息开始形成之时起至内幕信息公开时止,该期间的确定直接关系到内幕交易的认定。实践中,对于内幕信息形成时间,法律法规没有明确的规定,控辩双方对此争议较大。内幕信息形成时间直接关系到内幕交易性质的认定及内幕交易数额、获利数额的计算,因此,从哪个时间点上认定内幕信息已经形成,对于内幕交易罪的认定至关重要。正确认定内幕信息形成时间,关键是要准确理解和把握内幕信息的本质特征。根据《证券法》的相关规定,内幕信息主要有两大特征:一是重要性;二是秘密性。重要性是指该信息本身对一般投资人的投资判断具有重大影响,足以使特定公司的证券、期货交易价格发生变动。秘密性是指该信息尚未公开,尚未被证券期货市场的投资者所知悉。在司法实践中,一般是将《证券法》第75条规定的"重大事项""计划""方案"等正式形成的时间认定为内幕信息形成之时。然而,对于影响内幕信息形成的决策者、筹划者、推动者或执行者,其决意、筹划、推动或者执行行为往往影响内幕信息的形成,足以影响证券期货交易价格。因此,上述人员决意、决策、动议或执行之时,应认定为内幕信息形成之时。就本案而言,谭庆中于2007年6月11日向中山市委书记陈根楷汇报了科技公司资产重组的方案,陈根楷明确表示支持科技公司资产重组的方案,这表明科技公司资产重组的方案在6月11日已基本确定。事实上,科技公司股票从该信息形成后直至公告停牌前、复牌后,市场价格不断持续上涨,因此2007年6月11日应当认定为内幕信息形成之时。同年7月4日,科技公司发出公告,称公司近期讨论重大事项,该内幕信息公开,因此,2007年7月4日应当认定为内幕信息敏感期的公开时。

（二）内幕信息知情人员建议他人买卖与内幕信息有关的证券，但没有获利的行为，构成内幕交易罪

《刑法修正案（七）》在第180条中增设"明示、暗示他人从事上述交易活动"的立法，解决了实践中对建议他人买卖证券行为是否构成犯罪理解的分歧。从该规定分析，内幕交易、泄露内幕信息的行为方式有买卖证券、泄露该信息和明示、暗示他人从事交易，是三种并列的行为方式，对建议他人买卖与内幕信息有关的证券行为是构成泄露内幕信息罪，还是构成内幕交易罪存在不同观点。一种观点认为，内幕信息知情人员的建议行为是泄露内幕信息的具体方式之一，是一种采用暗示的方式泄露内幕信息的行为，因此应当认定构成泄露内幕信息罪；另一种观点认为，内幕信息知情人员的建议行为不是泄露内幕信息的行为，而是内幕交易行为，应当认定构成内幕交易罪。

我们同意后一种观点，理由如下：首先，泄露内幕信息的行为所指向的对象是内幕信息本身，即使是行为人在泄露时对内幕信息进行了加工、增加、缩减，其内容也必须与原信息基本一致，而建议他人买卖证券的行为，已不再是仅仅向他人提供内幕信息本身，因此不构成泄露内幕信息罪；其次，根据刑法关于共同犯罪的规定，内幕信息的知情人员建议他人买卖证券，极有可能是内幕交易实施者的犯意提起者、教唆者，建议者和交易者属于内幕交易的共同犯罪，均构成内幕交易罪。

根据《刑法修正案（七）》，建议他人买卖证券行为的构成要件有四：一是主体是内幕信息的知情人员或者非法获取内幕信息的人员；二是在他人交易前为他人提供交易建议，如提供交易时间、交易数额等；三是这些交易建议是基于知情内幕信息而作出的；四是他人根据交易建议实施了内幕交易。由此而论，无论建议人是否实际获利，或者建议人有否自己进行内幕交易，其建议行为均构成内幕交易罪。

就本案而言，谭庆中建议林永安购买涉案股票和交易具体数额、具体运作方法等行为符合刑法关于共同犯罪的规定，其与林永安构成内幕交易共同犯罪，即构成内幕交易罪。

（三）行为人明知是内幕交易犯罪所得而予以掩饰、隐瞒的行为构成洗钱罪

掩饰、隐瞒犯罪所得罪与洗钱罪之间存在包含与被包含关系，司法实践中，一般是从两罪的犯罪客体、犯罪对象、行为方式等方面把握两者的界限。首先，犯罪客体不完全相同。洗钱罪是复杂客体，就本案而言，侵犯了国家的

金融管理秩序和破坏司法机关的正常秩序；掩饰、隐瞒犯罪所得罪的客体是简单客体，只是破坏了司法机关的正常秩序；其次，犯罪对象不同。掩饰、隐瞒犯罪所得的外延要大于洗钱罪，洗钱罪体现为特定的犯罪，即必须是毒品犯罪、破坏金融管理秩序犯罪等法定的七类上游犯罪；掩饰、隐瞒犯罪所得罪的对象是一切的犯罪所得及其产生的收益；再次，行为方式不同。洗钱罪规定了五种法定的行为方式，即提供资金账户、协助将财产转换为现金或者金融票据等，行为人通过上述方法将上游犯罪所得及其收益通过金融机构使其具有表面合法化；掩饰、隐瞒犯罪所得罪主要是为犯罪所得赃物提供隐匿场所、转移赃物、代为销售等，只是进行空间上的移动，不具有使之表面合法化的特征；此外，"明知"的内容不同。行为人必须明知是毒品犯罪、破坏金融管理秩序犯罪等法定的七类上游犯罪的所得及其产生的收益；掩饰、隐瞒犯罪所得罪指要求行为人明知是犯罪所得及其产生的收益；最后，犯罪的直接目的不尽相同。洗钱罪的直接目的是为了掩饰、隐瞒法定七类犯罪所得及其产生收益的来源和性质，从而使黑钱合法化；掩饰、隐瞒犯罪所得罪的直接目的是为了逃避司法机关的追查或者不被追缴，并没有"漂白"赃钱的意图。

就本案而言，李启明明知李启红、林永安、林小雁买卖科技公司股票获利，为将赃款"漂白"，李启明将股票收益用于收购公司的股权，李启明掩饰、隐瞒的犯罪对象是破坏金融管理秩序犯罪，属于洗钱罪法定的七类上游犯罪之一，且李启明的行为在本质上属于掩饰、隐瞒犯罪收益的非法性质和来源，而非仅仅对赃款进行物理上的隐匿或者转移，故应认定李启明的行为构成洗钱罪。费朝晖明知郑旭龄买卖科技公司股票获利，为了掩饰、隐瞒郑旭龄内幕交易所得，提供资金账户给郑旭龄，费朝晖掩饰、隐瞒的犯罪对象也是破坏金融管理秩序犯罪，属于洗钱罪法定的七类上游犯罪之一，费朝晖的行为亦构成洗钱罪。综上，检察机关指控被告人李启明、费朝晖构成掩饰、隐瞒犯罪所得罪不当，一审法院认定李启明、费朝晖构成洗钱罪正确。

（撰稿：广东省高级人民法院　黄建屏　梁美）

王文芳泄露内幕信息、徐双全内幕交易案

核心提示：对利好型内幕信息公开后继续持股未卖的，内幕交易的违法所得如何认定？

一、基本案情

被告人王文芳，男，1969年9月28日出生，原系上海申银万国证券研究所有限公司企业客户中心负责人。2012年10月23日因涉嫌犯泄露内幕信息罪被逮捕。

被告人徐双全，男，1971年4月12日出生，系杭州胜辉纺织品有限公司法定代表人、董事长。2012年10月23日因涉嫌犯内幕交易罪被逮捕。

上海市人民检察院第一分院以被告人王文芳犯泄露内幕信息罪、被告人徐双全犯内幕交易罪，向上海市第一中级人民法院提起公诉。

被告人王文芳及其辩护人基于以下理由请求法庭对王文芳减轻处罚并适用缓刑：王文芳泄露的内幕信息事实上对股价没有产生实质影响，且没有实际获取利益；王文芳主观恶性较小，且具有自首情节。

被告人徐双全及其辩护人基于以下理由请求法庭对徐双全减轻处罚并适用缓刑：徐双全决定买入“德赛电池”股票主要是基于其独立判断，并非完全受内幕信息影响；徐双全的获利数额宜以复牌日最低价计算，账面违法所得应当认定为人民币（以下币种同）90万余元，检察机关指控徐双全违法所得150万余元明显偏多；徐双全具有自首、退赔违法所得等情节。

上海市第一中级人民法院经公开审理查明：

2011年间，上海申银万国证券研究所有限公司（以下简称“申万证券公司”）配合深圳市德赛电池科技股份有限公司（深圳证券交易所上市公司，以下简称“德赛电池公司”）筹划德赛电池公司重大资产重组及融资项目。2012年1月15日，申万证券公司亦为此成立“龙腾项目”工作组，时任申万证券公司企业客户中心负责人的王文芳任负责人。

2012年2月3日下午，被告人王文芳在与被告人徐双全的电话联系过程中向徐透露了“德赛电池”股票即将因重大资产重组而停牌的信息。徐双全获悉该信息后，于同月6日至8日，亏损抛售其控制的陈洁、唐菊花、徐双全、

徐双喜证券账户内股票，筹资并在上述证券账户内连续买入“德赛电池”股票62万余股，成交金额1 328万余元。

同年2月10日，“德赛电池”股票临时停牌。2月18日，德赛电池公司发布《关于重大资产重组停牌公告》。2月20日，“德赛电池”股票正式停牌。3月26日，德赛电池公司发布《关于终止筹划重大资产重组事项暨公司证券复牌公告》，并于同日复牌。截至当日收盘，徐双全所购“德赛电池”股票以收盘价计算账面盈利150万余元。

同年5月，王文芳、徐双全在接受证券监管机构调查时均供认曾在交易敏感期内通过电话联系。同时，徐双全还供认使用上述证券账户交易的事实。同年9月17日到案后，王文芳、徐双全陆续供述了全部犯罪事实。案发后，徐双全已退缴全部违法所得。

上海市第一中级人民法院认为，被告人王文芳系相关内幕信息的知情人员，在该信息尚未公开前，向被告人徐双全泄露该信息。徐双全在非法获取该内幕信息后买入相关证券，交易金额高达1 328万余元，非法获利150万余元。王文芳和徐双全的行为分别构成泄露内幕信息罪和内幕交易罪，且均属于情节特别严重，应当判处五年以上十年以下有期徒刑，并处违法所得一倍以上五倍以下罚金。鉴于王文芳、徐双全具有自首情节，综合本案事实依法可以对二被告人减轻处罚，相关辩护意见予以采纳，但所提适用缓刑的意见不予采纳。据此，依照《刑法》第一百八十条第一款、第六十七条第一款、第五十三条、第六十四条之规定，上海市第一中级人民法院以泄露内幕信息罪判处被告人王文芳有期徒刑三年，并处罚金人民币十万元；以内幕交易罪判处被告人徐双全有期徒刑四年，并处罚金人民币三百万元；违法所得予以追缴。

一审宣判后，被告人王文芳以其主观恶性较小，没有造成实际危害后果，且具有自首情节为由向上海市高级人民法院提出上诉，请求二审改判适用缓刑。被告人徐双全以其买入“德赛电池”股票具有独立判断，违法所得应当认定为90万余元，且具有自首、退赔全部违法所得等情节为由提出上诉，请求二审改判适用缓刑。徐双全的辩护人还提出，徐双全不是积极主动获取涉案内幕信息，认定徐双全属于非法获取内幕信息的人员于法无据。

上海市高级人民法院经公开审理认为，一审法院认定的事实清楚，证据确实、充分，定罪准确，量刑适当，审判程序合法，遂裁定驳回上诉，维持原判。

二、争议问题

1. 内幕信息知情人员的大学同学是否属于内幕信息知情人员关系密切

的人员?

2. 如何认定交易行为明显异常?

3. 对利好型内幕信息公开后继续持股未卖的,内幕交易的违法所得如何认定?

三、裁判评析

(一)与内幕信息知情人员具有某种经济利益合作的大学同学属于与内幕信息知情人员关系密切的人,其即使是从内幕信息知情人员处被动获悉内幕信息,也应当认定为“非法获取内幕信息的人员”

根据《刑法》第180条第1款的规定,内幕交易、泄露内幕信息罪的犯罪主体包括证券、期货交易内幕信息的知情人员和非法获取证券、期货交易内幕信息的人员。2012年最高人民法院、最高人民检察院联合制发的《关于办理内幕交易、泄露内幕信息刑事案件具体应用法律若干问题的解释》(以下简称《内幕交易解释》)第2条进一步明确规定,非法获取证券、期货交易内幕信息的人员包括三类人员,即非法手段型获取内幕信息的人员、特定身份型获取内幕信息的人员和积极联系型获取内幕信息的人员。

非法手段型获取内幕信息的人员和积极联系型获取内幕信息的人员,都是主动获取内幕信息。而特定身份型获取内幕信息的人员,既可以是主动获取也可以是被动获取内幕信息。对于内幕信息知情人员的近亲属或者其他与内幕信息知情人员关系密切的人员之外的人,如果被动获取内幕信息,并在敏感期内从事与该内幕信息有关证券、期货交易的,一般不得认定为非法获取内幕信息的人员。[①] 本案被告人徐双全明显不属于非法手段型获取内幕信息的人员,也不属于积极联系型获取内幕信息的人员,因此,其能否认定为非法获取内幕信息的人员,取决于其是否属于特定身份型获取内幕信息的人员。

特定身份型获取内幕信息的人员,是指内幕信息知情人员的近亲属或者其他与内幕信息知情人员关系密切的人员,在内幕信息敏感期内,从事或者明示、暗示他人从事,或者泄露内幕信息导致他人从事与该内幕信息有关的证券、期货交易,相关交易行为明显异常,且无正当理由或者正当信息来源的人员。即获取信息的手段行为未必是非法的,但其作为特定身份的人员不应

① 参见苗有水、刘晓虎:《〈关于办理内幕交易、泄露内幕信息刑事案件具体应用法律若干问题的解释〉的理解与适用》,载《人民司法》2012年第15期。

获取内幕信息。内幕信息知情人员的近亲属或者其他与内幕信息知情人员关系密切的人员,其获取内幕信息具有天然的便利条件,因此,为加大对内幕信息的保护力度,对这类人员也应当明确内幕信息的保密义务。

在具体案件中,由于“近亲属”的范围究竟是按照《刑事诉讼法》的规定还是按照《行政诉讼法》《民事诉讼法》的规定进行认定存在争议,故行为人是否属于内幕信息知情人员的近亲属问题也相应存在争议。但对于部分人员而言,即使不能认定为内幕信息知情人员的近亲属,但认定为关系密切的人一般争议不大,为减少不必要的争议,可以将此问题延伸到行为人是否属于内幕信息知情人员关系密切的人员。基于上述分析,我们将在下文重点讨论被告人徐双全是否属于被告人王文芳关系密切的人这一法律问题。

与内幕信息知情人员“关系密切的人员”的范围不同于2007年7月最高人民法院、最高人民检察院《关于办理受贿刑事案件适用法律若干问题的意见》(以下简称《受贿意见》)中“特定关系人”的范围,但可以与利用影响力受贿罪中“关系密切的人”的范围作同一解释。《受贿意见》规定:“特定关系人”是指与国家工作人员有近亲属、情妇(夫)以及其他共同利益关系的人。从字面含义分析,“特定关系人”是从关系性质的角度进行界定,其包含的身份关系与利益关系指称的对象均是关系的性质。而“关系密切的人”是从关系程度的角度进行界定,关系的性质可能是身份关系也可能是利益关系抑或其他关系,即只要该种关系紧密到一定的程度就可归入“关系密切的人”的范畴。因此,“关系密切的人”不等同于“特定关系人”,两者存在交叉,交集部分如情妇(夫)以及其他共同利益关系的人,也存在不同部分,“关系密切的人”还包括除了存在共同利益关系的人之外的其他关系密切的人,而“特定关系人”还包括近亲属。实践中,“关系密切的人员”主要存在于以下几种常见的关系:一是基于血缘产生的关系,如除了近亲属之外的其他亲属;二是基于学习、工作产生的关系,如同学、师生、校友、同事关系;三是基于地缘产生的关系,如同乡;四是基于感情产生的关系,如朋友、恋人、情人关系;五是基于利益产生的关系,如客户、合同、共同投资人、债权债务关系;六是在任何情况下相识并产生互相信任、相互借助的其他关系。①

此外,为加大内幕信息知情人员的近亲属以及其他与其关系密切的人员

---

① 参见袁剑波:《如何界定“利用影响力受贿罪”中“关系密切的人”》,载《中国检察官》2010年第22期。

的保密义务，根据《内幕交易解释》第 2 条第 2 项之规定，内幕信息知情人员的近亲属以及其他与其关系密切的人员，无论是主动获取还是被动获取内幕信息，均属于非法获取内幕信息的人员。

本案中，徐双全与王文芳系大学同学，关系较好，且二人在投资方面联系甚多，徐双全常向王文芳咨询投资项目。在王的推荐下，徐投资广东省惠州市亿能电子有限公司（系德赛电池公司控股 75% 的下属公司，蓝微电子公司的子公司，亦称为孙公司以下简称“亿能电子公司”）等项目，二人还有部分共同投资项目。可见，徐双全属于与王文芳关系密切的人员。王文芳属于德赛电池公司重大资产重组事项的内幕信息知情人员，在内幕信息敏感期内，王文芳向徐双全泄露了“德赛电池”股票即将因重大资产重组而停牌的消息。当时徐双全给王文芳打电话的目的，是想和王文芳讨论是否继续投资德赛电池公司的孙公司亿能电子公司的问题，在谈及德赛电池公司时王文芳主动将德赛电池即将进行资产重组这一内幕信息告知徐双全。而且，徐双全在 2010 年的时候就得知德赛电池有重组、整体上市的说法，在此次获知德赛电池因资产重组而停牌的内幕信息后，既认为这是利好消息，也认识到王文芳作为证券从业人员向其泄露德赛电池内幕信息属于违法行为。虽然徐双全系被动获取内幕信息，但作为与王文芳关系密切的人员，在获取了不应当获取的内幕信息后，理应严格遵守保密义务，然而，其却从事了与该内幕信息有关的股票交易。因此，徐双全毫无疑问属于特定身份型非法获取内幕信息的人员。

（二）交易行为是否异常应当综合时间吻合程度、交易背离程度和利益关联程度等方面进行认定

根据《内幕交易解释》第 3 条的规定，相关交易行为是否明显异常，需要从时间吻合程度、交易背离程度和利益关联程度等方面进行综合认定。一是时间吻合程度，即从行为时间与内幕信息形成、变化、公开的时间吻合程度把握。所要比对的时间主要有三类：行为人开户、销户、激活资金账户或者指定交易（托管）、撤销指定交易（转托管）时间；资金变化时间；相关证券、期货合约买入或者卖出时间。二是交易背离程度，即从交易行为与正常交易的背离程度把握。正常交易主要体现在两点：基于平时交易习惯而采取的交易行为；基于证券、期货公开信息而理应采取的交易行为。三是利益关联程度，即从账户交易资金进出与该内幕信息知情人员或者非法获取人员有无关联或者利害关系把握。为保障被告人的抗辩权，防止内幕交易、泄露内幕信息罪的适用对象被不当扩大，《内幕交易解释》第 4 条规定了四项内幕交易、泄露

内幕信息犯罪的阻却事由：一是持有或者通过协议、其他安排与他人共同持有上市公司5%以上股份的自然人、法人或者其他组织收购该上市公司股份的。《证券法》第76条第2款已明确将该类行为作为禁止从事内幕交易的除外情形。二是按照事先订立的书面合同、指令、计划从事相关证券、期货交易的。三是依据已被他人披露的信息而交易的。四是交易具有其他正当理由或者正当信息来源的。

本案中，徐双全自2012年2月3日（周五）下午从王文芳处获悉“德赛电池”股票即将因资产重组而停牌的内幕信息后，即于同年2月6日（周一）至8日，利用控制其妻子陈洁、母亲唐菊花、弟弟徐双喜以及其本人证券账户，以－36.72%的综合亏损率抛售所控制的证券账户内“南方航空”“开滦股份”“华胜天成”“神火股份”“联合化工”等股票得款1 118万余元（实际亏损648万余元），及账户内原有资金余额211万余元，集中买入“德赛电池”股票100笔62万余股，不含税费的成交金额为1 328万余元，买入“德赛电池”股票后，各账户总余额仅5 000余元。徐双全所控制的4个证券账户买入的股票与涉案内幕信息股票完全相同；抛售其他股票及集中买入“德赛电池”股票的时间与获取内幕信息时间高度吻合；以－36.72%的综合亏损率抛售其他股票而基本全仓买入涉内幕信息股票的这一不计成本交易行为，与其平时交易习惯明显背离；涉内幕信息交易的4个证券账户系其实际掌控，购买股票资金除徐双喜账户资金系徐双喜所有外均为徐双全所有，出售股票的款项除徐双喜账户资金继续留在账户内外，其他资金均由徐双全实际使用和控制，且徐双喜为徐双全的同胞弟弟。可见，涉内幕交易的4个证券账户的资金进出与徐双全有直接利益关联。徐双全的行为，看似孤注一掷的博弈行为，实质上促使其作出决定的真正因素是其对“德赛电池”股票即将因资产重组而停牌这一内幕信息的确信，无论是从时间吻合程度还是从交易背离程度、利益关联程度等方面，足以认定其交易行为明显异常。

实践中，行为人往往以其属于独立判断来辩解其交易行为是正常的。如本案中，徐双全辩解其在投资德赛电池孙公司亿能电子公司期间，就对德赛电池公司前景存在较好预判，认为“德赛电池”股票价格有较大上升空间，曾经就此和相关专业人士及他的操盘手曹某探讨过，并称此次以－36.72%的综合亏损率抛售其他股票而大量买入“德赛电池”股票，系“早就想买了”的结果，完全是基于他本人的独立判断。对此，我们认为，既要实事求是，肯定存在其利用相关专业知识以及信息优势作出判断的可能性，更要综合时间吻合程度、交易背离程度和利益关联程度等方面判断相关交易行为是否明显异常，即是否利用了获取的内幕信息从事相关的证券、期货交易行为。鉴于近年来证券、期货市场犯罪的专业化、隐蔽化等特点，为从严打击证券、期货犯罪，“对内幕信息的影响力不应作程度限制，不要求内幕信息对行为人交易决定的影响是唯一的，只要行为人获取的内幕信息对促其交易决定有一定影响，即帮助其在一定程度上确信从事相关交易必定获得丰厚回报，就应当认定行为人是利用内幕信息从事内幕交易”①。

本案中，徐双全对德赛电池孙公司亿能电子公司有投资，一定程度上知悉德赛电池公司情况，曾经就是否买入“德赛电池”股票确实也有过想法，但一直没有买入，因此不可否定其大量集中买入“德赛电池”股票存在专业判断的可能。但是，从徐双全大量集中买入“德赛电池”股票的时间吻合程度、交易背离程度及利益关联程度等方面来看，促使其作出决定的真正因素是其对“德赛电池”股票即将因资产重组而停牌这一内幕信息的确信。因此，徐双全以其买入“德赛电池”股票系独立判断结果的辩解，明显与客观事实不符。

（三）在未获取股票预期价格信息的前提下，对利好型内幕信息公开后继续持股未卖，且公开当日股票价格未出现涨停的，内幕交易的违法所得应当以复牌日收盘价计算违法所得

证券、期货交易是一种高风险的投资行业，行为人获取内幕信息后买入证券、期货可能获取暴利，卖出证券、期货可能避免损失。鉴此，《内幕交易解释》第10条规定：“内幕交易的违法所得，是指通过内幕交易行为所获利益或者避免的损失。”考虑到实际情况纷繁多变，《内幕交易解释》未对违法所得的认定确立一个总的原则。我们认为，根据内幕信息对内幕交易的影响，可以将内幕信息分为利好型内幕信息和利空型内幕信息。以股票买卖为例，内幕信息知情人员进行内幕交易，其必然是在掌握利好信息时买入股票以谋取股票上涨的利益，也必然是在掌握利空信息时卖出股票以避免股票下跌的损失。

实践中，获取利好型内幕信息的人员一般是在内幕信息公告后停止涨停时卖出相关股票，除非其从内幕信息知情人员处获取了预期价位。因此，在

① 刘晓虎：《肖时庆受贿、内幕交易案》，载《刑事审判参考》第85集，法律出版社2012年版，第4页。

未获取股票预期价格信息的前提下，对利好型内幕信息公开后继续持股未卖，且公开当日股票价格未出现涨停的，如何认定违法所得值得研究。我们认为，对行为人的违法所得应当区分以下情形进行区别认定：

第一，对于利好型内幕信息公开后相关股票被全部抛售的，因相关股票交易均与利用内幕交易存在因果关系，故一般应当以行为人抛售股票后的实际获利认定为违法所得。

第二，对于利好型内幕信息公开后，仅卖出部分股票的，对于已卖出的股票按照实际所得计算违法所得；对于未卖出的股票，应当按照内幕信息公开当日的账面所得计算违法所得。

对于公开后相关股票未出现涨停，被告人也未获知相关目标价信息的情况下，被告人没有卖出的部分股票，如何计算违法所得，存在两种不同意见。一种意见认为，应当以公开当日的账面所得计算。另一种意见则认为，应当以案发当日的账面所得计算。我们倾向于第一种意见。理由是：如利好型内幕信息公开当日未出现涨停，则一定程度表明内幕信息对股价的影响不够重大，其后股价变化与内幕信息是否公开没有因果关系。① 因此，对于上述情形下继续持股的，一般将内幕信息公开当日的账目获利认定为违法所得。

本案中，徐双全 2012 年 2 月 3 日从王文芳处获悉“德赛电池”股票即将因资产重组而停牌的内幕信息，于 2 月 20 日德赛电池公司发布《关于重大资产重组停牌公告》并正式停牌前连续买入“德赛电池”股票 62 万余股，3 月 26 日德赛电池公司发布《关于终止筹划重大资产重组事项暨公司证券复牌公告》并于同日复牌。显然，徐双全从王文芳处获悉的德赛电池公司资产重组信息属于利好型内幕信息，但在复牌日宣告重组失败，“德赛电池”股票未出现涨停，现有证据无法证实徐双全获知了相关目标价信息。在此情况下，徐双全在复牌后没有马上抛售“德赛电池”股票，而是选择继续持股，并于 3 个月后陆续抛售所有涉案股票，共获利 730 万余元。根据“德赛电池”股票价格变化情况，徐双全涉及利用内幕交易的股票在复牌日仍然有获利，且之后该股票价格呈上涨趋势，应当将徐双全继续持股归于其对市场的判断而作出的

---

① 在查处的内幕交易案件中，内幕信息主要为重大资产重组信息，故以资产重组的内幕信息为例。对于广大股民来说，停牌之前获知的信息是公司资产不重组，停牌时获知公司资产要重组，而后资产重组失败，复牌后广大股民得到的信息又是公司资产不重组。故一般认为，未兑现的利好内幕信息往往不会对复牌后的股价产生直接影响。

选择，而复牌日的获利因与利用内幕交易存在因果关系，故徐双全的违法所得应当将复牌之日2012年3月26日的账面获利认定为违法所得，而不能将实际获利的730万余元全部认定为违法所得。

第三，对于利用利好型内幕信息，如果按照账面获利数额认定违法所得，那么是以收盘价、最低价或者最高价，抑或以最低价和最高价的平均价计算？目前，由于没有相关明确法律规定，存在不同意见。实践中主要存在四种观点。一种观点认为，应当从有利于被告人角度以最低价计算账面获利。第二种观点认为，收盘价是市场参与者们所共同认可的价格，应当以收盘价计算账面获利。第三种观点认为，可借鉴其他类似案件存在不同价格时取平均值的方法，以最低价和最高价的平均价计算账面获利。第四种观点认为，应当以最高价计算账面获利，否则轻纵犯罪。

我们倾向于第二种观点，原则应当以收盘价计算账面获利。理由是：（1）在证券市场中，收盘价是最重要的一个数据，是赚钱或者赔钱的基准，是市场参与者们共同认可的价格。（2）最高价是大多数人认为最佳卖出的时机，最低价是大多数人认为最佳买进的时机。最高价和最低价是价格的两个极端，以最高价计算偏高，以最低价计算偏低，故以收盘价计算较为合理。实践中，一般只有存疑时才作有利于被告人的选择，而此时没有存疑，且最低价是大多数人认为最佳的买进时机，从理性人角度，一般不可能在最低价时将股票抛售，除非是为了逃避处罚，故第一种观点难以成立。而最高价可能促发涨停的预期判断，出于对连续涨停的期待，一般也不会在最高价时将股票卖出，故第四种观点亦不可取。（3）对于平均价计算法，一般是在“遇到销售金额或者其他数额高、低不等难以具体查明时，取其平均数额予以认定”①。而最高价和最低价是两种性质不同的价格，前者是大多数人认为最佳卖出时机价格，后者是大多数人认为最佳买进时机价格，显然不宜简单取两者的平均数。加之收盘价是市场参与者们所共同认可的价格，以收盘价计算具有内在的合理性，故以收盘价计算对被告人较为公平。

本案中，徐双全利用内幕交易买入“德赛电池”股票62万余股，平均每股约21.35元。2012年3月26日，德赛电池公司复牌当日最低价每股22.80元，最高价每股23.94元，收盘价每股23.77元。徐双全在利好型内幕信息

---

① 贺平凡：《论刑事诉讼中的数量认定规则》，载《法学》2003年第2期。

公开后未卖出相关股票，选择在复牌后继续持股，主要是基于其对市场和该股票发展走向的判断，故对其应当以复牌日收盘价计算账面获利即150万余元，而不能以复牌当日最低价计算账面获利（即90万余元）。

（撰稿：上海市高级人民法院　罗开卷）

董正青等内幕交易、泄露内幕信息案

核心提示：内幕信息是否必须具有确定性，以及如何认定其形成时间和非法获取内幕信息的人员？

编者按：

董正青等内幕交易、泄露内幕信息案发和判决均在最高人民法院、最高人民检察院《关于办理内幕交易、泄露内幕信息刑事案件具体应用法律若干问题的解释》出台之前。尽管现在看来，本案对内幕信息形成时间的认定过于保守，对三被告人的处罚过轻。但在当时，广东省广州市中级人民法院、广州市天河区人民法院对本案内幕信息成立、内幕信息形成时间以及非法获取内幕信息的人员的认定却是具有建设性的。可以说，董案的发生，为司法解释的起草提供了现实生动的调研素材，正是它推动了司法解释起草的进程。尽管本案裁判理由中的有些观点已在司法解释明确，有些观点已被修正，但鉴于该案的发生对中国证券立法、司法具有里程碑的意义，故予以刊发。

一、基本案情

被告人董正青，原系广发证券股份有限公司（以下简称广发证券）总裁。

（被告人董德伟、赵书亚基本情况略）

广东省广州市天河区人民法院经公开审理查明：

广发证券成立于1993年5月21日，公司股东包括辽宁成大及吉林敖东等公司。延边公路建设股份有限公司（以下简称“延边公路”）成立于1999年3月31日，公司股东包括吉林敖东药业集团股份有限公司（以下简称“吉林敖东”）等。

2006年2月，广发证券确定采取借壳方式上市，由时任广发证券总裁的被告人董正青主持开展借壳工作。同年4月17日，董正青在其家中召开会议，提出了具体的选壳标准和要求。同年5月7日，广发证券员工肖雪生根据董正青的要求制作了《目标公司建议》，初步分析、比较包括延边公路在内的六家公司的情况以及借壳可能性。同年5月8日，董正青等广发证券高级管理人员与辽宁成大股份有限公司（以下简称“辽宁成大”）法定代表人尚书志在广州商讨，确定以辽宁时代服装进出口股份有限公司（以下简称“辽宁时代”）、延边公路为备选壳。同年5月10日，广发证券员工周伟根据讨论结果制作了《广发证券股份有限公司借壳上市》方案，广发证券确定以延边公路和辽宁时代为备选壳的借壳上市方案。次日，因股票价格异常波动，延边公路发布公告，澄清该公司未与广发证券就借壳上市事项有任何接触。其后，董正青指派肖雪生、周伟先后前往吉林敖东和辽宁成大，向李秀林（吉林敖东法定代表人）和尚书志汇报广发证券借壳延边公路和辽宁时代方案。同年5月底，董正青与李秀林、尚书志在长春讨论，确定广发证券借壳目标公司以辽宁时代为主、延边公路候补的方案。同年6月2日，广发证券确定借壳延边公路。同年6月5日，延边公路、吉林敖东同时发布公告，称吉林敖东正与广发证券就借壳延边公路事项进行协商。同日，延边公路股票停牌。中国证券监督管理委员会（以下简称“中国证监会”）认定，“广发证券借壳延边公路”为本案内幕信息，信息形成日为2006年5月10日，价格敏感期为2006年5月10日至2006年6月5日。

自2006年2月始，董正青多次指示被告人董德伟买入延边公路股票。董德伟遵照董正青指示自同月23日开始通过其控制的多个账户陆续买入延边公路股票。其中，2月份买入252 159股，3月份买入3 905 050股，4月份买入9 788 057股（4月6日持股比例超过5%，4月17日持股比例超过10%）。同年5月10日，广发证券借壳延边公路信息形成后，董正青向董德伟泄露该内幕信息，建议董德伟买入延边公路股票。董德伟于5月份买入5 386 732股，最高峰值持有延边公路股票14 573 888股，占流通股比重15.639%。董德伟利用该内幕信息，在2006年5月10日至同年6月5日期间，通过其控制的多个账户买入、卖出延边公路股票，账面盈利人民币22 846 712.42元。

2006年5月11日，被告人赵书亚向董正青求证广发证券是否会借壳延边公路，董正青遂将广发证券借壳延边公路的内幕信息泄露给赵书亚。赵书亚利用该内幕信息，在2006年5月11日至6月5日期间，利用其控制的“黄祥婷”账户买入、卖出延边公路股票，账面盈利约人民币100万元。

为应付中国证监会调查，董正青、董德伟、赵书亚经密谋，由董德伟、赵书亚伙同他人向中国证监会作伪证。其间，董德伟指使多人迅速提取买卖延边公路股票的全部资金。

2007 年 6 月 1 日，董正青向广发证券辞职。同月 11 日，董德伟到广东省公安厅投案，交代违规持仓问题。22 日，董正青在广州市被公安机关抓获归案。30 日，赵书亚在深圳市被公安机关抓获归案。

广州市天河区人民法院认为，被告人董正青作为广发证券借壳延边公路内幕信息的知情人员，在该内幕信息公开之前，向被告人董德伟、赵书亚泄露内幕信息，情节严重，其行为构成泄露内幕信息罪。被告人董德伟、赵书亚非法获取广发证券借壳延边公路的内幕信息后，在该内幕信息公开前，买入、卖出延边公路股票，情节严重，其行为均构成内幕交易罪。公诉机关指控被告人董正青犯泄露内幕信息罪，被告人董德伟、赵书亚犯内幕交易罪的罪名成立；唯指控董正青犯内幕交易罪证据不足，不予支持。据此，依照《中华人民共和国刑法》第一百八十条、第五十二条、第五十三条、第六十四条之规定，广州市天河区人民法院判决如下：

1. 被告人董正青犯泄露内幕信息罪，判处有期徒刑四年，并处罚金人民币三百万元。

2. 被告人董德伟犯内幕交易罪，判处有期徒刑四年，并处罚金人民币二千五百万元。

3. 被告人赵书亚犯内幕交易罪，判处有期徒刑一年九个月，并处罚金人民币一百万元。

4. 追缴被告人董德伟、赵书亚的违法所得，上缴国库。

一审宣判后，三被告人不服判决，均提出上诉。

董正青上诉称：(1) 原判认定其泄露内幕信息事实不清、证据不足。(2) 原判认定价格敏感期从 2006 年 5 月 10 日起算不符合内幕信息的确定性原则。(3) 本案缺失核心证据通话记录。(4) 原判认定内幕信息形成日就是董德伟内幕交易的起始日并计算非法获利有误。

董正青辩护人辩护称：(1) 原判认定董正青泄露内幕信息未达到法律规定的证明标准，属于事实不清，证据不足。(2) 原判在未查明董正青向董德伟泄露内幕信息具体日期和内容和情况下，错误认定董德伟买卖延边公路获利为内幕交易，进而对董正青错误定罪量刑。(3) 原判认为电话通讯记录并非核心证据错误。

董德伟上诉称:(1) 原判没有证据证明其非法获取了内幕信息。(2) 原判不能排除其是依据市场公开信息进行交易之合理性的情况下认定其有罪,是“客观归罪”和“有罪推定”。(3) 原判认定其利用内幕信息非法获利事实不清且计算错误。

董德伟辩护人辩护称:原判认定董德伟利用内幕信息进行内幕交易、非法获利的事实不清且计算存在重大错误,董德伟买卖延边公路股票是利用市场公开信息进行的。

赵书亚上诉称:(1) 原判对内幕信息及形成时间的认定错误。(2) 通话记录是本案的关键性证据,如不存在完全可以排除获取内幕信息行为的成立。(3) 其买卖延边公路股票并非利用内幕信息,完全是依据市场的公开信息和自身判断。

赵书亚辩护人的辩护意见与赵书亚的上诉意见持同。

广州市中级人民法院经公开审理认为,原审判决认定的事实清楚,证据确实、充分,定罪准确,量刑适当,审判程序合法。各上诉人及辩护人所提意见均不能成立。据此,依照《中华人民共和国刑事诉讼法》(2012 年修改前)第一百八十九条第(一)项之规定,广州市中级人民法院裁定驳回上诉,维持原判。

二、争议问题

1. 内幕信息是否必须具有确定性?
2. 如何认定内幕信息形成时间?
3. 如何认定非法获取内幕信息的人员?

三、裁判评析

(一) 内幕信息不以确定性为成立要件

在内幕交易案件中,内幕信息是否必须具备“确定性”往往是控辩双方的辩论焦点。我们认为,确定性并非内幕信息的主要特征。《证券法》第 75 条第 1 款规定:“证券交易活动中,涉及公司的经营、财务或者对该公司证券的市场价格有重大影响的尚未公开的信息,为内幕信息。”由此规定分析,“对公司证券的市场价格有重大影响”和“尚未公开”是内幕信息的主要特征。内幕信息系上市公司在经营、公司治理等企业活动中形成的重大信息,其不是静态的内容,而是处于从可能性向现实性转化的动态变动中。因此,只要相关信息是真实的而不是谣传、猜测或者毫无根据的,即使尚未转变为现实,也可能被认定为内幕信息。

本案中,“广发证券借壳延边公路”信息对延边公路股票价格有明显影响,且在2006年6月5日之前尚未公开,该信息具有重要性和秘密性。“广发证券借壳上市”是一个动态的过程,包括广发证券内部有关部门基本确定壳资源、与被借壳公司协商、董事会决定借壳公司、与被借壳公司签订合同等多个阶段,每个阶段的信息一旦公开均会对被借壳的上市公司的股票价格产生重大的实质性影响。不管最后吉林敖东或者延边公路最终是否成功借壳,均不影响该内幕信息的认定。

（二）内幕信息形成时间的认定

内幕信息形成时间的认定直接关系到内幕交易能否认定及内幕交易数额、获利数额的计算,从形成日开始到信息被公开披露期间,内幕信息的知情人进行相应股票的交易应当认定为内幕交易。实践中,一般认为,《证券法》第67条第2款所列“重大事件”的发生时间,第75条规定的“计划”“方案”以及《期货交易管理条例》第82条第(十一)项规定的“政策”“决定”等的形成时间,应当认定为内幕信息的形成之日。本案中,广发证券借壳上市对于借壳和被借壳的公司而言都属于“重大事件”,故借壳上市事件的发生时间即为内幕信息形成之日。一二审法院参考中国证监会的认定意见,均认定2006年5月10日为“广发证券借壳延边公路”内幕信息形成之日。理由是:该日广发证券出台《广发证券股份有限公司借壳上市》方案,该方案确定以辽宁时代和延边公路为备选壳,不仅详细比较了两者的借壳成本,还对借壳该两家公司的方法、步骤等工作进行了深入的分析。该方案中借壳目标公司明确,有具体的借壳工作安排,该消息一经公布将对辽宁时代和延边公路的证券价格造成重大的实质性影响。①

（三）非法获取内幕信息的人员的认定

根据《刑法》第180条的规定,内幕交易、泄露内幕信息罪的犯罪主体为特殊主体,包括两大类:证券、期货交易内幕信息的知情人员和非法获取内幕

---

① 需要说明的是,《关于办理内幕交易、泄露内幕信息刑事案件具体应用法律若干问题的解释》第5条针对特定人员规定了不同于普通内幕信息知情人员的内幕信息形成日:“影响内幕信息形成的动议、筹划、决策或者执行人员,其动议、筹划、决策或者执行初始时间,应当认定为内幕信息的形成之日。”也就是说,对于能够影响内幕信息形成的动议、筹划、决策或者执行人员,内幕信息的敏感期应当自其动议、筹划、决策或者执行初始时间开始起算。本案中,时任广发证券总裁的董正青是借壳上市工作的主持人,也是“广发证券借壳延边公路”内幕信息形成的主要决策人,因此,按照司法解释规定,董正青在2006年5月10日内幕信息正式形成日之前指使董德伟买入相关证券的行为也应认定为内幕交易、泄露内幕信息的行为。

信息的人员。本案中，董正青一直担任广发证券的总裁，经广发证券董事会授权后主持借壳上市工作，参与了“广发证券借壳延边公路”从酝酿、商讨、研究到确定的全部过程。董正青自始至终掌握广发证券借壳延边公路的信息，因此认定其为法定的内幕信息的知情人员没有争议。关键是非法获取内幕信息的人员的认定。

从实践情况看，获取内幕信息的非法手段主要包括利用窃取、骗取、套取、窃听、利诱、刺探或者私下交易，凡是通过这些非法手段获取内幕信息的，一般都具有一定的积极性和主动性。本案中，赵书亚并非法定的内幕信息知情人员，但其多次打电话向董正青打听广发证券借壳的信息，其行为是一种典型的刺探行为，应当认定其系“非法获取内幕信息的人员”。

本案另一被告人董德伟也并非法定的内幕信息知情人员，其之所以获取内幕信息是其哥哥董正青主动告知的，也就是说董德伟获取广发证券借壳延边公路的内幕信息完全是被动接受。这种情况下，能否将其认定为“非法获取证券、期货内幕信息的人员”，从而认定其买卖相关证券的行为为内幕交易，庭审过程中存在分歧。一种意见认为，应当严格按照罪刑法定原则，在法律没有将这种行为规定为犯罪的情况下，不能作扩大解释，将这种行为认定为“非法获取内幕信息”。另一种意见认为，内幕信息的知情人员向亲属、同事、朋友等主动泄露内幕信息，上述人员知悉内幕信息后在价格敏感期内进行有关证券的买卖，是典型的内幕交易行为，这种行为严重违反了股票交易应当遵循的公开、公平和诚实、信用原则，若不对这种行为进行惩处，事必破坏国家对证券交易管理制度和侵犯投资者的合法权益。在现行法律、法规未对“非法获取内幕信息”进行界定的情况下，对知情人员的亲属、同事、朋友被动获取内幕信息的情形认定为“非法获取内幕信息”，符合刑法设立内幕交易、泄露内幕信息罪的立法目的。

我们同意后一种意见。本案在案证据显示，在当时延边公路股票没有明显投资价值的情况下，董德伟、赵书亚均在短时间内集中大量资金，围绕内幕信息中所涉延边公路股票进行大量买卖。董德伟在 5 月 10 日已持有延边公路股票 1 457 万多股（最高峰值），其后不断倒仓大量减持该股票，直至 6 月 5 日还持有 308 万余股。而上述股票交易是在董德伟控制的多个他人股票账户中进行的。由此可见，董德伟进行延边公路股票的交易时点与相关内幕信息的产生、传递与公开的时点高度吻合，其动用资金的总额、买入卖出资金数量与股票数量也显示其对内幕信息涉及的股票有异乎寻常的“信心”，从而可以在董德伟的交易活动与内幕信息之间建立合理的联系,认定相关交易行为明显异常。董德伟上诉称,买卖延边公路股票是利用市场公开信息进行的。然而如上所述,延边公路股票属于不具备巨额投资价值的股票,且其在5月11日已经发布否认被借壳上市的澄清公告这一利空消息,在此情况下,买入该股风险大增。因此,董德伟关于利用公开信息买卖该股票的辩解是站不住脚的。综上所述,董德伟系非法获取内幕信息的人员,其买卖延边公路股票的行为应当认定为内幕交易。

(撰稿:广东省广州市中级人民法院　赵志春　许媛媛)

杨治山内幕交易案

核心提示:如何理解内幕交易犯罪案件中的"自动投案"和"如实供述主要罪行"?

一、基本案情

被告人杨治山,男,1965年8月24日出生,原系中信证券股份有限公司(以下简称"中信证券")研究部执行总经理、山西漳泽电力股份有限公司(以下简称"漳泽电力")独立董事。2012年5月22日因涉嫌犯内幕交易罪被逮捕。

上海市人民检察院第一分院以被告人杨治山犯内幕交易罪,向上海市第一中级人民法院提起公诉。

被告人杨治山及其辩护人对起诉书指控的事实及罪名不持异议,但认为杨治山具有自首情节,依法可以从轻、减轻处罚,并提请法庭对杨治山适用缓刑。

上海市第一中级人民法院经公开审理查明:

2010年5月起,被告人杨治山担任漳泽电力独立董事。2011年3月、4月间,杨治山从漳泽电力相关负责人处获悉该公司重大资产重组的内幕信息后,于同年4月15日抛售其妻尚燕萍证券账户内的股票,共筹集资金人民币(以下币种同)1600万余元,并以第三人李桦名义在中国建银投资证券有限责任公司上海物华路证券营业部开设证券账户。4月18日,杨治山指使尚燕萍将1500万元转入李桦账户。同月19日、28日,杨治山在李桦账户内共买入漳泽电力股票268万余股,成交金额合计1499万余元。2011年6月7日,漳泽电力股票停牌。同年10月28日,漳泽电力公告重大资产重组信息并复牌。经杨治山与尚燕萍商议后,由尚操作,于复牌当日以集合竞价方式低价抛售上述全部漳泽电力股票,亏损82万余元。

杨治山在证券监管机构调查期间主动向证券监管机构如实供述主要犯罪事实,在被侦查人员传唤到案后如实供述了上述犯罪事实。

上海市第一中级人民法院经审理认为,被告人杨治山作为证券交易内幕信息的知情人员,在相关信息尚未公开前,买入该股票1 499万余元,其行为构成内幕交易罪,且情节特别严重。公诉机关指控的罪名成立。杨治山在证券监管机构调查期间,主动向证券监管机构交代其获悉漳泽电力可能重组的信息后,在信息敏感期内买入漳泽电力股票的事实,并表示愿意接受调查。在侦查机关到杨治山事先交代的住址传唤其到案接受调查时,杨治山亦供述了其主要犯罪事实,其行为可视为自动投案后如实供述主要犯罪事实,依法应当认定其具有自首情节。结合杨治山当庭自愿认罪、在漳泽电力股票复牌当日低价抛售股票等情节,可以对杨治山减轻处罚。但综合考虑本案事实、情节,对杨治山不宜适用缓刑,辩护人所提相关量刑建议不予采纳。据此,为维护证券市场的公开、公平、公正秩序,保护广大证券投资者合法利益,依照《中华人民共和国刑法》第一百八十条第一款、第三款,第六十七条第一款,第五十三条之规定,上海市第一中级人民法院以被告人杨治山犯内幕交易罪,判处有期徒刑三年,并处罚金人民币五万元。

一审判决后,被告人杨治山不服,以量刑过重为由向上海市高级人民法院提出上诉,要求改判宣告缓刑。

上海市高级人民法院经公开审理认为,一审判决认定的事实清楚,证据确实、充分,定罪准确,量刑适当,审判程序合法,遂裁定驳回上诉,维持原判。

二、争议问题

如何理解内幕交易犯罪案件中的“自动投案”和“如实供述主要罪行”?

三、裁判评析

司法实践中的自首分为三类:“主动投案型”“形迹可疑型”及“被采取强制措施后如实供述尚未掌握犯罪型”。《刑法》第67条对主动投案型自首的认定作了如下规定:“犯罪以后自动投案,如实供述自己罪行的,是自首”。根据最高人民法院《关于处理自首和立功具体应用法律若干问题的解释》(以下简称《解释》)第1条第(二)项的规定,如实供述自己的罪行是指犯罪嫌疑人自动投案后,如实交代自己的主要犯罪事实。最高人民法院《关于处理自首和立功若干具体问题的意见》（以下简称《意见》）规定：“……犯罪嫌疑人自动投案后隐瞒自己的真实身份等情况，影响对其定罪量刑的，不能认定为如实供述自己的罪行。”

本案的定性没有争议，争议的焦点在于，依照刑法及上述司法解释的规定，能否认定本案被告人杨冶山的行为构成自首。对这一问题的论述，可以从以下两个方面着手分析：杨冶山被侦查人员上门传唤到案是否属于“自动投案”；杨冶山关于其购买涉案股票主要是基于专业判断的辩解是否影响对其“如实供述自己罪行”的认定。

（一）内幕交易犯罪案件中的“自动投案”

凡是证券监管部门移送的内幕交易犯罪案件，在将案件移送之前，证券稽查部门往往已启动了立案稽查程序。本案中，被告人杨冶山获悉证券监管部门调查相关股票异动情况后，主动向证券监管部门反映自己购买股票的情况，并向证券监管部门提供了自己的联系方式及家庭住址，以便有关部门作进一步调查取证。证券监管部门经过数月的调查后，向公安机关移送案件材料，随后侦查人员到杨冶山家中传唤其到案接受调查。杨冶山主动找证券监管部门反映情况，且其在家中被公安机关传唤到案如实供述主要犯罪事实的行为是否属于自首，直接影响到对杨冶山的量刑。鉴于庭审过程中，对此存在争议，故有必要探讨。我们认为，杨冶山主动找所在单位领导或者有关部门反映自身情况后，能够随传随到，并在自己的住址等候司法机关处理的，依法应当认定为自动投案。

1. 只要行为人主动向基层组织或者证券监管部门如实反映自身涉案情况，并自愿等候有关部门处理的，均可以认定为自动投案。根据最高人民法院《关于处理自首和立功具体应用法律若干问题的解释》（以下简称《解释》）第1条的规定，自动投案是指犯罪事实或者犯罪嫌疑人未被司法机关发觉，或者虽被发觉，但犯罪嫌疑人尚未受到讯问、未被采取强制措施时，主动、直接向公安机关、人民检察院或者人民法院投案。犯罪嫌疑人向其所在单位、城乡基层组织或者其他有关负责人员投案的应当视为自动投案。根据最高人民法院《关于处理自首和立功若干具体问题的意见》（以下简称《意见》）第1条第（一）项的规定，犯罪嫌疑人具有以下情形之一的，也应当视为自动投案：(1) 犯罪后主动报案，虽未表明自己是作案人，但没有逃离现场，在司法机关询问时交代自己罪行的；(2) 明知他人报案而在现场等待，抓捕时无拒捕行为，供认犯罪事实的；……(5) 其他符合立法本意，应当视为自动投案的情形。由此可见,在现场等候抓捕,即使非本人主动报案,亦可视为主动投案。内幕交易案件中,由于系先由证券监管部门调查,故行为人一般均是先向证券监管部门投案,如果行为人预留联系方式,并在预留地址自愿等候有关部门处理的,比照"明知他人报案而在现场等待……"的规定,应当认定行为人系主动投案。行为人在自愿等候有关部门处理过程中,被公安抓获到案不影响自动投案的认定。简言之,如果因行为人在等候处理过程中,因未能及时向公安机关投案而否认行为人自动投案,则可能导致内幕交易案件中的行为人往往自动投案不能。原因在于内幕交易犯罪往往由证券监管部门先行调查,监管部门一般依照调查结论作出行政处罚或者移送司法机关处理。行为人等候处理过程中一般也无法明知调查进展情况,更无从知晓案件是否移送到公安机关。在行为人无法准确了解何时需要向公安机关投案的情况下,不能因部门之间的协调程序影响对行为人自动投案的认定。当然,如果行为人向证券监管部门主动投案并预留联系方式和家庭住址后逃跑的,则因其不具有等候处理的自愿性,故依法不能认定为自动投案。

2. 行为人向证券监管部门主动投案已实现自首制度中主动投案的立法价值。从自首的立法价值分析,立法者设置自首的目的在于减少司法机关的追诉负担和司法成本、有效实施刑罚预防犯罪的目的。如果行为人能向司法机关自动投案如实供述,将大大提高司法机关侦破案件的效率。行为人在公安机关介入之前即主动向有关部门主动投案,并在家中等候处理,证券监管部门依照行为人供述的内容进行调查、取证,必然减轻司法机关调查、取证的负担,也必定节约司法成本。因此,从这一角度分析,行为人向证券监管部门主动投案已实现自首制度中主动投案的立法价值。

从另一角度分析,内幕交易案件被移送公安机关后,由于行为人在预留的住址等候处理,公安机关即使上门采取拘留等强制措施,对司法资源的浪费也不明显,以此进行刑法负面评价的意义并不大。基于上述分析,我们认为,本案被告人杨治山的行为符合自动投案的特征。

(二) 内幕交易犯罪案件中的"主要罪行"

主要罪行系指主要犯罪事实,包括罪质事实和重大罪量事实。罪质事实是指对犯罪嫌疑人行为性质认定具有重大影响的事实、情节;重大罪量事实是指对量刑具有重大影响的事实、情节。其中,罪质事实主要是针对罪名的构成要件。对于故意犯罪,因系有意为之,行为人是否供述了主要犯罪事实,通常不难判断。值得注意的是,在具体案件中,针对不同罪名的构成要件,如实供述罪行中的罪质事实也相应有所不同。如在盗窃案件中,行为人如实供述罪行时,供述的内容应当包括窃取的财物种类、数量等;而在故意杀人案中,行为人如实供述的内容应当主要包括作案工具、杀人手段等事实。

我们认为,在内幕交易犯罪案件中,根据《刑法》第180条的规定,行为人的如实供述内容,应当包括:行为人的主体身份;所购买的相关股票名称、数量;行为人获悉内幕信息等相关情况。

1. 从犯罪行为性质分析。内幕交易犯罪是一种典型的行政犯,由于证券期货违法犯罪所涉专业性较强,人民法院通常是在参考证券监管部门出具的相关认定意见的基础上认定犯罪事实。然而,证券监管部门的认定意见本身不属于内幕交易犯罪本身的事实和情节,行为人对该认定意见进行辩解或者持不同看法,不影响对其如实供述罪行的认定。在其他行政犯罪案件中也存在类似的问题。如在重大责任事故犯罪案件中,在危害后果无需证实的情况下,对行为人罪责的认定关键在于行为人是否违反特定规章制度所要求的注意义务的认定,而行为人是否严格遵守业务规章制度和认真履行特定监督管理职责,需要经过长时间、多渠道的调查才能确定。① 因此,在重大责任事故案件中,行为人应当对其依照行政规章的作为和不作为进行供述,但对其行为是否存在重大责任可以不作供述,即便做无责任辩解也不影响对其如实供述罪行的认定。在重大责任事故犯罪的场合,事故原因正在调查之中,刑事责任的范围及其具体责任人尚未确定,有关人员按时接受调查并如实陈述所知道的情况的,宜视为自动投案,依法应当认定为自首。②

经由上述分析,在内幕交易犯罪案件中,行为人只要如实供述了其获悉内幕信息、从事了相关股票交易的事实,就基本可以认定其如实供述了主要罪行。至于行为人对犯罪性质的辩解,具体而言,对相关信息是否为内幕信息、其从事相关证券交易时是否处于价格敏感期等内容的辩解,不影响对其如实供述主要罪行的认定。

2. 从辩解性质分析。在内幕交易案件中,行为人通常作出其主要是基于专业判断而买卖相关股票的辩解。对于该类辩解是否影响对行为人如实供述主要罪行的认定,实践中存在争议。我们认为,该类辩解本质上属于性质辩解,不属于事实辩解。根据最高人民法院《关于被告人对行为性质的辩

---

① 参见周峰、赵俊甫:《重大责任事故罪自首认定刍议》,载《人民司法》2012年第3期。
② 参见黄祥青:《自首与立功司法认定若干问题探讨》,载《法律适用》2007年第2期。

解是否影响自首成立问题的批复》的规定，犯罪分子对行为性质的辩解不影响自首成立，因此，在行为人如实供述犯罪事实的前提下，作出其是主要基于专业判断而买卖相关股票的辩解不影响对其如实供述罪行的认定。《关于办理内幕交易、泄露内幕信息刑事案件具体应用法律若干问题的解释》明确规定了对获悉内幕信息和购买股票行为之间因果联系的认定规则，行为人对这种因果联系的辩解，在本质上属于一种性质辩解，而并非事实辩解。故即使行为人作出其购买股票主要是基于专业判断的辩解，只要其如实供述犯罪事实，也不影响对其如实供述罪行的认定。

值得注意的是，如果行为人编造事实，否认自己购买股票，否认自己获悉相关信息的，则不应认定为自首。自动投案后，又编造事实为自己开脱罪责，不能认定为如实供述主要罪行。如果行为人向证券稽查部门供述时称，购买股票全系自己妻子的行为，自己完全不知情也从未参与的，该辩解是一种事实辩解，亦不能认定为如实供述主要罪行。

综上，本案中，被告人杨治山主动找到证券监管部门反映自己涉案情况，预留了自己的联系方式和住所地址，并在上述地址等候有关部门处理，后经公安机关上门传唤到案，依法可以视为主动投案。杨治山在证券稽查阶段，说明自己系相关上市公司独立董事等身份，也交代了其知晓涉案上市公司资产重组的信息，并主动交代了其通过第三人账户购买涉案股票1 499万余元的事实。后在公安机关侦查阶段，到案后亦如实供述了主要犯罪事实，故依法可以认定杨治山具有自首情节。杨治山关于其购买股票主要是基于自身专业知识判断的辩解，属于对其行为性质的辩解，不影响对自首情节的认定。

（撰稿：上海市第一中级人民法院　万志尧　邬小骋）

【典型案例裁判文书】

被告单位国美电器有限公司、北京鹏润房地产开发有限责任公司单位行贿，被告人黄光裕非法经营、内幕交易案

北京市第二中级人民法院
刑事判决书

(2010)二中刑初字第689号

公诉机关北京市人民检察院第二分院。

被告单位国美电器有限公司，单位住所地北京市通州区潞城镇新城工业区一区9号，法定代表人陈晓。

诉讼代表人崔悦环，女，36岁，国美电器有限公司法律事务中心总监。

辩护人张庆方，北京市汉鼎联合律师事务所律师。

辩护人胡健，北京市汉鼎联合律师事务所律师。

被告单位北京鹏润房地产开发有限责任公司，单位住所地北京市通州区潞城镇新城工业区，法定代表人黄秀虹。

诉讼代表人吴发强，男，56岁，北京鹏润房地产开发有限责任公司董事。

辩护人张松岩，北京市嘉和律师事务所律师。

辩护人崔智峰，北京市嘉和律师事务所律师。

被告人黄光裕(曾用名：黄俊烈，英文名：WONG KWONG YU)，男，41岁(1969年5月9日出生)，汉族，出生地广东省汕头市，香港永久性居民〔身份证号码：P786803(4)〕，初中文化，捕前系国美电器有限公司法定代表人、北京鹏润房地产开发有限责任公司法定代表人、北京中关村科技发展(控股)股份有限公司董事，住北京市朝阳区嘉林路甲1号69、70幢；因涉嫌犯内幕交易罪于2008年11月17日被羁押，2009年3月2日被逮捕；现羁押在中国人民解放军总参谋部政治部看守所。

辩护人田文昌，北京市京都律师事务所律师。

辩护人杨照东，北京市京都律师事务所律师。

被告人杜鹃，女，37岁（1972年10月25日出生），汉族，出生地北京市，大专文化，捕前系北京中关村科技发展（控股）股份有限公司监事，住北京市朝阳区嘉林路甲1号69、70幢（户籍所在地：北京市西城区百万庄大街甲21号6楼1门201号）；因涉嫌犯内幕交易罪于2008年12月21日被羁押，2009年1月22日被逮捕，同年12月17日被监视居住。

辩护人许昔龙，北京市大成律师事务所律师。

被告人许钟民，男，44岁（1965年11月3日出生），汉族，出生地广东省汕头市，初中文化，捕前系北京中关村科技发展（控股）股份有限公司董事长、总裁，住北京市海淀区蓝靛厂南路玲珑花园12号楼2单元402号（户籍所在地：广东省汕头市潮阳区莲角池直巷59号102）；因涉嫌犯内幕交易罪于2008年11月25日被羁押，2009年3月2日被逮捕；现羁押在中国人民解放军总参谋部政治部看守所。

辩护人刘东根，北京市铭基律师事务所律师。

辩护人赵国华，北京市铭基律师事务所律师。

北京市人民检察院第二分院以京检二分刑诉（2009）0388、（2010）0029号起诉书指控被告单位国美电器有限公司（以下简称“国美公司”）、北京鹏润房地产开发有限责任公司（以下简称“鹏房公司”）犯单位行贿罪，被告人黄光裕犯非法经营罪、内幕交易罪、单位行贿罪，被告人许钟民犯内幕交易、泄露内幕信息罪、单位行贿罪，被告人杜鹃犯内幕交易罪，向本院提起公诉。本院遵照北京市高级人民法院指定管辖的决定，于2010年2月24日立案受理并依法组成合议庭，公开开庭审理了本案。北京市人民检察院第二分院指派检察员吴春妹、代理检察员孙雪丽出庭支持公诉。被告单位国美公司诉讼代表人崔悦环及辩护人张庆方、胡健，被告单位鹏房公司诉讼代表人吴发强及辩护人张松岩、崔智峰，被告人黄光裕及其辩护人田文昌、杨照东，被告人杜鹃及其辩护人许昔龙，被告人许钟民及其辩护人刘东根、赵国华到庭参加诉讼。本案现已审理终结。

北京市人民检察院第二分院指控：

一、非法经营罪

被告人黄光裕于2007年9月至11月间，违反国家规定，采用人民币结算在境内、港币结算在境外的非法外汇交易方式，将人民币8亿元直接或通过北京恒益祥商业咨询有限公司(以下简称“恒益祥公司”)转入深圳市盛丰源实业有限公司(以下简称“盛丰源公司”)等单位,通过郑晓微(另案处理)等人私自兑购并在香港得到港币 8.22 亿余元(折合美元 1.05 亿余元)。

二、内幕交易、泄露内幕信息罪

(一) 被告人黄光裕作为北京中关村科技发展(控股)股份有限公司(以下简称“中关村上市公司”)的实际控制人、董事,于 2007 年 4 月至 2007 年 6 月 28 日间,利用职务便利,在拟将中关村上市公司与黄光裕经营管理的北京鹏泰投资有限公司(以下简称“鹏泰公司”)进行资产置换事项中,决定并指令他人于 2007 年 4 月 27 日至 6 月 27 日间,使用其实际控制交易的龙燕、王振树等 6 人的股票账户,累计购入“中关村”股票(股票代码 000931)976 万余股,成交额共计人民币 9 310 万余元,至 6 月 28 日公告日时,6 个股票账户的账面收益额为人民币 348 万余元。

(二) 被告人黄光裕于 2007 年 7 月、8 月至 2008 年 5 月 7 日间,在拟以中关村上市公司收购北京鹏润地产控股有限公司(以下简称“鹏润控股公司”)全部股权进行重组事项中,决定并指令他人于 2007 年 8 月 13 日至 9 月 28 日间,使用其实际控制交易的曹楚娟、林家锋等 79 人的股票账户,累计购入“中关村”股票 1.04 亿余股,成交额共计人民币 13.22 亿余元,至 2008 年 5 月 7 日公告日时,79 个股票账户的账面收益额为人民币 3.06 亿余元。

(三) 被告人杜鹃于 2007 年 7 月至 2008 年 5 月 7 日间,接受黄光裕的指令,协助管理上述 79 个股票账户的开户、交易、资金等事项,并直接或间接向杜薇、杜非、谢淼(均另案处理)等人代传交易指令等,79 个股票账户累计购入“中关村”股票 1.04 亿余股,成交额共计人民币 13.22 亿余元。

(四) 被告人许钟民于 2007 年 7 月至 2008 年 5 月 7 日间,接受黄光裕的指令调拨资金,并指使许伟铭(另案处理)在广东地区借用他人身份证开立股票账户或直接借用他人股票账户共计 30 个。上述股票账户于 2007 年 8 月 13 日至 9 月 28 日间,累计购入“中关村”股票 3 166 万余股,成交额共计人民币 4.14 亿余元,至 2008 年 5 月 7 日公告日时,30 个股票账户的账面收益额为人民币 9 021 万余元。其间,被告人许钟民将中关村上市公司拟重组的内幕信息故意泄露给原公安部经济犯罪侦查局(以下简称“公安部经侦局”)副局长兼北京直属总队(以下简称“北京总队”)总队长的相怀珠及其妻子李善娟(均另案处理)等人,同年 9 月 21 日至 25 日,李善娟使用其个人股票账户分 7 笔买入“中关村”股票 12 万余股,成交额共计人民币 181 万余元。

三、单位行贿罪

（一）被告人黄光裕作为被告单位鹏房公司及国美公司的主管人员，指使被告人许钟民于2006年至2008年间，向相怀珠提出请托，要求相怀珠在对鹏房公司、国美公司有关案件办理中提供违法违规的帮助，并先后两次单独或指使被告人许钟民给予相怀珠款、物共计人民币106万余元。

（二）被告人黄光裕作为被告单位国美公司的主管人员，指使被告人许钟民于2006年至2008年间，通过原北京市公安局经济犯罪侦查处（以下简称"北京市局经侦处"）的靳红利（另案处理）分别向原国家税务总局稽查局（以下简称"国税总局稽查局"）的孙海淳及北京市国家税务局稽查局（以下简称"北京国税稽查局"）的梁丛林、凌伟（均另案处理）提出请托，要求上述人员在国美公司涉税案件调查中提供违法违规的帮助，并先后单独或指使被告人许钟民给予靳红利共计人民币150万元，给予孙海淳共计人民币100万元，给予梁丛林、凌伟人民币各50万元。

针对上述指控的事实，公诉机关向本院移送了被告人供述，证人证言，鉴定结论，银行往来票据、账目和相关书证等证据，认为被告人黄光裕在国家规定的交易场所以外非法买卖外汇，扰乱市场秩序，情节特别严重，其行为触犯了《中华人民共和国刑法》第二百二十五条之规定，应当以非法经营罪追究黄光裕的刑事责任。被告人黄光裕、许钟民、杜鹃作为证券交易内幕信息的知情人员，在涉及对证券交易价格有重大影响的信息尚未公开前，买入该证券，情节特别严重，被告人许钟民还向他人泄露该信息，情节严重，三名被告人的行为均触犯了《中华人民共和国刑法》第二十五条、第一百八十条之规定，应当以内幕交易罪追究被告人黄光裕、杜鹃的刑事责任，应当以内幕交易、泄露内幕信息罪追究被告人许钟民的刑事责任。根据《中华人民共和国刑法》第二十七条之规定，被告人杜鹃、许钟民系内幕交易罪的从犯。被告单位国美公司、鹏房公司及其主管人员被告人黄光裕、许钟民为谋取不正当利益而行贿，情节严重，二被告单位及二被告人的行为触犯了《中华人民共和国刑法》第二十五条、第三十条、第三十一条、第三百九十三条之规定，应当以单位行贿罪追究被告单位国美公司、鹏房公司及被告人黄光裕、许钟民的刑事责任。提请本院依法惩处。

被告单位国美公司的诉讼代表人崔悦环当庭对公诉机关的指控未提出辩解。

被告单位国美公司的辩护人提出以下辩护意见：在北京总队侦办鹏房公

司涉嫌犯罪过程中，黄光裕、许钟民向相怀珠提出保密调查、尽快结案的要求，和在北京市局经侦处收到举报国美公司涉税问题的线索后，许钟民要求相怀珠将举报线索上提至北京总队的请求，以及在税务机关对国美公司进行税务检查时，黄光裕、许钟民向有关稽查人员提出保密调查的请求正当合法，并非谋取不正当利益，所给予的款项是基于对有关人员在执法过程中注意执法方式，保护企业合法权益所表示的感谢。给予靳红利的人民币 120 万元，属于被靳红利索贿。

被告单位鹏房公司的诉讼代表人吴发强当庭对公诉机关的指控未提出辩解。

被告单位鹏房公司的辩护人提出以下辩护意见：黄光裕直接或通过许钟民向相怀珠提出尽快结案、保密调查等请托的原因，是因为鹏房公司涉嫌犯罪被调查影响了国美公司的经营，造成银行对国美公司的授信额度降低，故撤销鹏房公司涉嫌犯罪案件的真正受益人是国美公司，与鹏房公司的利益无关，且上述请求并不违法，不属于不正当利益。鹏房公司涉嫌犯罪被撤案距黄光裕直接或通过许钟民给予相怀珠款、物的时间间隔较长，现有证据无法证明给予款、物与案件撤销之间存在关联性，亦不能证明是感谢相怀珠为鹏房公司谋取了利益。

被告人黄光裕当庭对公诉机关的指控未提出辩解。

被告人黄光裕的辩护人提出以下辩护意见：第一，关于公诉机关指控黄光裕非法经营的事实，现有证据足以证明黄光裕没有实施场外换汇行为，黄光裕在深圳将人民币汇入相关账户后，其归还赌债的行为已经完成，而非法换汇的机构代表赌场在深圳接收人民币后，等同于黄光裕已经归还了赌债。即使黄光裕明知他人场外换汇，而其本人未实施场外换汇的行为，就不构成非法经营罪。第二，关于公诉机关指控黄光裕内幕交易的事实，黄光裕是北京鹏润投资有限公司（以下简称“鹏投公司”）的法定代表人，可以代表该公司作出购买中关村股票的意思表示，且购买中关村股票的部分资金来源于鹏投公司，部分涉案股票资金账户中的资金亦流回到鹏投公司，因此买卖中关村股票是鹏投公司的行为，而非黄光裕的个人行为；中关村上市公司收购鹏润控股公司全部股权进行重组的内幕信息形成于 2007 年 9 月 28 日，价格敏感期起算点应不早于该日；公安部及中国证券监督管理委员会（以下简称“证监会”）不是法定鉴定机构，二单位出具的材料不能作为认定本案价格敏感期起算时间的依据；内幕交易的目的在于获利或止损，黄光裕买入股票的目的在于长期持有而非套现获利,且现有证据证明黄光裕买入中关村股票后并未抛售,因此不能认定黄光裕利用内幕信息进行内幕交易。第三,关于公诉机关指控单位行贿的事实,黄光裕并未向相怀珠提出谋取不正当利益的请托;靳红利具有索贿情节。辩护人当庭出示了黄光裕的供述,证人伍健华、钟美财、周亚飞、曹丽亮的证言,相关支票配售记录和收据,恒益祥公司与国美公司北京分公司兑换现金明细表和关于兑换现金情况的简要说明,鹏投公司关于2007年重组"鹏润地产"的情况说明、2007年7月31日前鹏润地产股权结构图、鹏投公司备忘录、鹏润地产业务买壳上市的架构、路径及分析、北京国美置业有限公司(以下简称"国美置业公司")股权变更表、重组后的国美置业公司股权结构表、国美置业股东决议及股权转让协议、增资及更名手续、2007年9月30日鹏润地产业务股权结构图、《关于北京鹏润投资涉嫌"中关村"股票内幕交易线索的移送函》等书证,用以支持上述辩护观点。

被告人杜鹃当庭对公诉机关的指控未提出辩解。

杜鹃的辩护人提出的辩护意见是:杜鹃参与内幕交易犯罪的程度不严重,且系从犯,请求法庭对其判处缓刑。

被告人许钟民当庭对公诉机关的指控未提出辩解。

许钟民的辩护人提出以下辩护意见:许钟民在内幕交易的事实中,没有为自己谋取利益,没有任何非法所得,系内幕交易犯罪的从犯;其所犯泄露内幕信息罪具有自首情节;在单位行贿事实中,许钟民没有向有关税务人员提出不正当的请求,也未谋取不正当利益;靳红利存在索贿情节。许钟民系初犯,案发前一贯表现良好。辩护人当庭出示了许钟民的供述和亲笔供词,黄光裕的亲笔证词,北京京文唱片传播有限公司出具的《情况说明》《中国新闻周刊》杂志社出具的《关于许钟民出资共同创办〈中国新闻周刊〉英文版的情况说明》、中国儿童少年基金会出具的《捐款证明》《恳求书》等书证,用以支持上述辩护观点。

经审理查明:

一、非法经营的事实

被告人黄光裕于2007年9月至11月间,在国家外汇管理局规定的交易场所以外,将人民币8亿元直接或通过恒益祥公司转入盛丰源公司和深圳市迈健凯电子科技有限公司(以下简称"迈健凯公司")等单位账户,经由郑晓微(已判刑)等人控制的"地下钱庄",私自兑购并在香港收取了港币8.22亿余元(折合美元1.05亿余元)。

上述事实,有下列经庭审举证、质证的证据证实,本院予以确认:

1. 证人伍健华(国美电器控股有限公司董事)的证言:黄光裕大多在澳门连卓钊开的赌厅以其的名字赌博,其是黄的代表。连卓钊的赌厅与黄光裕都是港币结算,黄光裕赌博可以不带现金,连卓钊最高时给他的预支赌资额度达到港币2.8亿元。黄光裕还连卓钊赌债资金来源及还款方式一种是用减持香港国美的钱还,由其从香港银行开本票送到赌厅。大多数情况是黄光裕从大陆调拨人民币通过地下钱庄偿还。其一直与赌厅的陈小姐联系,她提供一个大陆地下钱庄的账号,其再把账号告诉黄光裕,由黄光裕将钱打过来。黄光裕从内地向地下钱庄的账号内打款后,地下钱庄的人会和澳门赌厅联系,告诉赌厅还了多少钱。

伍健华经对公安人员出示的郑晓微记账手册第三册进行辨认,确认在该册中记载的“伍生和伍健华换汇金额”应该都是黄光裕还的赌债。

2. 证人连棹锋〔香港海王集团(国际)有限公司董事会主席〕的证言:其在澳门主要负责为连卓钊的赌厅与客人对数(即对账)、追赌账,赌厅只收港币。黄光裕在赌厅以伍健华、余国良的名义赌博,这二人是黄的经纪人,负责归还黄所欠的赌债,如果他们手里有港币,就会开本票给赌厅;如果没有港币,黄光裕就让伍健华以人民币归还,其联系地下钱庄,由钱庄将在内地接收人民币的账户告诉郑晓微,郑将账户交给其公司的陈小姐,陈小姐再转告伍健华。陈小姐和伍健华经常对数,再报给郑晓微,郑晓微再告诉其,其让人找伍健华,不用找黄光裕。郑晓微的手工记账册中写着“伍生”或“伍健华”的账目,就是黄光裕的换汇记录。

3. 证人连卓钊〔香港海王集团(国际)有限公司实际控制人〕的证言:黄光裕在其赌厅赌博,从来不用自己的名字开户、写欠条,他的经纪人是余国良和伍健华。如果黄光裕没钱还赌债,就会让伍健华帮助联系地下钱庄,从大陆打钱,由伍健华还钱给其。其没有直接就赌债或赌博问题与黄光裕联系过,这方面的事情都是其找伍健华。当黄光裕要从大陆用人民币换成港币还赌债的时候,其就安排连棹锋为伍健华提供钱庄的银行账户。

4. 证人郑晓微的证言:其提供账户给需要外币的客户,客户将人民币在境内汇入其指定的账户,其再将人民币转入香港客户指定的账户,香港客户则在香港将外币转入其提供的内地客户指定的账户,其收取一定的汇差作为费用。其通过发手机短信或传真的形式将收款账号告诉客户,其对公的收款账户是深圳市康源达贸易有限公司(以下简称“康源达公司”),对私是以孙永帝的名字开的账户。在公安机关扣押的12本账册中有其记录的7本,内容是其从事外汇兑换业务的情况,包括收款时间、金额、人民币兑换港币的汇率、来款方的账户名、付给客户的港币金额等内容。盛丰源公司和迈健凯公司都是其香港朋友苏小姐的账号,平时其和钟美娃借来用于转款和收款。

5. 证人钟美娃(深圳市医药生产供应总公司总经理)的证言:黄光裕、连卓钊被抓后,其听郑晓微说可能会牵扯出她替他们换汇记账的事,为此郑晓微躲出去了。

6. 证人周亚飞(鹏投公司原财务总监)的证言:2006年至2007年,黄光裕指令其往深圳的几家公司打过人民币2亿元,但未说明资金用途。收款公司与其单位没有业务往来,财务上只能记往来款下的应收款。

7. 证人侯占军(鹏投公司原财务经理)的证言:鹏投公司支出资金必须有黄光裕本人的签字或杜鹃代签才能调拨。其在鹏投公司任职期间,同时负责恒益祥公司的财务,恒益祥公司没有实际经营业务。

8. 证人邵艳华(鹏投公司出纳)的证言:鹏投公司与恒益祥公司是关联公司,恒益祥公司平时没有业务,银行账户只是作为往来转账用。鹏投公司、恒益祥公司与盛丰源公司、深圳市仁惠进出口有限公司(以下简称"仁惠公司")、迈健凯公司并没有实际业务往来。

9. 证人芦宾(鹏投公司会计)的证言:恒益祥公司属于集团内公司,没有业务,只是用于集团内公司之间相互走账。恒益祥公司与鹏投公司的资金往来,其都记为往来账。

10. 被告人黄光裕的供述:其自2006年至2008年,总共动用了大约人民币10亿元通过地下钱庄换汇并在香港接收港币。2007年总体拿人民币换了大约有港币6至7亿元。其在澳门连卓钊赌场输钱需要还赌债时,会让伍健华联系地下钱庄用人民币换汇。转出资金的关联公司基本就是恒益祥、饮马科技、缘奔达等公司。2007年9月,其将人民币1亿元通过地下钱庄换成港币,是由伍健华联系连卓钊办的。仁惠公司、盛丰源公司的账号就是伍健华所给的地下钱庄接收人民币的账号。换汇过程中,其支付人民币的账户基本全是深圳、广东那边的公司。由鹏投公司或恒益祥公司这些关联公司支付到这类无任何业务往来的深圳公司的人民币,全是其用来换港币的。香港万盛源控股公司、Elegance投资管理公司都是由其实际控制和使用的,用来接收这些港币。

11. 工商行政管理机关出具的企业法人营业执照、注册及变更登记资料等书证证明了鹏投公司、恒益祥公司、盛丰源公司、仁惠公司、迈健凯公司、康源达公司、深圳市怡情源贸易有限公司(以下简称“怡情源公司”)、深圳市自由神电子有限公司(以下简称“自由神公司”)、深圳市发元盛贸易有限公司(以下简称“发元盛公司”)、深圳市通建达贸易有限公司(以下简称“通建达公司”)成立的时间及工商注册情况。

12. 鹏投公司、恒益祥公司出具的2007年9月至11月对外付款的银行凭证、银行存款日记账、对账单等书证证明:上述二公司于2007年9月至11月,分别向盛丰源公司、仁惠公司、怡情源公司、自由神公司、发元盛公司、迈健凯公司、康源达公司、通建达公司付款合计人民币8亿元。

13. 深圳市公安局扣押的郑晓微手工记账本1册、深圳市罗湖区人民法院(2008)深罗法刑一初字第916号刑事判决书等书证证明:郑晓微经手办理的13笔换汇款项合计人民币8亿元,进入郑晓微所在的地下钱庄控制的账户,为客户“伍生”(伍健华)非法兑购港币。

14. 香港万盛源控股公司的往来账款明细,相关澳门赌厅出具的客户赌博输赢账单、存(还)款流水账,中国银行股份有限公司北京市分行出具的外汇牌价等书证证明:黄光裕控制的香港万盛源控股公司及伍健华记录的代黄光裕归还赌债的账目于2007年9月至11月间,共接收港币8.22亿余元,折合美元1.05亿余元。

15. 国家外汇管理局北京外汇管理部出具的《关于对11·7专案有关涉案人员行为进行性质认定的复函》的书证证明:买卖外汇应当通过依法取得结售汇业务经营资格,特许兑换业务经营资格的境内机构,或者在中国外汇交易中心等国家规定的交易场所进行。未通过前述国家规定的机构或场所在境内收付人民币并相应在境外收付对价外币的行为,应认定为非法买卖外汇行为。

16. 中国人民银行营业管理部出具的《涉嫌洗钱等犯罪案件(线索)移送表》、公安部经侦局出具的《关于核查北京鹏润投资有限公司可疑交易线索的通知》、北京市公安局出具的立案决定书等书证证明国家金融监管机构向公安机关移交案件线索及案发情况。

黄光裕的辩护人当庭出示了证人伍健华的《声明》,证人连棹锋、钟美财的证言,被告人黄光裕的供述等,拟证明黄光裕不知道伍健华提供的人民币账号为地下钱庄所控制,黄光裕将钱汇入伍健华提供的深圳账户就视为已归还赌债,进而证明黄光裕由于没有亲自实施换汇行为,不构成非法经营罪。

经查，上述证据来源及形式合法，对证据的真实性本院予以确认。但经法庭查明的在案证据能够证实，黄光裕明知连卓钊的赌厅只接收港币，所付人民币系用来归还港币债务，其在境内以人民币偿还境外港币债务的行为，属于在国家规定的交易场所以外非法买卖外汇。

二、内幕交易、泄露内幕信息的事实

（一）2007年4月，中关村上市公司拟与鹏泰公司进行资产置换，被告人黄光裕作为中关村上市公司的董事及鹏泰公司的法定代表人，参与了该项重大资产置换的运作和决策。在该信息公告前，黄光裕决定并指令他人借用龙燕、王振树等人的身份证，开立个人股票账户并由其直接控制。2007年4月27日至6月27日间，黄光裕使用以上龙燕、王振树等6人的股票账户，累计购入"中关村"股票（股票代码000931）976万余股，成交额共计人民币9 310万余元。至6月28日该信息公告日时，以上6人股票账户的账面收益额为人民币348万余元。

上述事实，有下列经庭审举证、质证的证据证实，本院予以确认：

1. 证人许钟民的证言：2007年三四月，其和黄光裕商议用鹏泰公司持有的北京中关村开发建设有限公司（以下简称"中关村建设"）48%的股份，置换中关村上市公司持有的启迪控股股份有限公司（以下简称"启迪公司"）33%的股份。同年6月底，其和黄光裕签订股权置换、债务重组的协议，同时对外公告，明确了中关村上市公司的主业方向是房地产。

2. 证人邹晓春（鹏投公司原法律顾问）的证言：2007年四五月份黄光裕告诉其，鹏泰公司持有的中关村建设的股权要与中关村上市公司持有的启迪公司的股权进行置换，中关村上市公司或中介机构会来鹏泰公司要一些材料，要求其提供，并审核置换协议等法律文件。此次置换，由中关村上市公司委托审计、律师事务所、券商做相应评估和法律文件。同年六七月份，中关村上市公司将评估报告、审计结果等文件交给其审核后，报黄光裕批准。6月，黄光裕以鹏泰公司名义与中关村上市公司签订了股权置换协议，并上报证监会。年底，证监会正式批准二公司的股权置换，2008年三四月最终完成相应股权过户手续。

3. 证人黄志宇（中关村上市公司董事会秘书）的证言：2007年4月下旬，许钟民告诉其，已与黄光裕达成意向，以鹏泰公司持有的中关村建设的股权置换中关村上市公司持有的启迪公司股权。同年4月底，其与中介机构签订协议，并约定了保密条款。关于资产置换一事，其只对中介机构讲过。6月

20日、21日，其先后向所有董事、监事送达了资产置换文件。6月27日，除黄光裕、魏秋立、杜鹃以外的其他董事、监事在中关村上市公司的会议室召开了董事会，并于28日或29日将上述资产置换文件上报证监会。

4. 证人周亚飞的证言：2007年，按照杜鹃的指示，其让曹丽亮找几个公司员工的身份证去开立银行账户用于转款。2007年底或2008年初，杜鹃提出先前开立的个人账户转款过于频繁，让其再开一些账户，其交待曹丽亮具体经办。后黄光裕、杜鹃告诉其，曾直接让曹丽亮通过开立的银行账户往杜薇的账户内转了1亿余元。鹏投公司存入个人账户里的钱均由黄光裕下指令，龙燕、马志玲、吴瑞玲、谢化民、谢英池等个人账户的操作，由杜鹃直接向曹丽亮下指令。2007年左右，杜鹃直接移交给曹丽亮一批个人账户，其见过清单。

5. 证人曹丽亮（鹏投公司财务中心原副主任）的证言：2004年五六月的一天，周亚飞交给其几个身份证，让其到工商银行不同网点开立相应的个人储蓄存折。2007年三四月，周亚飞安排其用鹏投公司的支票在国美公司换取现金三四千万元，并分别存入龙燕、谢化民、谢英池、马志玲、吴瑞玲等人的储蓄账户。

6. 证人王翔（鹏投公司投资者关系部分析师）的证言：2007年年初，谢英池交给其5个身份证，让其到证券营业部开户。开户后，其按照谢英池的要求，将存入账户的资金数额告诉曹丽亮，每个资金账户内有一千万或二千万元不等的资金量。之后，其听谢英池或黄光裕的指示买卖“中关村”股票。股票卖出后，其再按谢英池的要求将资金汇至银行账户。同年三四月份，谢英池曾让其用上述股票账户以三四元的价格买进中关村股票。

7. 证人谢淼的证言：2006年其受谢英池指使开立了龙燕、马志玲、高咏梅、谢化民、吴瑞玲的个人账户并进行管理。

8. 被告人黄光裕的供述：其在以鹏泰公司名义参股中关村上市公司后，鹏泰公司成为中关村上市公司的第一大股东，作为董事，由其决策中关村上市公司的重大事项。2006年10月，其以鹏泰公司名义收购了凯利公司持有的48%的中关村建设股权，并承诺将这部分股权转让给中关村上市公司。2007年五六月，中关村上市公司承诺以资金方式收购鹏泰公司所持中关村建设股权，但由于中关村上市公司存在资金困难，许钟民、段永基向其提出用中关村上市公司持有的33%的启迪公司股权进行置换。资产置换文件经其和许钟民签字，上报证监会审批。自形成意向到公告前，其以个人名义投入近1亿元,买入1 000万股左右的中关村股票。当其有意要购买中关村股票时,即会让周亚飞从鹏投公司的关联公司提取相应数额的现金,并按要求存入其指定的股票账户,这些资金有一二亿元来源于关联公司。资金转入后,其会直接指示王翔、谢淼或杜薇,按其确定的数量买卖"中关村"股票,有时也会指示杜鹃落实执行。

9. 工商行政管理机关出具的企业法人营业执照、注册及变更登记资料,中关村上市公司出具的任职情况等书证证明:中关村上市公司的注册资本为人民币六亿余元,黄光裕是中关村上市公司的董事、实际控制人,是鹏泰公司的股东、法定代表人。

10.《特聘法律顾问合同》《资产置换协议》、会议记录、董事会决议等书证证明:2007年4月27日,中关村上市公司与北京市观韬律师事务所(以下简称"观韬律师所")签订合同,由该所对中关村上市公司资产置换提供法律服务;同年6月27日,中关村上市公司召开第三届董事会2007年度第四次临时会议,通过了鹏泰公司与中关村上市公司的资产置换协议,同日黄光裕代表鹏泰公司与中关村上市公司签订了该协议。

11. 中关村上市公司发布的2006-047号、046号、2007-001号、005号、011号《公告》等书证证明:经过资产置换,鹏泰公司成为中关村上市公司的第一大股东,黄光裕成为中关村上市公司的董事、实际控制人。

12. 中关村上市公司2007年6月28日发布的第三届董事会2007年度第四次临时会议决议《公告》节录:中关村建设将成为上市公司重要的收入来源,在本次重大资产置换交易过程中同时由鹏房公司对中关村建设实施债务重组,该公告写明此方案对确立、巩固以科技地产为主业具有积极意义,并可提升上市公司盈利能力,配合的债务重组有助于解决历史遗留问题,是本次资产置换的重要组成部分。

13. 证人高咏梅等人的证言和龙燕等6人股东账户开户资料、银行账户开户资料、对账单、部分原始凭证等书证证明了在以上内幕交易中,龙燕等6人的股票账户买卖股票、进出资金的情况。

14. 公安机关出具的搜查笔录、扣押物品文件清单等书证证明:侦查机关在搜查鹏润大厦B座2201、鹏润大厦12层东侧行政中心办公区西侧储物间时,查获了高咏梅、林船等人资金流水记录,谢英池等人资金账户金额记录及谢化民、王振树、谢英池等人的股东交易账号等。

15. 北京五联方圆会计师事务所有限公司出具的《关于"龙燕等七十九

人相关账户及股票交易情况”的司法会计鉴定意见书》的结论：2007年4月27日至2007年6月28日，龙燕、王振树、吴瑞玲、马志玲、谢英池、高咏梅等6人购入“中关村”股票976万余股，成交金额9 310万余元。

16. 深圳证券交易所（以下简称“深交所”）市场监察部出具的多组原始交易数据统计表等书证证明了吴瑞玲等6户账户组在上述内幕信息价格敏感期内，买卖中关村股票的情况，同时证明了中关村上市公司资产置换信息公告当日，中关村股票二级市场的申买总量、成交总量分别比公告前敏感期内的相应指标上涨了148.52%和65.88%等情况。

17. 深交所出具的2007年第52期、第55期《异动快报》，证监会稽查一局出具的《关于对“中关村”股票交易过程中涉嫌市场操纵行为进行非正式调查的函》、证监会山西监管局出具的《“中关村”股票涉嫌市场操纵案调查报告》及附件等书证证明：2007年八九月份，深交所在日常监察中发现“中关村”股票价格出现异动，同期京、粤两地有数十个新开立的个人股票账户大量集中买入卖出“中关村”股票。深交所认为，相关账户具有市场操纵的嫌疑，并将相关账户的交易情况详细呈报证监会。

18. 证监会出具的《关于北京鹏润投资涉嫌“中关村”股票内幕交易犯罪线索的移送函》、公安部经侦局出具的《关于移交鹏投公司及有关人员涉嫌经济犯罪线索的函》、北京市公安局《立案决定书》等书证证明：证监会于2008年10月16日向公安部移送涉嫌证券犯罪案件线索，公安部于同年10月24日将该案交北京市公安局侦办，北京市公安局于11月7日立案侦查。

19. 公安部致证监会《关于商请对黄光裕等人涉嫌“中关村”股票内幕交易案有关事项审核认定的函》、证监会出具的《关于黄光裕等人涉嫌“中关村”股票内幕交易案有关事项的复函》等书证证明：2007年4月，中关村上市公司董事长许钟民与鹏泰公司实际控制人黄光裕协商，形成初步置换意向，同意将中关村上市公司持有的启迪公司股份与鹏泰公司持有的中关村建设股份进行置换。同年4月27日，中关村上市公司与观韬律师所就此次资产置换签订了相关的业务合同。6月28日，中关村上市公司公告披露了与鹏泰公司的资产置换事项。公安部认为，上述资产置换事项在公告前属于《证券法》第75条第2款第（一）项规定的内幕信息，该信息的价格敏感期的起点为2007年4月份许钟民与黄光裕协商达成股权置换意见的时间，但最迟不晚于2007年4月27日，价格敏感期终点为2007年6月28日。证监会复函同意公安部对以上内幕信息价格敏感期的认定。

（二）2007 年七八月，中关村上市公司拟收购鹏润控股公司全部股权进行重组。在该信息公告前，被告人黄光裕指使他人以曹楚娟、林家锋等 79 人的身份证开立相关个人股票账户，并由黄光裕控制，同时安排被告人杜鹃协助管理以上股票账户。杜鹃于同年 8 月 13 日至 9 月 28 日间，按照黄光裕的指令，指使杜薇、杜非、谢淼（均另案处理）等人使用上述股票账户，累计购入“中关村”股票 1.04 亿余股，成交额共计人民币 13.22 亿余元，至 2008 年 5 月 7 日该信息公告日时，上述股票账户的账面收益额为人民币 3.06 亿余元。

期间，被告人许钟民明知黄光裕利用上述内幕信息进行“中关村”股票交易，仍接受黄光裕的指令，指使许伟铭（另案处理）在广东借用他人身份证开立个人股票账户或直接借用他人股票账户共计 30 个。上述股票账户于 2007 年 8 月 13 日至 9 月 28 日间，累计购入中关村股票 3 166 万余股，成交额共计人民币 4.14 亿余元，至 2008 年 5 月 7 日该信息公告日时，上述 30 个股票账户的账面收益额为人民币 9 021 万余元。

上述事实，有下列经庭审举证、质证的证据证实，本院予以确认：

1. 证人周亚飞的证言：2007 年七八月，其参与了中关村上市公司的重组工作，将鹏润控股公司的房地产业务置入中关村上市公司。期间，其参加中国国际金融有限公司（以下简称“中金公司”）组织的中介会，在会上知道鹏润控股公司要借中关村上市公司的“壳”上市。同年 9 月底，最终确定将鹏润控股公司的地产项目调整、重组后注入中关村上市公司的大方向。2008 年九十月份，杜鹃让其安排山东、广东、沈阳的财务人员接收现金后存入刘亚楠或米晓炜的银行卡中，再转回北京，取出现金后存放在鹏润大厦的小金库内。

2. 证人陈连杰（鹏投公司投资者关系部原经理）的证言：2007 年 8 月 10 日，鹏润控股公司召开会议讨论了重组事宜，参会人员有黄光裕、周亚飞、贾蕊蕊等。会上，为运作鹏润控股公司借壳中关村上市公司在境内上市，决定成立地产重组小组，并由其负责拟定成立地产重组小组的报告。其撰文后先报周亚飞，再报黄光裕阅批后执行。

3. 证人王会生（北京昆仑昆投资有限公司总经理）的证言：2007 年 6 月黄光裕告诉其，想以国美公司非上市部分或以鹏润控股公司地产项目置入中关村上市公司，但之前的一些会议都是围绕以地产项目借壳中关村上市公司上市来展开的。当时参加讨论的有黄光裕、杜鹃、周亚飞、贾蕊蕊、许钟民等人，主要是给鹏润控股公司项目算账，摸清家底，为借壳中关村上市公司上市做准备。

4. 证人贾蕊蕊(鹏润控股公司原财务副总监)的证言：鹏润控股公司为地产项目上市一事曾多次召开会议研究，考虑借壳中关村上市公司上市，并决定成立地产上市工作小组具体负责。2007年六七月份，其按照公司决策层的安排联系中介机构，对鹏润控股公司项目进行评估、审计。

5. 证人杨悦(中金公司投资银行部董事、总经理)的证言:2007年8月中旬，杜鹃让其对鹏润控股公司上市方案进行可行性研究，其搜集资料后形成报告。同年9月6日在鹏润大厦开会讨论时，黄光裕提出让其对独立上市和地产重组借壳上市的可行性进行深入分析研究。9月28日杜鹃主持会议，宣布鹏润控股公司重组注入中关村上市公司借壳上市项目启动。10月8日中关村上市公司公告停牌后，其向证监会报送了《关于"中关村"重大资产重组的汇报》和《关于拟将鹏润地产业务注入"中关村"的方案汇报和问题请示》。

6. 证人王晟(中金公司投资银行部副总经理)的证言:2007年9月初，公司指派其参与国美公司有关资本运作的讨论。9月底在鹏润大厦开会时，杜鹃提出拟将鹏润控股公司注入中关村上市公司，让各方提意见和建议，会上决定由许钟民办理中关村上市公司股票停牌，各个单位准备材料，在10月15日前向证监会做第一次汇报。9月30日，其公司与国美公司签署了合作协议及保密协议，与中关村上市公司签署了合作协议。

7. 证人王速素的证言:其为黄光裕开了15个个人股票和银行账户，并将有关资料给了杜鹃。后杜鹃给其一个统计表，表中有其办理的15个股票账户购买股票的情况和银行账户资金情况，每个账户都有1 000多万元资金。

8. 证人杨建展(广州新京文音像有限公司法定代表人)的证言:2007年下半年的一天，许伟铭找其帮忙用其家人的名字开立股票账户用来炒股。开户后，其将股票账户的所有资料交给许伟铭。

9. 证人俞忠鑫的证言:2008年春节后，王速素给其打电话，让其帮忙开几个股票账户。其以自己的名字开了股票账户和建行的银行账户，同时让妹妹俞雪珍在上海也帮着开了股票账户，之后将其和俞雪珍的股票账号告诉了王速素。同年4月底王速素告诉其，要给其和俞雪珍的账户里存钱，由董晓红来办。其账户总计存了280万元左右，存钱后，其将股票、银行账户和密码都交给了董晓红。

10. 证人俞雪珍的证言:2008年4月，俞忠鑫让其帮王速素开一个股票账户。同年4月底，王速素告诉其要到上海来拿开的账户。后董晓红来上海将520万元存入其开的股票账户中，并将其的股票账户和银行账户及密码都要走了。

11．证人陈小莉（黄光裕家保姆）的证言：其在给杜鹃当保姆时，将其的身份证给过杜鹃用于办护照和港澳通行证。

12．证人米晓炜（国美公司司机）的证言：2008 年 9 月或 10 月，周亚飞曾借过其身份证。

13．高咏梅、林家锋等证人的证言：分别证实涉案的 79 个账户开户的情况及上述账户均不由其本人实际控制。

14．证人白炜（鹏投公司财务中心投资者关系部投资分析师）的证言：买卖“中关村”股票始于 2007 年 6 月左右，王翔离开公司之前将管理的一些老户的信息告知其，让其以后听谢英池的安排。后其按谢英池、谢森的要求买卖“中关村”股票。集中买入“中关村”股票的时间是在 2007 年 8 月或 9 月，历时近半个月，之后又频繁卖出。

15．证人谢森的证言：2007 年七八月，其受杜鹃指使总共开了不到 20 个股东账户。同年 9 月开始，杜鹃下指令让其购买了不到 1 000 万股的“中关村”股票。

16．证人杜薇（杜鹃之表妹）的证言：2007 年八九月份，杜鹃告诉其大概 20 个左右的股票账号和密码，让其按照指令买入“中关村”股票。除了他，杜非也在帮杜鹃做股票。

17．证人杜非（杜鹃之表妹）的证言：2007 年八九月，其受杜鹃指令开立了三个股票账户买卖“中关村”股票。其知道杜薇也在杜鹃的指令下买卖“中关村”股票，并将 1 亿元套现转给国美公司。期间还为杜鹃开户，供杜鹃使用。

18．证人曹丽亮的证言：黄光裕、杜鹃、周亚飞曾让其去银行办理存款和转账业务。2007 年八九月，杜鹃指令其把王振树等 7 人的银行账户中不到 1 亿元的存款提现，再存入刁宁等十几个账户中。10 月份左右，又从王振树等 7 人的账户中转出部分资金存到陈小莉、钟峥账户中，提现后又存入刁宁等十几个人的账户里。还将龙燕等人账户里的资金转到陈小莉和钟峥账户里，之后部分提现存入刁宁等十几个人的账户。这时刁宁等十几个人的账户里大约有 2 个多亿的资金。陈小莉、钟峥账户中大约提现 1 亿元，存入杜薇账户，最后杜薇账户里有 2 亿多元转入鹏投公司账户。龙燕等 7 人的账户在 2007 年 8 月份左右还存过一些从国美公司提过来的货款（现金），大约有 5 000 万元左右，后来也都转到陈小莉和钟峥的账户里，再提现存入刁宁等十几个人的账户。

19. 证人孙士霞(国美公司财务人员)、马秀玲(北京鹏润六合房地产有限责任公司会计)、王新红(鹏投公司财务人员)的证言:其三人均分别按照曹丽亮的指示向有关账户存入资金。

20. 证人陈旭(国美公司东北大区财务总监)的证言:2008 年 9 月 27 日至 11 月间,其先后 8 次按周亚飞要求将高咏梅送来的 3 610 余万元存入兴业银行米晓炜的账户。

21. 证人廖江(国美公司华南大区财务总监)的证言:2008 年 10 月,其受周亚飞的指令将人民币 1.1 亿元分别转移到刘亚楠账户或存放于广州国美公司的库房。

22. 证人吴文财(济南国美公司财务中心财务总监)的证言:其在周亚飞的指令下,于 2008 年 10 月接收现金 7 笔共计人民币 2 518 万元,部分转入米晓炜的账户,部分由其单独保管。

23. 证人连棹锋的证言:2007 年 8 月,许钟民曾找其换过港币,其让许钟民找陈小姐办此事,后来听说这事和黄光裕有关。

24. 被告人黄光裕的供述:2007 年七八月份,其对杜鹃讲要整合鹏润控股公司,准备独立上市或借壳中关村上市公司上市。其安排许钟民、许伟铭在广东地区大量开立个人账户,并从香港调集巨额资金注入个人账户操作买入"中关村"股票时,就有将鹏润控股公司注入中关村上市公司上市的倾向。同年八九月份开始对鹏润控股公司进行重组。

王翔离开公司后,其直接交代谢淼收集一些与公司无关联的个人证件去开立股票和资金账户,并告诉谢淼以后听其指令,用这些股票账户买卖"中关村"股票。由于账户多,其让杜薇也来操盘,并让杜鹃根据账户的情况给谢淼、杜薇分配工作。买卖"中关村"股票时,其有时直接给谢淼、杜薇下指令,有时也通过杜鹃向他们转达。在此过程中,杜鹃会不定期统计各个账户的持仓、买入、卖出数量,由此计算出持仓的均价,制成表格交给其。2008 年八九月份,其打算卖出一部分"中关村"股票,结合当时的行情,其直接给杜鹃下达指令,共计卖出两三千万股,变现价值大约 1.2 亿元。

25. 被告人杜鹃的供述:2007 年八九月,黄光裕对其说想把地产重组装入中关村上市公司上市,让其找中介论证。中介会开过五六次,黄光裕并未参加,有时其会向黄光裕汇报情况。同期,黄光裕让其与王速素联系开立股票账户,其联系王速素后陆续开了十几个账户。其给曹丽亮做了一个表,包括银行账号、姓名、开户行和存入的金额等,告诉曹丽亮每个账号里存一千多万元，这些资金都用于做中关村或者三联商社的股票了。买卖股票由黄光裕来决定，操盘手是谢英池、谢淼、杜薇、杜非，有时通过其转达给杜薇和谢英池。

26. 被告人许钟民的供述：2006年其和黄光裕、段永基就已经谈到将鹏润控股公司房地产项目注入中关村上市公司一事。2007年8月左右，其向黄光裕提出资产注入、解决贷款等方案。之后不久，黄光裕让其帮忙将一二亿港币汇到内地。当时其找到朋友连棹锋帮忙，通过地下钱庄将黄光裕在香港的资金汇往国内，同时让许伟铭开设了二三十个账户接收资金。后黄光裕让杜鹃指示许伟铭为用于接收资金的二三十个账户开立了对应的股票账户。在二十天左右的时间里，黄光裕通过地下钱庄向国内汇入港币四五亿元，入到许伟铭开设的账户后，当月都被用来购买"三联商社"和"中关村"的股票。

27. 中关村上市公司出具的任职证明等书证证明：许钟民曾任中关村上市公司董事长，杜鹃曾任中关村上市公司监事。

28. 鹏投公司出具的文件报批单及附件《北京鹏润投资有限公司成立地产重组工作小组的报告》等书证证明："2007年8月10日，公司确定地产业务开始重组上市工作。组长：周亚飞；副组长许钟民（后被周亚飞修改为但铭等四人）、邹晓春"。该报告由周亚飞于2007年8月13日修改原稿增加了"下设中关村组：但铭、黄光宇、周宁、侯占军"的内容后，报送黄光裕审批。黄光裕于同年8月15日签批"同意下发执行"。

29. 中金公司出具的相关书证证明：在该公司"雄鹰项目"存档文件中，包括《关于国美下一步资本运作的讨论》之第一章"关于鹏润房地产业务上市的初步探讨"，《关于鹏润地产上市方式的分析和初步建议》，国美集团（杜鹃签字）和中金公司签订的《保密协议》，中关村上市公司（许钟民签字）和中金公司签订的《业务合作协议》，主要内容证实中关村上市公司同意聘请中金公司作为财务顾问、保荐人和主承销商，协助中关村上市公司完成收购控股股东地产业务资产以及后续的资本市场融资行为等情况。

30. 观韬律师所2009年5月11日出具的《北京中关村科技发展（控股）股份有限公司重大资产置换、重大资产出售以及非公开发行股票购买资产事项情况说明》《特聘法律顾问合同》等书证证明：该所自2007年3月15日起担任中关村上市公司常年法律顾问，同年9月28日晚，崔利国律师接公司通知，要求该所参加9月29日公司召开的情况说明会。该所于会上了解到公司有重组意向。

31. 2007年9月28日中关村上市公司致深交所的《停牌申请》及《关于公司停牌原因的说明》,中关村上市公司发布的2007-051号、052号、2008-038号《公告》等书证证明:中关村上市公司于2007年9月28日申请从10月8日起停牌。该书面申请由许钟民签发。

2007年10月8日《北京中关村科技发展(控股)股份有限公司重大事项公告》(2007-051号)节录:公司有重大事项需要讨论和进行政策咨询,鉴于上述方案存在重大不确定性,为避免股票交易异常波动,公司股票将于公告刊登当日起停牌,直至相关事项确定后复牌。

2007年10月9日《北京中关村科技发展(控股)股份有限公司重大事项公告》(2007-052号)节录:公司因有重大事项需要讨论,特申请从2007年10月8日起停牌,停牌讨论事项:……之4. 公司未来发展问题。大股东在《收购报告书》中承诺"……确保上市公司的资产和资金安全的前提下,鹏泰公司同意向上市公司寻找或注入优质的房地产项目及提供部分资金帮助,以协助上市公司明确主业及增强其持续盈利能力。"公司将科技地产确立为主业,停牌期间公司将与大股东协商,希望得到大股东的大力支持。……公司正在讨论的事项存在重大不确定性,……具体方案将对公司股价产生重要影响,为维护全体股东尤其是中小公众股东的合法权益,公司特申请停牌。

2008年5月7日《北京中关村科技发展(控股)股份有限公司关于非公开发行股票购买资产暨关联交易董事会预案公告》(2008-038号)节录:本公司控股股东及其一致行动人,决定将除基本已经销售完毕、尚有未决事项而不宜注入上市公司的少量房地产项目以外的优质地产业务注入上市公司。

32. 深交所出具的《指定账户组开户记录》《郭述霞等79个账户"中关村"申报、成交情况(2007年4月1日至2008年5月7日)》、涉案79户个人股票账户的股东账户开户资料、股票账户历史委托及历史成交明细和与股票账户对应的银行账户开户资料等书证证明:涉案79户账户组股票账户的开户和交易记录情况。该79户(特别是广东地区的账户)自2007年7月25日起相对集中开户,并于同年8月13日起集中买入大量"中关村"股票。

33. 北京市公安局扣押物品文件清单证明:公安机关扣押了黄光裕的U盘、HP电脑、曹丽亮的移动硬盘、谢森、杜薇、杜非的电脑。

34. 京公刑技鉴(电)字〔2008〕第167号《北京市公安局刑事科学技术研究所电子物证检验报告》、京公刑技鉴(电)字〔2008〕第180号《北京市公安局刑事科学技术研究所电子物证检验报告》、公物证鉴字〔2009〕第83号《中华人民共和国公安部物证检验报告》、公物证鉴字〔2009〕第253、333号《中华人民共和国公安部物证检验报告》及从黄光裕的U盘、电脑、曹丽亮的移动硬盘、谢淼、杜薇、杜非的电脑中提取的文件证明：黄光裕被扣押的U盘中存有“2007年9月12日、14日《日控表》”；黄光裕被扣押的电脑中，存有《券商或交易所监察科调查注意事项》等文件；曹丽亮被扣押的移动硬盘中存有《存、取款情况说明》、7页资金对账单等文件；杜薇被扣押的笔记本电脑中存有杜薇与杜鹃的聊天记录；杜非、谢淼被扣押的电脑中分别存有所控制的账户股票交易及资金变动的文件。

2007年9月12日、9月14日《日控表》两份经黄光裕辨认，黄光裕确认上述文件系其被扣押的U盘中存储的文件；《券商或交易所监察科调查注意事项》经王速素辨认，王速素确认该文件系杜鹃交给其，用以应付证监会调查；《存、取款情况说明》、7页资金对账单等文件经杜鹃辨认，杜鹃确认上述文件类似曹丽亮所报资金对账单，其中第七页最为相像。

35. 公安机关出具的《电子证据检验鉴定报告》证明：从郑晓微的移动电话中提取的短信内容显示，郑晓微于2007年8月20日接到向包括曹楚娟等7个涉案账户在内的9个银行账户内汇款1亿元的指令。

36. 相关银行出具的曹楚娟、郑少康、郑少伟、林家锋、赵淑祥、马壬丰、叶汉元等7个涉案账户的银行对账单、部分原始凭证等书证证明：郑晓微已实际执行接到的付款指令，银行账目显示涉案的曹楚娟等7个账户均于2007年8月20日收到资金合计人民币7 000万元。

37. 华夏银行、兴业银行、中信银行北京东大桥支行等相关银行出具的客户存取款账目及相关凭证等书证证明：陈小莉、米晓炜、刘亚楠等人在银行的存款账户中资金进出转移的情况。

38. 北京五联方圆会计师事务所有限公司出具的《关于“龙燕等七十九人相关账户及股票交易情况”的司法会计鉴定意见书》、深交所出具的“郭述霞等79户账户组在涉案第二个内幕信息价格敏感期内（2007年8月13日至2008年5月7日）买卖“中关村”股票的多组原始交易数据统计表”（包括《郭述霞等79个账户中关村交易流水》《郭述霞等79户账户组“中关村”盈利逐日统计》《郭述霞等79户账户组“中关村”分账户盈利统计》《郭述霞等79户账户组“中关村”股票申报、成交量与该股二级市场申报、成交总量比较》《“中关村”股票整体申报情况统计》）等书证证明：黄光裕控制的郭述霞等79人账户组在以上内幕信息价格敏感期内，累计购入“中关村”股票1.04亿余股，成交额共计人民币13.22亿余元。

39. 公安部致证监会《关于商请对黄光裕等人涉嫌“中关村”股票内幕交易案有关事项审核认定的函》、证监会出具的《关于黄光裕等人涉嫌“中关村”股票内幕交易案有关事项的复函》等书证证明：证监会对于公安部的认定意见不持异议，即认可“非公开发行股份购买（控股股东）资产”事项属于证券法规定的“内幕信息”，以上所述该内幕信息的价格敏感期自2007年8月13日至2008年5月7日。

（三）2007年七八月，被告人许钟民将中关村上市公司拟重组的内幕信息故意泄露给相怀珠及其妻子李善娟（均另案处理）等人。同年9月21日至25日，李善娟使用其个人股票账户分7笔买入“中关村”股票12万余股，成交额共计人民币181万余元。

上述事实，有下列经庭审举证、质证的证据证实，本院予以确认：

1. 证人相怀珠的证言：2007年七八月份，许钟民在与其和李善娟吃饭时说，中关村上市公司马上要进行重组，建议其买“中关村”股票。同年八九月份的一天，许钟民给其打电话，说要借给其100万元用于炒股，再一次对其讲中关村上市公司要进行重组，股票能够翻番。后其将许钟民给的现金人民币100万元拿回家交给李善娟，说是许钟民借给其炒“中关村”股票用的。

2. 证人李善娟的证言：2007年七八月份，许钟民约其和相怀珠吃饭时，谈到中关村上市公司要重组，股票会涨，让其利用这个机会赚钱，并提出借给其100万元买股票。没过两天，相怀珠拿回家一个箱子，里面装了人民币100万元。其将这100万元存入其本人的股票账户，买了“中关村”股票。

3. 证人吴明山的证言：2007年六七月份，许钟民打电话告诉其，黄光裕准备向中关村上市公司投入大量资金，股票可能会涨，让其买“中关村”股票。同年七八月份，在和许钟民及相怀珠夫妇吃饭时，李善娟问“中关村”股票怎么样，许钟民说，黄光裕要对中关村上市公司进行大额投资，建议李善娟购买“中关村”股票。

4. 被告人许钟民的供述：2007年八九月份，其约相怀珠夫妇和吴明山吃饭时，提到中关村上市公司马上完成重组，股票价格会升，让他们利用这个机会挣点钱。

5. 中国建设银行北京市东环支行出具的储蓄存折的书证证明：户名为李善娟的存折（账号为1101789980130336378）于2007年9月20日存入人民币120万元。

6. 齐鲁证券有限公司北京朝外大街证券营业部和招商证券股份有限公司北京建国路营业部出具的客户证券账户查询单等书证证明：2007 年 9 月 21 日至 9 月 25 日，李善娟共买入"中关村"股票累计 122 464 股，成交金额人民币 181 万余元。

黄光裕的辩护人当庭出示了证人周亚飞、曹丽亮的证言，黄光裕的供述和涉案 79 个股票账户的交易表、支票配售记录、收据，恒益祥公司与国美公司北京分公司兑换现金明细及关于兑换现金情况的简要说明，鹏投公司关于 2007 年重组"鹏润地产"的情况说明，2007 年 7 月 31 日前鹏润地产股权结构图，鹏投公司备忘录，鹏润地产业务买壳上市的架构、路径及分析，国美置业公司股权变更表，重组后的国美置业公司股权结构表，国美置业股东决定及股权转让协议、增资及更名手续，2007 年 9 月 30 日鹏润地产业务股权结构图，《关于北京鹏润投资涉嫌"中关村"股票内幕交易线索的移送函》等书证，拟证明黄光裕购买"中关村"股票的资金部分来源于鹏投公司；2007 年 8 月 12 日《北京鹏润投资有限公司报告》中的"重组上市"并非是鹏润控股公司将地产项目置入中关村上市公司，进而证明黄光裕购买"中关村"股票系单位行为，而非个人行为；中关村上市公司内幕信息价格交易敏感日不早于 2007 年 9 月 28 日等事实，经查，上述证据来源及形式合法，内容真实，对于证据本身的真实性亦经庭审质证，予以确认。但仅凭上述证据，尚不足以支持辩护人以上所提相关辩护意见。

许钟民的辩护人当庭出示了许钟民和黄光裕的供述及亲笔供词，拟证明许钟民虽然实施了调集资金、开立股票账户的行为，但其主观上并未追求自身利益，经查，上述证据取证程序及形式合法，内容真实亦经庭审质证，证明了许钟民参与内幕交易犯罪的作用和实施泄露内幕信息犯罪的行为，与公诉机关提出的控方证据相符，本院予以确认。

三、单位行贿的事实

（一）2006 年至 2008 年间，被告人黄光裕作为被告单位鹏房公司及国美公司的法定代表人，在得知公安部经侦局北京总队正在查办鹏房公司涉嫌犯罪案件及北京市局经侦处对国美公司涉税举报线索调查后，经与被告人许钟民预谋，直接或指使许钟民向时任公安部经侦局副局长兼北京总队总队长的相怀珠提出，在侦办鹏房公司、国美公司上述案件中给予关照的请托。期间，黄光裕单独或指使许钟民给予相怀珠款、物共计价值人民币 106 万余元。

上述事实，有下列经庭审举证、质证的证据证实，本院予以确认：

1. 证人相怀珠的证言:2006 年 6 月,公安部经侦局北京总队成立专案组,查办鹏房公司开发鹏润家园项目过程中虚假按揭贷款问题,其担任专案组长。同年七八月的一天,吴明山为其介绍了许钟民,许钟民说他和黄光裕是老乡,请其在办案中关照黄光裕,其表示在法律允许的范围内能关照就关照。后其通过许钟民安排与黄光裕见面时,要求黄光裕积极配合调查工作,并表示办案不会影响国美企业的正常经营,不会采取过激的措施。从 2006 年 7 月到 2007 年 1 月,许钟民多次向其表达尽快结案,以消除对国美公司影响的请托。其作为案件负责人,在办案方式、催促案件进度等方面给予黄光裕、许钟民关照。后北京总队认为鹏房公司非法占有贷款的目的不明显,且贷款未到期限,尚无法认定贷款损失,2007 年 1 月作出撤案决定。

2006 年 10 月许钟民告诉其,北京市局经侦处接到一封公安部转来的关于国美公司涉嫌偷税的举报信,希望其把这个举报线索上提至北京总队,和鹏房公司的案件一并调查,还提出国税总局稽查局也正对国美公司涉税问题进行检查,能否等一等税务检查结果。后其带民警去了北京市局经侦处,将国美公司涉税线索的举报信带回北京总队查处。回来后,其让赵维佳负责把举报信移交国税总局。赵维佳反馈信息说,国税总局认定国美公司不构成偷税。

2007 年八九月份,许钟民向其提出中关村上市公司要进行重组,股票肯定要涨,可以借给其 100 万元买股票。过了一个多星期,许钟民在其单位附近的路边,将装有 100 万元现金的箱子交给其,其带回家交给了李善娟,告诉李这 100 万元是许钟民借给其炒股的。后李善娟将该款连同家里的一部分钱买了中关村股票。其一直没有把钱还给许钟民,许钟民也没有向其要过。

2008 年 3 月份,其到大中电器中塔店选购家电时,打电话问许钟民应买哪个品牌的空调。许钟民问其在哪里,其说在大中电器中塔店,许钟民让其在那里等着。过了几分钟,中塔店的毛经理过来向其推荐了海尔空调。选定全部家电型号后,其让司机去交钱,但对方说老板有交代不让收钱。2008 年 12 月,其在得知黄光裕、许钟民被公安机关调查后,将电器款 5 万余元退还给中关村上市公司的周宁。

2. 证人李善娟的证言:2007 年下半年的一天中午,相怀珠回家时带来一个纸箱子,说里面是许钟民借给他买股票的钱。其存钱时,银行工作人员告知是 100 万元。相怀珠让其等许钟民的电话,许钟民让什么时候买就什么时候买。过了几天,许钟民打电话让其买“中关村”股票。当天其用账户上所有的钱买了这只股票。2008 年上半年在和许钟民、黄光裕一块吃饭时,相怀珠说正在装修房子,想买电器,黄光裕说电器他全包了。5 月份搬家之前,相怀珠去买电器,回来后对其说黄光裕没收买电器的钱。

3. 证人赵维佳等公安部经侦局北京总队多名民警的证言:分别证实公安部经侦局就包括鹏房公司虚假按揭在内的数起案件成立专案组,并由北京总队具体查办,相怀珠作为北京总队总队长主抓案件查办工作。在案件办理过程中,有关人员按照相怀珠提出的侦查思路、人员分工、工作安排等方面的决策开展工作。期间,相怀珠曾带办案人员在办公场所以外的宾馆与黄光裕见面。相怀珠由办案初期要求严查涉案单位及有关人员,到后期又要求尽快撤案,办案态度前后有很大改变。

4. 证人方巍(国美公司财务中心总监)、周亚飞、王俊洲(国美公司常务副总裁)、卢自强(招商银行朝阳公园支行行长助理)的证言:分别证实由于公安部经侦局北京总队查办鹏房公司涉嫌虚假贷款一案,造成银行降低对国美公司授信额度,直至 2007 年上半年才开始逐渐恢复。

5. 证人曹丽亮的证言:2001 年其开始保管公司的人民币现金。如果黄光裕要用现金会先跟周亚飞说一下数额,再填费用报销单。有时是其直接送过去,有时黄光裕的秘书陈萍过来取。其印象中有过一次拿走 100 万元现金的情况。其作为现金保管人,每年都会碰到购买电器的人不付款,由公司支付给具体销售门店的情况,这些电器款都用老板批的费用报销单支出。2008 年 4 月 2 日《大中家用电器连锁销售有限公司(以下简称“大中电器”)申请报告单》上黄光裕签的“先挂账”,证明买电器的人没有付钱,最后是从他这里拿钱平的账。

6. 证人毛晓军(大中电器北京分公司总经理)的证言:2008 年 3 月的一天,黄光裕的秘书陈萍给其打电话称一个重要客户要到大中电器中塔店买电器,让其尽可能便宜。后其在中塔店里见到这个姓相的人,挑的是海尔空调、冰箱、洗衣机、电视,打折后 6.1 万多元。其觉得该人是公司非常重要的一个客户,就没收钱。后其写了一个请示报告,黄光裕批示“先挂账”。

7. 证人吕光宇(大中电器北京分公司会计)、周志勇(大中电器北京分公司财务部总监)、石小蒙(大中电器北京分公司财务部总监助理)的证言:其三人分别证实大中电器中塔店 2008 年 3 月 29 日《赊销余额登记表》上记载的电器销售金额为 61 771 元,该款由大中电器中塔店财务人员从鹏投公司拿回现金平账。

8. 证人周宁(中关村上市公司副总裁)、张敏(中关村上市公司人力资源部职员)的证言:2008年12月一天上午9时许,相怀珠打电话叫周宁去他办公室后,交给周宁一个手包,说里面是许钟民给他买电器的钱和电器卡,让周宁将钱退给公司。周宁拿回公司后发现里面有5万多元,连手包一起交给了秘书张敏保管。这笔钱后来被公安机关扣押。

9. 证人翟珊珊(中关村上市公司董事长秘书)的证言:2009年1月5日左右,周宁将其叫到办公室,给其一个白色信封,说里面有几张卡,是一个领导退回来的,让其退给国美公司。之后其将卡退给了国美公司的陈萍。

10. 证人陈萍(原黄光裕秘书)的证言:2005年4月起其担任黄光裕的秘书。2008年12月底或者2009年1月初,翟珊珊来办公室交给其一个信封,里面有五张国美电器提货卡。其看卡已经过期了,就扔了。黄光裕经常会通知其,他的朋友或者重要客户要到大中电器或者国美公司去买电器,其就会给毛晓军打电话接待。之后,毛晓军会打出一个申请报告单,将客户购买商品的清单和折扣情况列明报给黄光裕审批。2008年4月2日大中电器申请报告单上写的“先挂账”,是黄光裕签的字。

11. 证人崔宁(原相怀珠的司机)的证言:2008年3月份左右的一天,其开车拉相怀珠去大中电器中塔店买过电器,印象中当时相怀珠没有交钱。

12. 北京市局经侦处多名民警的证言:2006年10月,该处接到反映国美公司涉税、赌博、骗贷的信访件。许钟民找到该处提出,公安部经侦局正在对国美公司进行调查,希望该处不要重复查,还说公安部经侦局的领导也有此意。过了一周,相怀珠到该处办事时,专门提到国美公司信访件的问题,并说北京总队正在办理涉及国美公司的案件,可以将信访件移交北京总队并案查处,还说就此事已向上级领导汇报。后该处按相关程序将信访件转给了公安部经侦局北京总队。

2008年8月底9月初,公安部经侦局将“ST金泰”涉嫌内幕交易和鹏投公司涉嫌非法经营等案件线索移交该处,并指示该处要予以重视,抓紧查办。过了一段时间,相怀珠给该处打电话说,北京总队以前曾查过鹏投公司的案子,让该处在办理时不要费太多警力,不要费太长时间,尽快有个结果,给局里打报告。过了几天,相怀珠又给该处打电话说,他与许钟民、黄光裕认识多年,关系很好,黄光裕可以主动到该处说明情况,希望不要对黄光裕采取强制措施。

13. 被告人黄光裕、许钟民当庭的供述:二人对黄光裕作为被告单位鹏房公司、国美公司的法定代表人，为了公司利益，指使许钟民于2006年至2008年间，向相怀珠提出请托，要求相怀珠在侦办处理鹏房公司、国美公司有关案件中提供违法违规的帮助，多次宴请相怀珠并给予相怀珠款、物共计人民币106万余元的事实，供认不讳。

14. 工商行政管理机关出具的企业法人营业执照和国美公司、鹏房公司出具的任职情况等书证证明了国美公司、鹏房公司的工商注册登记情况，两公司的法定代表人均为黄光裕。

15. 公安部人事训练局出具的任职证明、公安部出具的任免通知、干部任免审批表等书证证明：相怀珠于2006年4月挂职任公安部经侦局副局长兼证券犯罪侦查局北京分局局长；2007年8月31日任公安部经侦局副局长兼证券犯罪侦查局北京分局局长、北京总队总队长。

16. 国家审计署2006年6月22日出具的第13号《审计要情》、公安机关出具的《接受刑事案件登记表》《6·29专案工作报告》《立案决定书》和办理6·29专案中侦查机关的内部报告、签报、《关于6·29专案处理意见的请示》《撤销案件决定书》等书证证明：根据审计署《审计要情》反映的线索，公安部成立专案组，就鹏房公司涉嫌犯罪问题进行调查。相怀珠作为专案组组长，在办案过程中签批了有关法律手续及内部汇报文件。

17. 中国建设银行北京市东环支行出具的储蓄存折的书证证明：户名为李善娟的存折（账号为1101789980130336378）于2007年9月20日存入人民币120万元。

18. 齐鲁证券有限公司北京朝外大街证券营业部和招商证券股份有限公司北京建国路营业部出具的客户证券账户查询单等书证证明：2007年9月21日至9月25日，李善娟共买入“中关村”股票累计122 464股，成交金额人民币181万余元。

19. 大中电器出具的申请报告单、收据、发票、赊款余额明细表、记账凭证等书证证明：相怀珠在该公司购买电器价值人民币61 771元，未付款。黄光裕批示先作挂账处理。

（二）2006年至2008年间，国税总局稽查局在全国范围对被告单位国美公司进行税务大检查。被告人黄光裕作为国美公司的法定代表人，经与被告人许钟民预谋，直接或通过北京市局经侦处民警靳红利（另案处理）联系介绍，多次分别宴请负责全国税务检查领导工作的国税总局稽查局孙海渟及具体承办税务检查的北京国税稽查局工作人员梁丛林、凌伟（均另案处理），黄光裕、许钟民及靳红利均向孙海滢等三人提出关照国美公司的请托。黄光裕先后单独或指使许钟民给予靳红利共计人民币150万元，给予孙海滢共计人民币100万元，给予梁丛林、凌伟人民币各50万元。

上述事实，有下列经庭审举证、质证的证据证实，本院予以确认：

1. 证人孙海滢的证言：2006年8月，国税总局稽查局召集六省市税务稽查局负责人开会，统一部署对国美公司的税务检查。会后不久，杨绍艾副局长和其约见了黄光裕，要求国美公司积极配合税务检查。黄光裕提出，希望税务机关不要向社会公开检查情况，以免影响企业发展。约见黄光裕之后的一天，靳红利告诉其，他有一个朋友叫许钟民，和黄光裕很熟悉，想约其吃饭，认识一下。在与黄光裕、许钟民等人吃饭时，黄光裕希望其对国美公司给予关照。这之后其和黄光裕、许钟民还在一起吃过几次饭。2008年春节前，国美公司税案查处已经结束，许钟民约其吃饭，黄光裕趁许钟民出去时，给了其一个信封。第二天其发现信封里有很多银行卡，背面都写着10万元和密码。其马上给黄光裕发信息，提出要将银行卡退还。过了一段时间，其又跟黄光裕、许钟民一起吃饭，趁黄光裕离座之机，其将卡和信封放进黄光裕挂在椅子上的西装外兜里。饭后黄光裕送其往停车场走时，其告诉黄光裕已将银行卡放到他的西服口袋里。黄光裕扭头回去，其要上车时，黄光裕跟过来坚持要将卡给其，其推让不过只能收下。第二天其发现是10张10万元的卡，背面写着密码。

2. 证人梁丛林的证言：2006年6月，国税总局稽查局要求六个省市的国税稽查局对国美公司纳税情况进行全面检查。同年8月，北京国税稽查局指派其和凌伟参加专案组，其具体负责组织实施检查工作。从国美公司调账后没几天，靳红利给其打电话，说他是黄光裕的朋友，并问北京国税稽查局是不是从国美公司调账了，其说是。后靳红利约其和凌伟到潮好味餐厅吃饭，许钟民也参加了。吃饭时，靳红利让其帮助国美公司。过了一段时间，靳红利约其和凌伟到新世纪饭店名轩餐厅吃饭，在场的还有黄光裕、许钟民。席间，靳红利向其提出关照国美公司。其认为靳红利是代表黄光裕说话的。在检查中，专案组查出国美公司在税务方面存在5个问题并上报国税总局。最后，按照国税总局的意见对国美公司进行了处理，北京的国美公司共补交税款人民币近200万元。

2008年春节前，其和凌伟、许钟民在新世纪饭店吃饭时，许钟民给了其5张各10万元的工商银行卡。许钟民的意思是交个朋友，今后照顾国美公司。

后其将银行卡交给其妻张乔月。

3. 证人张乔月的证言:2008年初的一天,梁丛林给其5张工商银行的银行卡,每张10万元。其记得这5张卡是蓝色卡面,密码写在卡背面。其从这5张卡里取出现金存在银行,后来买股票、做基金、购物陆续花了。

4. 证人凌伟的证言:2006年,按照国税总局的部署,其和梁丛林参加了北京地区对国美公司的税务检查。同年9月从国美公司调账后,梁丛林对其说,靳红利约一起吃饭。吃饭时在座的有许钟民、靳红利、其和梁丛林,靳红利介绍许钟民是黄光裕的老乡,其明白这次吃饭是为国美公司税案的事情。许钟民说朋友出事了,想帮帮忙。靳红利向其和梁丛林提出关照国美公司。其和梁丛林答复,目前的工作是在调账,具体情况尚不清楚。三四周后,黄光裕请其和梁丛林在新世纪饭店吃饭。席间,黄光裕提出希望其和梁丛林在国美公司税案中给予关照。

2008年元旦或春节前,许钟民约其和梁丛林吃饭。其到后,许钟民说事情过去了,以后大家都是朋友,说着拿出五张银行卡,开始其推辞了,梁丛林来后,许钟民又同时给梁丛林和其每人5张银行卡,其收下了。5张卡共50万元,其都用于理财了。

5. 证人熊洁(凌伟之妻)的证言:2009年3月1日,凌伟从一张工行银行卡里取出50万元现金,存入其本人在民生银行开立的账户(账号6226220106402778)。

6. 证人靳红利的证言:2006年下半年,许钟民对其说黄光裕的公司有涉税问题,需要找北京国税局的人咨询。其约了梁丛林在潮好味餐厅吃饭,梁丛林带着凌伟一起来的。吃饭的时候有其和许钟民、梁丛林、凌伟四人。后许钟民又问其是否认识国税总局稽查局的孙海渟,并让其约一下。但其还没有来得及约,许钟民就打电话说,黄光裕已和孙海渟联系好了,让其直接来吃饭。这次吃饭在场的有孙海渟、许钟民、黄光裕和其。后来许钟民给其几张总额20万元浦发银行的银行卡,密码写在银行卡背面。2008年初,距其收到银行卡时间不长,许钟民打电话让其去黄光裕那里。其找到黄光裕,黄光裕给了其一个纸箱子,让其帮忙打点北京市国税稽查局的几个领导。第二天,其打开箱子发现里面是130万元的现金。同年5月其把这150万元存到自己的招商银行卡内,用这些钱购买了130万元的理财产品。

7. 证人曹丽亮的证言:公司曾将一部分现金存入个人银行卡用于送礼。2006年春节前,其在工商银行、建设银行、上海浦东发展银行、兴业银行等银行办理过个人银行卡，总额五六千万元，最大面值10万元。最后一次办卡是在2008年春节前两周左右，办理了有四五百万元，10万元的有10张。10万元的卡，黄光裕在2008年春节前全部拿走了。

8. 证人周亚飞的证言：其证实税务机关查处国美公司税案和国美公司财务管理方面的情况，与黄光裕、许钟民的供述及曹丽亮的证言内容相符。

9. 被告人黄光裕、许钟民当庭的供述：二人对黄光裕作为被告单位国美公司的法定代表人，为了公司利益，于2006年至2008年间，单独或指使许钟民通过靳红利，私下分别宴请孙海渟、梁丛林、凌伟并提出请托，要求上述人员在国美公司涉税案件中提供帮助，之后分别给予靳红利人民币150万元，孙海渟人民币100万元，梁丛林、凌伟人民币各50万元的事实，供认不讳。

10. 侦查机关调取的干部履历表、干部任免审批表、职务职责说明、国税总局出具的《关于印发国家税务总局内设机构主要职责和处室设置规定的通知》《关于实行重大税收违法案件督办制度的通知》等书证证明了孙海渟为国税总局稽查局稽查三处处长以及税务总局稽查局机构设置、工作职责和办案纪律等规定，总局督办案件的范围等情况。

11. 北京市国家税务局出具的干部履历表及相关工作岗位的情况说明等书证证明了梁丛林、凌伟系国家工作人员及北京国税稽查局各科工作职责和岗位设置、办案工作纪律等情况。

12. 北京市局经侦处出具的有关情况说明的书证证明：1998年至2007年6月，靳红利担任北京市局经侦处四队、四大队副大队长，负责涉税犯罪和制造、贩卖假币案件的侦查工作。

13. 国税总局稽查局出具的工作说明等书证证明：2006年6月，该局对国美企业集团重大涉税问题进行检查，是由该局部署、北京市国税、地税等相关稽查部门组织实施的专案检查，此项工作应当遵守《经济工作中国家秘密及其密级具体范围的规定》秘密级事项的有关规定。

14. 相关税务机关出具的内部请示、报告、各地与总局往来函件，相关签报、各地国税、地税局对国美公司税案作出的税务检查通知书、处理决定、税务行政处罚决定书、税收通用缴款书、税务检查案卷等书证证明：国家税务总局统一部署对国美公司税案进行调查，属于全国性重大涉税问题检查。经过税务稽查，国家税务总局发现了国美集团下属相关公司存在不同程度的税务问题，各地税务机关根据总局的统一部署，分别做出了罚款、补缴税款和征收滞纳金等处罚、处理决定。2009年1月20日国税总局稽查局签报显示，截至

2008 年上半年，各地对黄光裕个人和国美集团下属公司的检查处理工作基本完成，共查补税款人民币 6 791 万元。其中北京市国家税务局对国美公司相关税务问题作出罚款、追缴增值税等处理。

15. 侦查机关出具的相关现场照片证明了孙海渟向侦查人员指认其藏匿、销毁黄光裕给予的银行卡的地点、所用工具存放的位置等情况。孙海渟对上述照片内容签字确认。

16. 中国工商银行翠微路支行出具的相关银行账目、存款凭证等书证证明：凌伟于 2008 年 2 月 2 日办理一张工商银行卡（卡号 0200201101026895045），存入人民币 3 万元。同年 2 月 28 日存入人民币 10 万元，3 月 7 日存入人民币 34 万元，3 月 9 日该卡转账人民币 50 万元至凌伟的另一张银行卡内（卡号为 0200201101025873240）。

17. 招商银行北京东直门支行出具的客户存取款查询单等书证证明：靳红利于 2008 年 5 月 18 日在该行开户办理了银联借记卡（卡号 6226090101701056），随后将该卡升级为"金葵花"卡（卡号 5240111029199605）并存入人民币 150 万元，后分两次全部购买理财产品。

公诉机关还当庭宣读、出示了下列证据：

1. 北京市公安局出具的《关于提供法庭审判所需证据材料的回复》、北京市人民检察院出具的《关于提供法庭审判所需证据材料的回函》等书证证明：被告人黄光裕、许钟民到案后分别供述了司法机关不掌握的单位行贿的事实；许钟民还供述了司法机关不掌握的其泄露内幕信息的事实。

2. 公安机关出具的拘留证、逮捕证等法律手续和到案经过等书证证明：被告人黄光裕、许钟民、杜鹃因涉嫌犯罪被依法立案侦查后，分别被采取强制措施。

3. 公安机关出具的港澳居民来往内地通行证、常住人口基本信息，汕头市潮阳区文光街道平东居民委员会出具的书面证明、户口查询表，香港永久性居民身份证等书证分别证明了被告人黄光裕、许钟民、杜鹃的个人身份情况。

4. 公安机关出具的扣押物品文件清单及相关查询、冻结、扣押、查封涉案资金和财产的法律手续等书证分别证明了在案扣押资金及相关财产物品的情况。

上述证据经庭审质证，本院予以确认。

被告人许钟民的辩护人向法庭提交了北京京文唱片传播有限公司出具

的《情况说明》,《中国新闻周刊》杂志社出具的《关于许钟民出资共同创办〈中国新闻周刊〉英文版的情况说明》,中国儿童少年基金会出具的《捐款证明》《恳求书》等书证,拟证明许钟民在对外宣传、音像行业作出过贡献,积极从事慈善事业并为家乡建设作出过贡献的事实,请求法庭对许钟民从轻处罚,经查,上述证据与本案事实无关,不符合法定或酌定从轻处罚的条件,故对上述证据,本院不予确认。

对于被告单位国美公司的辩护人所提在北京总队侦办鹏房公司涉嫌犯罪案件过程中,黄光裕、许钟民向相怀珠提出保密调查、尽快结案的要求和在北京市局经侦处收到国美公司涉税举报线索后,许钟民要求相怀珠将举报线索上提至北京总队的请求及在税务机关对国美公司进行检查时,黄光裕、许钟民向有关人员提出保密调查的请求正当合法,并非谋取不正当利益,所给予的款项是向在执法过程中注意执法方式,保护企业合法权益的有关人员表示感谢的辩护意见和被告单位鹏房公司的辩护人所提鹏房公司涉嫌犯罪案件被撤销后真正的受益人是国美公司,而黄光裕直接或通过许钟民向相怀珠提出尽快结案、保密调查等请求的原因,正是因为鹏房公司涉嫌犯罪案件影响了国美公司的经营,造成银行降低对国美公司的授信额度,与鹏房公司的利益无关,且上述请求并不违法,不属于不正当利益;鹏房公司涉嫌犯罪案件被撤销,距黄光裕直接或通过许钟民给予相怀珠款物的时间间隔较长,现有证据无法证明给予款物与案件撤销之间存在关联性,亦不能证明是感谢相怀珠为鹏房公司谋取利益的辩护意见及黄光裕的辩护人和许钟民的辩护人均提出,黄光裕、许钟民没有向相怀珠和有关税务人员提出不正当的请求,实际上亦未谋取不正当利益的辩护意见,经查,被告人黄光裕作为被告单位鹏房公司、国美公司的法定代表人,在有关国家执法机关办理鹏房公司、国美公司涉嫌违法犯罪案件过程中,直接或通过许钟民私下约见有关办案工作人员,提出尽快结案、保密调查等要求,虽然现有证据无法证明所提要求的内容本身违法,但私下约见并宴请办案人员的行为,违反了国家执法机关工作人员在案件办理过程中禁止私自会见当事人并接受当事人宴请、请托的有关规定,在客观上对办案人员施加了不正当的影响,干扰了正常的执法工作,这种形式上的违法性,亦属于谋取不正当利益的情形,而事后给予办案人员款物的行为,与通过违法形式向办案人员提出要求并得到满足之间存在特定联系,其行为符合单位行贿罪的犯罪构成要件。现有证据已经证明,在查办鹏房公司涉嫌犯罪案件时,银行对国美公司降低了授信额度,影响了国美公司的经营，不仅如此，对鹏房公司涉嫌犯罪案件的查办，从社会影响方面也同时涉及鹏房公司和国美公司经营上的切身利益，故查办鹏房公司涉嫌犯罪案件与鹏房公司自身利益无关的观点明显与事实不符，对被告单位国美公司、鹏房公司和被告人黄光裕、许钟民的各辩护人所提上述辩护意见，本院均不予采纳。

对于被告单位国美公司的辩护人和黄光裕、许钟民的辩护人所提，黄光裕给予靳红利人民币 120 万元系靳红利索贿的辩护意见，经查，上述各辩护人提出该辩护意见的目的，在于证明因被勒索财物且没有获得不正当利益的情况下，不构成单位行贿罪。根据现有证据，许钟民虽在供述中称，靳红利对收到 30 万元的银行卡不满意，但此情节靳红利并未予以证实，故认定靳红利索取贿赂的证据不足；如前所述，该 120 万元是在基于谋取不正当利益后，黄光裕出于感谢而给予靳红利的，应认定为单位行贿罪的犯罪数额。故上述各辩护人的该项辩护意见不能成立，本院不予采纳。

对于黄光裕的辩护人所提现有证据足以证明黄光裕没有实施场外换汇行为，黄光裕将人民币汇入深圳相关账户后，其归还赌债的行为已经完成，而非法换汇的机构代表赌场在深圳接收人民币后，等同于黄光裕已经归还了赌债；即使黄光裕明知他人场外换汇，而其本人未实施场外换汇行为，也不构成非法经营罪的辩护意见，经查，《中华人民共和国外汇管理条例》第 45 条将私自买卖外汇、变相买卖外汇或者倒买倒卖外汇明确列为需接受行政处罚直至追究刑事责任的违法犯罪行为。全国人大常委会《关于惩治骗购外汇、逃汇和非法买卖外汇犯罪的决定》第 4 条第 1 款规定：在国家规定的交易场所以外非法买卖外汇，扰乱市场秩序，情节严重的，依照刑法第二百二十五条的规定定罪处罚。其中的“变相买卖外汇行为”，应理解为不直接进行人民币和外汇的买卖，而采取如以外汇偿还人民币或以人民币偿还外汇，以外汇和人民币互换实现货币价值转换的行为。该行为因发生在国家规定的外汇交易场所以外，故应属外汇非法交易范畴。本案中，黄光裕在境外赌博欠下巨额应付港币的债务后，将境内人民币汇往深圳相关账户用于归还赌债，其对汇往深圳相关账户人民币的用途是明知的，其以人民币偿还港币债务的行为，系变相买卖外汇，属于非法买卖外汇的行为，且数额特别巨大，破坏了国家金融市场秩序，根据法律及有关司法解释的规定应以非法经营罪定罪处罚。故黄光裕的辩护人所提上述辩护意见不能成立，本院不予采纳。

对于黄光裕的辩护人所提黄光裕是鹏投公司的法定代表人，可以代表该公司作出购买“中关村”股票的意思表示，且购买“中关村”股票的部分资金来源于该公司，部分涉案股票资金账户中的资金亦流回到该公司，因此买卖“中关村”股票是鹏投公司的行为，而非黄光裕个人行为的辩护意见，经查，在购买“中关村”股票时，黄光裕并未与鹏投公司其他决策层管理人员讨论研究，有关人员仅是按其指令开立账户，调拨资金，并不知道实际意图目的，虽然黄光裕是鹏投公司的法定代表人，但其个人实施的行为并不能完全代表公司意志。现有证据证明，除购买“中关村”股票的部分资金来源于鹏投公司，并有一部分资金回流到鹏投公司外，并无其他证据证明黄光裕购买“中关村”股票是为使单位获利，且黄光裕从未有此供述。故仅以部分资金来源和走向证明黄光裕购买“中关村”股票的行为是为鹏投公司获取利益的证据不足，黄光裕的辩护人所提该项辩护意见不能成立，本院不予采纳。

对于黄光裕的辩护人所提公安部及证监会不是法定鉴定机构，二单位出具的材料的不能作为认定本案价格敏感期起算时间的依据的辩护意见，经查，证监会作为对全国证券市场进行统一监管的国家机构，对上市公司涉及内幕信息有关问题进行认定属于其法定职能范围，证监会在职权范围内对中关村上市公司内幕信息价格敏感期起算时间出具的认定意见，可以作为证据采用。故黄光裕的辩护人所提该项辩护意见不能成立，本院不予采纳。

对于黄光裕的辩护人所提中关村上市公司收购鹏润控股公司全部股权进行重组的内幕信息形成于2007年9月28日，价格敏感期起算点应不早于该日的辩护意见，经查，在案的书证《北京鹏润投资有限公司报告》和证人陈连杰的证言能够证明，鹏投公司为运作鹏润控股公司借壳中关村上市公司在境内上市于2007年8月10日召开会议，确定成立地产重组工作小组。2007年8月13日陈连杰拟定的成立地产重组工作小组的报告经修改，增加了设立中关村组的内容。上述证据说明在不晚于2007年8月13日，鹏投公司已将鹏润控股公司借壳中关村上市公司在境内上市作为重点考虑的方案。深交所出具的有关书证还证明，黄光裕实际控制的79人的股票账户于2007年8月13日出现了集中买入大量中关村股票的情况。通过对上述证据的分析并结合公安部、证监会关于对中关村上市公司内幕信息价格交易敏感期的认定意见，将2007年8月13日作为该公司内幕信息价格交易敏感期起算时间的理由充分。故黄光裕的辩护人所提该项辩护意见不能成立，本院不予采纳。

对于黄光裕的辩护人所提内幕交易的目的在于获利或止损，现有证据证明黄光裕买入“中关村”股票后并未抛售，其买入股票的目的在于长期持有，而非套现获利，因此不能认定黄光裕利用内幕信息进行内幕交易的辩护意见，经查，内幕交易罪侵犯的客体是国家对证券市场交易的管理制度和投资者公平交易、公开交易的合法权益。无论黄光裕在买卖“中关村”股票时所持何种目的，只要作为内幕信息的知情者，在内幕信息价格交易敏感期内买卖该特定证券，无论是否获利，均不影响对内幕交易犯罪性质的认定。故黄光裕的辩护人所提该项辩护意见不能成立，本院不予采纳。

对于杜鹃的辩护人所提杜鹃参与内幕交易犯罪的程度相对不高，系内幕交易犯罪的从犯，请求法庭对其判处缓刑的辩护意见，经查，杜鹃在参与内幕交易共同犯罪中，接受黄光裕的指令，不仅指使有关人员买卖“中关村”股票，还积极协助黄光裕管理股票账户和资金账户，决定资金调拨等重要事项，虽在共同犯罪中起帮助、次要作用，应认定为从犯，但其所犯内幕交易罪情节特别严重，具有严重的社会危害性，不符合适用缓刑的条件。对杜鹃的辩护人所提杜鹃系从犯的辩护意见，本院予以采纳；请求对杜鹃判处缓刑的辩护意见，本院不予采纳。

对于许钟民的辩护人所提许钟民在内幕交易的事实中，并未为自己谋取利益，主观恶性不大，是内幕交易犯罪的从犯，且能如实供述所犯罪行；其泄露内幕信息犯罪具有自首情节；许钟民系初犯，案发前一贯表现良好的辩护意见，经查属实，本院酌予采纳。

本院认为：被告人黄光裕违反国家外汇管理制度，在国家规定的交易场所以外非法买卖外汇，破坏国家金融管理法规，扰乱金融市场秩序，其行为已构成非法经营罪，且数额特别巨大，情节特别严重；被告人黄光裕、许钟民、杜鹃作为证券交易内幕信息的知情人员，在涉及对证券交易价格有重大影响的信息尚未公开前，买入该证券，且内幕交易成交额及其所控制的股票账户在内幕信息公告日的账面收益额均特别巨大，情节特别严重；被告人许钟民还向他人泄露该信息，情节严重，被告人黄光裕、杜鹃的行为已构成内幕交易罪，被告人许钟民的行为已构成内幕交易、泄露内幕信息罪，三被告人系内幕交易犯罪的共犯，其中黄光裕系主犯，许钟民、杜鹃系从犯；被告人黄光裕作为被告单位国美公司、鹏房公司的法定代表人，与被告人许钟民共谋，为二被告单位谋取不正当利益，单独或伙同许钟民向国家执法机关的工作人员提出请托，并给予国家机关工作人员财物，数额巨大，情节严重，二被告单位和被告人黄光裕、许钟民的行为均已构成单位行贿罪，黄光裕、许钟民构成单位行贿的共同犯罪；对上述二被告单位及三被告人所犯各罪，依法均应予惩处，对被告人黄光裕、许钟民所犯数罪依法应予并罚。北京市人民检察院第二分院指控被告单位国美公司、鹏房公司犯单位行贿罪，被告人黄光裕犯非法经营罪、内幕交易罪、单位行贿罪，被告人杜鹃犯内幕交易罪，被告人许钟民犯内幕交易、泄露内幕信息罪、单位行贿罪的事实清楚，证据确实、充分，指控的罪名成立。鉴于被告人黄光裕作为被告单位国美公司、鹏房公司的法定代表人，在被采取强制措施后，如实供述了司法机关不掌握的部分单位行贿的犯罪事实，可认定黄光裕及国美公司、鹏房公司均具有自首情节，故依法对黄光裕和国美公司、鹏房公司所犯单位行贿罪分别予以从轻处罚。鉴于被告人杜鹃系内幕交易共同犯罪的从犯，且认罪悔罪，依法予以减轻处罚。鉴于被告人许钟民被采取强制措施后，如实供述了司法机关不掌握的泄露内幕信息及部分单位行贿的犯罪事实，具有自首情节，且系内幕交易共同犯罪的从犯，依法对许钟民所犯内幕交易、泄露内幕信息罪减轻处罚，对许钟民所犯单位行贿罪予以从轻处罚。据此，本院根据被告单位国美公司、鹏房公司和被告人黄光裕、杜鹃、许钟民犯罪的事实，犯罪的性质、情节及对于社会的危害程度，依照《中华人民共和国刑法》第二百二十五条，第一百八十条第一款、第三款，第三百九十三条，第二十五条第一款，第二十六条第一款、第四款，第二十七条，第三十条，第三十一条，第五十二条，第五十三条，第五十九条，第六十七条，第六十九条，第六十一条，第六十四条和全国人大常委会《关于惩治骗购外汇、逃汇和非法买卖外汇犯罪的决定》第四条第一款及最高人民法院《关于审理骗购外汇、非法买卖外汇刑事案件具体应用法律若干问题的解释》第三条和《关于处理自首和立功具体应用法律若干问题的解释》第二条之规定，判决如下：

一、被告单位国美电器有限公司犯单位行贿罪，判处罚金人民币五百万元。

（罚金限本判决生效后一个月内缴纳）

二、被告单位北京鹏润房地产开发有限责任公司犯单位行贿罪，判处罚金人民币一百二十万元。

（罚金限本判决生效后一个月内缴纳）

三、被告人黄光裕犯非法经营罪，判处有期徒刑八年，并处没收个人部分财产人民币二亿元；犯内幕交易罪，判处有期徒刑九年，并处罚金人民币六亿元；犯单位行贿罪，判处有期徒刑二年，决定执行有期徒刑十四年，并处罚金人民币六亿元,没收个人部分财产人民币二亿元。

(刑期从本判决执行之日起计算。判决执行以前先行羁押的,羁押一日,折抵刑期一日,即自2008年11月17日起至2022年11月16日止。罚金及没收财产限本判决生效后一个月内缴纳)

四、被告人杜鹃犯内幕交易罪,判处有期徒刑三年六个月,并处罚金人民币二亿元。

(刑期从本判决执行之日起计算。判决执行以前先行羁押的,羁押一日,折抵刑期一日,即自2010年5月18日起至2012年11月20日止。罚金限本判决生效后一个月内缴纳)

五、被告人许钟民犯内幕交易、泄露内幕信息罪,判处有期徒刑三年,并处罚金人民币一亿元;犯单位行贿罪,判处有期徒刑一年,决定执行有期徒刑三年,并处罚金人民币一亿元。

(刑期从本判决执行之日起计算。判决执行以前先行羁押的,羁押一日,折抵刑期一日,即自2008年11月25日起至2011年11月24日止。罚金限本判决生效后一个月内缴纳)

六、在案扣押的款项及物品、资产的变价款,分别充抵对被告人黄光裕、杜鹃、许钟民所判处的罚金(清单附后),不足部分继续追缴,上缴国库。

七、继续追缴被告人黄光裕、杜鹃、许钟民的违法所得,予以没收。

如不服本判决,可在接到判决书的第二日起十日内,通过本院或者直接向北京市高级人民法院提出上诉。书面上诉的,应当提交上诉状正本一份,副本一份。

审　判　长　唐季怡
代理审判员　宋环宇
代理审判员　张　浩
二○一○年五月十八日
书　记　员　常　燕
书　记　员　赵立华

【实务探讨】

内幕交易犯罪的司法认定

肖晚祥

根据《中华人民共和国刑法》(以下简称《刑法》)第180条的规定,证券、期货交易内幕信息的知情人员或者非法获取证券、期货交易内幕信息的人员,在涉及证券的发行,证券、期货交易或者其他对证券、期货交易价格有重大影响的信息尚未公开前,买入或者卖出该证券,或者从事与该内幕信息有关的期货交易,或者泄露该信息,或者明示、暗示他人从事上述交易活动,情节严重的,构成内幕交易、泄露内幕信息罪。对于内幕交易犯罪,有以下问题需要探讨。

一、如何认定"内幕信息知情人员"

(一)国家机关工作人员因履行工作职责而获悉内幕信息是否属于"内幕信息知情人员"

内幕交易犯罪是典型的行政犯,按照《刑法》第180条第3款的规定,内幕信息、知情人员的范围,依照法律、行政法规的规定确定。《中华人民共和国证券法》(以下简称《证券法》)第74条规定:证券交易内幕信息的知情人包括:(1)发行人的董事、监事、高级管理人员;(2)持有公司百分之五以上股份的股东及其董事、监事、高级管理人员,公司的实际控制人及其董事、监事、高级管理人员;(3)发行人控股的公司及其董事、监事、高级管理人员;(4)由于所任公司职务可以获取公司有关内幕信息的人员;(5)证券监督管理机构工作人员以及由于法定职责对证券的发行、交易进行管理的其他人员;(6)保荐人、承销的证券公司、证券交易所、证券登记结算机构、证券服务机构的有关人员;(7)国务院证券监督管理机构规定的其他人。《期货交易管理条例》第82条第(十二)项规定:内幕信息的知情人员,是指由于其管理地位、监督地位或者职业地位,或者作为雇员、专业顾问履行职务,能够接触或者获得内幕信息的人员,包括:期货交易所的管理人员以及其他由于任职可获取内幕信息的从业人员,国务院期货监督管理机构和其他有关部门的工作人员以及国务院期货监督管理机构规定的其他人员。

对于法律和行政法规规定的上述几类人员属于内幕信息知情人员的范围，一般不会存在争议。现实生活中经常发生且存在争议的是，国家机关工作人员参与并购重组、破产重组或者履行其他工作职责获取内幕信息，是否属于内幕信息知情人员，相关法律和行政法规并不明确。我国近期发生的数起内幕交易大要案件，均涉及国家机关工作人员利用参与上市公司重组获取内幕信息的机会进行内幕交易，对于其是否属于内幕信息知情人员，控辩双方均发生争议。如原江苏省南京市经济委员会主任刘宝春及其妻子陈巧玲内幕交易案。

2009 年 1 月，中国电子科技集团公司第十四研究所（以下简称“十四所”）为做强该所下属企业国睿集团有限公司，欲通过一家上市公司进行资产重组“借壳”上市，以配合南京市政府“再造十家百亿企业集团工程”的实施。时任南京市经济委员会主任的刘宝春受南京市人民政府的指派，负责牵线联系十四所与高淳县人民政府由十四所重组江苏高淳陶瓷股份有限公司（以下简称“高淳陶瓷公司”）事宜。2 月上旬，在被告人刘宝春介绍十四所与高淳县人民政府有关领导见面商谈、陪同实地考察下，双方均表达了合作意向。3 月 6 日，由十四所草拟的《合作框架》形成初稿，条款包括高淳县人民政府将所持的高淳陶瓷股权转让给十四所，使其变为该公司第一大股东、实际控制人等内容。后洽谈双方对合作框架多次进行磋商修改。其间，双方将合作谈判进展情况告知刘宝春，刘宝春即向南京市政府分管领导作了汇报。4 月 19 日，十四所将双方最终商定的《合作框架意向书》送至南京市经济委员会，刘宝春在该意向书上作为鉴证方签名并加盖南京市经济委员会公章后出席洽谈双方签署《合作框架意向书》签字仪式。4 月 20 日，高淳陶瓷公司发布《关于公司重大事项停牌公告》，宣布公司控股股东正在筹划重大资产重组事项，高淳陶瓷股票自 4 月 21 日起停牌。5 月 22 日，高淳陶瓷股票复牌交易后连续十个交易日涨停。

高淳陶瓷公司于 2003 年 1 月在上海证券交易所上市。在十四所重组前，高淳县国有资产经营（控股）有限公司持有的高淳陶瓷公司国有股占公司总股本的 31.33%，是公司第一大股东，实际控制人。

2009 年二三月，在刘宝春牵线联系高淳陶瓷公司资产重组期间，刘宝春将重组信息透露给在南京证券有限责任公司（以下简称“南京证券公司”）工作的妻子陈巧玲。在刘的授意下，被告人陈巧玲分别于 4 月 1 日至 4 月 15

日买入高淳陶瓷614 022股，投入人民币430万元。5月初，刘宝春授意陈巧玲将上述股票在高淳陶瓷复牌后尽快卖出。自5月22日高淳陶瓷复牌后至6月24日，陈巧玲将上述股票全部卖出，获利749万余元。经中国证券监督管理委员会（以下简称“中国证监会”）认定：2009年3月6日，十四所与高淳县政府商洽重组高淳陶瓷公司，并形成合作框架初稿等事项，在公开披露前属于《证券法》第75条规定的内幕信息；刘宝春属于《证券法》第74条规定的证券交易内幕信息的知情人；内幕信息的价格敏感期为2009年3月6日至4月20日。

检察机关指控被告人刘宝春、陈巧玲构成内幕交易罪。刘宝春辩称，其仅是十四所与高淳县政府商谈重组高淳陶瓷公司的牵线联系人，对于重组的谈判过程、谈判能否成功其并不清楚，不是内幕信息的知情人员。其辩护人辩称，刘宝春是政府机关公务人员，作为内幕交易罪的犯罪主体不适格。

法院经审理认为，被告人刘宝春代表南京市经委，作为十四所与高淳县人民政府洽谈十四所对高淳陶瓷公司资产重组事项的南京市人民政府部门联系人，参与了重组过程。其间，洽谈双方均多次告知刘宝春合作谈判的进展情况，刘宝春也多次向南京市政府分管领导进行汇报。被告人刘宝春是因其担任的行政机关职务、履行其工作职责而获悉了内幕信息。刘宝春在价格敏感期内外借巨资买入巨额高淳陶瓷股票。谋取巨额利益的行为，也充分证明其是内幕信息知情人。作为国务院证券监督管理机构的中国证监会作出的刘宝春属于《证券法》第74条规定的证券交易内幕信息知情人的认定，有充分的事实依据和法律依据，应予采信。刘宝春及其辩护人关于刘宝春不是内幕信息知情人的辩解和辩护意见均不能成立。本案以内幕交易罪判处刘宝春有期徒刑5年，罚金750万元，以内幕交易罪判处陈巧玲免予刑事处罚。

目前关于内幕信息知情人员的界定，主要依据是《证券法》第74条和《期货交易管理条例》第82条第（十二）项，但该两条对国家机关工作人员在履行职责过程中接触到内幕信息是否属于内幕信息知情人员，规定得不是很明确。《证券法》第74条第7项规定的“国务院证券监督管理机构规定的其他人”和《期货交易管理条例》第82条第（十二）项规定的“国务院期货监督管理机构规定的其他人”是一个兜底条款，需要其他相应的行政法规的具体规定为依托，故很难以该条为依据直接确认国家机关工作人员属于内幕信息的知情人员。法院在刘宝春案的判决书中确认了刘宝春知道内幕信息这一事实，但知道内幕信息与是否具有内幕信息知情人员的主体资格不能等同。

目前，在司法实务中对此类人员内幕信息知情人员主体的确认，通常主要依据中国证监会的确认函，但确认函只是对个案中具体个人主体资格的确认，这种确认行为必须同样建立在法律和行政法规的依据之上，如果没有相关法律和行政法规依据，中国证监会确认的效力也会打折扣。而且，中国证监会的确认行为并不是审理此类案件的一个必经程序，其确认后出具的结论只作为法院判决的一个参考，如果结论的依据不足，法院也可以不予采纳而作出自己独立的判断。故中国证监会的确认行为所得出的结论的效力，不能等同于《证券法》第 74 条第 7 项关于“国务院证券监督管理机构规定的其他人”规定的普遍性法律效力。

鉴于国家机关工作人员因履行工作职责而接触到内幕信息是否属于内幕信息知情人员不是很明确，最好的做法是《证券法》等相关法律在下一步修改时对此予以明确，将这类人员包括进去。在法律修改一时较为困难的情况下，可由最高司法机关制定相关司法解释，明确此类人员属于内幕信息知情人员。如果司法解释短时间内难以规定，鉴于此类行为危害的严重性，需要通过对已有的法律和行政法规作适当的扩张解释，把此类人员认定为内幕信息知情人员。《证券法》第 74 条第 5 项规定：“证券监督管理机构工作人员以及由于法定职责对证券的发行、交易进行管理的其他人员”属于内幕信息知情人员。根据这一规定的语意，“由于法定职责对证券发行、交易进行管理的其他人员”是指证券监督管理机构工作人员以外的人员，主要指国家机关工作人员。如果国家机关工作人员基于其职责，对证券发行、交易进行管理，因而接触到内幕信息，则属于内幕信息知情人员。而企业并构、重组等行为，均涉及证券交易，故国家机关工作人员因职务原因参与企业并构重组的，应当认定为内幕信息知情人员。刘宝春案中，刘宝春作为南京市经济委员会主任参与并构重组，显然系职责范围内之事，故其属于内幕信息知情人员。另外，除了《证券法》的相关规定外，2010 年由国务院办公厅转发的证监会、公安部、监察部、国资委、预防腐败局《关于依法打击和防控资本市场内幕交易的意见》对内幕交易的表述为：内幕交易，是指上市公司高管人员、控股股东、实际控制人和行政审批部门等方面的知情人员，利用工作之便，在公司并购、业绩增长等重大信息公布之前，泄露信息或者利用内幕信息买卖证券谋取私利的行为。根据上述表述，行政审批部门的国家机关工作人员在对公司并购等事项履行行政审批等职务行为过程中接触到内幕信息的，属于内幕信息知情人员，这一规定也是界定内幕信息知情人员的一个法律依据。

(二)“非法获取内幕信息人员”的认定

非法获取内幕信息人员的认定,是内幕交易犯罪认定中的一个难点问题。一般人员如果采用窃取、骗取、套取、窃听、利诱、刺探等手段主动获取内幕信息的,属于非法获取内幕信息人员,一般不存在争议,难点在于内幕信息知情人员的近亲属利用亲属关系从内幕信息知情人员处获取内幕信息的,甚至内幕信息知情人员主动泄露给其近亲属的,是否属于非法获取;一般人被动获取内幕信息是否属于非法获取;经过多次转手以后获取内幕信息是否属于非法获取等,这些问题都需要研究。

1. 内幕信息知情人员的配偶、父母、子女等近亲属从内幕信息知情人员处获取内幕信息的,是否属于非法获取内幕信息人员

近年来,内幕信息知情人员的近亲属从内幕信息知情人员处获取内幕信息的案件时有发生,而且往往是大要案件,典型的如原中山市市长李启红等内幕交易、泄露内幕信息案(参见本书参考案例)。

法院经审理后认为,李启红、郑旭龄、谭庆中身为证券交易内幕信息的知情人员,在涉及对证券交易价格有重大影响的信息尚未公开前,买入或者建议他人买入该证券,并泄露该信息,情节特别严重,其行为均已构成内幕交易、泄露内幕信息罪。被告人林永安从李启红、谭庆中处非法获取内幕信息,被告人林小雁从李启红处非法获取内幕信息,被告人周中星、郑浩枝从郑旭龄处非法获取内幕信息,被告人陈庆云从郑浩枝处非法获取内幕信息,并利用该信息尚未公开前,买入相应证券,情节特别严重,均构成内幕交易罪。分别判处各被告人2年6个月至7年不等的有期徒刑,并处罚金。

对于内幕信息知情人员的近亲属利用其从知情人员处获取的内幕信息从事相关交易,是否属于非法获取内幕信息人员,从而构成内幕交易罪或者泄露内幕信息罪?最高人民法院、最高人民检察院《关于办理内幕交易、泄露内幕信息刑事案件具体应用法律若干问题的解释》对此作了肯定规定,但在司法解释出台之前,司法实务中的认定并不是完全一致的。在刘宝春案中,法院并没有认定刘宝春的妻子陈巧玲是非法获取内幕信息人员,法院之所以认为陈巧玲也构成内幕交易罪,是因为陈巧玲与刘宝春构成共同犯罪。法院在判决书中认定,刘宝春和陈巧玲系夫妻关系,刘知悉十四所重组高淳陶瓷的内幕信息,并泄露给陈巧玲。陈巧玲在刘宝春的授意下,通过家庭实际控制的多个股票交易账户,将刘宝春所借巨资以及卖出其他股票所得资金全部买入高淳陶瓷股票,获取非法利益。主观上陈巧玲知道高淳陶瓷公司资产重

组的信息，客观上实施具体操作股票交易、帮助实现犯罪目的的行为，构成共同犯罪。在李启红案中，法院认定李启红、谭庆中、郑旭龄为内幕信息知情人员，林永安、林小雁、郑浩枝、周中星、陈庆云为非法获取内幕信息人员，分别以内幕交易罪或者内幕交易、泄露内幕信息罪对各被告人定罪量刑。从李启红案看，李启红等内幕信息知情人员的近亲属都不是主动获取内幕信息，而是由知情人员主动告知，他们都是被动获取。他们在获取内幕信息后，或者在内幕信息知情人员的授意下，或者自己决定，利用内幕信息进行股票交易，法院认定其系非法获取内幕信息人员，从而构成内幕交易罪。

应当说，法院在刘宝春案中利用共同犯罪的原理对陈巧玲作出判决也是讲得通的，但李启红案中对内幕信息知情人员的近亲属如林永安、林小雁等，直接认定为非法获取内幕信息人员，从而以内幕交易罪予以处罚，更加有利于打击此类犯罪。对于此类行为，由于他们和内幕信息知情人员的特殊关系，需要对其科以更加严格的义务，不得利用这种特殊身份关系从事相关交易牟利，不管内幕信息是其主动获取还是被动获取，都应当认定为非法获取。而且，把主动获取和被动获取都认定为非法获取，也是在《刑法》第 180 条的语意范围之内的，从解释学角度而言，也不算超出常规的解释，不违反罪刑法定原则。另外，在现实生活中，基于常理分析，内幕信息知情人员主动告知近亲属内幕信息可能占相当一部分比例，如果认为只有主动从知情人员处获取内幕信息的近亲属才能认定为非法获取内幕信息人员，也与这类危害巨大的行为的常态不符。还有，基于内幕信息知情人员的近亲属和知情人员之间的特殊关系，要证明其是主动获取还是被动获取，基本上不可能，如果认为被动获取内幕信息的，不属于非法获取内幕信息，则内幕信息知情人员的近亲属获取内幕信息并利用内幕信息从事相关交易，基本上不可能作为犯罪处理，考虑到这类行为巨大的社会危害性，这显然是不恰当的。

2. 其他人员从内幕信息知情人员处获取内幕信息的，是否属于非法获取内幕信息人员

在现实生活中，不乏内幕信息知情人员的朋友从知情人员处获取内幕信息，并利用内幕信息进行交易的情况，这些人员是否属于非法获取内幕信息人员构成内幕交易罪？是否只要内幕信息是行为人不应该获得的，行为人利用其进行交易就属于非法获取内幕信息人员？例如，行为人在单位电梯中偶尔听到内幕信息知情人员在打电话而获知内幕信息并交易的；行为人在朋友聚会的饭桌上听到内幕信息后从事股票交易的，是否都属于非法获取内幕信

息人员？从获取内幕信息的层级看，直接从内幕信息知情人员处获取内幕信息的人员一般可以认定为非法获取内幕信息人员，非法获取内幕信息人员再将内幕信息泄露给其他人，甚至三传手、四传手，是否也属于非法获取内幕信息人员？对这些问题，司法实务界存在不同看法。

从具体案件看，李启红内幕交易案中，被告人郑旭龄在被告人周中星办公室向其泄露了中山公用科技股份有限公司（以下简称“科技公司”）重大资产重组的内幕信息，周中星是被动获取内幕信息，然后利用内幕信息进行交易，法院认定周中星为非法获取内幕信息人员。2007 年 6 月 11 日，被告人郑旭龄向被告人郑浩枝泄露了科技公司资产重组的内幕信息，并借用其证券账户购买科技公司股票。随后，郑浩枝又将该内幕信息告知被告人陈庆云（郑浩枝妻子），并让其筹集资金购买科技公司股票。陈庆云利用该内幕信息从事交易并获利。从内幕交易获取层级上看，首先是内幕信息知情人员郑旭龄向郑浩枝泄露内幕信息，郑浩枝属于非法获取内幕信息人员，郑浩枝再向其妻陈庆云泄露内幕信息，陈庆云属于第三层级人员，法院认定陈庆云也是非法获取内幕信息人员。

我们认为，与内幕信息知情人员没有特殊关系的一般人员是否能够认定为非法获取内幕信息人员，要坚持罪刑法定原则和贯彻宽严相济刑事政策，既不能为了保护法益而随意扩大主体范围，扩大刑事打击面，也不能过于限制主体范围，对利用内幕信息交易情节严重的行为，不作为犯罪处理。一般来说，这些人主动接触内幕信息知情人员获取内幕信息，从事内幕交易，或者泄露内幕信息的，可认定为非法获取内幕信息人员。而对于被动获取的情况，则应当从严掌握，不能将所有被动获取内幕信息的人员都认定为非法获取内幕信息人员。具体来说，应当结合获取内幕信息的场合、次数、交易量及获利多少等，综合考虑，以决定是否认定为非法获取内幕信息人员。一般而言，在非工作场合偶尔从内幕信息知情人员处获得内幕信息的，由于其不存在非法获取的故意，与泄露者之间也不存在“授”与“受”的主观对应关系，即使行为人进而利用该内幕信息进行交易的，也是知情人不慎泄露所致，不宜认定为非法获取内幕信息人员，如前面提到的在电梯中、饭桌上偶尔获知内幕信息的情形。但对于在工作场合被动或者多次被动获取内幕信息并多次利用内幕信息交易的，由于其对在工作场合获取的内幕信息负有一定的保密义务和不得借机谋利的义务，一般可以认定为非法获取内幕信息人员。从获取内幕信息的层级来看，一般只限于直接从内幕信息知情人员处获取内幕信息的人，才可以认定为非法获取内幕信息人员，对于从非法获取内幕信息人员处获取内幕信息的人员，甚至经过几个层级的三传手、四传手等，一般不宜认定为非法获取内幕信息人员，否则打击面过大。比如，如果某人在微博上转发一条内幕信息，许多网友看到后从事了相关交易，对这些网友显然难以内幕交易罪定罪处罚。但如果与非法获取内幕信息人员有共犯关系的，则可以认定为非法获取内幕信息人员。如前述李启红内幕交易案中郑浩枝和陈庆云，两人具有共犯关系，故陈庆云可以认定为非法获取内幕信息人员。

二、"内幕信息"的界定

《证券法》第75条第1款规定：证券交易活动中，涉及公司的经营、财务或者对该公司证券的市场价格有重大影响的尚未公开的信息，为内幕信息。《期货交易管理条例》第82条第（十一）项规定：内幕信息，是指可能对期货交易价格产生重大影响的尚未公开的信息，包括：国务院期货监督管理机构以及其他相关部门制定的对期货交易价格可能发生重大影响的政策，期货交易所做出的可能对期货交易价格发生重大影响的决定，期货交易所会员、客户的资金和交易动向以及国务院期货监督管理机构认定的对期货交易价格有显著影响的其他重要信息。关于内幕信息的界定，有以下问题需要探讨：

（一）内幕信息的特征

关于内幕信息的特征，有不同的观点。有观点认为，内幕信息的核心特征是秘密性和重要性；有观点认为，内幕信息的特征是秘密性、重要性和真实性；有观点认为，内幕信息的特征是关联性、重大性、秘密性和确定性。内幕信息特征的不同把握，对内幕信息的认定及认定行为人是否构成内幕交易、泄露内幕信息罪具有关键作用。

1. 内幕信息是否有真实性要求

关于内幕信息是否有真实性要求，理论界和实务界观点并不一致。一种观点认为，内幕信息必须是真实的。只有真实的信息才是有价值的信息，行为人利用真实的内幕信息进行交易，才会违背忠实义务，侵犯公众的公平知情权、公平交易权，如果信息本身是虚假或是错误的，就存在不确定性，公平或不公平也无从谈起。对于编造或者散布虚假信息，行为人若非出于获取不正当利益或转嫁风险的目的，直接以编造并传播证券、期货交易虚假信息罪定罪处罚。如果出于上述目的，行为人的行为则成立与操纵证券、期货市场罪的牵连犯；另一种观点认为，真实性不是内幕信息的特征，即使是不真实的信息，同样也可能对证券、期货交易价格产生重大影响，行为人如果利用相关信息进行证券、期货交易或者泄露该信息，同样构成内幕交易、泄露内幕信息罪。

我们认为，内幕信息必须具有相对真实性，不要求绝对真实。所谓相对真实，是指相对于在指定媒体、刊物公布的信息是真实的，或者相对于曾经发生过的事实是真实的。主要理由有二：

第一，上市公司向社会公众披露的信息并不总是绝对真实的。在现实生活中，上市公司披露虚假信息的情况并不少见。为此，我国《刑法》第 161 条（违规披露、不披露重要信息罪）专门作了相关规定：依法负有信息披露义务的公司、企业向股东和社会公众提供虚假的或者隐瞒重要事实的财务会计报告，或者对依法应当披露的其他重要信息不按规定披露，严重损害股东或者其他人利益，或者有其他严重情节的，对其直接负责的主管人员和其他直接责任人员，处三年以下有期徒刑或者拘役，并处或者单处二万元以上二十万元以下罚金。如果某一上市公司提供虚假的财务会计报告，在该财务会计报告公开前，内幕信息知情人员利用其事先知悉的信息进行了相关交易，尽管该财务报告是虚假的，但一经公开，还是会对股票价格产生重大影响，因为投资者和社会公众并不知道该财务会计报告是虚假的，则该知情人员同样会利用该虚假的信息获利。甚至有些内幕信息知情人员只是事先知道有关财务会计报告的内容，却并不知道其内容是虚假的，其利用虚假的信息交易获利，除内幕交易罪外，很难用其他罪名予以规制。而如果认为该财务会计报告是虚假的，就因此不认为是内幕信息，不对行为人作犯罪处理，显然是说不过去的。而且，有些财务会计报告真中带假，假中有真，或者多数内容是真，少数内容是假，或者少数内容是真，多数内容是假，究竟将其定性为真实还是虚假，亦难以确定，在这种情况下，硬要求内幕信息要具有绝对真实性特征，则对上述信息究竟是否认定为内幕信息，难免会带来操作上的难题。

第二，有些内幕信息有一个发展变化的过程。有些信息，一开始可能是真实的，但随着情况的变化又变成了虚假的。但行为人利用这种内幕信息进行交易，同样能够获利，如果不以内幕交易罪处理，显然并不恰当。典型的如肖时庆内幕交易案（参见本书参考案例）。

在肖时庆内幕交易案中，肖时庆掌握的信息是光大证券股份有限公司（以下简称“光大证券”）欲借壳北京化二股份有限公司（以下简称“北京化二”）的信息，这一信息在光大证券财务总监胡世明向肖时庆泄露时是真实的，但后来光大证券和中国石油化工股份有限公司（以下简称“中石化”）谈判失败，由国元证券借壳北京化二。肖时庆是利用其掌握的光大证券借壳北京化二的内幕信息交易获利的。肖时庆的辩护人认为，肖时庆从胡世明处获得的信息非内幕信息，而是虚假信息，故不构成内幕交易罪，肖时庆买卖股票是根据其专业知识作出的判断。法院经审理认为，肖时庆所获得的内幕信息，已经表明北京化二让壳重组进入实质阶段，势在必行，常人即可判断出投资北京化二将会获得非常的市场回报，并非利用自己的知识、智慧对证券市场作出的分析和预测。肖时庆指使邹国庆、肖爱英买卖北京化二股票的行为，看似孤注一掷的博弈行为，但实质上，该非正常交易行为的信心源自北京化二让壳重组已经成为必然的事实，而这恰恰是内幕信息的主要内容。虽然北京化二客观上与光大证券谈判失败，但北京化二只要启动让壳重组，无论谁受让壳资源，对壳公司股票的市场前景均无影响，所以肖时庆的交易获利与其获悉的光大证券借壳北京化二的内幕信息之间有着内在联系，并非如辩护人所言无内在联系。肖时庆指使邹国庆、肖爱英在2006年9月底之前建仓完毕，该时段正是北京化二股票的价格敏感期。这种“判断”显然是以北京化二让壳重组为背景，即以获得的内幕信息为基础。肖时庆辩解系根据股权改制的整体趋势作出判断投资北京化二，但是股改是全方位的，肖时庆却将全部资金投资北京化二，针对性极强；股改是整体推进的，肖时庆在2004年便得知中石化探索整体上市的思路，却集中在2006年9月底全持仓北京化二股票，即获得相关光大证券欲借壳北京化二之后，时效性极强，故肖时庆的上述行为足以说明其系根据内幕信息买卖股票，而非如辩称的系根据股改政策作出的判断。应当说，法院的认定是正确的。

2. 内幕信息的特征

我们认为，内幕信息具有以下三个特点：第一，关联性。即内幕信息是与某一公司的经营管理、财务状况、证券期货市场价格相关的信息。如果与证券期货市场没有关联性，不能对证券期货市场价格产生重大影响的信息，不是内幕信息。第二，重大性。即有关信息对相关证券期货的交易价格可能产生重大影响。在通常情况下，有关信息一旦公开，证券期货的交易价格在一段时间内将与市场指数发生显著偏离。第三，秘密性，是指有关信息没有被证券市场的所有投资者以及社会公众了解、知悉。丧失了秘密性的信息显然不是内幕信息。

（二）内幕信息敏感期的确定

内幕信息敏感期是指内幕信息自形成至公开之间的期间。只有在内幕信息敏感期内利用相关内幕信息从事证券期货交易或者泄露该内幕信息的，才构成内幕交易罪或者泄露内幕信息罪。所以，内幕信息敏感期的确定对内幕交易罪、泄露内幕信息罪的认定具有重大意义，尤其对犯罪数额的认定具有重大意义。内幕信息敏感期是指内幕信息自形成至公开的一段时间，内幕信息的形成时间和公开时间的确定，对内幕信息敏感期的认定非常关键。

1. 内幕信息的形成时间

在司法实践中，一般将《证券法》第 75 条规定的“重大事件”“计划”“方案”等和《期货交易管理条例》第 82 条第（十一）项规定的“政策”“决定”等的发生或者决策正式形成时间认定为内幕信息的形成之时。然而，上述认定模式只能适用于传统犯罪案件。随着证券、期货市场的飞速发展，这种认识越来越难以适应打击证券、期货市场犯罪的需要。在不少内幕交易案件中，尤其是在一些涉及借壳上市、资产重组的内幕交易案件中，内幕信息的知情人员往往在相关决策刚刚作出甚至处于萌芽状态，尚未正式形成之时，利用该信息进行内幕交易，谋取暴利。如果认为相关的决策正式形成之时才是内幕信息的形成之时，则这类交易行为因为是在内幕信息敏感期之外发生的，不能认定为内幕交易罪，显然是不合理的。故对内幕信息的形成时间不能解释得过于狭窄，而应当作适当扩张解释。否则容易给不法分子钻空子，不利于打击此类犯罪，如刘宝春、陈巧玲内幕交易案中，十四所借壳高淳陶瓷的正式协议形成之时是 2009 年 4 月 19 日，当日，十四所将双方最终商定的《合作框架意向书》送至南京市经济委员会，被告人刘宝春在该意向书上作为鉴证方签名并加盖南京市经济委员会公章后出席洽谈双方签署《合作框架意向书》签字仪式。4 月 20 日，高淳陶瓷公司发布《关于公司重大事项停牌公告》，宣布公司控股股东正在筹划重大资产重组事项，高淳陶瓷股票自 4 月 21 日起停牌。刘宝春授意陈巧玲实际购买高淳陶瓷股票的时间是 2009 年 4 月 1 日至 4 月 15 日。如果以 4 月 19 日作为内幕信息形成时间，刘宝春、陈巧玲就不构成内幕交易罪。本案中，刘宝春辩称，其购买高淳陶瓷股票时，内幕信息尚未形成，不能因为其买卖该股票就认为其利用了内幕信息。其辩护人也辩称，刘宝春所知悉的信息不是内幕信息。中国证监会认定，本案内幕信息的价格敏感期为 2009 年 3 月 6 日由十四所草拟的十四所借壳高淳陶瓷的《合作框架》形成初稿至 4 月 20 日高淳陶瓷停牌之时。法院认为，2009 年 3 月 6 日的合作框架是内幕信息的第一次书面化，虽然双方对洽谈重组的方案有几易其稿不断完善的过程，但所涉十四所受让国有股、成为公司第一大股东和实际控制人等内容始终被保留，即十四所重组高淳陶瓷公司借壳上市的总体思路一开始即已确定。对照法律规定，借壳上市思路计划本身就具有内幕信息性质，因此中国证监会关于内幕信息价格敏感期从2009年3月6日开始的意见是正确的。在李启红等内幕交易、泄露内幕信息案中，法院认定的内幕信息形成之时是2007年6月11日，当日，谭庆中向原中山市委书记陈根楷汇报了拟将公用集团公司优质资产注入科技公司以实现集团整体上市的计划。陈表示同意。在6月11日这天，也没有形成科技公司重组的正式决议。

再如谢风华、安雪梅内幕交易案。此案包括两桩内幕交易事实，即厦门大洲收购、重组兴业房产过程中的内幕交易及天宝矿业借壳万好万家重组上市过程中的内幕交易。

2008年10月，时任国信证券股份有限公司（以下简称“国信证券”）投资银行事业部副总裁兼投资银行业务部总经理的被告人谢风华，通过朋友介绍，认识厦门大洲董事长陈铁铭。谢风华欲将陈铁铭发展为IPO首发上市的客户，遂与之接触。11月3日起，陈铁铭通过其本人及厦门大洲的证券账户开始在二级市场购买兴业房产股票，并将此情况告诉了谢风华。12月中旬，陈铁铭向谢风华说明其公司当时持有兴业房产的股票不足5%，并向谢咨询收购及举牌等相关事宜，还让谢推荐律师。12月25日，兴业房产发布董事会提示性公告称，于12月24日收到厦门大洲函告，截止同年12月23日，厦门大洲及其一致行动人陈铁铭共同持有兴业房产股份占公司总股本的5.00736%。经中国证监会认定，该公告信息的价格敏感期为2008年11月3日至2008年12月24日。此后，陈铁铭在二级市场继续购买“ST兴业”股票，2009年1月15日，厦门大洲拥有了兴业房产10%以上的股份，并再次通过上海证券交易所予以公告。

2009年3月，谢风华从国信证券辞职，进入中信证券股份有限公司（以下简称“中信证券”）工作，在企业发展融资部任执行总经理。4月20日，厦门大洲聘请中信证券担任财务顾问，协助收购入主兴业房产。4月26日，中信证券派谢风华等人参加了兴业房产2009年第一次临时股东大会，并且作为厦门大洲及其一致行动人的代理人受托投票，陈铁铭当选兴业房产的董事长。5月24日，陈铁铭与谢风华通电话，表示决定将厦门大洲资产注入兴业房产，并征求其意见，获其肯定。当日，陈铁铭在其主持召开的兴业房产管理层会议上通过了将资产注入兴业房产的决议。5月26日16时，兴业房产召开“ST兴业”定向增发项目第一次中介协调会，陈铁铭与谢风华等人参会，会议确定了兴业房产重组方案的框架并决定第二天停牌。5月27日,兴业房产发布重大事项暨停牌公告,并自当日起停牌。经中国证监会认定,该公告信息的价格敏感期从2009年5月24日至2009年5月26日。同年6月26日,兴业房产复牌,并公告《ST兴业发行股份购买资产暨关联交易预案》。

自2008年12月17日至2009年5月25日,谢风华作为厦门大洲收购、重组兴业房产内幕信息的知情人,在内幕信息尚未公开前,自己购买并叫其妻子被告人安雪梅购买"ST兴业"股票。谢风华通过其控制的谢剑源560000011922账户,买入"ST兴业"股票共计115 000股,累计成交金额500 684元,获利767.52元;安雪梅在明知上述信息系内幕信息的情况下,仍利用该内幕信息通过其控制的倪静霞68003516账户买入"ST兴业"股票共计208 500股,累计成交金额1 520 678.00元,获利136 705.50元。

2007年底,福建天宝矿业集团股份有限公司(以下简称"天宝矿业")副董事长潘德滨及该公司董事会秘书叶淑玉负责该司IPO首发上市的工作,并选择国信证券作为辅导上市的券商,谢风华作为保荐人。上述项目未获得中国证监会审核通过,故潘德滨于2009年5月6日(此时谢风华已调至中信证券)向谢风华表示其公司欲借壳上市,并口头委托谢风华推荐有意卖壳的上市公司。同年5月7日,谢风华电话告知潘德滨,上市公司浙江万好万家事业股份有限公司(以下简称"万好万家")在市场中有卖壳意向,并让潘德滨上网了解一下万好万家的具体情况,如果潘德滨有意向的话,可以负责牵头与万好万家联系洽谈。在了解了万好万家的情况后,潘德滨向谢风华表示愿意就借壳事宜与万好万家洽谈,并征求谢风华下一步该如何安排,谢风华告知潘德滨其公司要借壳上市,需先进行资产预估,潘德滨遂开始安排资产评估。5月12日,谢风华电话询问万好万家副总裁黄峥嵘是否有重组意愿并介绍了天宝矿业的情况,同时用电子邮件发送了《天宝矿业投资价值分析报告》,经过了解,黄峥嵘表示愿意与天宝矿业接触,并委托谢风华安排,至此,谢风华促成了双方面谈意愿。5月14日,经谢风华的安排,天宝矿业、万好万家公司负责人见面,谢风华和潘、叶二人到万好万家与公司负责人孔德永见面,初步协商借壳上市事宜。5月18日10时许,潘德滨将天宝矿业的预评估结果告知谢风华,并请谢风华做重组预案框架,谢风华根据潘德滨提供的天宝矿业预评估结果制订了《浙江万好万家实业股份有限公司重组方案》。5月18日晚9时,天宝矿业、万好万家公司负责人在中信证券谢风华等人的指导下进行了重组合作细节的商谈,次日凌晨4时双方就重组条件达成一致,并决定5月19日停牌。5月19日，万好万家向上海证券交易所申请股票停牌。经中国证监会认定，天宝矿业借壳万好万家重组上市这一内幕信息的敏感期为2009年5月12日至5月19日。

2009年5月18日上午，谢风华在制作天宝矿业借壳万好万家的重组方案期间，作为该内幕信息知情人，在内幕信息尚未公开前，自己购买并叫被告人安雪梅购买万好万家股票共计1210600股。其中，谢风华通过其控制的谢剑源560000011922账户买入930600股，累计成交金额6671961.00元，获利5853915.00元；安雪梅在明知该信息系内幕信息的情况下，仍利用该内幕信息，通过其控制的倪静霞账户68003516买入280000股，累计成交金额2047133.84元，获利1685066.16元。

本案中，被告人及其辩护人对第一节内幕交易的事实不表示异议。但对第二节事实，谢风华的辩护人认为，2009年5月18日晚上9点之前的信息既非法定的内幕信息，也不具备内幕信息的特征。内幕信息除了重大性、关联性、非公开性外，还具有确定性的特征，即应当是已经发生的事实或者基本确定会发生的情况，信息的内容也应当是准确、特定和确定的。5月18日晚上9点之前，天宝矿业和万好万家没有形成有关重组的意向、决定、计划，甚至双方内部也没有做出任何方案、计划或者决定，5月18日晚上9点至次日凌晨4点，双方正式进行磋商并形成了重组意向，此时内幕信息才算形成。安雪梅的辩护人认为，价格敏感期应当始于重大事项已经发生或确定之日，天宝矿业借壳万好万家重组事项从5月19日凌晨4点初步达成重组意向才能够算有重大事项发生，内幕信息的敏感期实质上应该从5月19日凌晨4点才开始计算。5月12日谢风华只是向双方推荐了各自公司并致电询问有无接触的意向，并不能因为双方有接触的意向就将其理解为双方有重组的意向。故中国证监会以2009年5月12日作为内幕信息的形成之日没有事实和法律依据。我们认为，中国证监会的认定是正确的。5月12日，谢风华电话询问万好万家副总裁黄峥嵘是否有重组意愿并介绍了天宝矿业的情况，同时用电子邮件发送了《天宝矿业投资价值分析报告》，经过了解，黄峥嵘表示愿意与天宝矿业接触，并委托谢风华安排，至此，谢风华促成了双方面谈意愿。这一日，双方就借壳和让壳问题已经存在一定意向，故可以认为是决策者的决策形成之时，以后双方的进一步接触，只是将这种决策进一步具体化。所以，对于内幕信息是否具有确定性特征，是可以探讨的。内幕信息要有一定的确定性，完全不确定的所谓信息，因为没有明确的针对性，容易流变，不能成为内幕信息。但内幕信息的确定性又不能要求太高,不能要求绝对的确定性,只要具有相对确定性即可。相对确定的信息,即使是正在形成的,以后可能进一步发展、具体化,甚至可能局部变化的信息,也应当视为内幕信息。在本案的第一节内幕交易事实中,中国证监会认定的内幕信息形成的时间甚至比第二节更早。中国证监会认定的内幕信息形成之时是2008年11月3日,当日厦门大洲董事长陈铁铭通过其本人及厦门大洲的证券账户开始在二级市场购买兴业房产股票,并将此情况告诉了谢风华。这一日就是陈铁铭收购兴业房产决策形成并开始实施之时。故以这一日作为内幕信息形成的时间也是可以的。

2. 内幕信息敏感期的截止期

内幕信息敏感期的截止期就是内幕信息公开之时。《证券法》第70条规定:依法必须披露的信息,应当在国务院证券监督管理机构指定的媒体发布,同时将其置备于公司住所、证券交易所,供社会公众查阅。《股票发行与交易管理暂行条例》第63条规定:上市公司应当将要求公布的信息刊登在证监会指定的全国性报刊上。上市公司在依照前款规定公布信息的同时,可以在证券交易场所指定的地方报刊上公布有关信息。该《条例》第81条第9项规定:"公开"是指将本《条例》规定予以披露的文件备置于发行人及其证券承销机构的营业地和证监会,供投资者查阅的行为。可见,依据上述规定,信息公开是一种形式上的公开,即信息公开的标准是在报刊或其他形式的公报上公布。如果相关信息没有在法定的载体上公布,一般视为没有公开。但是,如果相关重大信息已经过非法定的形式在相当范围内公开,如已经通过互联网泄露,则也视为丧失了秘密性,不能成为内幕信息。另外,有观点认为,内幕信息公布后的较短时间内,公布的信息难以反馈到广大公众中,内幕信息的部分影响力仍然存在,因此内幕信息敏感期的截止期限应当从实质影响力上把握,一般应为内幕信息公布后的24小时或者12小时。尽管上述观点符合一定的实践需要,但刑法毕竟规定内幕交易、泄露内幕信息罪的时间点必须是内幕信息尚未公开前,从严格法律意义上讲,内幕信息公开了就不应当认定为内幕信息。

三、内幕交易、泄露内幕信息罪的定罪处罚

(一)违法所得数额的认定

"违法所得数额"通常被理解为"获利数额",如1995年最高人民法院《关于审理生产、销售伪劣产品刑事案件如何认定"违法所得数额"的批复》

(已失效),将“违法所得数额”界定为“生产、销售伪劣产品获利的数额”。由于生产、销售行业的违法犯罪行为很少涉及避免损失的认定,所以将此处的“违法所得”理解为“获利数额”有一定合理性。但证券期货交易是一种高风险的投资行业,获悉内幕信息后,买入行为可能获取暴利,卖出行为可能避免损失,因此,行为人获悉内幕信息后卖出证券、期货所避免的损失应当认定为《刑法》第180条第1款的“违法所得”。如上海宏普实业投资有限公司、被告人曾世珍内幕交易案。2008年2月5日,时任上海宏普实业投资有限公司(以下简称“宏普公司”)负责人的曾世珍收到其丈夫上海宏盛科技发展股份有限公司(上海市证券交易所上市公司,股票代码600817,以下简称“宏盛科技”)董事长龙长生被公安机关刑事拘留的通知书后,在宏盛科技未将此信息公告的情况下,指令宏普公司财务人员陈文君于2008年2月13日至14日,将宏普公司所持有的宏盛科技法人股中10 452 006股售出,交易金额1.23亿余元。使宏普公司规避损失889万余元。此案中内幕交易的获利数额就是宏普公司避免的损失数额。

关于违法所得数额的认定,还有两个需要明确的问题是,如何确定违法所得的基准日期?对于避免损失的内幕交易行为,是以交易的开盘价还是收盘价为基准?在许多案件中,包括刘宝春、陈巧玲内幕交易案,肖时庆内幕交易案、李启红内幕交易案等案件,被告人都不是在内幕信息敏感期一结束就将利用内幕信息购买的股票卖出,而是在内幕信息敏感期结束若干天甚至较长的一段时间之后再卖出相关股票。而且,内幕信息一经公开后,对股票价格的影响一般会持续一段时间,如刘宝春、陈巧玲内幕交易案中,高淳陶瓷在股票复牌交易后连续10天涨停;李启红等内幕交易、泄露内幕信息案中科技公司股票在复牌后连续14天涨停。那么,对于行为人内幕交易违法所得的认定基准时间,是以实际卖出时间还是以内幕信息敏感期结束后的第一天为准?有人认为应当以内幕信息敏感期结束、股票复牌第一天为基准日。理由是,内幕信息敏感期结束后,信息即已公开,任何人都可以从事该股票的交易。行为人如果利用内幕信息购买了股票,在内幕信息公开后不卖出,以后股票价格的上涨所获得的利益不是基于内幕信息,故不能认定为违法所得。而且,内幕信息公开后,股票价格经过一定时间的上涨,也可能下跌,如果行为人长期持有该股票,甚至可能实际发生亏损。如果以行为人实际卖出股票的时间为认定违法所得的基准日,则可能发生没有违法所得的情况,而这是不合理的。如果以内幕信息敏感期结束的第一天作为计算违法所得的基准日，则即使行为人实际上发生亏损，也不妨害认定其违法所得的数额。应当说，这种观点有一定道理，但我们认为还是以行为人实际交易日作为违法所得的基准日，以行为人实际成交获利或者亏损的状况作为认定违法所得的依据更为妥当。这样更符合案件的本来面貌，否则，如果行为人实际盈利大于以内幕信息公开日计算的数额，而计算违法所得却取较小的数额，或者行为人实际发生了亏损，而硬要认定其有违法所得，都与客观事实不符。在行为人实际盈利数额大于以信息公开日计算的数额的情况下，行为人的所有实际盈利都是基于其内幕交易的犯罪行为，如果人为地分割成违法所得和合法收入两部分，显得有点牵强。在行为人实际发生亏损的情况下，硬要认定其有违法所得，又不合常理，不易使行为人心服口服。另外，鉴于内幕信息对股票交易价格的影响一般都会持续一段时间，从事内幕交易者一般都不会在内幕信息一公开就卖出股票，而是会等到内幕信息对股票交易价格的影响消除后才卖出股票，这样可以最大限度获利。而且，对于内幕交易犯罪来说，获利是普遍情况，亏损是个别现象，如果以内幕信息公开日作为计算违法所得的基准日，一方面不符合内幕交易罪的普遍情况，另一方面不利于从经济上剥夺犯罪分子的违法所得，故不足取。

对于以避免损失为目的的内幕交易行为来说，还存在规避损失额应当以开盘价还是收盘价计算的问题。这类内幕交易行为与以获利为目的的内幕交易行为不同，一般是在内幕信息形成之前行为人就已经持有某公司的股票，内幕信息是不利于股票价格的信息，行为人获悉内幕信息后，在内幕信息敏感期内即将股票售出。内幕信息一经公开，股票价格就会下跌。行为人规避损失的数额就是内幕信息公开日的股票价值和行为人售出股票所获金额之间的差额部分。但内幕信息公开日的股票价格有开盘价和收盘价，究竟应当以开盘价还是收盘价计算行为人规避损失的数额，存在争议。在宏普公司及曾世珍内幕交易案中，辩护人就提出应当以收盘价计算规避损失数额。但法院认为，宏盛科技董事长龙长生被刑事拘留的信息明显是利空信息，一经公开就会使股票面临极大的下跌可能。而在公开当日股市开盘时宏普公司就具备了抛出宏盛科技股票避免损失的条件，故应当取该内幕信息公开当日宏盛科技股票的开盘价为计算规避损失公式中的基准价。我们认为，法院的认定是正确的。

（二）泄露内幕信息人员罚金数额的确定

《刑法》第 180 条第 1 款对内幕交易、泄露内幕信息罪规定了并处或者单处违法所得1倍以上5倍以下罚金。然而,对于非共犯情形下仅泄露内幕信息的行为人,此处的“违法所得”是指内幕交易人的违法所得还是指泄露内幕信息人获取的报酬,需要明确。对这一问题,一种观点认为,非共犯情形下的泄露内幕信息行为人未参与内幕交易,也就未从交易行为中获取所得,因此,对于此类行为人违法所得只能是因其泄露而获取的报酬,将此处的“违法所得”理解为内幕交易人的违法所得,违背了刑法原意。另外,获取内幕信息人可能自己未从事内幕交易但将内幕信息再泄露,如此连环泄露多次,根据所有人的内幕交易违法所得对泄露行为人进行处罚,便显失公平。我们认为,此处的违法所得应是指内幕交易人因内幕交易而获得的违法所得。《刑法》第180条没有明确违法所得主体,从一个角度可以理解为立法的疏漏,但从另一个角度也可以理解为立法技术,因此将此处的“违法所得”理解为内幕交易人的违法所得,并未违背立法原意。对于关系密切的泄露人员与交易人员,可能根本不存在什么报酬,因此,针对泄露内幕信息人员,将“违法所得”理解为泄露人员的报酬,不符合立法原意。

(作者单位:上海市高级人民法院)

第二部分

规范性指导意见及相关法律问题探讨

【指导意见及起草说明】

最高人民法院、最高人民检察院、公安部、中国证监会《关于办理证券期货违法犯罪案件工作若干问题的意见》

关于印发《最高人民法院、最高人民检察院、公安部、中国证监会〈关于办理证券期货违法犯罪案件工作若干问题的意见〉》的通知

证监发〔2011〕30 号

各省、自治区、直辖市高级人民法院、人民检察院、公安厅(局),解放军军事法院、军事检察院,新疆维吾尔自治区高级人民法院生产建设兵团分院,新疆生产建设兵团人民检察院、公安局,中国证监会各省、自治区、直辖市、计划单列市监管局:

为解决近年来在办理证券期货违法犯罪案件工作中遇到的一些突出问题,依法惩治证券期货违法犯罪,现将《最高人民法院、最高人民检察院、公安部、中国证监会关于办理证券期货违法犯罪案件工作若干问题的意见》印发给你们,请遵照执行。

在执行中遇到的问题,请及时报最高人民法院、最高人民检察院、公安部和中国证监会。

最高人民法院

最高人民检察院

公安部

中国证券监督管理委员会

2011 年 4 月 27 日

为加强办理证券期货违法犯罪案件工作,完善行政执法与刑事司法的衔接机制,进一步依法有效惩治证券期货违法犯罪,提出如下意见:

一、证券监管机构依据行政机关移送涉嫌犯罪案件的有关规定,在办理可能移送公安机关查处的证券期货违法案件过程中,经履行批准程序,可商请公安机关协助查询、复制被调查对象的户籍、出入境信息等资料,对有关涉

案人员按照相关规定采取边控、报备措施。证券监管机构向公安机关提出请求时，应当明确协助办理的具体事项，提供案件情况及相关材料。

二、证券监管机构办理证券期货违法案件，案情重大、复杂、疑难的，可商请公安机关就案件性质、证据等问题提出参考意见；对有证据表明可能涉嫌犯罪的行为人可能逃匿或者销毁证据的，证券监管机构应当及时通知公安机关；涉嫌犯罪的，公安机关应当及时立案侦查。

三、证券监管机构与公安机关建立和完善协调会商机制。证券监管机构依据行政机关移送涉嫌犯罪案件的有关规定，在向公安机关移送重大、复杂、疑难的涉嫌证券期货犯罪案件前，应当启动协调会商机制，就行为性质认定、案件罪名适用、案件管辖等问题进行会商。

四、公安机关、人民检察院和人民法院在办理涉嫌证券期货犯罪案件过程中，可商请证券监管机构指派专业人员配合开展工作，协助查阅、复制有关专业资料。证券监管机构可以根据司法机关办案需要，依法就案件涉及的证券期货专业问题向司法机关出具认定意见。

五、司法机关对证券监管机构随案移送的物证、书证、鉴定结论、视听资料、现场笔录等证据要及时审查，作出是否立案的决定；随案移送的证据，经法定程序查证属实的，可作为定案的根据。

六、证券监管机构依据行政机关移送涉嫌犯罪案件的有关规定向公安机关移交证据，应当制作证据移交清单，双方经办人员应当签字确认，加盖公章，相关证据随证据移交清单一并移交。

七、对涉众型证券期货犯罪案件，在已收集的证据能够充分证明基本犯罪事实的前提下，公安机关可在被调查对象范围内按一定比例收集和调取书证、被害人陈述、证人证言等相关证据。

八、以证券交易所、期货交易所、证券登记结算机构、期货保证金监控机构以及证券公司、期货公司留存的证券期货委托记录和交易记录、登记存管结算资料等电子数据作为证据的，数据提供单位应以电子光盘或者其他载体记录相关原始数据，并说明制作方法、制作时间及制作人等信息，并由复制件制作人和原始电子数据持有人签名或盖章。

九、发行人、上市公司或者其他信息披露义务人在证券监管机构指定的信息披露媒体、信息披露义务人或证券交易所网站发布的信息披露公告，其打印件或据此制作的电子光盘，经核对无误后，说明其来源、制作人、制作时间、制作地点等的，可作为刑事证据使用，但有其他证据证明打印件或光盘内容与公告信息不一致的除外。

十、涉嫌证券期货犯罪的第一审案件，由中级人民法院管辖，同级人民检察院负责提起公诉，地（市）级以上公安机关负责立案侦查。

最高人民法院、最高人民检察院、公安部、中国证监会《关于办理证券期货犯罪案件若干问题的意见》起草说明

一、背景和过程

证券期货违法犯罪利益巨大，社会影响广泛，侵害广大投资者权益，从受害对象的范围看，具有明显的涉众性特点，对资本市场运行和经济社会秩序构成极大损害，其中牵涉的部分国家工作人员从事内幕交易等腐败问题严重，损害党的执政形象。近年来，在资本市场服务于国民经济全局的功能日益突出的同时，证券期货违法犯罪行为也发生了新的变化，出现了新的特点。由于证券期货市场涉及交易关系复杂、技术手段先进，尤其是无纸化交易的特点，使得证券期货犯罪案件表现出非常强的专业性，司法机关在调查取证和法律适用方面面临现实的困难和问题，需要及时研究解决，完善相关制度。

打击证券期货犯罪是资本市场稳定运行、健康发展的一项基础性工作。中央领导多次作出重要批示，要求切实加强法规建设和市场监管，严厉打击证券期货违法犯罪，维护市场秩序。党的十七届四中全会和中纪委相关工作规划从加强党的建设和反腐败工作的高度，对强化打击证券期货犯罪提出新的工作要求。

2009 年 8 月，国务院整治非法证券活动协调小组召开打击证券期货犯罪专题会议，决定成立专题工作组，研究和探索建立行政和司法的有效协作模式，改进和完善涉及证券期货犯罪的相关刑事司法制度，有效解决打击证券期货犯罪面临的现实矛盾和问题。会议确定了司法解释、证据规则、案件移送和指定管辖四个课题，分别由最高法、最高检、公安部和证监会牵头负责。

经过一年的努力，专题工作组在各专题成果的基础上，整合形成了《关于办理内幕交易等刑事案件具体应用法律若干问题的解释（征求意见稿）》和《关于办理证券期货犯罪案件若干问题的意见（征求意见稿）》（以下简称《意见（稿）》）。2010 年 8 月，协调小组再次召开专题会，听取专题组工作汇报，

审议两个司法文件草案，并就相关重大问题进行决策。根据协调会意见，专题工作组对文件草案再次进行修改完善。

二、主要内容

《意见（稿）》包括执法协作、案件移送、证据和管辖等内容，共计11条。起草过程中充分吸收各课题小组的意见，不追求体系完整，重点在于有针对性地解决具体问题。

（一）关于执法协作

为克服司法机关专业性不足和证券监管机关办案手段有限的问题，加强执法配合，形成执法合力，《意见（稿）》从三个层面完善了执法协作相关内容：一是行政执法阶段，公安机关在查询、复制户籍信息、出入境信息和采取边控措施等方面予以协助；二是在涉嫌犯罪案件移送环节，完善公安机关和证券监管部门的案件移送协调会商机制，同时明确了重大、复杂、疑难案件立案前公安机关提前介入的要求；三是司法办案阶段，证券监管部门根据办案需要提供专业支持，依法出具行政认定意见，并且行政认定不属于具体行政行为。同时，证券监管部门、公安机关和司法机关应建立长效工作机制，定期或不定期沟通情况，统一认识，研究解决重点案件办理工作，应对执法新情况、新问题（第1—4条、第11条）。

（二）关于集中管辖

证券期货市场是全国性的集中、统一市场，内幕交易、操纵市场等证券期货犯罪往往涉及面广，专业性强，牵涉地方利益，情况复杂。实行相对集中的管辖制度，一是有利于集中办案，统一执法尺度，提高刑事打击效率、效果；二是有利于监管机构与司法机关的合作、衔接；三是有利于有效整合司法资源，培养专业化的办案队伍；四是有利于减少地方保护主义干扰。

调研中，曾有意见提出由北京、上海、深圳等地（或再适当增加城市）的中级人民法院集中管辖，也有意见提出将集中管辖扩大到各地市中级人民法院。但是，考虑到既要有利于集中专业办案力量，又要兼顾跨省办案可能面临的协调配合和诉讼成本等问题，尽量减少对公、检、法现行办案体制机制的影响，《意见（稿）》确定集中管辖范围为省、自治区、直辖市人民政府所在地的市、计划单列市的中级人民法院。（第10条）

（三）关于证据

《意见（稿）》从目前司法机关办理证券期货犯罪案件的需要出发，在符合刑事诉讼法要求的前提下，从确保嫌疑人合法诉讼权利、兼顾司法资源配置的角度出发，分别就行政执法证据转化为刑事司法证据、涉众型证券期货犯罪案件的取证、特定种类电子数据的取证作出具体的规定。

1. 行政执法证据转化为刑事司法证据

证券期货犯罪案件进入刑事司法程序后，行政调查阶段取得的证据如重新收集，一是有可能因已丧失最佳取证时机而证据灭失或被人为破坏无法重新收集，二是证券期货案件一般涉及大量的书证材料，且分布全国各地，重新收集严重影响办案进度，耗费大量行政、司法资源。因此，在有效保护嫌疑人合法权益和不违反刑事诉讼法的前提下，兼顾实际办案需要，考虑到书证、物证、视听资料、鉴定结论、勘验笔录和现场笔录等证据内容相对固定，不易篡改，《意见（稿）》明确在行政执法中此类证据收集程序合法，证据形式符合法律规定并与案件事实相关联的，经司法机关审查，可以作为刑事诉讼的证据使用，经法定程序查证属实的，可以用作定案的依据（第5条）。

另有意见认为，当事人陈述和证人证言在特殊情况下也可转化为刑事证据。但根据《刑事诉讼法》《人民检察院刑事诉讼规则》和《公安机关办理刑事案件程序规定》，讯问犯罪嫌疑人和询问证人、被害人必须由侦查人员进行。加上言词证据受各种外界因素影响，容易发生变动，从言辞证据原则和保护当事人合法诉讼权利角度出发，《意见（稿）》未采纳上述意见。

2. 涉众型证券期货犯罪案件的取证

涉众型证券期货案件涉及的受害人或证人众多，分布地点分散，逐一调查取证将耗费大量的行政、司法资源。《意见（稿）》在总结司法实践经验的基础上，明确在不影响案件定性和量刑的前提下，可以对特定的被调查对象按比例取证（第7条）。

3. 特定单位制作或者特定渠道生成的电子证据的证明力

我国证券期货市场均采用无纸化交易，证券期货委托、交易记录由证券交易所、证券公司等单位以电子数据形式保存。《意见（稿）》参照行政诉讼关于电子证据的有关规定，对载有证券期货委托、交易记录的电子证据作出以下规定：一是要求数据提供单位以电子光盘或者其他载体记录相关原始数据；二是为保证数据的真实可靠，数据提供单位还应当说明制作方法、制作时间和制作人等信息，并由复制件制作人和原始电子数据持有人签名或盖章。（第8条）。另外，《意见（稿）》规定发行人、上市公司在证监会指定的信息披露媒体、信息披露义务人或证券交易所网站发布的信息披露公告，其打印件或据此制作的电子光盘，可以作为证据使用（第9条）。

【实务探讨】

证券期货犯罪证据问题

一、证券期货犯罪证据问题

（一）证据转换问题

为加强行政执法和刑事司法的工作衔接，提高证券期货违法犯罪案件办案效率，司法机关应当及时审查证券监管机构移送的证据，决定是否立案，减少案件运转的时间消耗。

1．证据转换基本问题

（1）“证据转换”释义

证据转换又称为证据转化，是指司法机关采取法定方式，将行政机关在行政调查阶段收集的证据转换为合法刑事司法证据的规则。行政执法与刑事司法之间的证据转换是证券期货违法犯罪案件衔接机制的重点和核心。

（2）证据转换的现实必要性

大多数证券、期货犯罪案件都是在行政调查发现线索或者行政案件调查结束后移交司法机关办理的，这是目前此类案件侦查工作的一个基本特征。当行政违法行为达到一定危害程度，其性质就由一般违法行为转变为犯罪行为，违法行为在客观性质上的转变导致案件的处理程序必然面临一个现实问题，即行政执法中获取的证据能否转换为刑事司法中的诉讼证据。

证券、期货违法案件进入刑事司法程序后，重新收集证据会面临许多问题：由于证券期货违法案件涉案账户和被调查人员众多、涉及地域广泛，案件调查周期较长。另外，资本市场高度电子化的特征使得案件调查必然涉及大量的电子证据，在经过行政调查之后，这些证据的最佳取证时机往往已经错过，可能导致刑事调查阶段证据灭失或被人为破坏。证券期货案件的调查涉及大量的书证材料，且由不同地域的单位和部门保存，书证的收集需要大量的人力、物力的投入，对这些证据进行重新收集必然严重影响刑事案件的办案进度。办理证券、期货案件需要依靠专业的证券、期货市场知识，在刑事司法程序中，司法机关经常需要证券期货监管部门专业人员的协助，其中不少人员本身就是行政执法中参与取证的调查人员，如果在刑事司法程序中重新收集证据，不仅在证据内容上没有本质区别，对具体办案人员，也是重复劳动，这对于有限的行政执法和刑事司法资源都是严重的浪费。

因此，在刑事司法程序中重新收集证据面临重重困难，适用证据转换规则是当前证券期货犯罪案件侦查实践的迫切要求。

（3）证据转换的法律依据

事实上，证据转换在我国行政执法和刑事司法衔接的工作实践中沿袭已久，在海关、税务、工商、审计等不同领域，以及党政纪检工作中都有广泛的运用，证据转换已经成为刑事司法机关处理行政机关调取证据的常规做法，但由于证据转换规则一直未能在书面法律文件中得以确认，难免使证据的合法性受到不同程度的质疑。

我国《刑事诉讼法》第 48 条第 1 款规定，“可以用于证明案件事实的材料，都是证据”，这其中当然包括证券期货监管部门行政调查收集的证据。从目前我国证券期货犯罪案件办理的实际情况看，行政调查中获取的证据往往是刑事证据的重要组成部分，某些案件中甚至几乎成为刑事案件证据的全部来源。从法律性质上，证据转换的根本目的是为了全面、及时地查明案件事实，对司法机关而言，证据转换是履行查明犯罪事实职能的表现。因此，行政调查阶段取得的证据经过查证属实，可以作为刑事案件的定案根据。

2. 证据转换的具体程序：证据移交和证据审查

证据转换在程序上包含证据审查和证据移交两个部分。《刑事诉讼法》第 48 条第 3 款规定，证据必须经过查证属实，才能作为定案的根据。因此，行政机关调查取得的证据应当经过司法机关查证，方可作为刑事证据使用。但是，这里的查证并非是司法机关对证据的重新侦查，一一验证，而是对行政机关已经调取的证据分析其真实性，并通过收集的其他刑事证据进行印证。

此外，需要强调的是，证据移交并不仅仅是证据审查的一个附属或者程序形式而已，而是证据转换本身所要求的必需的重要程序，因此需要专门加以规定。行政证据只有经过证据移交程序，方能实现其从行政证据到刑事证据的实质性转变。

在实际操作中，建议由调查组成员办理证据移交手续，移交双方各要求两人以上，并注意签字盖章。

3. 不同种类证据在证据转换中的区别

行政执法和刑事司法是两个不同的法律程序，在证据转换中出于对当事人合法权益有效保护的目的，证据转换规则应当根据各类证据的不同特点区别适用。

(1) 物证、书证、鉴定结论、视听资料和现场笔录适用证据转换

物证、书证、鉴定结论、视听资料和现场笔录，其证据内容相对固定，不易篡改，既无必要也不可能使其恢复原状后重新提取。因此，如果行政执法中证据收集程序合法，证据形式符合法律规定，经司法机关依法审查后，可以转换为刑事司法证据使用。

(2) 当事人陈述和证人证言一般不能转换，但应注意可能出现的一些特殊情形

当事人陈述和证人证言受各种外界因素的影响，内容易发生变更或被篡改，并且从言词证据原则和保护犯罪嫌疑人诉讼权利的角度出发，刑事司法程序应当以重新收集为原则，一般情况下都不允许进行转换。但在实际办案过程中，如果确实存在一些特殊情形，例如发生当事人或证人死亡、失踪、丧失行为能力等情况而无法重新收集的，经司法机关查证与其他证据吻合、相互印证的，可以探索作为刑事证据使用。

4. 刑事证据向行政证据转换问题

刑事司法证据用于行政执法包括两种情况：(1) 证券期货监管部门向公安机关移送案件，经查不构成犯罪退回调查；(2) 公安机关自行侦查案件认为不构成犯罪移送证券期货监管部门。在我国现行法律制度下，行政执法和刑事司法是紧密联系的两个法律程序，上述情况的出现也是法律允许的常态，从两个程序比较来看，刑事司法程序较行政执法更为严格，对当事人的保护要求也更高。因此，刑事司法证据只要程序合法，形式符合法律规定，与案件事实相关就可以适用于行政执法。

(二) 抽样取证问题

1. 如何理解抽样取证

抽样取证是在现有证据已经能够充分证明基本犯罪事实的前提下，因客观因素制约无法实现对全部取证对象实施全覆盖式取证，而采用科学的抽样手段，抽取部分取证对象为样本，用于证明全部取证对象都具有同质的证明力和证明作用，验证其他证据也能证明的待证事实存在的一种取证方法。

抽样取证的对象都具有同质性，这里所指的同质是指它们作为独立的证据个体都有同样的证据属性，有相同的证据证明力和证明作用。抽样取证具

有验证功能，通过抽样取证替代逐个对独立的同质证据取证，抽样取证获得的证据与其他证据一起形成证据链，相互印证，共同证明待证事实。

总之，抽样取证是从“总体”中取出“部分”的一种取证行为，抽样取证的目的是通过对样本的分析判断来了解总体的情况。抽样取证应当具有科学性，抽取的部分应当具有代表性，以保证统计推断的准确。

2. 证券期货犯罪案件调查中抽样取证的现实意义

当前的证券期货市场在深度与广度上高速发展，参与主体多元化，对社会经济生活的影响日益深入。伴随着市场的发展，犯罪行为也花样翻新，层出不穷，高智商、集团化、分工作业的趋势愈来愈明显，借助互联网的日益普及、现代化的通讯手段、媒体平台，金融创新产品将越来越多的社会成员卷入其中。证券期货犯罪案件调查面临新的挑战，例如，擅自发行股票非法募集资金的，非法证券投资咨询骗取钱财的，受害的主体众多，地域分布遍及全国各地乃至境外。现有的手段无法实现对所有受害主体实施全覆盖式的调查取证，仅有其中的一部分可以在调查过程中被找到，能够配合取证工作。面临这种不能收集所有证据，又有必要对犯罪行为进行定性处罚的困境，抽样取证能够用以局部推整体的方法，有效的解决上述难题。

3. 我国证券期货市场涉及的抽样取证问题

（1）证券期货案件抽样取证的适用范围

并非所有的证券期货犯罪案件都适合采用抽样取证的取证方式，采用抽样取证的方式有其特定的适用条件。擅自发行股票、非法投资咨询（非法经营）、编造并传播证券交易虚假信息、操纵市场等犯罪案件中，利益相关主体众多，客观因素导致无法向全部被害人、证人等对象取证，可以采用抽样取证的方法。

（2）证券期货案件抽样取证的类型及方法

适用抽样取证的案件，主要有两种类型：一种是取证对象范围确定但规模不确定，例如非法投资咨询案件（非法经营），接受非法咨询信息而利益遭受损失的事实存在，但是没有确凿的证据表明究竟有多少人利益受损，因客观因素难以确定受害者人数及其损失的规模，向尽可能多的受害人取证的取证方式即为抽样取证，抽样取证获取的证据主要用于认定行为性质。另一种是取证对象范围及规模是确定的，例如，擅自发行股票案件，从公司账册、银行账户、股东登记册等证据对股东数量，发行规模可以确定，因各种因素制约，又不能向所有股东取证，从中选取部分股东，向其取证以获取证据；一方面可证明擅自发行股票的行为,另一方面又验证发行的股票规模和股东数量。

抽样取证的方法主要有随机抽样和分层抽样等。

① 随机抽样

一般地讲,一个含有N个个体的总体,从中逐个不放回地抽取n个个体作为样本(n≤N),如果每次抽取时总体内的各个体被抽到的机会都相等,就把这种抽样方法称为简单随机抽样。随机抽样的方法包括随机数骰子法、随机数表法、随机数仪法等。

② 分层抽样

先按对观察指标影响较大的某种特征,将总体分为若干个类别,再从每一层内随机抽取一定数量的观察单位,合起来组成样本。有按比例分配和最优分配两种方案可供选择。此种方法的优点是样本代表性好,抽样误差小。

其他抽样方法还有:整群抽样法、多级抽样法、机械抽样法等。

(3) 抽样取证的一般操作原则

抽样取证方案和方法应当科学、公正、公开、规范。抽样取证方法可以借鉴概率论与数理统计理论、证据学理论。抽样取证时,应充分考虑抽样取证的目的,合理确定抽样数量,公允地使用随机抽样方法。

一般情况下,侦查人员可以自己抽样取证,也可以委托中介机构抽样取证。法律、法规和规章或国家有关规定对抽样机构、抽样人员有特别要求的,应当按其规定执行。

抽样前应认真拟定抽样方案,明确抽样的步骤和方法。抽取有代表性的样品是获取有效证据的关键,应注重抽样取证的计划性。抽样方法一般应遵循随机的原则,抽样取证应根据取证对象的性质及范围确定抽样取证样本数量,所抽取的样本需符合同质性要求,并具有代表性。

侦查人员应对抽样取证方案和方法的科学性、公正性、规范性做出合理的说明。侦查人员在抽样取证工作完成后应及时制作抽样取证说明,对抽样取证的过程、起止时间、抽样范围、抽样方法、抽样依据、抽样取证执行人、抽样取证获取证据后证据的保存方式、是否对抽样取证获取的证据采取检验措施做出说明,侦查人员自己抽样取证的,可事前征询有关专家或专业机构的意见并在抽样取证说明中注明所采纳的具体意见。委托其他机构抽样取证的,一般由该机构制作抽样取证记录。抽样取证说明里还应注明委托事项,委托权限,受托方反馈的抽样取证结果,因情况需要进行检验的,应附有检验结果报告。

4. 抽样取证证据的审查与运用

对抽样取证证据的审查除了要关注证据的真实性、合法性和关联性外，还要关注证据的有效性。抽样取证须依法进行并具有针对性。抽样方法、数量应符合有关技术规范的要求。抽样取证对象的选择应在取证对象范围内，具有同质性属性，必须是与案件有直接相关的。

抽样取证是以小见大，从局部推知整体的证明方式，不可避免的会出现与实际状况有偏差，审查证据应关注抽样取证对抽样误差采取的控制措施以及措施是否得当；抽样取证本身的结论具有或然性，为了提高结论的必然性，应当在抽样取证时充分考虑上述因素，抽样取证说明中是否对此予以说明。抽样取证得出的结论是有风险的，不能因为抽样取证存在风险就不能采用，而是对全部同类证据均进行调取、检验。

证券期货犯罪案件抽样取证的证据审查，应重点关注以下方面：

（1）采取抽样取证手段是否符合抽样取证的适用范围；

（2）抽样取证程序是否合法；

（3）抽样取证主体是否合法；

（4）抽样取证的方法是否科学可行；

（5）抽样取证的样本是否超出调查取证对象范围；

（6）抽样取证结果是否得到检验；

（7）抽样取证误差是否修正；

（8）抽样取证说明内容是否完备；

（9）委托抽样取证的，受托方是否具备资质；

（10）委托程序、手续是否完备；

（11）受托方出具的报告及获取的抽样证据是否妥善保存。

（三）电子证据问题

1. 电子数据证据概述

（1）电子数据证据概念

电子数据证据一般是指与案件事实具有关联性，以电子数据的形式存在的、用作定案依据的材料。对电子数据证据的理解一般包括三个方面：第一，电子数据证据的产生、存储和传输均离不开计算机技术、存储技术和网络技术的支持；第二，经过现代化计算工具和信息处理设备的加工，信息经历了数字化过程，实现了证据电子化，具备了独特的存在形式；第三，电子数据证据能够证明一定的案件事实。

（2）电子数据证据特征

与物证、书证等传统证据形式相比，电子数据证据具有如下特点：

① 无形性。一切交由计算机处理的信息都必须转换为二进制的机器语言，即经历数字化过程。电子数据证据实质系由“0”和“1”的代码序列组成。因此，电子数据证据的内容很难像其他传统证据（如书证、物证等）那样可以识读、一目了然。② 高科技性。电子数据证据借助于高科技的技术设备实现其生成、储存和传输。相应的，电子数据证据的收集与审查判断依赖于先进乃至尖端技术手段，并将随科技发展不断更新、变化，较之传统的证据形式更难把握。③ 外在表现形式的多样性。和普通的物证、书证比，电子信息的表现形式包括文字、图像、声音或其组合，还可以是交互式的、可编译的。因此，电子数据证据能够更加直观、清晰、生动、完整地反映待证事实及其形成过程。④ 客观真实性。电子数据证据以计算机或类似的高科技设备及技术为依托，很大程度上避免了主观因素的影响，能精确地储存并反映有关案件的情况。电子数据证据不像物证一样会因周围环境的改变而改变自身的某种属性，不像书证一样容易损毁和出现笔误，也不像言词证据一样容易被误传、误导、误记或带有主观性。电子数据证据一经形成便始终保持最初、最原始的状态，能够客观真实地反映事物的本来面貌。⑤ 易破坏性。计算机信息数据的非连续性，人为差错或供电系统、通信网络的故障，以及环境和技术方面的原因，都可能导致电子数据证据产生偏差；此外，电子数据证据存储载体一般体积较小，有利于行为人篡改、毁灭证据；行为人对电子数据证据的修改或伪造过程用时短，不易察觉；而且，在日益普及的网络环境下，数据的通信传输还为远程操作计算机提供了便利。电子数据证据的易破坏性直接威胁到电子数据证据的真实性和可靠性，也是妨碍电子数据信息成为证据的主要因素。⑥ 其他特性。电子数据证据还具有收集迅速，易于保存，海量存储，便于传输、检索，可反复重现的特点。

2. 电子数据证据的法律实践

电子数据证据在境外已有较为丰富的实践，大多数国家倾向于认可电子数据证据是一种独立的证据种类。随着科技发展对法律制度和规则的影响，我国的法律实践正在逐步承认电子数据证据的独立法律地位。

（1）境外电子数据证据相关法律实践

在境外的法律实践中，电子数据证据应用较为广泛，并且已经形成了较为成熟的做法，电子数据证据的法律资格一般都获认可，并被列为一类独立的证据种类。如加拿大的《统一电子证据法》,美国的《统一计算机信息交易法》和《统一电子交易法》,新加坡的《电子商务法》等。这些国家的立法基本上都将电子数据证据作为一个独立证据种类,对其调取和审查标准及电子签名和电子认证进行了专门规定。此外,《联合国国际贸易委员会电子商务示范法》也倾向于把电子数据证据作为独立的证据种类,为世界范围内的电子数据证据立法提供了指导性意见。

(2) 我国电子数据证据的法律实践

我国行政执法和司法实践中已经充分注意到了电子数据证据的重要意义,并在法律实践中逐步尝试引入电子数据证据,行政执法机关和司法机关正在逐步承认电子数据证据的独立法律地位。其原因主要有以下三点:

一是电子数据证据自身特点的客观要求。电子数据证据的无形性、高科技性、客观真实性、易破坏性及外在表现形式的多样性等特征在客观上需要将其列为一种独立的证据类型加以研究和把握。

二是电子数据证据的运用规则与传统的证据有明显不同。传统的证据规则不能适应不断更新的电子数据证据,因此,需要对电子数据证据创设专门的调取和审查规则,统一相应的技术规范。电子数据证据从收集、提取、保存到证据出示、审查、判断、认证的各环节,都需要依据其特性适用有别于传统证据的、专门的技术性规则和标准。

三是电子数据证据多元化决定了电子数据证据的独立性。电子数据证据多元化,致使电子数据证据在外延上难免与现有的证据形式发生交叉。现行 7 种传统证据都不能穷尽所有电子数据证据形式,在特定背景下建立起来的传统证据规则,无论作怎样的解释和例外规定,也无法适用具有鲜明个性的电子数据证据,为此,必须赋予电子数据证据独立的法律地位。

我国早期的法律将电子数据证据视为书证,如《中华人民共和国合同法》(1999 年)第 11 条规定:“书面形式是指合同书、信件和数据电文(包括电报、电传、传真、电子数据交换和电子邮件)等可以有形地表现所载内容的形式。”随着信息电子化的发展,司法实践又逐步将电子数据证据等同视听资料看待,如最高人民法院《关于行政诉讼证据若干问题的规定》(2002 年)第 12 条规定:“根据行政诉讼法第三十一条第一款第(三)项的规定,当事人向人民法院提供计算机数据或者录音、录像等视听资料的……”随着计算机技术和互联网的进一步发展,信息数字化已越来越深入、广泛地渗透到社会生活的方方面面,电子数据证据的独立法律地位也逐步得到确立,如《中华人民共和国电子签名法》(2004 年)、最高人民法院《关于审理证券行政处罚案件证据若干问题的座谈会纪要》《最高人民法院、最高人民检察院、公安部、中国证监会关于办理证券期货违法犯罪案件工作若干问题的意见》等均承认了电子数据证据的独立法律地位。

3. 证券期货违法犯罪案件中电子数据证据的运用

(1) 证券期货违法犯罪案件中使用电子数据证据的意义

证券期货违法犯罪案件中使用电子数据证据,具有重要意义。

其一,便于及时保存证据。证券交易和信息传递的电子化、网络化和无纸化等特点决定了电子交易信息、网络 IP 地址、通讯记录、电子邮件等电子数据证据在证券违法犯罪案件中至关重要的作用。电子数据证据的特殊性使得大量数据的保存时间和人力成本降低,一切在交易中发生的情况均能够得到及时保存,证据留存的效率大大提高。

其二,便于联网监管。依托先进信息和互联网技术的电子数据证据,为统一的数据平台的建立搭构了基础,使相关部门对所有的交易行为进行监管成为可能。

其三,有助于保障证券期货市场秩序。监管部门能够充分掌握大量以电子数据证据形式存在的证券期货交易情况,使得对证券期货市场违法交易行为的有效控制成为可能,从而大大提高了市场监管的效率,有力保障了证券期货市场的秩序。

(2) 证券期货违法犯罪案件中的主要电子数据证据

由于证券交易的无纸化和电子化,证券期货违法犯罪案件电子数据种类繁多,内容复杂。例如在内幕交易案件中,可能涉及的电子数据证据包括:① 与内幕信息形成过程相关的计划、方案、决定、决议、重要合同、会议纪要等电子文档;② 内幕信息的形成、公告等过程中的留痕信息以及与内幕信息有关的录音、录像;③ 与内幕信息传递相关的手机、固定电话、网络聊天或即时通讯、邮件等通讯记录;④ 反映行为人交易情况的账户交易流水,包括其中的 IP 地址和硬件识别信息;⑤ 涉案机构和个人使用的计算机、手机以及无盘工作站(热键委托)等相关交易终端的交易软件安装信息、账户登录信息以及硬件识别信息等。

证券期货违法犯罪案件电子数据证据虽内容庞杂,但其中最为核心的两类电子数据证据,即交易数据和信息披露公告。

证券期货违法犯罪案件中的交易数据证据是指以证券交易所、期货交易所、证券登记结算机构以及证券公司、期货公司留存的证券期货委托记录和交易记录、登记存管结算资料等电子数据。

信息披露公告是指发行人、上市公司或者其他信息披露义务人在证券监管机构指定的信息披露媒体、信息披露义务人或证券交易所网站发布的信息披露公告，包括但不限于以电子形式存在的公开发行说明书、上市公司定期报告、上市公司临时公告、上市报告书等。

(3) 证券期货违法犯罪案件中电子数据证据的取证方法

电子数据证据具有特殊性，在收集时应注意以下几个方面，以保证取证的合法有效性，为随后的举证、质证和认证活动奠定坚实基础。

电子数据证据有易变性、不稳定性等特点，在收集过程中尤其应注意保证其可靠性和真实性，在具体取证活动应遵守以下规则：

其一，收集电子数据证据时，应当优先收集原始载体。无法提取原始载体或者提取确有困难的，可以收集电子数据的复制件，并附签章的说明或者现场笔录。最高人民法院在《关于审理证券行政处罚案件证据若干问题的座谈会纪要》中指出："无法提取电子数据原始载体或者提取确有困难的，可以提供电子数据复制件，但必须附有不能或者难以提取原始载体的原因、复制过程以及原始载体存放地点或者电子数据网络地址的说明，并由复制件制作人和原始电子数据持有人签名或者盖章，或者以公证等其他有效形式证明电子数据与原始载体的一致性和完整性。"最高人民法院、最高人民检察院、公安部和中国证监会联合发布的《关于办理证券期货违法犯罪案件工作若干问题的意见》中也明确："数据提供单位应以电子光盘或其他载体记录相关原始数据，并说明制作方法、制作时间以及制作等信息，并由复件制作人和原始数据持有人签名或签章"；并指出对于信息披露公告"要确保其打印件或据此制作的电子光盘，经核对无误后，说明其来源、制作人、制作时间、制作地点等的，可作为刑事证据使用，但有其他证据证明打印件或光盘内容与公告信息不一致的除外"。

其二，收集电子数据证据的需要特别注意采取技术措施，防止证据收集程序完成后，行为人利用电子数据证据易篡改的特性伪造甚至毁灭证据。例如，取证人员应当优先使用不可再次写入的光盘保存电子数据证据，确有困难的，可以使用硬盘或其他电子存储介质保存，但至少应当保存一份封闭状态的电子数据证据。最高人民法院在《关于审理证券行政处罚案件证据若干问题的座谈会纪要》中指出："提供通过技术手段恢复或者破解的与案件有关的光盘或者其他数字存储介质、电子设备中被删除的数据、隐藏或者加密的电子数据，必须附有恢复或破解对象、过程、方法和结果的专业说明。对方当事人对该专业说明持异议，并且有证据表明上述方式获取的电子数据存在篡改、剪裁、删除和添加等不真实情况的，可以向人民法院申请鉴定，人民法院应予准许。”

其三，电子数据证据收集中应注意适用的关联性规则。具体要求分析该数据或信息与案件事实有无关联。关联程度如何，是否为实质性关联，其中附属信息与系统环境往往要相互结合才与案件事实发生实质性关联，确定能够证明案件事实的数据电文证据、附属信息证据和系统环境证据，并排除相互之间的矛盾。例如，对于确定交易电脑的电子数据证据，应分析 IP 地址和计算机硬件识别信息的基本形式是否正确，动态 IP 地址是否配合时间使用，电子数据是否有效等。

其四，灵活适用不同方式调取电子数据证据。首先识别可获取的数据或信息类型，再使用不同的取证方式恰当固定所取信息。例如对于网页、博客、微博、论坛发帖等仅以电子数据形式存在材料，应通过保存网页，截屏等技术方法固定。对于计算机或手机中的电子邮件、短信、通讯录等电子数据证据，可采用截屏或界面拍照的方式或使用计算机、手机取证软件生成报告的方式固定电子数据证据。

其五，调取电子数据证据应适时采取法定扣押措施。公安部《公安机关办理刑事案件程序规定》第 227 条规定，扣押犯罪嫌疑人的邮件、电子邮件、电报，应当经县级以上公安机关负责人批准，制作扣押邮件、电报通知书，通知邮电部门或者网络服务单位检交扣押。因此，收集扣押电子数据证据时，应严格遵守相关的法定程序，保证扣押程序合法。

二、证券期货违法犯罪案件中证明标准问题探索

（一）证明标准概述

1. 证明标准的定义

证明标准又称证明要求、证明任务，是指法律规定的承担举证责任的诉讼主体运用证据证明自己的主张或对案件事实的认定所达到的标准和程度。证明标准在诉讼过程中具有重要的意义，它是诉讼证明活动的方向和准绳，指导着当事人、法官实施正确的行为。在证券期货违法犯罪案件中，证明标准的作用具体表现在以下几个方面：

第一，证明标准可以指导办案人员正确履行侦查、调查职责。凭借证

明标准的衡量，办案人员既可以知道收集何种证据能够证明证券期货违反犯罪事实的成立，也可以知道收集证据的程度，明确何时可以停止收集证据。

第二，证明标准可以指导法官正确认定事实。根据双方提供的证据，如果认为这些证据对证券期货违法犯罪事实的证明达到了证明标准，则认定事实为真。反之，则认定该事实为假。

2. 证明标准的类型

依据证明程度的不同，证明标准可以分为以下三种类型：第一，排除合理怀疑标准。排除合理怀疑，就是说承担证明责任一方提供的证据应当使法官能够得出确定结论，并排除其他的合理怀疑。这里的“合理”是指怀疑需有理由而非纯粹出于想象或幻想。第二，明显优势证明标准。明显优势证明标准是指法官按照证明效力具有明显优势的一方当事人提供证据认定案件事实的证明标准。“明显优势”，即双方当事人提供的证据相比较，一方当事人提供的证据具有较大的优势，且该优势足以使法庭确信其主张的案件事实真实存在。第三，优势证明标准。优势证明标准是指，一方证据所指向的事实发生的可能性大于不发生的可能性，则认定可能性大的事实为真。

（二）证明标准的境外经验

在美国，行政案件和刑事案件采用不同的证明标准。根据《联邦行政程序法》，行政案件中的证明标准主要有：实质性证据标准，专横、任性、滥用自由裁量权标准和法院重新审理标准。在刑事案件中，美国根据不同的适用事项划分出九等证明标准，其中最常用的是排除合理怀疑的证明标准。

在德国，行政诉讼的一般证明标准是高度盖然性证明标准，即，一方面，虽然无法完全排除怀疑，但是在理性、客观评价事实的观察方法下使怀疑能够被合理地解释或适度地容忍；另一方面，清楚通晓生活关系的理性人不会怀疑。此外，在特定情形下，立法机关或行政法院可能出于对实体正义的追求而对这一标准作某些修正或调整。

（三）证券期货违法犯罪案件中的证明标准

1. 证券期货刑事案件中的证明标准

根据《刑事诉讼法》的相关规定，我国刑事案件应当符合“案件事实清楚，证据确实、充分”的要求，也即是说在证券期货刑事案件中应当采用排除合理怀疑的标准。“事实清楚”是指与证券期货犯罪定罪量刑的相关的事实都已经查清，例如在操纵市场案件中，证券账户的实际控制人、操纵行为对证券价格或交易量的影响等相关主要事实，或者在内幕交易案件中，内幕信息的形成过程、内幕信息知情人利用内幕信息交易股票等相关主要事实都已查清。“确实、充分”是指相关证据一是要符合客观性、合法性、关联性的基本要求，二是所有证据能够对证券期货犯罪行为得出确定的结论，并且可以排除其他一切可能性。

2. 证券期货行政违法案件中的证明标准

证券期货违法案件中的明显优势证明标准，是指在不违反《证券法》及相关法律规定的前提下，根据证券期货违法行为特点，监管机关收集的证据达到证明事实成立的可能性明显大于事实不成立的程度。在证券期货行政违法案件中，采用明显优势的证明标准的原因主要有以下几点：

首先，采用明显优势证明标准有利于提高证券期货行政执法效率。较之刑事案件，行政处罚应该更注重效率。因此，如果证明标准定得过高，必定降低行政执法的效率。随着我国证券市场的发展，证券期货违法行为日益增多，面对越来越多的违法行为，如果采用排除合理怀疑的标准，将不利于证券监督管理部门及时处罚证券期货违法行为，从而保证证券期货市场的健康发展。

其次，证明难易程度也是确定证明标准应当考量的因素。一般来说，取证难度越大，则证明标准应较低；取证难度较小的，证明标准反而应较高。在证券行政处罚中，证券监管机构必须依职权调查取证，承担证明责任。证券市场的违法违规行为一般具有专业性强、技术性高、隐蔽性深的特点，收集证据相当困难。而且，我国证券监管机构在现有法律框架下，享有的调查权有限，这导致证券行政处罚中取证的难度更大。在这种状况下，如果证明标准过高，会导致大量的证券期货违法行为因证据问题不能及时处罚，甚至因证据问题使违法行为有可能逃脱行政机关的处罚。这些结果都不利于我国证券期货市场的发展。

再次，在目前的证券期货执法中已经出现了明显优势证明标准的实践活动。一是在相关规定中，通过推定的方式降低部分证券期货违法行为的证明标准。例如《关于审理证券行政处罚案件证据的若干问题的座谈会议纪要》中规定了五种基础事实，只要监管机构提供的证据能够证明其中之一，且被处罚人不能作出合理说明或者提供证据排除其存在利用内幕信息从事相关证券交易活动的，就可以依据该基础事实推定确认内幕交易行为成立。二是在行政处罚中，已经开始采用间接证据认定案件事实。在目前中国证监会的行政处罚决定书中，已经明确指出了依据间接证据也可以认定事实。例如根据岳某内幕交易行政处罚决定书，中国证监会“根据证券市场的基本常识和普遍的经验法则，结合我国证券市场发展的现实情况，运用逻辑推理和明显优势证据规则，综合对照、比较、权衡这四个方面的间接证据，‘推断’出本案当事人‘知悉’内幕信息”。

（四）明显优势证明标准在证券期货违法案件中的运用探索

如前所述，在我国证券、期货违法案件中，应当确立明显优势证明标准，尤其是在监管机关无法取得直接证据的情况下，更应当运用明显优势认定事实。以三种常见的证券期货违法类型为例，探索证明标准在证券期货违法案件中的运用：

1．王某内幕交易案

（1）基本案情

上市公司A因连续两年亏损，公司股票于2009年5月被实行退市风险警示。为避免退市，A公司拟与B公司进行重组。2009年7月5日，A公司董事长张某告诉证券公司投行部总经理李某，公司拟进行重组的消息。李某立即安排其下属郑某、周某研究重组可行性方案。7月20日，李某、郑某向张某汇报了重组方案的主要内容，张某决定A公司股票于7月22日起公告停牌。8月22日，A公司发布公告称因条件不成熟，终止本次重组事宜，公司股票于当日复牌交易。经查，周某在知悉A公司决定于22日重组停牌后，给其朋友王某打过电话。王某在通话结束半小时内，立即亏损卖出其账户内的大部分股票，并将资金全部买入A公司股票。周某与王某均否认在电话中谈及A公司重组事宜。同时，王某解释其一直关注A公司股票，由于前期生病住院无法交易股票，刚出院的第一天就买入了一直关注的A公司股票。

（2）证明标准的运用

随着近年来证券市场的发展，内幕交易行为也逐渐增加。区别正常的投资行为与内幕交易的核心在于行为人是否利用内幕信息进行交易，而关键就是证明行为人是否知悉内幕信息的证据。在本案中，王某是否构成内幕交易，取决于周某是否在电话中向王某泄露了内幕信息。而正是在这一点上，采用排除合理怀疑证明标准和明显优势证明标准将得到不同的认定结果。

采用排除合理怀疑的证明标准，那么就需要有直接证据证明王某、周某在电话交谈中传递了的内幕信息。由于王某、周某电话内容的隐蔽性和不可复制性，要获取其传递内幕信息的直接证据十分困难，除非当事人自认，而事实上这几乎是不可能办到的。因此，如果采用排除合理怀疑的证明标准，则本案难以认定王某实施了内幕交易行为。

采用明显优势的证明标准，认定王某知悉了A公司重组停牌内幕信息的间接证据主要有：首先，王某曾在交易前与周某通过电话联系，并在结束通话后半小时内即买入A公司股票。其次，王某的交易行为存在种种异常。一是王某账户此前账户从未交易过A公司股票，而此次大量买入该股；二是王某将其原来持有的股票亏损卖出，亏损比例系账户全部交易股票中最高的；三是王某的持股风格为分散持股，少有如此集中买入同一股票的行为。再次，王某无法举证证明其买入A公司股票的理由是形成于交易之前或是交易完成之后。基于上述理由而认定王某知悉内幕信息，符合明显优势证明标准的要求。

2. 孙某、杨某合谋“抢帽子”交易操纵市场案

(1) 基本案情

孙某为某证券公司知名分析师，在投资分析领域享有一定的知名度。2008年5月10日，孙某和杨某签订合作协议，约定由孙某向杨某推荐股票组合，杨某根据推荐股票组合的质量向孙某支付费用。调查发现，孙某在向杨某推荐股票组合后，会在媒体上公开推荐组合中的某只股票。杨某大多数时候买入股票组合中孙某将要推荐的股票，并在孙某公开推荐后立刻卖出。对此，孙某称并不知道杨某将要买入股票组合中的哪只股票，自己只是根据走势决定将要推荐的股票。杨某也称，孙某并不知道自己的交易情况，其交易风格决定了一般是短线持有某只股票。

(2) 证明标准的运用

两人以上分工、合作，分别实施推荐和交易行为，是“抢帽子”操纵行为的常见手法之一。孙某和杨某的推荐、交易行为虽然高度关联，但要认定二人的行为是否构成共同操纵，取决于是否有证据证明双方有合谋实施违法行为的故意，也就是必须证明孙某、杨某均知道对方的推荐、交易行为，否则将不能认定孙某、杨某的行为违法。

本案涉及如何运用证明标准认定双方的主观状态，即是否合谋实施了违法行为的问题。由于没有直接证据证明孙某、杨某存在共同操纵市场的故意，本案在事实上的确存在着合理怀疑，即由于双方同时在数量较少的股票组合中选择推荐、交易的股票，不能排除孙某恰好推荐了杨某交易股票的

可能性。如果采用排除合理怀疑的证明标准，则不能认定双方合谋操纵市场。

如果采用明显优势证明标准，则认定杨某知道孙某将要推荐股票的品种和时间，并且故意在孙某推荐后立刻卖出的可能性明显大于否定上述事实的证据主要有：首先，根据双方签订的协议，杨某按照孙某推荐的股票交易获利多少，直接决定了其向孙某支付报酬的金额。经查，孙某同期的收入主要是杨某支付的费用。因此，只有配合杨某的交易并使杨某获取高额利润，孙某才能分得更高的费用。特殊的利益关系将双方捆绑在一起，二者获取高额收益的主观意思是一致的。其次，杨某的交易行为存在以下异常，已经不能仅仅用"巧合"所能解释。第一，孙某虽然是向杨某推荐的股票组合，但其向公众推荐的股票，大多数情况下恰好为杨某已经买入的股票。在操纵期间内，孙某合计公开推荐了20只股票，其中17只为杨某已经买入的股票。交易品种如此高频率的一致，证明杨某知道孙某将要推荐的股票的可能性较大。第二，孙某公开推荐股票的时间与杨某交易的时间高度吻合，杨某买入股票后一至两天，孙某即开始公开推荐该股。如果没有事先通谋，杨某很难精准、多次地做到提前买入同种股票。第三，交易流水表明，无论盈亏或大盘走势如何，杨某均在孙某推荐后的第二天将股票卖出。因此，杨某利用孙某推荐行为对股价产生影响而获利的主观意图明显。根据上述证据认定孙某、杨某共同操纵，符合明显优势证明标准的要求。

3. C上市公司未披露关联交易案

（1）基本案情

2004至2009年期间，上市公司C与D公司发生大量未披露的业务往来，累计2.35亿元。D公司于2009年申请注销，股东、主要管理人员均已出国，无法联系。调查发现，D公司的工商登记及部分变更、年检、纳税申报等手续都是由C公司的员工办理。D公司的部分银行账户的开户手续也是由C公司的员工办理。同时，调查人员在C上市公司财务负责人冯某的办公室内发现了D公司的全部账簿、原始凭证。C公司否认与D公司存在关联关系，认为上述交易不需要进行披露。C公司解释称，因与D公司有长期业务往来，帮助D公司办理部分工商登记及银行开户业务，并代为记账。调查还发现，C公司为D公司的主要资金往来方。同期D公司与其他企业的资金往来仅占其全部资金往来的3%。

（2）证明标准的运用

根据相关规定，上市公司应当及时披露其与关联企业的关联交易情况。本案中，认定上市公司C是否违反信息披露相关规定的关键证据在于能否认定D公司为上市公司C的关联企业。对此，有两种不同意见：一种观点认为由于D公司已经注销，且无法与股东、高管等相关人了解情况，没有直接证据证明D公司为上市公司C的关联企业。另一种认为虽然没有直接证据，但根据实质重于形式的原则，可以认定D公司为上市公司C的关联企业。上述分歧，主要还是不同证明标准在本案中如何运用的问题。

本案中，运用下列证据证明D公司为上市公司C的关联企业，应该可以认为符合明显优势证明标准：首先，上市公司C与D公司虽然在名义上是两个独立的法人，但两个公司的确存在密不可分的关系。在D公司注销前，上市公司C也确实起到了管理D公司的作用。例如在代表D公司办理工商、银行等相关业务，代为记账等。其次，上市公司C为D公司主要的业务往来方。同时，D公司是同期上市公司C的唯一原料供货商。二者在日常经营中的关系较为特殊，足以导致上市公司C对D公司产生利益输送。

4. 对运用明显优势证明标准的进一步探索

上述案例中，证据运用和事实认定的过程体现了排除合理怀疑证明标准、明显优势证明标准在办理证券期货案件中的运用方法。由于证券、期货违法行为的特点，监管机构常常无法取得直接证据，也无法达到排除合理怀疑的证明标准。因此，有必要在实践中肯定明显优势证明标准的作用，并对其运用进行深入、细致的分析、研究，从而使明显优势证明标准发挥积极的作用。在办理证券期货违法案件中，合理运用明显优势证明标准至少应注意以下两方面内容：

首先，对不同的事实，有必要采用不同的明显优势程度。认定证券期货违法行为成立，必须证明当事人的行为符合法定的构成要件，即要件事实。证明要件事实是否存在则需要借助于各种证据材料。对不同的要件事实，不应当采用同一个明显优势的程度，而应当根据要件事实的性质、所需证据的种类、调取证据的难易等因素确定具体事实的“明显”程度，并通过制定规则予以确认和公开。

其次，对当事人主张的抗辩事实，有必要采用更低的明显优势程度。在行政处罚中，当事人可以举证证明监管机构认定的事实不存在，例如，在内幕交易的调查中，当事人可以通过举证其未利用内幕信息从事相关证券交易活动，来证明其行为不构成内幕交易。对于当事人举证所要达到的程度，应当比监管机关认定事实的所要达到的明显优势程度更低，才能更好地保障当事人的合法权益。

证券期货犯罪管辖问题

一、刑事诉讼管辖

1. 刑事诉讼管辖概述

刑事诉讼管辖，是指公安机关、人民检察院和人民法院等在直接受理刑事案件上的权限划分以及人民法院系统内部在审判第一审刑事案件上的权限划分。

刑事诉讼管辖主要解决以下两方面问题：一是公安机关、人民检察院和人民法院在直接受理刑事案件上的分工；二是人民法院系统内各级法院、普通人民法院与专门法院之间在审判第一审刑事案件上的分工。由此，我们可以将刑事诉讼管辖分为立案管辖和审判管辖两大类。在审判管辖下，又可以再分为普通法院的审判管辖和专门法院的审判管辖等。

我们在理解立案管辖和审判管辖的关系时应当注意，对于公诉案件，这两种管辖的关系，实质上是侦查权、起诉权、审判权相互关系的反映。首先，公安机关、检察机关的立案管辖和人民法院的审判管辖，并非同时发生，而是有先有后，发生在不同的诉讼阶段。其次，立案管辖并不必然导致或引起审判管辖，有的案件并不进入审判程序，不发生审判管辖等问题。

2. 立案管辖

立案管辖，又称职能管辖或部门管辖，是指公安机关、人民检察院和人民法院之间在直接受理刑事案件上的权限划分。

(1) 公安机关立案侦查的案件

根据《刑事诉讼法》第 18 条第 1 款，刑事案件的侦查均由公安机关进行，法律另有规定的除外。也就是说，除法律另有规定的，其他刑事案件应当一律由公安机关立案侦查。

（2）人民检察院直接受理的案件

人民检察院立案侦查的案件有：

A. 贪污贿赂犯罪，是指刑法分则第八章规定的贪污贿赂罪和其他章节中明确规定按照刑法分则第八章贪污贿赂罪的规定定罪处罚的犯罪。

B. 国家工作人员的渎职犯罪，其犯罪主体是国家机关工作人员。人民检察院管辖的渎职犯罪，是指刑法分则第九章规定的渎职罪。

C. 国家机关工作人员利用职权实施的下列侵犯公民人身权利和民主权利的犯罪案件：非法拘禁案、非法搜查案、刑讯逼供案、暴力取证案、虐待被监管人案、报复陷害案及破坏选举案等7类。

D. 国家机关工作人员利用职权实施的其他重大的犯罪案件，需要由人民检察院直接受理的，经省级以上人民检察院决定，可以由人民检察院立案侦查。

（3）人民法院直接受理的刑事案件

根据《刑事诉讼法》第18条第3款规定，自诉案件由人民法院直接受理。自诉案件主要有以下三类：一是告诉才处理的案件；二是被害人有证据证明的轻微刑事案件；三是被害人有证据证明对被告人侵犯自己人身、财产权利的行为应当依法追究刑事责任，而公安机关或人民检察院不予追究的案件。

3. 审判管辖

审判管辖，是指各级人民法院之间、同级人民法院之间以及普通人民法院与专门人民法院之间、各专门人民法院之间在审判第一审刑事案件上的分工。审判管辖主要解决人民法院系统内部在受理案件方面的分工问题，即刑事案件应由“哪类、哪级、哪个”人民法院进行第一审审判。

根据《刑事诉讼法》第18条至第27条，我国刑事审判管辖分为普通管辖和专门管辖，其中，普通管辖又可分为级别管辖、地区管辖和指定管辖。

二、证券期货犯罪管辖问题

在本部分，我们首先通过分析证券、期货交易特性及案件查办之特点，阐述当前证券期货犯罪案件查处的困难和主要问题。然后，我们从完善集中办案制度、加强证券期货监管机构与刑事司法机关的衔接和配合以及培养专业化的办案队伍等角度，对证券期货犯罪案件实行集中管辖进行可行性分析。最后，我们从刑事诉讼法理论和刑民事司法实践等角度，指出证券期货犯罪案件实行集中管辖的法律依据。

1. 当前证券期货犯罪案件查处的困难和主要问题

内幕交易、操纵证券期货市场等证券期货犯罪案件，严重危害市场秩序，损害广大投资者的合法权益，是危害资本市场健康发展的毒瘤。国外有学者通过对捷克等国家资本市场的实证研究表明，内幕交易、操纵证券期货市场等证券期货犯罪泛滥，将会摧垮一国的资本市场，严重影响国家的经济发展秩序。为了维护资本市场的秩序，各国监管机构特别是刑事检控部门都将此类严重违法行为作为查处重点。

然而，证券期货犯罪的查处也是一个世界性难题。从我国当前证券期货犯罪案件的查处情况来看，主要存在以下困难和主要问题：

(1) 案件涉及范围广、查处难度大

证券期货交易本身具有无纸化、信息化的特点，投资者在设有证券营业部的全国1000多个县、市、区的近4000家网点开立证券账户和资金账户后，投资者即可通过电话、移动通讯工具、互联网等方式在全国各地进行证券交易。而内幕交易、操纵证券期货市场等证券期货犯罪的隐蔽性、间接性，又导致此类犯罪往往主体多元、账户分散、涉及犯罪地多。因此这类案件一旦发生，调查范围就非一地一市，往往涉及多个省、市、地区，调查取证难度大，对案件查处的组织、协调和配合要求较一般经济犯罪要高。

(2) 案件专业性强、复杂问题多

与一般经济犯罪不同，由于证券期货交易关系复杂、交易结算手段先进，证券期货犯罪不仅直接证据少，而且间接证据的获取也具有一定的难度。尤其在内幕交易、操纵证券期货市场案件中，证明内幕信息传递和操纵意图、手段、操纵行为与股票价格波动之间的因果关系等关键事实非常困难。

此外，我国证券期货市场建立时间不长，积累的实践经验不多，就内幕交易、操纵证券期货市场案件涉及的犯罪构成、证据规则等一系列复杂问题而言，相关立法规定比较原则，客观上也对司法机关正确适用法律，及时、有效地侦查、起诉和审理此类案件提出了更高的要求。

(3) 市场发育和办案力量不均衡

我国资本市场发展时间不长，各地区市场发展程度存在差异，一些资本市场发展速度快、水平较高地区的司法机关办理证券期货犯罪案件多，有专门的人员配备，积累了较丰富的经验，而有些地方由于资本市场发育程度较低，当地司法机关由于不熟悉、不了解资本市场规则、程序，在办理证券期货犯罪案件尤其是内幕交易、操纵证券期货市场这类专业性非常强的案件时，往往感到难度大、把握不准,影响了案件的查处效率和效果。

(4) 案件查处干扰多、压力大

内幕交易、操纵证券期货市场犯罪案件利益巨大、敏感度高,再加上相关主体往往是上市公司及其控股股东、关联方的高级管理人员,甚至是地方政府官员,身份"特殊",案件在侦查、审查起诉、提起公诉以及审判等环节都可能受到各方面的干扰和压力。

2. 证券期货犯罪集中管辖的可行性分析

证券期货犯罪集中管辖,是指对不宜由特定的公安机关、人民检察院和人民法院管辖权的证券期货犯罪案件,通过制定指导性意见等方式确定各自的立案管辖和审判管辖权限,进而最大限度解决证券期货犯罪案件查处的问题,提高案件查办效率,维护司法的权威性和统一性。集中管辖实质上是指定管辖的一类特殊形式。

证券期货市场是全国性的集中、统一市场,内幕交易、操纵证券期货市场等证券期货犯罪往往涉及面广,专业性强,牵涉地方利益,情况复杂。与上述特点相适应,在证券期货犯罪案件管辖方面实行集中管辖制度,对于遏制和打击此类严重违法行为,具有非常重要的意义:

(1) 有利于进一步完善集中办案制度,保障查处效率和效果

由于证券期货交易的无纸化、信息化特点,证券期货犯罪案件跨地域特征明显,查处组织、协调工作难度大,再加上涉及复杂问题多,专业性强,司法机关采取的集中办案模式既是查处证券期货犯罪案件的客观要求,也是多年来办理这类案件的有效经验。根据党中央、国务院的部署,2002 年公安部成立了证券犯罪侦查局,并下辖 6 个直属分局,集中、专门办理证券犯罪案件。该局成立以来,查办了一批大案要案,有力地维护了市场秩序,保障了市场的健康稳定发展,集中、专门办案模式的优势和作用得到了充分体现。

内幕交易、操纵证券期货市场犯罪案件从犯罪主体到犯罪行为都具有一定的分散性特征,如"德隆案",其操纵账户分散在全国各地证券营业网点,侦查环节涉及 7 个省、市,通过公安部证券犯罪侦查局集中组织侦办,并负责具体协调最高人民检察院、最高人民法院,最终指定武汉市中级人民法院审理该案,保障了案件的成功查处,取得了良好的社会效果。因此,将内幕交易、操纵证券期货市场犯罪案件进行集中管辖,实际上是将目前集中办案制度从侦查环节延伸至公诉和审判环节,将"侦查环节集中办案、公诉审理个案协调"的查处模式进一步制度化、规范化,以更加有利于案件查处的集中组

织、统一协调,从而提高查处效率,保障查处效果。

(2) 有利于进一步加强证券期货监管机构与刑事司法机关的有效衔接和配合

内幕交易、操纵证券期货市场犯罪案件多由证券监管机构调查移送,对于公安机关主动侦查的案件,在侦查过程中,在关键证据的取得,账户信息、交易数据的分析,以及复杂问题的认定等方面,大多需要证券监管机构提供的专业技术支持和协助。因此,指定相应的司法机关对中国证监会移送的涉嫌内幕交易、操纵证券期货市场犯罪案件进行管理和审理,将更有利于司法机关与监管机构建立顺畅、高效的沟通机制,有利于进一步巩固和加强证券监管机构与司法机关的有效衔接和配合。

(3) 有利于培养专业化的办案队伍,保障办案力量

内幕交易、操纵证券期货市场案件中相关犯罪构成的判断需要办案人员有较强的专业把握能力,对于办案人员的专业知识和素养要求较高,未接触或办理过这类案件的人员往往需要经过长期的培训和积累才能适应办理这类案件的需要。专业化的案件要求专业化的力量办理,也是刑事司法的规律之一。在美国,同样有管辖权的几个法院中,往往选择办理这类案件较多、办案经验丰富的法院审理,比如纽约南区法院是美国办理证券期货案件方面比较著名的法院。

近年来,一些资本市场较为发达地区的司法机关办理证券期货犯罪案件较多,在这方面培养了不少专业力量,并初步形成了"案随人走"的办案模式,即由于案件的专业化程度较高,内幕交易、操纵证券期货市场这类案件发生后,为了保证案件的办理质量和效果,往往交由办理证券期货案件经验较为丰富、对证券期货市场规则较为熟悉的检察人员、审判人员办理,取得了良好的效果。将内幕交易、操纵证券期货市场犯罪案件进行集中管辖,有利于整合司法资源、培养专门力量,积累诉讼经验,从而造就一支专家型的证券诉讼司法队伍。此外,从总体来看,集中司法系统的专门力量办理内幕交易、操纵证券期货市场案件,还可以节省司法成本。

3. 证券期货犯罪集中管辖的法律依据

从刑事诉讼法理论上讲,指定管辖属于地域管辖,目的在于解决特定案件的地域管辖问题,究其实质,是一种解决地域管辖争议、避免地方保护、维护诉讼公正的制度。《刑事诉讼法》26 条规定:"上级人民法院可以指定下级人民法院审判管辖不明的案件,也可以指定下级人民法院将案件移送其他人

民法院审判”。根据上述规定,“管辖不明”和“必要”是适用指定管辖的两种情形,对于内幕交易、操纵证券期货市场犯罪案件而言,由于案件“犯罪地”“被告人居住地”“最初受理地”“案件的社会影响力”等因素,这两种情形都一定程度存在。实践中,也常常需要通过个案协调指定的方式解决管辖问题。

近几年来,刑事司法实践中适用指定管辖的案件越来越多,特别是对涉及职级较高官员的职务犯罪案件,指定管辖几乎成为了一种趋于固定的模式。另一方面,指定管辖在证券、期货民事司法领域的适用同样不乏先例。最高人民法院 2001 年发布的《关于受理证券市场因虚假陈述引发的民事侵权纠纷案件有关问题的通知》中规定,该通知所规范的民事侵权纠纷案件,采取以原告就被告的原则,以中级人民法院为第一审管辖法院。最高人民法院 2003 年发布的《关于审理证券市场因虚假陈述引发的民事赔偿案件的若干规定》第 9 条规定,投资人对于发行公司起诉,必须以被告公司所在地之中级人民法院为管辖法院,而排除被告公司有营业场所或经营商业活动地的法院管辖。

因此,对中国证监会移送的涉嫌内幕交易、操纵证券期货市场犯罪案件进行指定管辖,不仅在《刑事诉讼法》中有相应的法律依据,符合《刑事诉讼法》的立法精神,在司法实践中也有可资借鉴的先例。

三、《四部委意见》关于证券期货犯罪管辖的规定

2011 年,最高人民法院、最高人民检察院、公安部、中国证监会联合发布《关于办理证券期货违法犯罪案件工作若干问题的意见》(以下简称《四部委意见》),对加强办理证券期货违法犯罪案件工作,完善行政执法与刑事司法的衔接机制,有效惩治证券期货违法犯罪等问题作出具体规定。其中,《四部委意见》第 10 条规定,涉嫌证券期货犯罪的第一审案件,由中级人民法院管辖,同级人民检察院负责提起公诉,地(市)级以上公安机关负责立案侦查。这一规定对涉嫌证券期货犯罪的第一审案件的立案、审判管辖权等问题,均予以明确之规定。

为准确适用该规定,我们必须明确以下内容:

1. 适用案件类型

为明确证券期货犯罪集中管辖规定的适用案件类型,我们必须对“证券期货犯罪案件”的外延作出界定。证券期货犯罪案件,理论上是指以内幕交易、泄露内幕信息罪,利用未公开信息交易罪,操纵证券期货市场罪,编造、传播虚假证券期货信息罪等罪名之一或数种进行定罪量刑的刑事犯罪案件。该类案件所涵盖的具体案件类型,并未在刑法中作出明确的界定。因此,只有结合具体个案情况,我们才能准确把握证券期货犯罪案件的外延。譬如,对于甲公司同时涉嫌内幕交易、合同诈骗、行贿等犯罪的情形,应当认定该案属于证券期货犯罪的范畴,从而适用证券期货犯罪管辖的有关规定。

2. 确定集中管辖权的基本思路

对于公诉案件,公安机关、检察机关的立案管辖和人民法院的审判管辖,有先后之分。然而,在确定证券期货犯罪案件集中管辖权时,我们考虑问题的思路有所不同。

(1)确定集中行使审判管辖权的人民法院级别

鉴于案件审理环节在公诉案件中地位最为超脱和独立,为确保证券期货犯罪案件得以公正地审理,维护司法的权威性,我们有必要首先明确审判管辖的问题。内幕交易、操纵证券期货市场案件专业性强、调查及认定难度大、案件影响范围广,有的司法机关查办的证券期货犯罪案件较多,相关人员对这类案件的办理积累了较为丰富的经验。为此,《四部委意见》第10条规定,涉嫌证券期货犯罪的第一审案件,由中级人民法院管辖,排除基层人民法院对此类案件的审判管辖权。

(2)确定集中行使立案管辖权的公安机关、人民检察院级别

如前所述,立案管辖与审判管辖的关系,实质上是侦查权、起诉权、审判权相互关系的反映。在明确集中行使审判管辖权的基础上,充分考虑案件侦查、起诉、审判工作的有效衔接,并结合公安机关、人民检察院关于证券期货犯罪案件的办理体制等因素,确定各自的立案管辖权。根据《四部委意见》第10条规定,涉嫌证券期货犯罪的第一审案件,由同级人民检察院负责提起公诉,地(市)级以上公安机关负责立案侦查,排除基层人民检察院、公安机关对此类案件的立案管辖权。

3. 集中管辖权的三项备选方案

在《四部委意见》起草过程中,关于集中管辖权的行使范围曾有三种意见:一是由北京、上海、深圳等地(或者再适当增加城市)的中级人民法院管辖;二是由省、自治区、直辖市人民政府所在的市、计划单列市的中级人民法院管辖;三是由各地中级人民法院管辖。

其中,第一种意见提出,由北京、上海、深圳等地(或再适当增加城市)的中级人民法院集中行使中国证监会移送的涉嫌内幕交易罪、泄露内幕信息

罪、利用未公开信息交易罪和操纵证券期货市场罪第一审案件的审判管辖权。

该方案的优势在于:一是上述地区证券期货市场发育程度较高,法官对有关证券期货犯罪案件的审理已经积累了较为丰富的经验。二是与目前证券犯罪侦查局直属分局的设立相对一致,有利于案件集中查办的统一协调和案件管辖区域的确定。三是上述地区大多是证券期货监管机构、自律机构所在地,有利于行政执法和刑事司法的有效衔接与合作。

但是,由于目前实践中证券犯罪侦查局北京、上海、深圳三个直属分局未直接办案,相关证券期货犯罪案件一般交由地方公安经侦部门办理,因此如将此类案件集中在这3个地区或少数几个城市管辖,在侦查与检察、审理的衔接操作上存在一定困难,比如对犯罪嫌疑人强制措施的采取和证据的调取等,可能会产生"铐着人、带着卷"跨省审查起诉和审理等问题。因此,实行该方案,需要协调公安目前对证券期货犯罪案件的侦办体制。另外,集中在少数几个城市的中级人民法院管辖在法院系统内部进行协调的难度也较大。

为解决侦查与检察、审理的衔接问题,第二种意见将集中管辖权的行使范围由北京、上海、深圳等地的中级人民法院扩展为省、自治区、直辖市人民政府所在的市、计划单列市的中级人民法院。但考虑到既要有利于集中专业办案力量,又要兼顾公安、司法机关的现行办案体制,《四部委意见》最终选定了第三种意见。

四、国外证券期货案件"专属管辖"规定简介

"专属管辖",是指法律规定某类事件专属于一定法院管辖,而原告仅限于向某唯一的法院起诉,该唯一的法院才可以对该类事件行使管辖权,当事人不得以合意变更,也无法自行选择,等同于我国的"指定管辖"制度。在本部分,我们将对美国、日本、新加坡及马来西亚等国家有关证券期货及其他案件"专属管辖"的规定进行简单介绍。限于材料所限,本部分"专属管辖"规定不局限于刑事案件,亦包括民事案件。

1. 美国

美国是当今世界证券期货行业最发达、法制最健全的国家,其制定的1933年《证券法》和1934年《证券交易法》对世界各国证券立法产生了深远影响。美国证券交易委员会管理项下的所有制定法,均授予美国联邦地区法院对民事和刑事诉讼的管辖权。[①] 该等管辖权“不受争议金额或当事人公民身份影响”。《证券交易法》第27条更详细地授予联邦地区法院“对违反该章或其项下规则和条例的行为,以及为执行本章及其项下规则和条例设立的责任或义务而提起的所有衡平法和普通法诉讼享有排他管辖权”。

《证券法》第22条[②]及《证券交易法》第27条[③]均规定,就违反上述法规的诉讼管辖权,以被告住所地法院、被告设立地法院、被告进行交易所在地法院、有价证券买卖发生地法院,以及被告违反法规行为地或交易地的法院,为有管辖权的法院。简单来讲,以被告与法院是否具有最小联系因素决定管辖权。这一扩大管辖权的规定,将使受损害的证券投资人可以自行选择其认为最有利及最便利的法院起诉,由该法院管辖审理。

2. 日本

日本《民事诉讼法》第4条至第22条是管辖规定。原则上,日本采取以原告就被告原则,并未另就证券期货案件管辖作出规定。因此就证券期货案件而言,仍以被告主事务所所在地及侵权行为地的法院为管辖法院。

但值得注意的是,日本为加速知识产权相关案件的审理,使具有专门学识的法官及专业人员可以参与案件审理,在新修正的《民事诉讼法》第6条及第6条之2,针对知识产权及因知识产权不正当竞争造成的营业利益侵害,指定专属管辖法院,使知识产权相关案件集中由部分法院审理。

此外,日本2004年最终修正的《会社更生法》第5条规定“更生事件”(即重整事件)的管辖法院,除依公司所在地的地方裁判所管辖外,还可由东京地方裁判所及大阪地方裁判所管辖。有两个以上的地方裁判所有管辖权时,以更生程序先开始的地方裁判所享有管辖权。根据该法第6条规定,《会

---

① 参见美国《证券法》第22(a)条;《证券交易法》第27条;《控股公司法》第25条;《信托契约法》第322(b)条;《投资公司法》第44条;《投资顾问法》第214条。

② 美国1933年《证券法》第22条规定,美国地区法院和任何准州的美国法院对该法项下和证券交易委员会根据该法制定的规则和条例项下的违法和犯罪行为拥有管辖权,且除该法第16条有关该法所涉集团诉讼规定外,与州和准州法院对因执行本法创设的任何责任或义务而提起的所有衡平法诉讼和普通法诉讼共同享有管辖权。该衡平法诉讼或普通法诉讼均可在发现被告的地区、被告居住的地区或被告从事业务的地区提起。若被告曾参与发售或销售,也可在进行发售或销售的地区提起该等诉讼。

③ 美国1934年《证券交易法》第27条规定,任何刑事诉讼可在构成犯罪的行为或交易发生所在地区提起。为执行本法或其项下的规则和条例创设的任何责任或义务而提起的任何衡平法之诉和普通法之诉,或禁止违反该法或其项下规则和条例而提起的任何衡平法之诉和普通法之诉,可在上述任何地区或在可发现被告、被告居住或开展业务交易所在地的地区提起。

社更生法》规定的裁判所有专属管辖权。由此可见,该法在明确更生事件的管辖法院时,除考量民事案件以原告就被告的基本精神外,还赋予当事人选择东京地方裁判所及大阪地方裁判所管辖的裁量权,以便上述两家裁判所可以集中审理相关案件。

3. 新加坡

新加坡的下级法院分为地方法院(District Court)、地区法院(Magistrates' Courts)、专门法院(Specialized Court)及小额诉讼法院(The Small Claims Tribunals)。地方法院及地区法院均受理民事和刑事案件;专门法院下设家事法庭、少年法庭、法医法庭、交通法庭等法庭,并未设有证券交易或期货交易的专门法庭。

新加坡的《证券及期货法》(Securities and Futures Act)第 234 条规定,任何因违反而获取利益或因此避免损失的人,应负民事损害赔偿责任。根据该法第 237 条规定,根据第 234 条提起的诉讼案件,不论金额大小,由地方法院管辖,但并未指定由特定的地方法院管辖。

4. 马来西亚

马来西亚 1983 年《证券业法》第 90 条规定,证券交易委员会查知有任何人进行不实交易、操纵市场、提供错误交易或市场资讯、以欺诈方式诱使他人进行交易、散布非法交易信息,或进行内幕交易等情形的,不论其是否已受刑事定罪或经检察官调查确认犯罪行为,证券交易委员会均可向法院提起诉讼。

该法第 90 条 A 项规定,任何人因他人违反内幕交易的规定而受到损害,不论其是否已受刑事定罪或经检察官调查确认犯罪行为,受害人均可向法院提起诉讼。证券交易委员会认为违反内幕交易的情形有损公众利益的,还可以其名义提起诉讼。但该法并未就民事诉讼管辖问题作出规定。

证券期货犯罪执法协作问题

一、主要执法协作方式

防范证券期货犯罪是一项系统工程,涉及国家、集体、个人的利益,关系到证券市场的良性运行、国家经济的发展和人们生活的安定。这就需要社会各个层次、各个方面的配合和努力。在打击证券期货违法犯罪中，证券监管机构与公安机关的职能互补。公安机关的主要职责之一是打击犯罪，在打击证券期货犯罪中具有以下几个突出优势：一是拥有一整套完善的打击犯罪手段和强制措施；二是拥有一支专门打击经济犯罪的侦查队伍；三是对犯罪案件查处力度大、打击面广。证券监管机构在对证券期货法律法规和政策的熟悉、案件具体情况的了解、案件规律和特点的掌握等方面具有一定的优势，加强执法协作，有利于在打击证券期货犯罪中形成职能互补、相互配合的良好局面。

1．证券监管机构可以依法商请公安机关协助采取的有关措施

根据最高人民法院、最高人民检察院、公安部、中国证监会《关于办理证券期货违法犯罪案件工作若干问题的意见》（以下简称《四部委意见》）第1条，证券监管机构在办理可能移送公安机关查处的证券期货违法案件过程中，经履行批准程序，可以依法商请公安机关协助采取下列措施：

（1）查询、复制被调查对象的户籍、出入境信息等资料

证券监管机构决定对某违法行为立案调查后，调查人员首先要确定被调查对象的住所地，并确定其是否在境内，以便必要时能够找到被调查对象。根据职责分工，户籍管理、出入境管理等事项属于公安机关的职责范围，证券监管机构在案件调查中，根据需要依法商请公安机关提供协助。为保障打击证券期货违法犯罪工作的顺利进行，维护资本市场正常秩序，保护投资者合法权益，根据《中华人民共和国证券法》（以下简称《证券法》）、《中华人民共和国治安管理处罚法》（以下简称《治安管理处罚法》）、《行政执法机关移送涉嫌犯罪案件的规定》（国务院令第310号，以下简称《移送规定》）等法律法规的规定，以及国务院关于加强打击经济犯罪执法协作的指示精神，中国证监会、公安部曾于2006年3月2日下发《关于打击证券期货违法犯罪中加强执法协作的通知》（证监发〔2006〕17号，以下称证监发〔2006〕17号文件），证监发〔2006〕17号文件第5条规定“证券监管机关在日常监管和调查证券期货违法案件过程中，对可能涉嫌经济犯罪的线索，应当及时向公安机关通报，商请公安机关配合开展调查工作。公安机关可依照有关规定采取下列措施：……（二）协助证券监管机关调查人员查阅、复制被调查对象的户籍、出入境信息等资料；……”

实践中，证券监管机关请求公安机关协助查询、复制被调查对象的户籍、出入境信息等资料时，要遵循严格的程序和工作要求，比如，被查询对象应当

是因涉嫌犯罪可能移送公安机关的涉案人员，查询函应当经双方单位的负责人审批并以书面形式提出，查询函应当提供案件情况、有关调查情况及其他相关材料，查询要求明确具体，查询范围限定在规定权限内，查询结果要做好有关保密工作等。

(2) 对有关涉案人员按照相关规定采取边控、报备措施

根据《证券法》第 154 条、《期货交易管理条例》第 57 条、《中华人民共和国公民出入境管理法》(已失效)第 8 条的有关规定，中国证监会在涉嫌证券期货犯罪案件、涉案金额巨大或者非法获利较大的案件立案调查过程中，为避免当事人出境逃避法律制裁，可以依法商请公安机关对其采取限制出境措施(以下简称边控)。此外，证监发〔2006〕17 号文件第 6 条规定：证券监管机关在依法履行职责时，需要对有关涉案人员采取口岸查控、报备等限制出境措施的，报经中国证监会同意后，按照公安部的有关规定办理。

考虑到边控限制了当事人一定的人身自由，中国证监会坚持依法审慎使用、严格审核把关的原则，并制定相应的内部工作流程，尽力保证边控工作的质量。中国证监会内部办理边控工作的流程大致可分为申请、审核、办文、统计与归档等环节。在申请环节，要求申请材料应当包括边控理由、边控对象、边控期限、案件状态、边控人员名单及详细身份信息等事项，并附相应的证据材料；在审核环节，主要审核拟控对象是否为在办案件的重要涉案嫌疑人，是否有采取边控措施的必要，申请单位所提交材料是否齐全、准确等；在办文环节，按照公文办理程序制作有关公文；在统计与归档环节，整理有关材料并归档，制作、更新相关统计表格。公安部门收到有关文件后，需要按照有关规定，办理有关涉案人员的边控、报备措施。

为了保护当事人的合法权益，边控措施以 3 个月为一期，如申请单位到期未提出续控申请，视为自动解除相关涉案人员的限制出境措施。为了确保及时解除边控，还要求申请单位根据案件调查进展情况，对不再需要边控的人员及时予以解除。此外，当事人如有异议的，可以依据《中华人民共和国公民出入境管理法实施细则》(已失效)第 5 条的规定，向上一级公安机关申诉。

2. 证券监管机构可以依法商请公安机关提供的有关帮助

根据《四部委意见》第 2 条，证券监管机构在特定情形下可以依法商请公安机关为行政调查提供以下帮助：

（1）案情重大、复杂、疑难的，可商请公安机关就案件性质、证据等问题提出参考意见

与其他犯罪形式相比，证券期货犯罪具有如下特点：

一是复杂多变。随着市场改革的不断推进深入，市场约束机制也会发生变化。老的问题解决了，可能会诱发一些新问题，产生新的违法违规行为，传统的违法行为也可能发生新的变化。例如：内幕交易手法日趋隐蔽和复杂，市场操纵行为不断翻新变化，跨辖区违法违规越来越多，上市公司新旧问题并发复杂程度加剧，期货市场案件以及跨市场案件开始显现等。

二是危害性大。证券期货犯罪不仅侵犯了国家的证券期货市场管理秩序，而且往往侵害了公私财产的所有权，所造成的直接损害十分巨大，间接的、潜在的损害更无法估计。从对办理的许多证券期货犯罪案件的分析中可以发现，犯罪所涉及的资金数额动辄数千万元，甚至上亿元，损害了广大投资者的经济利益，会引起投资者的人心不稳，造成证券价格的大幅度波动，甚至酿成社会混乱局面。

三是专业性强。随着科技的发展，证券交易手段电子化的普及，证券期货犯罪一般运用网络电脑作案，是一种高科技、高智能犯罪，专业性极强。犯罪嫌疑人通常都是金融、证券方面的从业人员，有的甚至是精英人士。他们对证券领域的专业知识相当熟悉，又精通计算机操作。他们既了解证券业务的操作规程，又熟谙相关法律规定的漏洞。

四是受害人分散。证券期货犯罪行为发生后，对其他投资者的利益肯定是有损害的，但不像普通刑事犯罪案件那样直接、直观。由于证券投资者的分散性，使得证券违法犯罪行为发生后，很难统计实际的受害者。

五是关注度高。资本市场的地位、作用在国民经济中越来越重要，已经成了许多人生活中不可或缺的一部分。越来越多的人参与资本市场，越来越多的人把财富放到市场上，当然希望市场是净化的、秩序是好的，违法违规能够得到有效查处。因此，投资者和媒体舆论高度关注资本市场，关注市场违法犯罪行为的查处。

正是由于证券期货犯罪的特点，《四部委意见》第2条规定，证券监管机构在调查重大、复杂、疑难的案件时，可商请公安机关就案件性质、证据等问题提出参考意见。实践中，可邀请有关经办人员对相关案情进行分析、讨论，确定案件性质及移送相关工作程序，避免因证据不足或定性不准而导致应移送的案件无法移送。

（2）对有证据表明可能涉嫌犯罪的行为人可能逃匿或者销毁证据的，应当及时通知公安机关，由公安机关按照《行政处罚法》的规定处理；涉嫌犯罪的，由公安机关立案侦查

根据《证券法》《治安管理处罚法》以及证监发〔2006〕17 号文件的有关规定，各级公安机关应当依法为证券监管机关的调查提供以下支持：

第一，对阻碍证券监管人员进入相关工作场所进行检查、调查和依法行使查阅、复制、查询、冻结、查封、限制交易等职权，阻碍或拒不接受证券监管人员询问，涉嫌违反治安管理行为的，在证券监管机关及时收集有关证据，制作《阻碍证券行政执法案件移送函》，向县级以上公安机关移送有关证据和材料后，公安机关应当及时依法查处。

第二，对证券监管机关移送的阻碍证券行政执法的违反治安管理案件，公安机关应当及时受理、登记，并依法调查处理。属于违反治安管理行为的，给予治安管理处罚；不属于违反治安管理行为的，应当书面告知移送案件的证券监管机关；构成犯罪的，依法追究刑事责任。

第三，对隐藏、转移、变卖或者毁损证券监管机关依法扣押、查封、冻结的财物，伪造、隐匿、毁灭证据或者提供虚假证言、谎报案情，影响证券监管机关依法办案的，公安机关应当依法给予治安管理处罚。构成犯罪的，依法追究刑事责任。

3. 证券监管机构与公安机关之间可以建立协调会商机制

考虑到证券期货犯罪是一种智能性的、专业性极强的犯罪活动，涉嫌证券期货犯罪案件多为新型案件、复杂案件、重大案件、疑难案件，侦查人员在办理该类案件中会遇到很多障碍。出于案件办理衔接等方面的需要，《四部委意见》第 3 条规定，证券监管机构与公安机关应当建立和完善协调会商机制。证券监管机构依据行政机关移送涉嫌犯罪案件的有关规定，在向公安机关移送重大、复杂、疑难的涉嫌证券期货犯罪案件前，应当启动协调会商机制，就行为性质认定、案件罪名适用、案件管辖等问题进行会商。

在工作中，为加强联系，及时沟通，共同研究解决执法工作中遇到的突出问题，强化行政执法与刑事执法的协作配合，建立联系顺畅、反应迅速、配合有力的协作机制，中国证监会稽查局（首席稽查办公室）、稽查总队和公安部证券犯罪侦查局三方建立了联席会议制度。联席会议的主要职责有：（1）分析研判证券期货违法犯罪活动形势和特点，研究打击和防范证券期货违法犯罪活动工作，针对执法中遇到的新情况、新问题，提出相关工作对策和建议。

(2) 相互通报主要工作情况,通报证券期货违法案件稽查工作情况及移送刑事案件办理情况。(3) 研究重点案件移送、办理工作。(4) 协调解决工作中的重大、疑难问题及执法协作相关问题。(5) 其他需要联席会议研究办理的事项。实践中,税务、审计等执法部门也与公安机关建立了类似的制度。

4. 证券监管机构利用专业技术优势为公安、司法机关提供的支持

在案件调查过程中,不仅行政调查过程需要公安机关的支持,刑事调查以及司法机关在案件办理过程中有时候也需要行政调查部门的配合。根据《四部委意见》第4条,公安机关、人民检察院和人民法院在办理涉嫌证券期货犯罪案件过程中,可商请证券监管机构提供以下支持:

(1) 指派专业人员配合公安、司法机关开展工作

证券监管机构可以应公安机关、人民检察院和人民法院的商请,派员赶赴现场,参与案件讨论。在执法实践中,证券监管机构一直积极接待公安、司法机关的专业咨询。在个别案件中,应具体承办公安机关的要求,中国证监会曾多次派员赴专案组就公安机关侦查中遇到的具体问题提供专业咨询。需要说明的是,证券期货犯罪案件的侦查、调查取证,在程序上都只能够由公安机关的侦查员来完成,任何非侦查员都无权力介入,证券监管机构指派的人员只能作为专家、证人或者说鉴定人的角色。

(2) 协调有关单位协助公安、司法机关查阅、复制有关专业资料

执法实践中,证券监督管理机构可以协调证券交易所、中国证券登记结算公司等单位,积极配合公安、司法机关办案人员查阅、复制有关专业资料,协助计算违法所得,协助联系涉案的监管对象及有关人员,协助收集有关证据。如在2008年,最高人民法院、最高人民检察院、公安部、中国证监会联合颁布的《关于查询冻结扣划证券和证券交易结算资金问题通知》,就证券交易所、中国证券登记结算公司等单位配合公安、司法机关办案人员查询冻结扣划证券和证券交易结算资金作了明确规定。需要说明的是,案件移送公安、司法机关后,取证的主体是公安、司法机关,证券监督管理机构可以提供技术协助,并不是取证的主体。

(3) 根据司法机关办案需要,依法就案件涉及的证券期货专业问题向司法机关出具认定意见

根据《证券法》第75条第2款第(八)项、《期货交易管理条例》第82条第(十一)项的规定,中国证监会可以认定"内幕信息";根据《客户交易结算资金管理办法》第37条第(二)项的规定,中国证监会可以认定"客户交易结

算资金”。根据《关于整治非法证券活动有关问题的通知》(证监发〔2008〕1号)的规定,中国证监会可以“根据司法机关需要,对非法证券类案件及时出具性质认定意见”。

执法实践中,公安、司法机关一般以部门发函的形式请中国证监会出具有关案件的专业认定意见。中国证监会出台了出具认定意见的程序和格式,积极支持针对案件调查中涉及对行为及构成要件出具认定意见的请求。以案件移送的,中国证监会根据移送函的主要内容出具认定函,认定函的依据来自行政调查事实;以线索移送的,公安部门侦查后取得新的证据,中国证监会根据其证据情况,结合专业判断,出具认定意见,供公安、司法机关参考。需要说明的是,认定意见是从类案执法标准的角度作出,其性质是中国证监会对某一类执法标准的阐释,并未针对个案行为的性质进行认定,不属于具体行政行为。

二、关于涉嫌犯罪案件的移送中需要把握的主要问题

1. 移送形式

目前,涉嫌证券期货犯罪案件的移送形式包括案件移送和线索移送。

A. 案件移送。《移送规定》就案件移送的程序、交接、审查、反馈等环节做了较为明确规定。

B. 线索移送。证监发〔1999〕10 号文件第 2 条规定,证券监管部门在查处证券期货违法违规案件中,发现有犯罪嫌疑的,应当及时向公安机关移送;证监发〔2006〕17 号文件第 5 条第 3 项规定,(公安机关)对涉嫌经济犯罪的线索,依照《公安机关办理经济犯罪案件的若干规定》进行立案审查并展开相应的调查。

2. 移送时机

由于中国证监会的职能仅限于行政监管,无权进行刑事追究。所以,对于涉嫌证券期货违法犯罪案件查处,通常的程序是,先由中国证监会进行查处,中国证监会查处后,确认为触犯刑律的,将案件移交给公安机关,再由公安机关立案侦查。而这一交接期间则往往给了犯罪嫌疑人逃逸的机会。因此,准确把握移送涉嫌犯罪案件的时机非常重要。

根据最高人民检察院、公安部《关于公安机关管辖的刑事案件立案追诉标准的规定(二)》,涉嫌证券、期货犯罪案件的立案追诉标准是很清晰的。为了准确把握移送涉嫌犯罪案件的时机,应当根据双方职责分工,充分发挥各自优势,明确不同案件类型的移送标准和移送时机:对于行政调查手段能够基本查清违法犯罪问题、行政调查证据能够转化为司法证据的案件，中国证监会在深入调查结束后将案件移送公安机关；对于行政调查手段难以获取关键证据的案件，且深入调查不利于后续刑事侦查的内幕交易案件，可在行政调查表明有重大内幕交易迹象、未与当事人接触前移送公安机关调查，证监会配合公安机关开展工作。

3. 涉嫌证券期货犯罪案件的有关移送文件及材料

证监发〔2006〕17 号文件第 8 条规定："中国证监会向公安部移送涉嫌犯罪案件，应依照《移送规定》的有关规定，附下列材料：（一）涉嫌犯罪案件移送书；（二）涉嫌犯罪案件情况的调查报告；（三）涉案物品清单及主要证据目录；（四）有关的认定意见和鉴定结论；（五）其他有关涉嫌犯罪的材料。"

4. 受理、审查与反馈等各个环节的沟通配合

证监发〔2006〕17 号文件第 9 条规定："对中国证监会移送的案件，公安部应当依照《移送规定》受理并及时进行审查。依法决定立案的，应书面通知移送机关；对依法不予立案的，应当书面说明理由，并书面通知移送机关，相应退回案卷材料。"第 13 条规定："公安机关对证券监管机关移送的案件，立案侦查后认为没有犯罪事实或者犯罪情节显著轻微，不认为是犯罪的，以及其他依法不需要追究刑事责任的，应当撤销案件并及时向证券监管机关通报有关情况，退回有关案卷。"

5. 案件的双向移送

证监发〔2006〕17 号文件第 14 条规定："公安机关在侦查工作中发现的证券违法违规线索和案件，应当及时向证券监管机关移送。证券监管机关对公安机关移送的案件应当受理并及时进行审查。依法决定立案查处的，应当书面通知移送机关，并及时向对方通报查处情况；依法不予立案的，应当书面说明理由，并书面通知移送机关，相应退回案卷材料。"

6. 证券监管机构在案件移送中的职责和义务

根据《移送规定》，证券监管机构在案件移送中应当履行的职责和义务主要包括：一是依法对违法事实进行审查的责任和义务。审查内容：违法行为涉及的金额、情节、后果等；审查依据：刑法关于破坏社会主义市场经济秩序罪、妨碍社会管理秩序罪等罪的规定和最高人民法院、最高人民检察院关于这类犯罪的司法解释以及最高人民检察院、公安部关于经济犯罪案件的追诉标准等规定。二是妥善保存和提供有关证据的义务。不仅要妥善保存所

收集的与违法行为有关的证据,而且要对查获的涉案物品,如实填写涉案物品清单,并按照国家有关规定予以处理。三是负责人承担的责任和义务,明确了负责人应当自接到移送案件的书面报告之日起3日内作出批准移送或者不批准移送的决定。四是对公安机关决定不予立案的案件依法作出处理。五是不得以行政处罚代替移送。六是在法定期限内与司法机关办结涉嫌犯罪案件的交接手续。在司法机关决定立案后,应当于接到立案通知书之日起3日内,将涉案物品以及与案件有关的其他材料移交给公安机关,并办结交接手续。七是依法接受检察院和监察机关的监督。

7. 公安机关在案件移送中的职责和义务

根据《移送规定》,公安机关在案件移送中的职责和义务主要有:公安机关对证券监管机构移送的涉嫌犯罪案件必须接受,并在移送书的回执上签字。对于不属于本机关管辖的案件,应当在24小时内转送给有管辖权的机关。公安机关必须自接受移送案件之日起3日内依照《移送规定》进行审查。经审查,需要立案的,必须依法立案,并进入刑事司法程序;不需要立案的,则要说明理由,通知原移送案件的证券监管机构。公安机关在作出不予立案的决定后,对证券监管机构提出的要求重新进行立案审查的复议,必须予以受理,并在受理之日起3日内重新作出决定。根据《刑事诉讼法》的规定和人民检察院的职责权限,公安机关必须接受人民检察院的立案监督。

8. 关于优化行政执法和司法有效衔接,完善办案体制机制的思考和建议

由于利益巨大,证券期货市场历来是违法犯罪高发领域。与其他犯罪形式相比,证券期货犯罪有其特殊性:一是隐蔽性强,大多数证券期货犯罪行为是基于信息的,依靠普通的调查手段难以找到证据。如内幕交易中,要找到内幕信息传递的直接证据非常困难;在市场操纵中,有人通过网上发布信息影响股价,要找到发布信息者并确定信息的真实性、准确性,也非常不容易。二是涉众面广,证券期货市场是一个公开市场,成千上万人参与,交易持续不断、瞬息万变,任何违法犯罪行为的后果,不仅影响到当时的交易对手方,还影响到此后的很多投资人。隐蔽性强导致调查难,涉众面广要求调查快。调查难和调查快是矛盾的,二者加在一起,形成了世界性的难题,大多数国家都是通过加强刑事侦查来解决。有的国家是直接将相关行为划归刑事部门管辖(如德国),有的国家是直接赋予行政执法部门刑事检控权(如英

国)，有的国家是强化行政执法与刑事执法的密切合作、平行办案(如美国)。我们国家打击证券、期货犯罪走了一条独特的道路，就是设置两部共管的证券犯罪侦查局，这是有效打击证券期货犯罪的合理设计，是中国特色证券执法体制的一大亮点。

实践证明，建立行之有效的信息传递、联席会晤、线索协查、提前介入、案件移送等方面的工作机制，建立“信息共享、优势互补、相互支持、密切合作”的行政执法与刑事执法衔接协作机制，有利于形成对证券期货犯罪的打击合力，有力地打击与震慑证券期货犯罪，维护证券期货市场秩序。近年来，中国证监会与公安、司法、纪检监察机关以及其他相关部门的合作更加深入。比如，证监会大多数派出机构围绕防控与打击内幕交易，与地方国资部门、金融办、发改委、公安厅(局)等单位建立了多层面的合作机制，10 家派出机构还试点与地方纪检监察机关建立了联席会议制度，就防治地方党政机关工作人员内幕交易行为形成会商处理机制。再如，中国证监会推动建立的各地政府和公安机关牵头查办、有关部门协调配合的“打非”机制运作有效，惩处了大批违法犯罪分子，非法证券案件已大为减少，压力明显缓解。

2006 年 1 月下发的最高人民检察院、全国整顿和规范市场经济秩序领导小组办公室、公安部、监察部《关于在行政执法中及时移送涉嫌犯罪案件的意见》(高检会〔2006〕2 号)第 10 条规定：“行政执法机关对案情复杂、疑难，性质难以认定的案件，可以向公安机关、人民检察院咨询，公安机关、人民检察院应当认真研究，在 7 日以内回复意见。对有证据表明可能涉嫌犯罪的行为人可能逃匿或者销毁证据，需要公安机关参与、配合的，行政执法机关可以商请公安机关提前介入，公安机关可以派员介入。对涉嫌犯罪的，公安机关应当及时依法立案侦查。”2006 年通知第 5 条也规定的有关提前介入的事项。公安机关的提前介入能够依法、及时、全面地收集和固定证据，还能节约办案的期限，缩短办案周期，免去许多不必要的证据转换成本。因此，应当选择重点案件尽快落实提前介入制度，实现公安机关介入的关口前移。这样，行政执法与刑事执法的配合更加密切，更能发挥各自优势，迅速查处大要案。

此外，鉴于证券市场的违法犯罪案件往往是金额巨大，社会影响极其恶劣，建议对办理证券市场犯罪的公安机关实行垂直领导，让它彻底排除地方主义的任何可能性的干扰。

总之，为了更好地打击证券期货犯罪，需要进一步加强信息交流，健全情况通报制度;强化案件移送和协作配合,完善协作办案机制;加强业务交流培训和宣传教育力度,努力提高执法水平和社会防范意识;积极推动我国打击证券期货违法犯罪立法的不断完善,健全打击证券期货违法犯罪活动的长效防范机制。

第三部分

相关法律、法规及其他法律规范性文件

【内幕交易相关】

中华人民共和国证券法

(1998 年 12 月 29 日第九届全国人民代表大会常务委员会第六次会议通过　根据 2004 年 8 月 28 日第十届全国人民代表大会常务委员会第十一次会议《关于修改〈中华人民共和国证券法〉的决定》第一次修正　2005 年 10 月 27 日第十届全国人民代表大会常务委员会第十八次会议修订　根据 2013 年 6 月 29 日第十二届全国人民代表大会常务委员会第三次会议《关于修改〈中华人民共和国文物保护法〉等十二部法律的决定》第二次修正　根据 2014 年 8 月 31 日第十二届全国人民代表大会常务委员会第十次会议《关于修改〈中华人民共和国保险法〉等五部法律的决定》第三次修正)

目　录

第一章 总 则

第一条 为了规范证券发行和交易行为,保护投资者的合法权益,维护社会经济秩序和社会公共利益,促进社会主义市场经济的发展,制定本法。

第二条 在中华人民共和国境内,股票、公司债券和国务院依法认定的其他证券的发行和交易,适用本法;本法未规定的,适用《中华人民共和国公司法》和其他法律、行政法规的规定。

政府债券、证券投资基金份额的上市交易,适用本法;其他法律、行政法规另有规定的,适用其规定。

证券衍生品种发行、交易的管理办法,由国务院依照本法的原则规定。

第三条 证券的发行、交易活动,必须实行公开、公平、公正的原则。

第四条 证券发行、交易活动的当事人具有平等的法律地位,应当遵守自愿、有偿、诚实信用的原则。

第五条 证券的发行、交易活动,必须遵守法律、行政法规;禁止欺诈、内幕交易和操纵证券市场的行为。

第六条 证券业和银行业、信托业、保险业实行分业经营、分业管理,证券公司与银行、信托、保险业务机构分别设立。国家另有规定的除外。

第七条 国务院证券监督管理机构依法对全国证券市场实行集中统一监督管理。

国务院证券监督管理机构根据需要可以设立派出机构,按照授权履行监督管理职责。

第八条 在国家对证券发行、交易活动实行集中统一监督管理的前提下,依法设立证券业协会,实行自律性管理。

第九条 国家审计机关依法对证券交易所、证券公司、证券登记结算机构、证券监督管理机构进行审计监督。

第二章 证券发行

第十条 公开发行证券,必须符合法律、行政法规规定的条件,并依法报经国务院证券监督管理机构或者国务院授权的部门核准;未经依法核准,任何单位和个人不得公开发行证券。

有下列情形之一的,为公开发行:

(一)向不特定对象发行证券的;

(二)向特定对象发行证券累计超过二百人的;

（三）法律、行政法规规定的其他发行行为。

非公开发行证券，不得采用广告、公开劝诱和变相公开方式。

第十一条　发行人申请公开发行股票、可转换为股票的公司债券，依法采取承销方式的，或者公开发行法律、行政法规规定实行保荐制度的其他证券的，应当聘请具有保荐资格的机构担任保荐人。

保荐人应当遵守业务规则和行业规范，诚实守信，勤勉尽责，对发行人的申请文件和信息披露资料进行审慎核查，督导发行人规范运作。

保荐人的资格及其管理办法由国务院证券监督管理机构规定。

第十二条　设立股份有限公司公开发行股票，应当符合《中华人民共和国公司法》规定的条件和经国务院批准的国务院证券监督管理机构规定的其他条件，向国务院证券监督管理机构报送募股申请和下列文件：

（一）公司章程；

（二）发起人协议；

（三）发起人姓名或者名称，发起人认购的股份数、出资种类及验资证明；

（四）招股说明书；

（五）代收股款银行的名称及地址；

（六）承销机构名称及有关的协议。

依照本法规定聘请保荐人的，还应当报送保荐人出具的发行保荐书。

法律、行政法规规定设立公司必须报经批准的，还应当提交相应的批准文件。

第十三条　公司公开发行新股，应当符合下列条件：

（一）具备健全且运行良好的组织机构；

（二）具有持续盈利能力，财务状况良好；

（三）最近三年财务会计文件无虚假记载，无其他重大违法行为；

（四）经国务院批准的国务院证券监督管理机构规定的其他条件。

上市公司非公开发行新股，应当符合经国务院批准的国务院证券监督管理机构规定的条件，并报国务院证券监督管理机构核准。

第十四条　公司公开发行新股，应当向国务院证券监督管理机构报送募股申请和下列文件：

（一）公司营业执照；

（二）公司章程；

（三）股东大会决议；

（四）招股说明书；

（五）财务会计报告；

（六）代收股款银行的名称及地址；

（七）承销机构名称及有关的协议。

依照本法规定聘请保荐人的，还应当报送保荐人出具的发行保荐书。

第十五条 公司对公开发行股票所募集资金，必须按照招股说明书所列资金用途使用。改变招股说明书所列资金用途，必须经股东大会作出决议。擅自改变用途而未作纠正的，或者未经股东大会认可的，不得公开发行新股。

第十六条 公开发行公司债券，应当符合下列条件：

（一）股份有限公司的净资产不低于人民币三千万元，有限责任公司的净资产不低于人民币六千万元；

（二）累计债券余额不超过公司净资产的百分之四十；

（三）最近三年平均可分配利润足以支付公司债券一年的利息；

（四）筹集的资金投向符合国家产业政策；

（五）债券的利率不超过国务院限定的利率水平；

（六）国务院规定的其他条件。

公开发行公司债券筹集的资金，必须用于核准的用途，不得用于弥补亏损和非生产性支出。

上市公司发行可转换为股票的公司债券，除应当符合第一款规定的条件外，还应当符合本法关于公开发行股票的条件，并报国务院证券监督管理机构核准。

第十七条 申请公开发行公司债券，应当向国务院授权的部门或者国务院证券监督管理机构报送下列文件：

（一）公司营业执照；

（二）公司章程；

（三）公司债券募集办法；

（四）资产评估报告和验资报告；

（五）国务院授权的部门或者国务院证券监督管理机构规定的其他文件。

依照本法规定聘请保荐人的，还应当报送保荐人出具的发行保荐书。

第十八条 有下列情形之一的，不得再次公开发行公司债券：

（一）前一次公开发行的公司债券尚未募足；

（二）对已公开发行的公司债券或者其他债务有违约或者延迟支付本息

的事实，仍处于继续状态；

（三）违反本法规定，改变公开发行公司债券所募资金的用途。

第十九条　发行人依法申请核准发行证券所报送的申请文件的格式、报送方式，由依法负责核准的机构或者部门规定。

第二十条　发行人向国务院证券监督管理机构或者国务院授权的部门报送的证券发行申请文件，必须真实、准确、完整。

为证券发行出具有关文件的证券服务机构和人员，必须严格履行法定职责，保证其所出具文件的真实性、准确性和完整性。

第二十一条　发行人申请首次公开发行股票的，在提交申请文件后，应当按照国务院证券监督管理机构的规定预先披露有关申请文件。

第二十二条　国务院证券监督管理机构设发行审核委员会，依法审核股票发行申请。

发行审核委员会由国务院证券监督管理机构的专业人员和所聘请的该机构外的有关专家组成，以投票方式对股票发行申请进行表决，提出审核意见。

发行审核委员会的具体组成办法、组成人员任期、工作程序，由国务院证券监督管理机构规定。

第二十三条　国务院证券监督管理机构依照法定条件负责核准股票发行申请。核准程序应当公开，依法接受监督。

参与审核和核准股票发行申请的人员，不得与发行申请人有利害关系，不得直接或者间接接受发行申请人的馈赠，不得持有所核准的发行申请的股票，不得私下与发行申请人进行接触。

国务院授权的部门对公司债券发行申请的核准，参照前两款的规定执行。

第二十四条　国务院证券监督管理机构或者国务院授权的部门应当自受理证券发行申请文件之日起三个月内，依照法定条件和法定程序作出予以核准或者不予核准的决定，发行人根据要求补充、修改发行申请文件的时间不计算在内；不予核准的，应当说明理由。

第二十五条　证券发行申请经核准，发行人应当依照法律、行政法规的规定，在证券公开发行前，公告公开发行募集文件，并将该文件置备于指定场所供公众查阅。

发行证券的信息依法公开前，任何知情人不得公开或者泄露该信息。

发行人不得在公告公开发行募集文件前发行证券。

第二十六条 国务院证券监督管理机构或者国务院授权的部门对已作出的核准证券发行的决定,发现不符合法定条件或者法定程序,尚未发行证券的,应当予以撤销,停止发行。已经发行尚未上市的,撤销发行核准决定,发行人应当按照发行价并加算银行同期存款利息返还证券持有人;保荐人应当与发行人承担连带责任,但是能够证明自己没有过错的除外;发行人的控股股东、实际控制人有过错的,应当与发行人承担连带责任。

第二十七条 股票依法发行后,发行人经营与收益的变化,由发行人自行负责;由此变化引致的投资风险,由投资者自行负责。

第二十八条 发行人向不特定对象发行的证券,法律、行政法规规定应当由证券公司承销的,发行人应当同证券公司签订承销协议。证券承销业务采取代销或者包销方式。

证券代销是指证券公司代发行人发售证券,在承销期结束时,将未售出的证券全部退还给发行人的承销方式。

证券包销是指证券公司将发行人的证券按照协议全部购入或者在承销期结束时将售后剩余证券全部自行购入的承销方式。

第二十九条 公开发行证券的发行人有权依法自主选择承销的证券公司。证券公司不得以不正当竞争手段招揽证券承销业务。

第三十条 证券公司承销证券,应当同发行人签订代销或者包销协议,载明下列事项:

(一)当事人的名称、住所及法定代表人姓名;

(二)代销、包销证券的种类、数量、金额及发行价格;

(三)代销、包销的期限及起止日期;

(四)代销、包销的付款方式及日期;

(五)代销、包销的费用和结算办法;

(六)违约责任;

(七)国务院证券监督管理机构规定的其他事项。

第三十一条 证券公司承销证券,应当对公开发行募集文件的真实性、准确性、完整性进行核查;发现有虚假记载、误导性陈述或者重大遗漏的,不得进行销售活动;已经销售的,必须立即停止销售活动,并采取纠正措施。

第三十二条 向不特定对象发行的证券票面总值超过人民币五千万元的,应当由承销团承销。承销团应当由主承销和参与承销的证券公司组成。

第三十三条 证券的代销、包销期限最长不得超过九十日。

证券公司在代销、包销期内，对所代销、包销的证券应当保证先行出售给认购人，证券公司不得为本公司预留所代销的证券和预先购入并留存所包销的证券。

第三十四条 股票发行采取溢价发行的，其发行价格由发行人与承销的证券公司协商确定。

第三十五条 股票发行采用代销方式，代销期限届满，向投资者出售的股票数量未达到拟公开发行股票数量百分之七十的，为发行失败。发行人应当按照发行价并加算银行同期存款利息返还股票认购人。

第三十六条 公开发行股票，代销、包销期限届满，发行人应当在规定的期限内将股票发行情况报国务院证券监督管理机构备案。

第三章 证券交易

第一节 一般规定

第三十七条 证券交易当事人依法买卖的证券，必须是依法发行并交付的证券。

非依法发行的证券，不得买卖。

第三十八条 依法发行的股票、公司债券及其他证券，法律对其转让期限有限制性规定的，在限定的期限内不得买卖。

第三十九条 依法公开发行的股票、公司债券及其他证券，应当在依法设立的证券交易所上市交易或者在国务院批准的其他证券交易场所转让。

第四十条 证券在证券交易所上市交易，应当采用公开的集中交易方式或者国务院证券监督管理机构批准的其他方式。

第四十一条 证券交易当事人买卖的证券可以采用纸面形式或者国务院证券监督管理机构规定的其他形式。

第四十二条 证券交易以现货和国务院规定的其他方式进行交易。

第四十三条 证券交易所、证券公司和证券登记结算机构的从业人员、证券监督管理机构的工作人员以及法律、行政法规禁止参与股票交易的其他人员，在任期或者法定限期内，不得直接或者以化名、借他人名义持有、买卖股票，也不得收受他人赠送的股票。

任何人在成为前款所列人员时，其原已持有的股票，必须依法转让。

第四十四条 证券交易所、证券公司、证券登记结算机构必须依法为客户开立的账户保密。

第四十五条 为股票发行出具审计报告、资产评估报告或者法律意见书等文件的证券服务机构和人员，在该股票承销期内和期满后六个月内，不得买卖该种股票。

除前款规定外，为上市公司出具审计报告、资产评估报告或者法律意见书等文件的证券服务机构和人员，自接受上市公司委托之日起至上述文件公开后五日内，不得买卖该种股票。

第四十六条 证券交易的收费必须合理，并公开收费项目、收费标准和收费办法。

证券交易的收费项目、收费标准和管理办法由国务院有关主管部门统一规定。

第四十七条 上市公司董事、监事、高级管理人员、持有上市公司股份百分之五以上的股东，将其持有的该公司的股票在买入后六个月内卖出，或者在卖出后六个月内又买入，由此所得收益归该公司所有，公司董事会应当收回其所得收益。但是，证券公司因包销购入售后剩余股票而持有百分之五以上股份的，卖出该股票不受六个月时间限制。

公司董事会不按照前款规定执行的，股东有权要求董事会在三十日内执行。公司董事会未在上述期限内执行的，股东有权为了公司的利益以自己的名义直接向人民法院提起诉讼。

公司董事会不按照第一款的规定执行的，负有责任的董事依法承担连带责任。

第二节 证券上市

第四十八条 申请证券上市交易，应当向证券交易所提出申请，由证券交易所依法审核同意，并由双方签订上市协议。

证券交易所根据国务院授权的部门的决定安排政府债券上市交易。

第四十九条 申请股票、可转换为股票的公司债券或者法律、行政法规规定实行保荐制度的其他证券上市交易，应当聘请具有保荐资格的机构担任保荐人。

本法第十一条第二款、第三款的规定适用于上市保荐人。

第五十条 股份有限公司申请股票上市，应当符合下列条件：

（一）股票经国务院证券监督管理机构核准已公开发行；

（二）公司股本总额不少于人民币三千万元；

（三）公开发行的股份达到公司股份总数的百分之二十五以上；公司股本总额超过人民币四亿元的，公开发行股份的比例为百分之十以上；

（四）公司最近三年无重大违法行为，财务会计报告无虚假记载。

证券交易所可以规定高于前款规定的上市条件，并报国务院证券监督管理机构批准。

第五十一条　国家鼓励符合产业政策并符合上市条件的公司股票上市交易。

第五十二条　申请股票上市交易，应当向证券交易所报送下列文件：

（一）上市报告书；

（二）申请股票上市的股东大会决议；

（三）公司章程；

（四）公司营业执照；

（五）依法经会计师事务所审计的公司最近三年的财务会计报告；

（六）法律意见书和上市保荐书；

（七）最近一次的招股说明书；

（八）证券交易所上市规则规定的其他文件。

第五十三条　股票上市交易申请经证券交易所审核同意后，签订上市协议的公司应当在规定的期限内公告股票上市的有关文件，并将该文件置备于指定场所供公众查阅。

第五十四条　签订上市协议的公司除公告前条规定的文件外，还应当公告下列事项：

（一）股票获准在证券交易所交易的日期；

（二）持有公司股份最多的前十名股东的名单和持股数额；

（三）公司的实际控制人；

（四）董事、监事、高级管理人员的姓名及其持有本公司股票和债券的情况。

第五十五条　上市公司有下列情形之一的，由证券交易所决定暂停其股票上市交易：

（一）公司股本总额、股权分布等发生变化不再具备上市条件；

（二）公司不按照规定公开其财务状况，或者对财务会计报告作虚假记

载,可能误导投资者;

（三）公司有重大违法行为;

（四）公司最近三年连续亏损;

（五）证券交易所上市规则规定的其他情形。

第五十六条 上市公司有下列情形之一的,由证券交易所决定终止其股票上市交易:

（一）公司股本总额、股权分布等发生变化不再具备上市条件,在证券交易所规定的期限内仍不能达到上市条件;

（二）公司不按照规定公开其财务状况,或者对财务会计报告作虚假记载,且拒绝纠正;

（三）公司最近三年连续亏损,在其后一个年度内未能恢复盈利;

（四）公司解散或者被宣告破产;

（五）证券交易所上市规则规定的其他情形。

第五十七条 公司申请公司债券上市交易,应当符合下列条件:

（一）公司债券的期限为一年以上;

（二）公司债券实际发行额不少于人民币五千万元;

（三）公司申请债券上市时仍符合法定的公司债券发行条件。

第五十八条 申请公司债券上市交易,应当向证券交易所报送下列文件:

（一）上市报告书;

（二）申请公司债券上市的董事会决议;

（三）公司章程;

（四）公司营业执照;

（五）公司债券募集办法;

（六）公司债券的实际发行数额;

（七）证券交易所上市规则规定的其他文件。

申请可转换为股票的公司债券上市交易,还应当报送保荐人出具的上市保荐书。

第五十九条 公司债券上市交易申请经证券交易所审核同意后,签订上市协议的公司应当在规定的期限内公告公司债券上市文件及有关文件,并将其申请文件置备于指定场所供公众查阅。

第六十条 公司债券上市交易后,公司有下列情形之一的,由证券交易所决定暂停其公司债券上市交易：

（一）公司有重大违法行为；

（二）公司情况发生重大变化不符合公司债券上市条件；

（三）发行公司债券所募集的资金不按照核准的用途使用；

（四）未按照公司债券募集办法履行义务；

（五）公司最近二年连续亏损。

第六十一条　公司有前条第（一）项、第（四）项所列情形之一经查实后果严重的，或者有前条第（二）项、第（三）项、第（五）项所列情形之一，在限期内未能消除的，由证券交易所决定终止其公司债券上市交易。

公司解散或者被宣告破产的，由证券交易所终止其公司债券上市交易。

第六十二条　对证券交易所作出的不予上市、暂停上市、终止上市决定不服的，可以向证券交易所设立的复核机构申请复核。

第三节　持续信息公开

第六十三条　发行人、上市公司依法披露的信息，必须真实、准确、完整，不得有虚假记载、误导性陈述或者重大遗漏。

第六十四条　经国务院证券监督管理机构核准依法公开发行股票，或者经国务院授权的部门核准依法公开发行公司债券，应当公告招股说明书、公司债券募集办法。依法公开发行新股或者公司债券的，还应当公告财务会计报告。

第六十五条　上市公司和公司债券上市交易的公司，应当在每一会计年度的上半年结束之日起二个月内，向国务院证券监督管理机构和证券交易所报送记载以下内容的中期报告，并予公告：

（一）公司财务会计报告和经营情况；

（二）涉及公司的重大诉讼事项；

（三）已发行的股票、公司债券变动情况；

（四）提交股东大会审议的重要事项；

（五）国务院证券监督管理机构规定的其他事项。

第六十六条　上市公司和公司债券上市交易的公司，应当在每一会计年度结束之日起四个月内，向国务院证券监督管理机构和证券交易所报送记载以下内容的年度报告，并予公告：

（一）公司概况；

（二）公司财务会计报告和经营情况；

（三）董事、监事、高级管理人员简介及其持股情况；

（四）已发行的股票、公司债券情况，包括持有公司股份最多的前十名股东的名单和持股数额；

（五）公司的实际控制人；

（六）国务院证券监督管理机构规定的其他事项。

第六十七条 发生可能对上市公司股票交易价格产生较大影响的重大事件，投资者尚未得知时，上市公司应当立即将有关该重大事件的情况向国务院证券监督管理机构和证券交易所报送临时报告，并予公告，说明事件的起因、目前的状态和可能产生的法律后果。

下列情况为前款所称重大事件：

（一）公司的经营方针和经营范围的重大变化；

（二）公司的重大投资行为和重大的购置财产的决定；

（三）公司订立重要合同，可能对公司的资产、负债、权益和经营成果产生重要影响；

（四）公司发生重大债务和未能清偿到期重大债务的违约情况；

（五）公司发生重大亏损或者重大损失；

（六）公司生产经营的外部条件发生的重大变化；

（七）公司的董事、三分之一以上监事或者经理发生变动；

（八）持有公司百分之五以上股份的股东或者实际控制人，其持有股份或者控制公司的情况发生较大变化；

（九）公司减资、合并、分立、解散及申请破产的决定；

（十）涉及公司的重大诉讼，股东大会、董事会决议被依法撤销或者宣告无效；

（十一）公司涉嫌犯罪被司法机关立案调查，公司董事、监事、高级管理人员涉嫌犯罪被司法机关采取强制措施；

（十二）国务院证券监督管理机构规定的其他事项。

第六十八条 上市公司董事、高级管理人员应当对公司定期报告签署书面确认意见。

上市公司监事会应当对董事会编制的公司定期报告进行审核并提出书面审核意见。

上市公司董事、监事、高级管理人员应当保证上市公司所披露的信息真实、准确、完整。

第六十九条 发行人、上市公司公告的招股说明书、公司债券募集办法、财务会计报告、上市报告文件、年度报告、中期报告、临时报告以及其他信息披露资料,有虚假记载、误导性陈述或者重大遗漏,致使投资者在证券交易中遭受损失的,发行人、上市公司应当承担赔偿责任;发行人、上市公司的董事、监事、高级管理人员和其他直接责任人员以及保荐人、承销的证券公司,应当与发行人、上市公司承担连带赔偿责任,但是能够证明自己没有过错的除外;发行人、上市公司的控股股东、实际控制人有过错的,应当与发行人、上市公司承担连带赔偿责任。

第七十条 依法必须披露的信息,应当在国务院证券监督管理机构指定的媒体发布,同时将其置备于公司住所、证券交易所,供社会公众查阅。

第七十一条 国务院证券监督管理机构对上市公司年度报告、中期报告、临时报告以及公告的情况进行监督,对上市公司分派或者配售新股的情况进行监督,对上市公司控股股东和信息披露义务人的行为进行监督。

证券监督管理机构、证券交易所、保荐人、承销的证券公司及有关人员,对公司依照法律、行政法规规定必须作出的公告,在公告前不得泄露其内容。

第七十二条 证券交易所决定暂停或者终止证券上市交易的,应当及时公告,并报国务院证券监督管理机构备案。

第四节 禁止的交易行为

第七十三条 禁止证券交易内幕信息的知情人和非法获取内幕信息的人利用内幕信息从事证券交易活动。

第七十四条 证券交易内幕信息的知情人包括:

(一)发行人的董事、监事、高级管理人员;

(二)持有公司百分之五以上股份的股东及其董事、监事、高级管理人员,公司的实际控制人及其董事、监事、高级管理人员;

(三)发行人控股的公司及其董事、监事、高级管理人员;

(四)由于所任公司职务可以获取公司有关内幕信息的人员;

(五)证券监督管理机构工作人员以及由于法定职责对证券的发行、交易进行管理的其他人员;

(六)保荐人、承销的证券公司、证券交易所、证券登记结算机构、证券服务机构的有关人员;

（七）国务院证券监督管理机构规定的其他人。

第七十五条 证券交易活动中，涉及公司的经营、财务或者对该公司证券的市场价格有重大影响的尚未公开的信息，为内幕信息。

下列信息皆属内幕信息：

（一）本法第六十七条第二款所列重大事件；

（二）公司分配股利或者增资的计划；

（三）公司股权结构的重大变化；

（四）公司债务担保的重大变更；

（五）公司营业用主要资产的抵押、出售或者报废一次超过该资产的百分之三十；

（六）公司的董事、监事、高级管理人员的行为可能依法承担重大损害赔偿责任；

（七）上市公司收购的有关方案；

（八）国务院证券监督管理机构认定的对证券交易价格有显著影响的其他重要信息。

第七十六条 证券交易内幕信息的知情人和非法获取内幕信息的人，在内幕信息公开前，不得买卖该公司的证券，或者泄露该信息，或者建议他人买卖该证券。

持有或者通过协议、其他安排与他人共同持有公司百分之五以上股份的自然人、法人、其他组织收购上市公司的股份，本法另有规定的，适用其规定。

内幕交易行为给投资者造成损失的，行为人应当依法承担赔偿责任。

第七十七条 禁止任何人以下列手段操纵证券市场：

（一）单独或者通过合谋，集中资金优势、持股优势或者利用信息优势联合或者连续买卖，操纵证券交易价格或者证券交易量；

（二）与他人串通，以事先约定的时间、价格和方式相互进行证券交易，影响证券交易价格或者证券交易量；

（三）在自己实际控制的账户之间进行证券交易，影响证券交易价格或者证券交易量；

（四）以其他手段操纵证券市场。

操纵证券市场行为给投资者造成损失的，行为人应当依法承担赔偿责任。

第七十八条 禁止国家工作人员、传播媒介从业人员和有关人员编造、传播虚假信息,扰乱证券市场。

禁止证券交易所、证券公司、证券登记结算机构、证券服务机构及其从业人员,证券业协会、证券监督管理机构及其工作人员,在证券交易活动中作出虚假陈述或者信息误导。

各种传播媒介传播证券市场信息必须真实、客观,禁止误导。

第七十九条　禁止证券公司及其从业人员从事下列损害客户利益的欺诈行为:

（一）违背客户的委托为其买卖证券;

（二）不在规定时间内向客户提供交易的书面确认文件;

（三）挪用客户所委托买卖的证券或者客户账户上的资金;

（四）未经客户的委托,擅自为客户买卖证券,或者假借客户的名义买卖证券;

（五）为牟取佣金收入,诱使客户进行不必要的证券买卖;

（六）利用传播媒介或者通过其他方式提供、传播虚假或者误导投资者的信息;

（七）其他违背客户真实意思表示,损害客户利益的行为。

欺诈客户行为给客户造成损失的,行为人应当依法承担赔偿责任。

第八十条　禁止法人非法利用他人账户从事证券交易;禁止法人出借自己或者他人的证券账户。

第八十一条　依法拓宽资金入市渠道,禁止资金违规流入股市。

第八十二条　禁止任何人挪用公款买卖证券。

第八十三条　国有企业和国有资产控股的企业买卖上市交易的股票,必须遵守国家有关规定。

第八十四条　证券交易所、证券公司、证券登记结算机构、证券服务机构及其从业人员对证券交易中发现的禁止的交易行为,应当及时向证券监督管理机构报告。

第四章　上市公司的收购

第八十五条　投资者可以采取要约收购、协议收购及其他合法方式收购上市公司。

第八十六条　通过证券交易所的证券交易,投资者持有或者通过协议、其他安排与他人共同持有一个上市公司已发行的股份达到百分之五时,应当在该事实发生之日起三日内,向国务院证券监督管理机构、证券交易所作出书面报告,通知该上市公司,并予公告;在上述期限内,不得再行买卖该上市公司的股票。

投资者持有或者通过协议、其他安排与他人共同持有一个上市公司已发行的股份达到百分之五后,其所持该上市公司已发行的股份比例每增加或者减少百分之五,应当依照前款规定进行报告和公告。在报告期限内和作出报告、公告后二日内,不得再行买卖该上市公司的股票。

第八十七条 依照前条规定所作的书面报告和公告,应当包括下列内容:

(一)持股人的名称、住所;

(二)持有的股票的名称、数额;

(三)持股达到法定比例或者持股增减变化达到法定比例的日期。

第八十八条 通过证券交易所的证券交易,投资者持有或者通过协议、其他安排与他人共同持有一个上市公司已发行的股份达到百分之三十时,继续进行收购的,应当依法向该上市公司所有股东发出收购上市公司全部或者部分股份的要约。

收购上市公司部分股份的收购要约应当约定,被收购公司股东承诺出售的股份数额超过预定收购的股份数额的,收购人按比例进行收购。

第八十九条 依照前条规定发出收购要约,收购人必须公告上市公司收购报告书,并载明下列事项:

(一)收购人的名称、住所;

(二)收购人关于收购的决定;

(三)被收购的上市公司名称;

(四)收购目的;

(五)收购股份的详细名称和预定收购的股份数额;

(六)收购期限、收购价格;

(七)收购所需资金额及资金保证;

(八)公告上市公司收购报告书时持有被收购公司股份数占该公司已发行的股份总数的比例。

第九十条 收购要约约定的收购期限不得少于三十日,并不得超过六十日。

第九十一条　在收购要约确定的承诺期限内，收购人不得撤销其收购要约。收购人需要变更收购要约的，必须及时公告，载明具体变更事项。

第九十二条　收购要约提出的各项收购条件，适用于被收购公司的所有股东。

第九十三条　采取要约收购方式的，收购人在收购期限内，不得卖出被收购公司的股票，也不得采取要约规定以外的形式和超出要约的条件买入被收购公司的股票。

第九十四条　采取协议收购方式的，收购人可以依照法律、行政法规的规定同被收购公司的股东以协议方式进行股份转让。

以协议方式收购上市公司时，达成协议后，收购人必须在三日内将该收购协议向国务院证券监督管理机构及证券交易所作出书面报告，并予公告。

在公告前不得履行收购协议。

第九十五条　采取协议收购方式的，协议双方可以临时委托证券登记结算机构保管协议转让的股票，并将资金存放于指定的银行。

第九十六条　采取协议收购方式的，收购人收购或者通过协议、其他安排与他人共同收购一个上市公司已发行的股份达到百分之三十时，继续进行收购的，应当向该上市公司所有股东发出收购上市公司全部或者部分股份的要约。但是，经国务院证券监督管理机构免除发出要约的除外。

收购人依照前款规定以要约方式收购上市公司股份，应当遵守本法第八十九条至第九十三条的规定。

第九十七条　收购期限届满，被收购公司股权分布不符合上市条件的，该上市公司的股票应当由证券交易所依法终止上市交易；其余仍持有被收购公司股票的股东，有权向收购人以收购要约的同等条件出售其股票，收购人应当收购。

收购行为完成后，被收购公司不再具备股份有限公司条件的，应当依法变更企业形式。

第九十八条　在上市公司收购中，收购人持有的被收购的上市公司的股票，在收购行为完成后的十二个月内不得转让。

第九十九条　收购行为完成后，收购人与被收购公司合并，并将该公司解散的，被解散公司的原有股票由收购人依法更换。

第一百条 收购行为完成后,收购人应当在十五日内将收购情况报告国务院证券监督管理机构和证券交易所,并予公告。

第一百零一条 收购上市公司中由国家授权投资的机构持有的股份,应当按照国务院的规定,经有关主管部门批准。

国务院证券监督管理机构应当依照本法的原则制定上市公司收购的具体办法。

第五章 证券交易所

第一百零二条 证券交易所是为证券集中交易提供场所和设施,组织和监督证券交易,实行自律管理的法人。

证券交易所的设立和解散,由国务院决定。

第一百零三条 设立证券交易所必须制定章程。

证券交易所章程的制定和修改,必须经国务院证券监督管理机构批准。

第一百零四条 证券交易所必须在其名称中标明证券交易所字样。其他任何单位或者个人不得使用证券交易所或者近似的名称。

第一百零五条 证券交易所可以自行支配的各项费用收入,应当首先用于保证其证券交易场所和设施的正常运行并逐步改善。

实行会员制的证券交易所的财产积累归会员所有,其权益由会员共同享有,在其存续期间,不得将其财产积累分配给会员。

第一百零六条 证券交易所设理事会。

第一百零七条 证券交易所设总经理一人,由国务院证券监督管理机构任免。

第一百零八条 有《中华人民共和国公司法》第一百四十六条规定的情形或者下列情形之一的,不得担任证券交易所的负责人:

(一)因违法行为或者违纪行为被解除职务的证券交易所、证券登记结算机构的负责人或者证券公司的董事、监事、高级管理人员,自被解除职务之日起未逾五年;

(二)因违法行为或者违纪行为被撤销资格的律师、注册会计师或者投资咨询机构、财务顾问机构、资信评级机构、资产评估机构、验证机构的专业人员,自被撤销资格之日起未逾五年。

第一百零九条　因违法行为或者违纪行为被开除的证券交易所、证券登记结算机构、证券服务机构、证券公司的从业人员和被开除的国家机关工作人员，不得招聘为证券交易所的从业人员。

第一百一十条　进入证券交易所参与集中交易的，必须是证券交易所的会员。

第一百一十一条　投资者应当与证券公司签订证券交易委托协议，并在证券公司开立证券交易账户，以书面、电话以及其他方式，委托该证券公司代其买卖证券。

第一百一十二条　证券公司根据投资者的委托，按照证券交易规则提出交易申报，参与证券交易所场内的集中交易，并根据成交结果承担相应的清算交收责任；证券登记结算机构根据成交结果，按照清算交收规则，与证券公司进行证券和资金的清算交收，并为证券公司客户办理证券的登记过户手续。

第一百一十三条　证券交易所应当为组织公平的集中交易提供保障，公布证券交易即时行情，并按交易日制作证券市场行情表，予以公布。

未经证券交易所许可，任何单位和个人不得发布证券交易即时行情。

第一百一十四条　因突发性事件而影响证券交易的正常进行时，证券交易所可以采取技术性停牌的措施；因不可抗力的突发性事件或者为维护证券交易的正常秩序，证券交易所可以决定临时停市。

证券交易所采取技术性停牌或者决定临时停市，必须及时报告国务院证券监督管理机构。

第一百一十五条　证券交易所对证券交易实行实时监控，并按照国务院证券监督管理机构的要求，对异常的交易情况提出报告。

证券交易所应当对上市公司及相关信息披露义务人披露信息进行监督，督促其依法及时、准确地披露信息。

证券交易所根据需要，可以对出现重大异常交易情况的证券账户限制交易，并报国务院证券监督管理机构备案。

第一百一十六条　证券交易所应当从其收取的交易费用和会员费、席位费中提取一定比例的金额设立风险基金。风险基金由证券交易所理事会管理。

风险基金提取的具体比例和使用办法，由国务院证券监督管理机构会同国务院财政部门规定。

第一百一十七条　证券交易所应当将收存的风险基金存入开户银行专

门账户,不得擅自使用。

第一百一十八条 证券交易所依照证券法律、行政法规制定上市规则、交易规则、会员管理规则和其他有关规则,并报国务院证券监督管理机构批准。

第一百一十九条 证券交易所的负责人和其他从业人员在执行与证券交易有关的职务时,与其本人或者其亲属有利害关系的,应当回避。

第一百二十条 按照依法制定的交易规则进行的交易,不得改变其交易结果。对交易中违规交易者应负的民事责任不得免除;在违规交易中所获利益,依照有关规定处理。

第一百二十一条 在证券交易所内从事证券交易的人员,违反证券交易所有关交易规则的,由证券交易所给予纪律处分;对情节严重的,撤销其资格,禁止其入场进行证券交易。

第六章 证 券 公 司

第一百二十二条 设立证券公司,必须经国务院证券监督管理机构审查批准。未经国务院证券监督管理机构批准,任何单位和个人不得经营证券业务。

第一百二十三条 本法所称证券公司是指依照《中华人民共和国公司法》和本法规定设立的经营证券业务的有限责任公司或者股份有限公司。

第一百二十四条 设立证券公司,应当具备下列条件:

(一) 有符合法律、行政法规规定的公司章程;

(二) 主要股东具有持续盈利能力,信誉良好,最近三年无重大违法违规记录,净资产不低于人民币二亿元;

(三) 有符合本法规定的注册资本;

(四) 董事、监事、高级管理人员具备任职资格,从业人员具有证券从业资格;

(五) 有完善的风险管理与内部控制制度;

(六) 有合格的经营场所和业务设施;

(七) 法律、行政法规规定的和经国务院批准的国务院证券监督管理机构规定的其他条件。

第一百二十五条 经国务院证券监督管理机构批准,证券公司可以经营下列部分或者全部业务:

（一）证券经纪；

（二）证券投资咨询；

（三）与证券交易、证券投资活动有关的财务顾问；

（四）证券承销与保荐；

（五）证券自营；

（六）证券资产管理；

（七）其他证券业务。

第一百二十六条　证券公司必须在其名称中标明证券有限责任公司或者证券股份有限公司字样。

第一百二十七条　证券公司经营本法第一百二十五条第（一）项至第（三）项业务的，注册资本最低限额为人民币五千万元；经营第（四）项至第（七）项业务之一的，注册资本最低限额为人民币一亿元；经营第（四）项至第（七）项业务中两项以上的，注册资本最低限额为人民币五亿元。证券公司的注册资本应当是实缴资本。

国务院证券监督管理机构根据审慎监管原则和各项业务的风险程度，可以调整注册资本最低限额，但不得少于前款规定的限额。

第一百二十八条　国务院证券监督管理机构应当自受理证券公司设立申请之日起六个月内，依照法定条件和法定程序并根据审慎监管原则进行审查，作出批准或者不予批准的决定，并通知申请人；不予批准的，应当说明理由。

证券公司设立申请获得批准的，申请人应当在规定的期限内向公司登记机关申请设立登记，领取营业执照。

证券公司应当自领取营业执照之日起十五日内，向国务院证券监督管理机构申请经营证券业务许可证。未取得经营证券业务许可证，证券公司不得经营证券业务。

第一百二十九条　证券公司设立、收购或者撤销分支机构，变更业务范围，增加注册资本且股权结构发生重大调整，减少注册资本，变更持有百分之五以上股权的股东、实际控制人，变更公司章程中的重要条款，合并、分立、停业、解散、破产，必须经国务院证券监督管理机构批准。

证券公司在境外设立、收购或者参股证券经营机构，必须经国务院证券监督管理机构批准。

第一百三十条　国务院证券监督管理机构应当对证券公司的净资本，净资本与负债的比例，净资本与净资产的比例，净资本与自营、承销、资产管理等业务规模的比例，负债与净资产的比例，以及流动资产与流动负债的比例等风险控制指标作出规定。

证券公司不得为其股东或者股东的关联人提供融资或者担保。

第一百三十一条 证券公司的董事、监事、高级管理人员，应当正直诚实，品行良好，熟悉证券法律、行政法规，具有履行职责所需的经营管理能力，并在任职前取得国务院证券监督管理机构核准的任职资格。

有《中华人民共和国公司法》第一百四十六条规定的情形或者下列情形之一的，不得担任证券公司的董事、监事、高级管理人员：

（一）因违法行为或者违纪行为被解除职务的证券交易所、证券登记结算机构的负责人或者证券公司的董事、监事、高级管理人员，自被解除职务之日起未逾五年；

（二）因违法行为或者违纪行为被撤销资格的律师、注册会计师或者投资咨询机构、财务顾问机构、资信评级机构、资产评估机构、验证机构的专业人员，自被撤销资格之日起未逾五年。

第一百三十二条 因违法行为或者违纪行为被开除的证券交易所、证券登记结算机构、证券服务机构、证券公司的从业人员和被开除的国家机关工作人员，不得招聘为证券公司的从业人员。

第一百三十三条 国家机关工作人员和法律、行政法规规定的禁止在公司中兼职的其他人员，不得在证券公司中兼任职务。

第一百三十四条 国家设立证券投资者保护基金。证券投资者保护基金由证券公司缴纳的资金及其他依法筹集的资金组成，其筹集、管理和使用的具体办法由国务院规定。

第一百三十五条 证券公司从每年的税后利润中提取交易风险准备金，用于弥补证券交易的损失，其提取的具体比例由国务院证券监督管理机构规定。

第一百三十六条 证券公司应当建立健全内部控制制度，采取有效隔离措施，防范公司与客户之间、不同客户之间的利益冲突。

证券公司必须将其证券经纪业务、证券承销业务、证券自营业务和证券资产管理业务分开办理，不得混合操作。

第一百三十七条 证券公司的自营业务必须以自己的名义进行，不得假借他人名义或者以个人名义进行。

证券公司的自营业务必须使用自有资金和依法筹集的资金。

证券公司不得将其自营账户借给他人使用。

第一百三十八条　证券公司依法享有自主经营的权利，其合法经营不受干涉。

第一百三十九条　证券公司客户的交易结算资金应当存放在商业银行，以每个客户的名义单独立户管理。具体办法和实施步骤由国务院规定。

证券公司不得将客户的交易结算资金和证券归入其自有财产。禁止任何单位或者个人以任何形式挪用客户的交易结算资金和证券。证券公司破产或者清算时，客户的交易结算资金和证券不属于其破产财产或者清算财产。非因客户本身的债务或者法律规定的其他情形，不得查封、冻结、扣划或者强制执行客户的交易结算资金和证券。

第一百四十条　证券公司办理经纪业务，应当置备统一制定的证券买卖委托书，供委托人使用。采取其他委托方式的，必须作出委托记录。

客户的证券买卖委托，不论是否成交，其委托记录应当按照规定的期限，保存于证券公司。

第一百四十一条　证券公司接受证券买卖的委托，应当根据委托书载明的证券名称、买卖数量、出价方式、价格幅度等，按照交易规则代理买卖证券，如实进行交易记录；买卖成交后，应当按照规定制作买卖成交报告单交付客户。

证券交易中确认交易行为及其交易结果的对账单必须真实，并由交易经办人员以外的审核人员逐笔审核，保证账面证券余额与实际持有的证券相一致。

第一百四十二条　证券公司为客户买卖证券提供融资融券服务，应当按照国务院的规定并经国务院证券监督管理机构批准。

第一百四十三条　证券公司办理经纪业务，不得接受客户的全权委托而决定证券买卖、选择证券种类、决定买卖数量或者买卖价格。

第一百四十四条　证券公司不得以任何方式对客户证券买卖的收益或者赔偿证券买卖的损失作出承诺。

第一百四十五条　证券公司及其从业人员不得未经过其依法设立的营业场所私下接受客户委托买卖证券。

第一百四十六条　证券公司的从业人员在证券交易活动中，执行所属的证券公司的指令或者利用职务违反交易规则的，由所属的证券公司承担全部责任。

第一百四十七条 证券公司应当妥善保存客户开户资料、委托记录、交易记录和与内部管理、业务经营有关的各项资料，任何人不得隐匿、伪造、篡改或者毁损。上述资料的保存期限不得少于二十年。

第一百四十八条 证券公司应当按照规定向国务院证券监督管理机构报送业务、财务等经营管理信息和资料。国务院证券监督管理机构有权要求证券公司及其股东、实际控制人在指定的期限内提供有关信息、资料。

证券公司及其股东、实际控制人向国务院证券监督管理机构报送或者提供的信息、资料，必须真实、准确、完整。

第一百四十九条 国务院证券监督管理机构认为有必要时，可以委托会计师事务所、资产评估机构对证券公司的财务状况、内部控制状况、资产价值进行审计或者评估。具体办法由国务院证券监督管理机构会同有关主管部门制定。

第一百五十条 证券公司的净资本或者其他风险控制指标不符合规定的，国务院证券监督管理机构应当责令其限期改正；逾期未改正，或者其行为严重危及该证券公司的稳健运行、损害客户合法权益的，国务院证券监督管理机构可以区别情形，对其采取下列措施：

（一）限制业务活动，责令暂停部分业务，停止批准新业务；

（二）停止批准增设、收购营业性分支机构；

（三）限制分配红利，限制向董事、监事、高级管理人员支付报酬、提供福利；

（四）限制转让财产或者在财产上设定其他权利；

（五）责令更换董事、监事、高级管理人员或者限制其权利；

（六）责令控股股东转让股权或者限制有关股东行使股东权利；

（七）撤销有关业务许可。

证券公司整改后，应当向国务院证券监督管理机构提交报告。国务院证券监督管理机构经验收，符合有关风险控制指标的，应当自验收完毕之日起三日内解除对其采取的前款规定的有关措施。

第一百五十一条 证券公司的股东有虚假出资、抽逃出资行为的，国务院证券监督管理机构应当责令其限期改正，并可责令其转让所持证券公司的股权。

在前款规定的股东按照要求改正违法行为、转让所持证券公司的股权前，国务院证券监督管理机构可以限制其股东权利。

第一百五十二条　证券公司的董事、监事、高级管理人员未能勤勉尽责，致使证券公司存在重大违法违规行为或者重大风险的，国务院证券监督管理机构可以撤销其任职资格，并责令公司予以更换。

第一百五十三条　证券公司违法经营或者出现重大风险，严重危害证券市场秩序、损害投资者利益的，国务院证券监督管理机构可以对该证券公司采取责令停业整顿、指定其他机构托管、接管或者撤销等监管措施。

第一百五十四条　在证券公司被责令停业整顿、被依法指定托管、接管或者清算期间，或者出现重大风险时，经国务院证券监督管理机构批准，可以对该证券公司直接负责的董事、监事、高级管理人员和其他直接责任人员采取以下措施：

（一）通知出境管理机关依法阻止其出境；

（二）申请司法机关禁止其转移、转让或者以其他方式处分财产，或者在财产上设定其他权利。

第七章　证券登记结算机构

第一百五十五条　证券登记结算机构是为证券交易提供集中登记、存管与结算服务，不以营利为目的的法人。

设立证券登记结算机构必须经国务院证券监督管理机构批准。

第一百五十六条　设立证券登记结算机构，应当具备下列条件：

（一）自有资金不少于人民币二亿元；

（二）具有证券登记、存管和结算服务所必须的场所和设施；

（三）主要管理人员和从业人员必须具有证券从业资格；

（四）国务院证券监督管理机构规定的其他条件。

证券登记结算机构的名称中应当标明证券登记结算字样。

第一百五十七条　证券登记结算机构履行下列职能：

（一）证券账户、结算账户的设立；

（二）证券的存管和过户；

（三）证券持有人名册登记；

（四）证券交易所上市证券交易的清算和交收；

（五）受发行人的委托派发证券权益；

（六）办理与上述业务有关的查询；

（七）国务院证券监督管理机构批准的其他业务。

第一百五十八条 证券登记结算采取全国集中统一的运营方式。

证券登记结算机构章程、业务规则应当依法制定，并经国务院证券监督管理机构批准。

第一百五十九条 证券持有人持有的证券，在上市交易时，应当全部存管在证券登记结算机构。

证券登记结算机构不得挪用客户的证券。

第一百六十条 证券登记结算机构应当向证券发行人提供证券持有人名册及其有关资料。

证券登记结算机构应当根据证券登记结算的结果，确认证券持有人持有证券的事实，提供证券持有人登记资料。

证券登记结算机构应当保证证券持有人名册和登记过户记录真实、准确、完整，不得隐匿、伪造、篡改或者毁损。

第一百六十一条 证券登记结算机构应当采取下列措施保证业务的正常进行：

（一）具有必备的服务设备和完善的数据安全保护措施；

（二）建立完善的业务、财务和安全防范等管理制度；

（三）建立完善的风险管理系统。

第一百六十二条 证券登记结算机构应当妥善保存登记、存管和结算的原始凭证及有关文件和资料。其保存期限不得少于二十年。

第一百六十三条 证券登记结算机构应当设立证券结算风险基金，用于垫付或者弥补因违约交收、技术故障、操作失误、不可抗力造成的证券登记结算机构的损失。

证券结算风险基金从证券登记结算机构的业务收入和收益中提取，并可以由结算参与人按照证券交易业务量的一定比例缴纳。

证券结算风险基金的筹集、管理办法，由国务院证券监督管理机构会同国务院财政部门规定。

第一百六十四条 证券结算风险基金应当存入指定银行的专门账户，实行专项管理。

证券登记结算机构以证券结算风险基金赔偿后，应当向有关责任人追偿。

第一百六十五条 证券登记结算机构申请解散，应当经国务院证券监督管理机构批准。

第一百六十六条　投资者委托证券公司进行证券交易，应当申请开立证券账户。证券登记结算机构应当按照规定以投资者本人的名义为投资者开立证券账户。

投资者申请开立账户，必须持有证明中国公民身份或者中国法人资格的合法证件。国家另有规定的除外。

第一百六十七条　证券登记结算机构为证券交易提供净额结算服务时，应当要求结算参与人按照货银对付的原则，足额交付证券和资金，并提供交收担保。

在交收完成之前，任何人不得动用用于交收的证券、资金和担保物。

结算参与人未按时履行交收义务的，证券登记结算机构有权按照业务规则处理前款所述财产。

第一百六十八条　证券登记结算机构按照业务规则收取的各类结算资金和证券，必须存放于专门的清算交收账户，只能按业务规则用于已成交的证券交易的清算交收，不得被强制执行。

第八章　证券服务机构

第一百六十九条　投资咨询机构、财务顾问机构、资信评级机构、资产评估机构、会计师事务所从事证券服务业务，必须经国务院证券监督管理机构和有关主管部门批准。

投资咨询机构、财务顾问机构、资信评级机构、资产评估机构、会计师事务所从事证券服务业务的审批管理办法，由国务院证券监督管理机构和有关主管部门制定。

第一百七十条　投资咨询机构、财务顾问机构、资信评级机构从事证券服务业务的人员，必须具备证券专业知识和从事证券业务或者证券服务业务二年以上经验。认定其证券从业资格的标准和管理办法，由国务院证券监督管理机构制定。

第一百七十一条　投资咨询机构及其从业人员从事证券服务业务不得有下列行为：

（一）代理委托人从事证券投资；

（二）与委托人约定分享证券投资收益或者分担证券投资损失；

（三）买卖本咨询机构提供服务的上市公司股票；

（四）利用传播媒介或者通过其他方式提供、传播虚假或者误导投资者的信息；

（五）法律、行政法规禁止的其他行为。

有前款所列行为之一，给投资者造成损失的，依法承担赔偿责任。

第一百七十二条 从事证券服务业务的投资咨询机构和资信评级机构，应当按照国务院有关主管部门规定的标准或者收费办法收取服务费用。

第一百七十三条 证券服务机构为证券的发行、上市、交易等证券业务活动制作、出具审计报告、资产评估报告、财务顾问报告、资信评级报告或者法律意见书等文件，应当勤勉尽责，对所依据的文件资料内容的真实性、准确性、完整性进行核查和验证。其制作、出具的文件有虚假记载、误导性陈述或者重大遗漏，给他人造成损失的，应当与发行人、上市公司承担连带赔偿责任，但是能够证明自己没有过错的除外。

第九章 证券业协会

第一百七十四条 证券业协会是证券业的自律性组织，是社会团体法人。

证券公司应当加入证券业协会。

证券业协会的权力机构为全体会员组成的会员大会。

第一百七十五条 证券业协会章程由会员大会制定，并报国务院证券监督管理机构备案。

第一百七十六条 证券业协会履行下列职责：

（一）教育和组织会员遵守证券法律、行政法规；

（二）依法维护会员的合法权益，向证券监督管理机构反映会员的建议和要求；

（三）收集整理证券信息，为会员提供服务；

（四）制定会员应遵守的规则，组织会员单位的从业人员的业务培训，开展会员间的业务交流；

（五）对会员之间、会员与客户之间发生的证券业务纠纷进行调解；

（六）组织会员就证券业的发展、运作及有关内容进行研究；

（七）监督、检查会员行为，对违反法律、行政法规或者协会章程的，按照规定给予纪律处分；

（八）证券业协会章程规定的其他职责。

第一百七十七条 证券业协会设理事会。理事会成员依章程的规定由选举产生。

第十章　证券监督管理机构

第一百七十八条　国务院证券监督管理机构依法对证券市场实行监督管理，维护证券市场秩序，保障其合法运行。

第一百七十九条　国务院证券监督管理机构在对证券市场实施监督管理中履行下列职责：

（一）依法制定有关证券市场监督管理的规章、规则，并依法行使审批或者核准权；

（二）依法对证券的发行、上市、交易、登记、存管、结算，进行监督管理；

（三）依法对证券发行人、上市公司、证券公司、证券投资基金管理公司、证券服务机构、证券交易所、证券登记结算机构的证券业务活动，进行监督管理；

（四）依法制定从事证券业务人员的资格标准和行为准则，并监督实施；

（五）依法监督检查证券发行、上市和交易的信息公开情况；

（六）依法对证券业协会的活动进行指导和监督；

（七）依法对违反证券市场监督管理法律、行政法规的行为进行查处；

（八）法律、行政法规规定的其他职责。

国务院证券监督管理机构可以和其他国家或者地区的证券监督管理机构建立监督管理合作机制，实施跨境监督管理。

第一百八十条　国务院证券监督管理机构依法履行职责，有权采取下列措施：

（一）对证券发行人、上市公司、证券公司、证券投资基金管理公司、证券服务机构、证券交易所、证券登记结算机构进行现场检查；

（二）进入涉嫌违法行为发生场所调查取证；

（三）询问当事人和与被调查事件有关的单位和个人，要求其对与被调查事件有关的事项作出说明；

（四）查阅、复制与被调查事件有关的财产权登记、通讯记录等资料；

（五）查阅、复制当事人和与被调查事件有关的单位和个人的证券交易记录、登记过户记录、财务会计资料及其他相关文件和资料；对可能被转移、隐匿或者毁损的文件和资料，可以予以封存；

（六）查询当事人和与被调查事件有关的单位和个人的资金账户、证券账户和银行账户；对有证据证明已经或者可能转移或者隐匿违法资金、证券等涉案财产或者隐匿、伪造、毁损重要证据的，经国务院证券监督管理机构主要负责人批准，可以冻结或者查封；

（七）在调查操纵证券市场、内幕交易等重大证券违法行为时，经国务院证券监督管理机构主要负责人批准，可以限制被调查事件当事人的证券买卖，但限制的期限不得超过十五个交易日；案情复杂的，可以延长十五个交易日。

第一百八十一条 国务院证券监督管理机构依法履行职责，进行监督检查或者调查，其监督检查、调查的人员不得少于二人，并应当出示合法证件和监督检查、调查通知书。监督检查、调查的人员少于二人或者未出示合法证件和监督检查、调查通知书的，被检查、调查的单位有权拒绝。

第一百八十二条 国务院证券监督管理机构工作人员必须忠于职守，依法办事，公正廉洁，不得利用职务便利牟取不正当利益，不得泄露所知悉的有关单位和个人的商业秘密。

第一百八十三条 国务院证券监督管理机构依法履行职责，被检查、调查的单位和个人应当配合，如实提供有关文件和资料，不得拒绝、阻碍和隐瞒。

第一百八十四条 国务院证券监督管理机构依法制定的规章、规则和监督管理工作制度应当公开。

国务院证券监督管理机构依据调查结果，对证券违法行为作出的处罚决定，应当公开。

第一百八十五条 国务院证券监督管理机构应当与国务院其他金融监督管理机构建立监督管理信息共享机制。

国务院证券监督管理机构依法履行职责，进行监督检查或者调查时，有关部门应当予以配合。

第一百八十六条 国务院证券监督管理机构依法履行职责，发现证券违法行为涉嫌犯罪的，应当将案件移送司法机关处理。

第一百八十七条 国务院证券监督管理机构的人员不得在被监管的机构中任职。

第十一章 法律责任

第一百八十八条 未经法定机关核准，擅自公开或者变相公开发行证券的，责令停止发行，退还所募资金并加算银行同期存款利息，处以非法所募资金金额百分之一以上百分之五以下的罚款；对擅自公开或者变相公开发行证券设立的公司，由依法履行监督管理职责的机构或者部门会同县级以上地方人民政府予以取缔。对直接负责的主管人员和其他直接责任人员给予警告，并处以三万元以上三十万元以下的罚款。

第一百八十九条　发行人不符合发行条件，以欺骗手段骗取发行核准，尚未发行证券的，处以三十万元以上六十万元以下的罚款；已经发行证券的，处以非法所募资金金额百分之一以上百分之五以下的罚款。对直接负责的主管人员和其他直接责任人员处以三万元以上三十万元以下的罚款。

发行人的控股股东、实际控制人指使从事前款违法行为的，依照前款的规定处罚。

第一百九十条　证券公司承销或者代理买卖未经核准擅自公开发行的证券的，责令停止承销或者代理买卖，没收违法所得，并处以违法所得一倍以上五倍以下的罚款；没有违法所得或者违法所得不足三十万元的，处以三十万元以上六十万元以下的罚款。给投资者造成损失的，应当与发行人承担连带赔偿责任。对直接负责的主管人员和其他直接责任人员给予警告，撤销任职资格或者证券从业资格，并处以三万元以上三十万元以下的罚款。

第一百九十一条　证券公司承销证券，有下列行为之一的，责令改正，给予警告，没收违法所得，可以并处三十万元以上六十万元以下的罚款；情节严重的，暂停或者撤销相关业务许可。给其他证券承销机构或者投资者造成损失的，依法承担赔偿责任。对直接负责的主管人员和其他直接责任人员给予警告，可以并处三万元以上三十万元以下的罚款；情节严重的，撤销任职资格或者证券从业资格：

（一）进行虚假的或者误导投资者的广告或者其他宣传推介活动；

（二）以不正当竞争手段招揽承销业务；

（三）其他违反证券承销业务规定的行为。

第一百九十二条　保荐人出具有虚假记载、误导性陈述或者重大遗漏的保荐书，或者不履行其他法定职责的，责令改正，给予警告，没收业务收入，并处以业务收入一倍以上五倍以下的罚款；情节严重的，暂停或者撤销相关业务许可。对直接负责的主管人员和其他直接责任人员给予警告，并处以三万元以上三十万元以下的罚款；情节严重的，撤销任职资格或者证券从业资格。

第一百九十三条　发行人、上市公司或者其他信息披露义务人未按照规定披露信息，或者所披露的信息有虚假记载、误导性陈述或者重大遗漏的，责令改正，给予警告，并处以三十万元以上六十万元以下的罚款。对直接负责的主管人员和其他直接责任人员给予警告，并处以三万元以上三十万元以下的罚款。

发行人、上市公司或者其他信息披露义务人未按照规定报送有关报告，或者报送的报告有虚假记载、误导性陈述或者重大遗漏的，责令改正，给予警告，并处以三十万元以上六十万元以下的罚款。对直接负责的主管人员和其他直接责任人员给予警告，并处以三万元以上三十万元以下的罚款。

发行人、上市公司或者其他信息披露义务人的控股股东、实际控制人指使从事前两款违法行为的，依照前两款的规定处罚。

第一百九十四条 发行人、上市公司擅自改变公开发行证券所募集资金的用途的，责令改正，对直接负责的主管人员和其他直接责任人员给予警告，并处以三万元以上三十万元以下的罚款。

发行人、上市公司的控股股东、实际控制人指使从事前款违法行为的，给予警告，并处以三十万元以上六十万元以下的罚款。对直接负责的主管人员和其他直接责任人员依照前款的规定处罚。

第一百九十五条 上市公司的董事、监事、高级管理人员、持有上市公司股份百分之五以上的股东，违反本法第四十七条的规定买卖本公司股票的，给予警告，可以并处三万元以上十万元以下的罚款。

第一百九十六条 非法开设证券交易场所的，由县级以上人民政府予以取缔，没收违法所得，并处以违法所得一倍以上五倍以下的罚款；没有违法所得或者违法所得不足十万元的，处以十万元以上五十万元以下的罚款。对直接负责的主管人员和其他直接责任人员给予警告，并处以三万元以上三十万元以下的罚款。

第一百九十七条 未经批准，擅自设立证券公司或者非法经营证券业务的，由证券监督管理机构予以取缔，没收违法所得，并处以违法所得一倍以上五倍以下的罚款；没有违法所得或者违法所得不足三十万元的，处以三十万元以上六十万元以下的罚款。对直接负责的主管人员和其他直接责任人员给予警告，并处以三万元以上三十万元以下的罚款。

第一百九十八条 违反本法规定，聘任不具有任职资格、证券从业资格的人员的，由证券监督管理机构责令改正，给予警告，可以并处十万元以上三十万元以下的罚款；对直接负责的主管人员给予警告，可以并处三万元以上十万元以下的罚款。

第一百九十九条 法律、行政法规规定禁止参与股票交易的人员，直接或者以化名、借他人名义持有、买卖股票的，责令依法处理非法持有的股票，没收违法所得，并处以买卖股票等值以下的罚款；属于国家工作人员的，还应当依法给予行政处分。

第二百条 证券交易所、证券公司、证券登记结算机构、证券服务机构的从业人员或者证券业协会的工作人员，故意提供虚假资料，隐匿、伪造、篡改或者毁损交易记录，诱骗投资者买卖证券的，撤销证券从业资格，并处以三万元以上十万元以下的罚款；属于国家工作人员的，还应当依法给予行政处分。

第二百零一条 为股票的发行、上市、交易出具审计报告、资产评估报告或者法律意见书等文件的证券服务机构和人员，违反本法第四十五条的规定买卖股票的，责令依法处理非法持有的股票，没收违法所得，并处以买卖股票等值以下的罚款。

第二百零二条 证券交易内幕信息的知情人或者非法获取内幕信息的人，在涉及证券的发行、交易或者其他对证券的价格有重大影响的信息公开前，买卖该证券，或者泄露该信息，或者建议他人买卖该证券的，责令依法处理非法持有的证券，没收违法所得，并处以违法所得一倍以上五倍以下的罚款；没有违法所得或者违法所得不足三万元的，处以三万元以上六十万元以下的罚款。单位从事内幕交易的，还应当对直接负责的主管人员和其他直接责任人员给予警告，并处以三万元以上三十万元以下的罚款。证券监督管理机构工作人员进行内幕交易的，从重处罚。

第二百零三条 违反本法规定，操纵证券市场的，责令依法处理非法持有的证券，没收违法所得，并处以违法所得一倍以上五倍以下的罚款；没有违法所得或者违法所得不足三十万元的，处以三十万元以上三百万元以下的罚款。单位操纵证券市场的，还应当对直接负责的主管人员和其他直接责任人员给予警告，并处以十万元以上六十万元以下的罚款。

第二百零四条 违反法律规定，在限制转让期限内买卖证券的，责令改正，给予警告，并处以买卖证券等值以下的罚款。对直接负责的主管人员和其他直接责任人员给予警告，并处以三万元以上三十万元以下的罚款。

第二百零五条 证券公司违反本法规定，为客户买卖证券提供融资融券的，没收违法所得，暂停或者撤销相关业务许可，并处以非法融资融券等值以下的罚款。对直接负责的主管人员和其他直接责任人员给予警告，撤销任职资格或者证券从业资格，并处以三万元以上三十万元以下的罚款。

第二百零六条 违反本法第七十八条第一款、第三款的规定，扰乱证券市场的，由证券监督管理机构责令改正，没收违法所得，并处以违法所得一倍以上五倍以下的罚款；没有违法所得或者违法所得不足三万元的，处以三万元以上二十万元以下的罚款。

第二百零七条 违反本法第七十八条第二款的规定，在证券交易活动中作出虚假陈述或者信息误导的，责令改正，处以三万元以上二十万元以下的罚款；属于国家工作人员的，还应当依法给予行政处分。

第二百零八条 违反本法规定，法人以他人名义设立账户或者利用他人账户买卖证券的，责令改正，没收违法所得，并处以违法所得一倍以上五倍以下的罚款；没有违法所得或者违法所得不足三万元的，处以三万元以上三十万元以下的罚款。对直接负责的主管人员和其他直接责任人员给予警告，并处以三万元以上十万元以下的罚款。

证券公司为前款规定的违法行为提供自己或者他人的证券交易账户的，除依照前款的规定处罚外，还应当撤销直接负责的主管人员和其他直接责任人员的任职资格或者证券从业资格。

第二百零九条 证券公司违反本法规定，假借他人名义或者以个人名义从事证券自营业务的，责令改正，没收违法所得，并处以违法所得一倍以上五倍以下的罚款；没有违法所得或者违法所得不足三十万元的，处以三十万元以上六十万元以下的罚款；情节严重的，暂停或者撤销证券自营业务许可。对直接负责的主管人员和其他直接责任人员给予警告，撤销任职资格或者证券从业资格，并处以三万元以上十万元以下的罚款。

第二百一十条 证券公司违背客户的委托买卖证券、办理交易事项，或者违背客户真实意思表示，办理交易以外的其他事项的，责令改正，处以一万元以上十万元以下的罚款。给客户造成损失的，依法承担赔偿责任。

第二百一十一条 证券公司、证券登记结算机构挪用客户的资金或者证券，或者未经客户的委托，擅自为客户买卖证券的，责令改正，没收违法所得，并处以违法所得一倍以上五倍以下的罚款；没有违法所得或者违法所得不足十万元的，处以十万元以上六十万元以下的罚款；情节严重的，责令关闭或者撤销相关业务许可。对直接负责的主管人员和其他直接责任人员给予警告，撤销任职资格或者证券从业资格，并处以三万元以上三十万元以下的罚款。

第二百一十二条 证券公司办理经纪业务，接受客户的全权委托买卖证券的，或者证券公司对客户买卖证券的收益或者赔偿证券买卖的损失作出承诺的，责令改正，没收违法所得，并处以五万元以上二十万元以下的罚款，可以暂停或者撤销相关业务许可。对直接负责的主管人员和其他直接责任人员给予警告，并处以三万元以上十万元以下的罚款，可以撤销任职资格或者证券从业资格。

第二百一十三条 收购人未按照本法规定履行上市公司收购的公告、发出收购要约等义务的，责令改正，给予警告，并处以十万元以上三十万元以下的罚款；在改正前，收购人对其收购或者通过协议、其他安排与他人共同收购的股份不得行使表决权。对直接负责的主管人员和其他直接责任人员给予警告，并处以三万元以上三十万元以下的罚款。

第二百一十四条 收购人或者收购人的控股股东，利用上市公司收购，损害被收购公司及其股东的合法权益的，责令改正，给予警告；情节严重的，并处以十万元以上六十万元以下的罚款。给被收购公司及其股东造成损失的，依法承担赔偿责任。对直接负责的主管人员和其他直接责任人员给予警告，并处以三万元以上三十万元以下的罚款。

第二百一十五条 证券公司及其从业人员违反本法规定，私下接受客户委托买卖证券的，责令改正，给予警告，没收违法所得，并处以违法所得一倍以上五倍以下的罚款；没有违法所得或者违法所得不足十万元的，处以十万元以上三十万元以下的罚款。

第二百一十六条 证券公司违反规定，未经批准经营非上市证券的交易的，责令改正，没收违法所得，并处以违法所得一倍以上五倍以下的罚款。

第二百一十七条 证券公司成立后，无正当理由超过三个月未开始营业的，或者开业后自行停业连续三个月以上的，由公司登记机关吊销其公司营业执照。

第二百一十八条 证券公司违反本法第一百二十九条的规定，擅自设立、收购、撤销分支机构，或者合并、分立、停业、解散、破产，或者在境外设立、收购、参股证券经营机构的，责令改正，没收违法所得，并处以违法所得一倍以上五倍以下的罚款；没有违法所得或者违法所得不足十万元的，处以十万元以上六十万元以下的罚款。对直接负责的主管人员给予警告，并处以三万元以上十万元以下的罚款。

证券公司违反本法第一百二十九条的规定,擅自变更有关事项的,责令改正,并处以十万元以上三十万元以下的罚款。对直接负责的主管人员给予警告,并处以五万元以下的罚款。

第二百一十九条 证券公司违反本法规定,超出业务许可范围经营证券业务的,责令改正,没收违法所得,并处以违法所得一倍以上五倍以下的罚款;没有违法所得或者违法所得不足三十万元的,处以三十万元以上六十万元以下罚款;情节严重的,责令关闭。对直接负责的主管人员和其他直接责任人员给予警告,撤销任职资格或者证券从业资格,并处以三万元以上十万元以下的罚款。

第二百二十条 证券公司对其证券经纪业务、证券承销业务、证券自营业务、证券资产管理业务,不依法分开办理,混合操作的,责令改正,没收违法所得,并处以三十万元以上六十万元以下的罚款;情节严重的,撤销相关业务许可。对直接负责的主管人员和其他直接责任人员给予警告,并处以三万元以上十万元以下的罚款;情节严重的,撤销任职资格或者证券从业资格。

第二百二十一条 提交虚假证明文件或者采取其他欺诈手段隐瞒重要事实骗取证券业务许可的,或者证券公司在证券交易中有严重违法行为,不再具备经营资格的,由证券监督管理机构撤销证券业务许可。

第二百二十二条 证券公司或者其股东、实际控制人违反规定,拒不向证券监督管理机构报送或者提供经营管理信息和资料,或者报送、提供的经营管理信息和资料有虚假记载、误导性陈述或者重大遗漏的,责令改正,给予警告,并处以三万元以上三十万元以下的罚款,可以暂停或者撤销证券公司相关业务许可。对直接负责的主管人员和其他直接责任人员,给予警告,并处以三万元以下的罚款,可以撤销任职资格或者证券从业资格。

证券公司为其股东或者股东的关联人提供融资或者担保的,责令改正,给予警告,并处以十万元以上三十万元以下的罚款。对直接负责的主管人员和其他直接责任人员,处以三万元以上十万元以下的罚款。股东有过错的,在按照要求改正前,国务院证券监督管理机构可以限制其股东权利;拒不改正的,可以责令其转让所持证券公司股权。

第二百二十三条 证券服务机构未勤勉尽责,所制作、出具的文件有虚假记载、误导性陈述或者重大遗漏的,责令改正,没收业务收入,暂停或者撤销证券服务业务许可,并处以业务收入一倍以上五倍以下的罚款。对直接负责的主管人员和其他直接责任人员给予警告，撤销证券从业资格，并处以三万元以上十万元以下的罚款。

第二百二十四条　违反本法规定，发行、承销公司债券的，由国务院授权的部门依照本法有关规定予以处罚。

第二百二十五条　上市公司、证券公司、证券交易所、证券登记结算机构、证券服务机构，未按照有关规定保存有关文件和资料的，责令改正，给予警告，并处以三万元以上三十万元以下的罚款；隐匿、伪造、篡改或者毁损有关文件和资料的，给予警告，并处以三十万元以上六十万元以下的罚款。

第二百二十六条　未经国务院证券监督管理机构批准，擅自设立证券登记结算机构的，由证券监督管理机构予以取缔，没收违法所得，并处以违法所得一倍以上五倍以下的罚款。

投资咨询机构、财务顾问机构、资信评级机构、资产评估机构、会计师事务所未经批准，擅自从事证券服务业务的，责令改正，没收违法所得，并处以违法所得一倍以上五倍以下的罚款。

证券登记结算机构、证券服务机构违反本法规定或者依法制定的业务规则的，由证券监督管理机构责令改正，没收违法所得，并处以违法所得一倍以上五倍以下的罚款；没有违法所得或者违法所得不足十万元的，处以十万元以上三十万元以下的罚款；情节严重的，责令关闭或者撤销证券服务业务许可。

第二百二十七条　国务院证券监督管理机构或者国务院授权的部门有下列情形之一的，对直接负责的主管人员和其他直接责任人员，依法给予行政处分：

（一）对不符合本法规定的发行证券、设立证券公司等申请予以核准、批准的；

（二）违反规定采取本法第一百八十条规定的现场检查、调查取证、查询、冻结或者查封等措施的；

（三）违反规定对有关机构和人员实施行政处罚的；

（四）其他不依法履行职责的行为。

第二百二十八条　证券监督管理机构的工作人员和发行审核委员会的组成人员，不履行本法规定的职责，滥用职权、玩忽职守，利用职务便利牟取不正当利益，或者泄露所知悉的有关单位和个人的商业秘密的，依法追究法律责任。

第二百二十九条 证券交易所对不符合本法规定条件的证券上市申请予以审核同意的，给予警告，没收业务收入，并处以业务收入一倍以上五倍以下的罚款。对直接负责的主管人员和其他直接责任人员给予警告，并处以三万元以上三十万元以下的罚款。

第二百三十条 拒绝、阻碍证券监督管理机构及其工作人员依法行使监督检查、调查职权未使用暴力、威胁方法的，依法给予治安管理处罚。

第二百三十一条 违反本法规定，构成犯罪的，依法追究刑事责任。

第二百三十二条 违反本法规定，应当承担民事赔偿责任和缴纳罚款、罚金，其财产不足以同时支付时，先承担民事赔偿责任。

第二百三十三条 违反法律、行政法规或者国务院证券监督管理机构的有关规定，情节严重的，国务院证券监督管理机构可以对有关责任人员采取证券市场禁入的措施。

前款所称证券市场禁入，是指在一定期限内直至终身不得从事证券业务或者不得担任上市公司董事、监事、高级管理人员的制度。

第二百三十四条 依照本法收缴的罚款和没收的违法所得，全部上缴国库。

第二百三十五条 当事人对证券监督管理机构或者国务院授权的部门的处罚决定不服的，可以依法申请行政复议，或者依法直接向人民法院提起诉讼。

第十二章　附　　则

第二百三十六条 本法施行前依照行政法规已批准在证券交易所上市交易的证券继续依法进行交易。

本法施行前依照行政法规和国务院金融行政管理部门的规定经批准设立的证券经营机构，不完全符合本法规定的，应当在规定的限期内达到本法规定的要求。具体实施办法，由国务院另行规定。

第二百三十七条 发行人申请核准公开发行股票、公司债券，应当按照规定缴纳审核费用。

第二百三十八条 境内企业直接或者间接到境外发行证券或者将其证券在境外上市交易，必须经国务院证券监督管理机构依照国务院的规定批准。

第二百三十九条　境内公司股票以外币认购和交易的，具体办法由国务院另行规定。

第二百四十条　本法自2006年1月1日起施行。

中华人民共和国证券投资基金法

（2003年10月28日第十届全国人民代表大会常务委员会第五次会议通过　2012年12月28日第十一届全国人民代表大会常务委员会第三十次会议修订）

目　　录

第一章　总　　则

第一条　为了规范证券投资基金活动，保护投资人及相关当事人的合法权益，促进证券投资基金和资本市场的健康发展，制定本法。

第二条　在中华人民共和国境内，公开或者非公开募集资金设立证券投资基金（以下简称基金），由基金管理人管理，基金托管人托管，为基金份额持有人的利益，进行证券投资活动，适用本法；本法未规定的，适用《中华人民共和国信托法》、《中华人民共和国证券法》和其他有关法律、行政法规的规定。

第三条 基金管理人、基金托管人和基金份额持有人的权利、义务，依照本法在基金合同中约定。

基金管理人、基金托管人依照本法和基金合同的约定，履行受托职责。

通过公开募集方式设立的基金（以下简称公开募集基金）的基金份额持有人按其所持基金份额享受收益和承担风险，通过非公开募集方式设立的基金（以下简称非公开募集基金）的收益分配和风险承担由基金合同约定。

第四条 从事证券投资基金活动，应当遵循自愿、公平、诚实信用的原则，不得损害国家利益和社会公共利益。

第五条 基金财产的债务由基金财产本身承担，基金份额持有人以其出资为限对基金财产的债务承担责任。但基金合同依照本法另有约定的，从其约定。

基金财产独立于基金管理人、基金托管人的固有财产。基金管理人、基金托管人不得将基金财产归入其固有财产。

基金管理人、基金托管人因基金财产的管理、运用或者其他情形而取得的财产和收益，归入基金财产。

基金管理人、基金托管人因依法解散、被依法撤销或者被依法宣告破产等原因进行清算的，基金财产不属于其清算财产。

第六条 基金财产的债权，不得与基金管理人、基金托管人固有财产的债务相抵销；不同基金财产的债权债务，不得相互抵销。

第七条 非因基金财产本身承担的债务，不得对基金财产强制执行。

第八条 基金财产投资的相关税收，由基金份额持有人承担，基金管理人或者其他扣缴义务人按照国家有关税收征收的规定代扣代缴。

第九条 基金管理人、基金托管人管理、运用基金财产，基金服务机构从事基金服务活动，应当恪尽职守，履行诚实信用、谨慎勤勉的义务。

基金管理人运用基金财产进行证券投资，应当遵守审慎经营规则，制定科学合理的投资策略和风险管理制度，有效防范和控制风险。

基金从业人员应当具备基金从业资格，遵守法律、行政法规，恪守职业道德和行为规范。

第十条　基金管理人、基金托管人和基金服务机构，应当依照本法成立证券投资基金行业协会（以下简称基金行业协会），进行行业自律，协调行业关系，提供行业服务，促进行业发展。

第十一条　国务院证券监督管理机构依法对证券投资基金活动实施监督管理；其派出机构依照授权履行职责。

第二章　基金管理人

第十二条　基金管理人由依法设立的公司或者合伙企业担任。

公开募集基金的基金管理人，由基金管理公司或者经国务院证券监督管理机构按照规定核准的其他机构担任。

第十三条　设立管理公开募集基金的基金管理公司，应当具备下列条件，并经国务院证券监督管理机构批准：

（一）有符合本法和《中华人民共和国公司法》规定的章程；

（二）注册资本不低于一亿元人民币，且必须为实缴货币资本；

（三）主要股东应当具有经营金融业务或者管理金融机构的良好业绩、良好的财务状况和社会信誉，资产规模达到国务院规定的标准，最近三年没有违法记录；

（四）取得基金从业资格的人员达到法定人数；

（五）董事、监事、高级管理人员具备相应的任职条件；

（六）有符合要求的营业场所、安全防范设施和与基金管理业务有关的其他设施；

（七）有良好的内部治理结构、完善的内部稽核监控制度、风险控制制度；

（八）法律、行政法规规定的和经国务院批准的国务院证券监督管理机构规定的其他条件。

第十四条　国务院证券监督管理机构应当自受理基金管理公司设立申请之日起六个月内依照本法第十三条规定的条件和审慎监管原则进行审查，作出批准或者不予批准的决定，并通知申请人；不予批准的，应当说明理由。

基金管理公司变更持有百分之五以上股权的股东，变更公司的实际控制人，或者变更其他重大事项，应当报经国务院证券监督管理机构批准。国务院证券监督管理机构应当自受理申请之日起六十日内作出批准或者不予批准的决定，并通知申请人；不予批准的，应当说明理由。

第十五条 有下列情形之一的，不得担任公开募集基金的基金管理人的董事、监事、高级管理人员和其他从业人员：

（一）因犯有贪污贿赂、渎职、侵犯财产罪或者破坏社会主义市场经济秩序罪，被判处刑罚的；

（二）对所任职的公司、企业因经营不善破产清算或者因违法被吊销营业执照负有个人责任的董事、监事、厂长、高级管理人员，自该公司、企业破产清算终结或者被吊销营业执照之日起未逾五年的；

（三）个人所负债务数额较大，到期未清偿的；

（四）因违法行为被开除的基金管理人、基金托管人、证券交易所、证券公司、证券登记结算机构、期货交易所、期货公司及其他机构的从业人员和国家机关工作人员；

（五）因违法行为被吊销执业证书或者被取消资格的律师、注册会计师和资产评估机构、验证机构的从业人员、投资咨询从业人员；

（六）法律、行政法规规定不得从事基金业务的其他人员。

第十六条 公开募集基金的基金管理人的董事、监事和高级管理人员，应当熟悉证券投资方面的法律、行政法规，具有三年以上与其所任职务相关的工作经历；高级管理人员还应当具备基金从业资格。

第十七条 公开募集基金的基金管理人的法定代表人、经营管理主要负责人和从事合规监管的负责人的选任或者改任，应当报经国务院证券监督管理机构依照本法和其他有关法律、行政法规规定的任职条件进行审核。

第十八条 公开募集基金的基金管理人的董事、监事、高级管理人员和其他从业人员，其本人、配偶、利害关系人进行证券投资，应当事先向基金管理人申报，并不得与基金份额持有人发生利益冲突。

公开募集基金的基金管理人应当建立前款规定人员进行证券投资的申报、登记、审查、处置等管理制度，并报国务院证券监督管理机构备案。

第十九条 公开募集基金的基金管理人的董事、监事、高级管理人员和其他从业人员，不得担任基金托管人或者其他基金管理人的任何职务，不得从事损害基金财产和基金份额持有人利益的证券交易及其他活动。

第二十条 公开募集基金的基金管理人应当履行下列职责：

（一）依法募集资金，办理基金份额的发售和登记事宜；

（二）办理基金备案手续；

（三）对所管理的不同基金财产分别管理、分别记账，进行证券投资；

（四）按照基金合同的约定确定基金收益分配方案，及时向基金份额持有人分配收益；

（五）进行基金会计核算并编制基金财务会计报告；

（六）编制中期和年度基金报告；

（七）计算并公告基金资产净值，确定基金份额申购、赎回价格；

（八）办理与基金财产管理业务活动有关的信息披露事项；

（九）按照规定召集基金份额持有人大会；

（十）保存基金财产管理业务活动的记录、账册、报表和其他相关资料；

（十一）以基金管理人名义，代表基金份额持有人利益行使诉讼权利或者实施其他法律行为；

（十二）国务院证券监督管理机构规定的其他职责。

第二十一条　公开募集基金的基金管理人及其董事、监事、高级管理人员和其他从业人员不得有下列行为：

（一）将其固有财产或者他人财产混同于基金财产从事证券投资；

（二）不公平地对待其管理的不同基金财产；

（三）利用基金财产或者职务之便为基金份额持有人以外的人牟取利益；

（四）向基金份额持有人违规承诺收益或者承担损失；

（五）侵占、挪用基金财产；

（六）泄露因职务便利获取的未公开信息、利用该信息从事或者明示、暗示他人从事相关的交易活动；

（七）玩忽职守，不按照规定履行职责；

（八）法律、行政法规和国务院证券监督管理机构规定禁止的其他行为。

第二十二条　公开募集基金的基金管理人应当建立良好的内部治理结构，明确股东会、董事会、监事会和高级管理人员的职责权限，确保基金管理人独立运作。

公开募集基金的基金管理人可以实行专业人士持股计划，建立长效激励约束机制。

公开募集基金的基金管理人的股东、董事、监事和高级管理人员在行使权利或者履行职责时，应当遵循基金份额持有人利益优先的原则。

第二十三条　公开募集基金的基金管理人应当从管理基金的报酬中计提风险准备金。

公开募集基金的基金管理人因违法违规、违反基金合同等原因给基金财产或者基金份额持有人合法权益造成损失，应当承担赔偿责任的，可以优先使用风险准备金予以赔偿。

第二十四条 公开募集基金的基金管理人的股东、实际控制人应当按照国务院证券监督管理机构的规定及时履行重大事项报告义务，并不得有下列行为：

（一）虚假出资或者抽逃出资；

（二）未依法经股东会或者董事会决议擅自干预基金管理人的基金经营活动；

（三）要求基金管理人利用基金财产为自己或者他人牟取利益，损害基金份额持有人利益；

（四）国务院证券监督管理机构规定禁止的其他行为。

公开募集基金的基金管理人的股东、实际控制人有前款行为或者股东不再符合法定条件的，国务院证券监督管理机构应当责令其限期改正，并可视情节责令其转让所持有或者控制的基金管理人的股权。

在前款规定的股东、实际控制人按照要求改正违法行为、转让所持有或者控制的基金管理人的股权前，国务院证券监督管理机构可以限制有关股东行使股东权利。

第二十五条 公开募集基金的基金管理人违法违规，或者其内部治理结构、稽核监控和风险控制管理不符合规定的，国务院证券监督管理机构应当责令其限期改正；逾期未改正，或者其行为严重危及该基金管理人的稳健运行、损害基金份额持有人合法权益的，国务院证券监督管理机构可以区别情形，对其采取下列措施：

（一）限制业务活动，责令暂停部分或者全部业务；

（二）限制分配红利，限制向董事、监事、高级管理人员支付报酬、提供福利；

（三）限制转让固有财产或者在固有财产上设定其他权利；

（四）责令更换董事、监事、高级管理人员或者限制其权利；

（五）责令有关股东转让股权或者限制有关股东行使股东权利。

公开募集基金的基金管理人整改后，应当向国务院证券监督管理机构提交报告。国务院证券监督管理机构经验收，符合有关要求的，应当自验收完毕之日起三日内解除对其采取的有关措施。

第二十六条 公开募集基金的基金管理人的董事、监事、高级管理人员未能勤勉尽责，致使基金管理人存在重大违法违规行为或者重大风险的，国务院证券监督管理机构可以责令更换。

第二十七条 公开募集基金的基金管理人违法经营或者出现重大风险，严重危害证券市场秩序、损害基金份额持有人利益的，国务院证券监督管理机构可以对该基金管理人采取责令停业整顿、指定其他机构托管、接管、取消基金管理资格或者撤销等监管措施。

第二十八条 在公开募集基金的基金管理人被责令停业整顿、被依法指定托管、接管或者清算期间，或者出现重大风险时，经国务院证券监督管理机构批准，可以对该基金管理人直接负责的董事、监事、高级管理人员和其他直接责任人员采取下列措施：

（一）通知出境管理机关依法阻止其出境；

（二）申请司法机关禁止其转移、转让或者以其他方式处分财产，或者在财产上设定其他权利。

第二十九条 有下列情形之一的，公开募集基金的基金管理人职责终止：

（一）被依法取消基金管理资格；

（二）被基金份额持有人大会解任；

（三）依法解散、被依法撤销或者被依法宣告破产；

（四）基金合同约定的其他情形。

第三十条 公开募集基金的基金管理人职责终止的，基金份额持有人大会应当在六个月内选任新基金管理人；新基金管理人产生前，由国务院证券监督管理机构指定临时基金管理人。

公开募集基金的基金管理人职责终止的，应当妥善保管基金管理业务资料，及时办理基金管理业务的移交手续，新基金管理人或者临时基金管理人应当及时接收。

第三十一条 公开募集基金的基金管理人职责终止的，应当按照规定聘请会计师事务所对基金财产进行审计，并将审计结果予以公告，同时报国务院证券监督管理机构备案。

第三十二条 对非公开募集基金的基金管理人进行规范的具体办法，由国务院金融监督管理机构依照本章的原则制定。

第三章　基金托管人

第三十三条　基金托管人由依法设立的商业银行或者其他金融机构担任。

商业银行担任基金托管人的，由国务院证券监督管理机构会同国务院银行业监督管理机构核准；其他金融机构担任基金托管人的，由国务院证券监督管理机构核准。

第三十四条　担任基金托管人，应当具备下列条件：

（一）净资产和风险控制指标符合有关规定；

（二）设有专门的基金托管部门；

（三）取得基金从业资格的专职人员达到法定人数；

（四）有安全保管基金财产的条件；

（五）有安全高效的清算、交割系统；

（六）有符合要求的营业场所、安全防范设施和与基金托管业务有关的其他设施；

（七）有完善的内部稽核监控制度和风险控制制度；

（八）法律、行政法规规定的和经国务院批准的国务院证券监督管理机构、国务院银行业监督管理机构规定的其他条件。

第三十五条　本法第十五条、第十八条、第十九条的规定，适用于基金托管人的专门基金托管部门的高级管理人员和其他从业人员。

本法第十六条的规定，适用于基金托管人的专门基金托管部门的高级管理人员。

第三十六条　基金托管人与基金管理人不得为同一机构，不得相互出资或者持有股份。

第三十七条　基金托管人应当履行下列职责：

（一）安全保管基金财产；

（二）按照规定开设基金财产的资金账户和证券账户；

（三）对所托管的不同基金财产分别设置账户，确保基金财产的完整与独立；

（四）保存基金托管业务活动的记录、账册、报表和其他相关资料；

（五）按照基金合同的约定，根据基金管理人的投资指令，及时办理清算、交割事宜；

（六）办理与基金托管业务活动有关的信息披露事项；

（七）对基金财务会计报告、中期和年度基金报告出具意见；

（八）复核、审查基金管理人计算的基金资产净值和基金份额申购、赎回价格；

（九）按照规定召集基金份额持有人大会；

（十）按照规定监督基金管理人的投资运作；

（十一）国务院证券监督管理机构规定的其他职责。

第三十八条 基金托管人发现基金管理人的投资指令违反法律、行政法规和其他有关规定，或者违反基金合同约定的，应当拒绝执行，立即通知基金管理人，并及时向国务院证券监督管理机构报告。

基金托管人发现基金管理人依据交易程序已经生效的投资指令违反法律、行政法规和其他有关规定，或者违反基金合同约定的，应当立即通知基金管理人，并及时向国务院证券监督管理机构报告。

第三十九条 本法第二十一条、第二十三条的规定，适用于基金托管人。

第四十条 基金托管人不再具备本法规定的条件，或者未能勤勉尽责，在履行本法规定的职责时存在重大失误的，国务院证券监督管理机构、国务院银行业监督管理机构应当责令其改正；逾期未改正，或者其行为严重影响所托管基金的稳健运行、损害基金份额持有人利益的，国务院证券监督管理机构、国务院银行业监督管理机构可以区别情形，对其采取下列措施：

（一）限制业务活动，责令暂停办理新的基金托管业务；

（二）责令更换负有责任的专门基金托管部门的高级管理人员。

基金托管人整改后，应当向国务院证券监督管理机构、国务院银行业监督管理机构提交报告；经验收，符合有关要求的，应当自验收完毕之日起三日内解除对其采取的有关措施。

第四十一条 国务院证券监督管理机构、国务院银行业监督管理机构对有下列情形之一的基金托管人，可以取消其基金托管资格：

（一）连续三年没有开展基金托管业务的；

（二）违反本法规定，情节严重的；

（三）法律、行政法规规定的其他情形。

第四十二条 有下列情形之一的，基金托管人职责终止：

（一）被依法取消基金托管资格；

（二）被基金份额持有人大会解任；

（三）依法解散、被依法撤销或者被依法宣告破产；

（四）基金合同约定的其他情形。

第四十三条 基金托管人职责终止的，基金份额持有人大会应当在六个月内选任新基金托管人；新基金托管人产生前，由国务院证券监督管理机构指定临时基金托管人。

基金托管人职责终止的，应当妥善保管基金财产和基金托管业务资料，及时办理基金财产和基金托管业务的移交手续，新基金托管人或者临时基金托管人应当及时接收。

第四十四条 基金托管人职责终止的，应当按照规定聘请会计师事务所对基金财产进行审计，并将审计结果予以公告，同时报国务院证券监督管理机构备案。

第四章 基金的运作方式和组织

第四十五条 基金合同应当约定基金的运作方式。

第四十六条 基金的运作方式可以采用封闭式、开放式或者其他方式。

采用封闭式运作方式的基金（以下简称封闭式基金），是指基金份额总额在基金合同期限内固定不变，基金份额持有人不得申请赎回的基金；采用开放式运作方式的基金（以下简称开放式基金），是指基金份额总额不固定，基金份额可以在基金合同约定的时间和场所申购或者赎回的基金。

采用其他运作方式的基金的基金份额发售、交易、申购、赎回的办法，由国务院证券监督管理机构另行规定。

第四十七条 基金份额持有人享有下列权利：

（一）分享基金财产收益；

（二）参与分配清算后的剩余基金财产；

（三）依法转让或者申请赎回其持有的基金份额；

（四）按照规定要求召开基金份额持有人大会或者召集基金份额持有人大会；

（五）对基金份额持有人大会审议事项行使表决权；

（六）对基金管理人、基金托管人、基金服务机构损害其合法权益的行为依法提起诉讼；

（七）基金合同约定的其他权利。

公开募集基金的基金份额持有人有权查阅或者复制公开披露的基金信

息资料；非公开募集基金的基金份额持有人对涉及自身利益的情况，有权查阅基金的财务会计账簿等财务资料。

第四十八条　基金份额持有人大会由全体基金份额持有人组成，行使下列职权：

（一）决定基金扩募或者延长基金合同期限；

（二）决定修改基金合同的重要内容或者提前终止基金合同；

（三）决定更换基金管理人、基金托管人；

（四）决定调整基金管理人、基金托管人的报酬标准；

（五）基金合同约定的其他职权。

第四十九条　按照基金合同约定，基金份额持有人大会可以设立日常机构，行使下列职权：

（一）召集基金份额持有人大会；

（二）提请更换基金管理人、基金托管人；

（三）监督基金管理人的投资运作、基金托管人的托管活动；

（四）提请调整基金管理人、基金托管人的报酬标准；

（五）基金合同约定的其他职权。

前款规定的日常机构，由基金份额持有人大会选举产生的人员组成；其议事规则，由基金合同约定。

第五十条　基金份额持有人大会及其日常机构不得直接参与或者干涉基金的投资管理活动。

第五章　基金的公开募集

第五十一条　公开募集基金，应当经国务院证券监督管理机构注册。未经注册，不得公开或者变相公开募集基金。

前款所称公开募集基金，包括向不特定对象募集资金、向特定对象募集资金累计超过二百人，以及法律、行政法规规定的其他情形。

公开募集基金应当由基金管理人管理，基金托管人托管。

第五十二条　注册公开募集基金，由拟任基金管理人向国务院证券监督管理机构提交下列文件：

（一）申请报告；

（二）基金合同草案；

（三）基金托管协议草案；

（四）招募说明书草案；

（五）律师事务所出具的法律意见书；

（六）国务院证券监督管理机构规定提交的其他文件。

第五十三条 公开募集基金的基金合同应当包括下列内容：

（一）募集基金的目的和基金名称；

（二）基金管理人、基金托管人的名称和住所；

（三）基金的运作方式；

（四）封闭式基金的基金份额总额和基金合同期限，或者开放式基金的最低募集份额总额；

（五）确定基金份额发售日期、价格和费用的原则；

（六）基金份额持有人、基金管理人和基金托管人的权利、义务；

（七）基金份额持有人大会召集、议事及表决的程序和规则；

（八）基金份额发售、交易、申购、赎回的程序、时间、地点、费用计算方式，以及给付赎回款项的时间和方式；

（九）基金收益分配原则、执行方式；

（十）基金管理人、基金托管人报酬的提取、支付方式与比例；

（十一）与基金财产管理、运用有关的其他费用的提取、支付方式；

（十二）基金财产的投资方向和投资限制；

（十三）基金资产净值的计算方法和公告方式；

（十四）基金募集未达到法定要求的处理方式；

（十五）基金合同解除和终止的事由、程序以及基金财产清算方式；

（十六）争议解决方式；

（十七）当事人约定的其他事项。

第五十四条 公开募集基金的基金招募说明书应当包括下列内容：

（一）基金募集申请的准予注册文件名称和注册日期；

（二）基金管理人、基金托管人的基本情况；

（三）基金合同和基金托管协议的内容摘要；

（四）基金份额的发售日期、价格、费用和期限；

（五）基金份额的发售方式、发售机构及登记机构名称；

（六）出具法律意见书的律师事务所和审计基金财产的会计师事务所的名称和住所；

（七）基金管理人、基金托管人报酬及其他有关费用的提取、支付方式与比例；

（八）风险警示内容；

（九）国务院证券监督管理机构规定的其他内容。

第五十五条 国务院证券监督管理机构应当自受理公开募集基金的募集注册申请之日起六个月内依照法律、行政法规及国务院证券监督管理机构的规定进行审查，作出注册或者不予注册的决定，并通知申请人；不予注册的，应当说明理由。

第五十六条 基金募集申请经注册后，方可发售基金份额。

基金份额的发售，由基金管理人或者其委托的基金销售机构办理。

第五十七条 基金管理人应当在基金份额发售的三日前公布招募说明书、基金合同及其他有关文件。

前款规定的文件应当真实、准确、完整。

对基金募集所进行的宣传推介活动，应当符合有关法律、行政法规的规定，不得有本法第七十八条所列行为。

第五十八条 基金管理人应当自收到准予注册文件之日起六个月内进行基金募集。超过六个月开始募集，原注册的事项未发生实质性变化的，应当报国务院证券监督管理机构备案；发生实质性变化的，应当向国务院证券监督管理机构重新提交注册申请。

基金募集不得超过国务院证券监督管理机构准予注册的基金募集期限。基金募集期限自基金份额发售之日起计算。

第五十九条 基金募集期限届满，封闭式基金募集的基金份额总额达到准予注册规模的百分之八十以上，开放式基金募集的基金份额总额超过准予注册的最低募集份额总额，并且基金份额持有人人数符合国务院证券监督管理机构规定的，基金管理人应当自募集期限届满之日起十日内聘请法定验资机构验资，自收到验资报告之日起十日内，向国务院证券监督管理机构提交验资报告，办理基金备案手续，并予以公告。

第六十条 基金募集期间募集的资金应当存入专门账户，在基金募集行为结束前，任何人不得动用。

第六十一条 投资人交纳认购的基金份额的款项时，基金合同成立；基金管理人依照本法第五十九条的规定向国务院证券监督管理机构办理基金备案手续，基金合同生效。

基金募集期限届满，不能满足本法第五十九条规定的条件的，基金管理人应当承担下列责任：

（一）以其固有财产承担因募集行为而产生的债务和费用；

（二）在基金募集期限届满后三十日内返还投资人已交纳的款项，并加计银行同期存款利息。

第六章　公开募集基金的基金份额的交易、申购与赎回

第六十二条　申请基金份额上市交易，基金管理人应当向证券交易所提出申请，证券交易所依法审核同意的，双方应当签订上市协议。

第六十三条　基金份额上市交易，应当符合下列条件：

（一）基金的募集符合本法规定；

（二）基金合同期限为五年以上；

（三）基金募集金额不低于二亿元人民币；

（四）基金份额持有人不少于一千人；

（五）基金份额上市交易规则规定的其他条件。

第六十四条　基金份额上市交易规则由证券交易所制定，报国务院证券监督管理机构批准。

第六十五条　基金份额上市交易后，有下列情形之一的，由证券交易所终止其上市交易，并报国务院证券监督管理机构备案：

（一）不再具备本法第六十三条规定的上市交易条件；

（二）基金合同期限届满；

（三）基金份额持有人大会决定提前终止上市交易；

（四）基金合同约定的或者基金份额上市交易规则规定的终止上市交易的其他情形。

第六十六条　开放式基金的基金份额的申购、赎回、登记，由基金管理人或者其委托的基金服务机构办理。

第六十七条　基金管理人应当在每个工作日办理基金份额的申购、赎回业务；基金合同另有约定的，从其约定。

投资人交付申购款项，申购成立；基金份额登记机构确认基金份额时，申购生效。

基金份额持有人递交赎回申请，赎回成立；基金份额登记机构确认赎回时，赎回生效。

第六十八条　基金管理人应当按时支付赎回款项，但是下列情形除外：

（一）因不可抗力导致基金管理人不能支付赎回款项；

（二）证券交易场所依法决定临时停市，导致基金管理人无法计算当日基金资产净值；

（三）基金合同约定的其他特殊情形。

发生上述情形之一的，基金管理人应当在当日报国务院证券监督管理机构备案。

本条第一款规定的情形消失后，基金管理人应当及时支付赎回款项。

第六十九条　开放式基金应当保持足够的现金或者政府债券，以备支付基金份额持有人的赎回款项。基金财产中应当保持的现金或者政府债券的具体比例，由国务院证券监督管理机构规定。

第七十条　基金份额的申购、赎回价格，依据申购、赎回日基金份额净值加、减有关费用计算。

第七十一条　基金份额净值计价出现错误时，基金管理人应当立即纠正，并采取合理的措施防止损失进一步扩大。计价错误达到基金份额净值百分之零点五时，基金管理人应当公告，并报国务院证券监督管理机构备案。

因基金份额净值计价错误造成基金份额持有人损失的，基金份额持有人有权要求基金管理人、基金托管人予以赔偿。

第七章　公开募集基金的投资与信息披露

第七十二条　基金管理人运用基金财产进行证券投资，除国务院证券监督管理机构另有规定外，应当采用资产组合的方式。

资产组合的具体方式和投资比例，依照本法和国务院证券监督管理机构的规定在基金合同中约定。

第七十三条　基金财产应当用于下列投资：

（一）上市交易的股票、债券；

（二）国务院证券监督管理机构规定的其他证券及其衍生品种。

第七十四条　基金财产不得用于下列投资或者活动：

（一）承销证券；

（二）违反规定向他人贷款或者提供担保；

（三）从事承担无限责任的投资；

（四）买卖其他基金份额，但是国务院证券监督管理机构另有规定的除外；

（五）向基金管理人、基金托管人出资；

（六）从事内幕交易、操纵证券交易价格及其他不正当的证券交易活动；

（七）法律、行政法规和国务院证券监督管理机构规定禁止的其他活动。

运用基金财产买卖基金管理人、基金托管人及其控股股东、实际控制人或者与其有其他重大利害关系的公司发行的证券或承销期内承销的证券，或者从事其他重大关联交易的，应当遵循基金份额持有人利益优先的原则，防范利益冲突，符合国务院证券监督管理机构的规定，并履行信息披露义务。

第七十五条 基金管理人、基金托管人和其他基金信息披露义务人应当依法披露基金信息，并保证所披露信息的真实性、准确性和完整性。

第七十六条 基金信息披露义务人应当确保应予披露的基金信息在国务院证券监督管理机构规定时间内披露，并保证投资人能够按照基金合同约定的时间和方式查阅或者复制公开披露的信息资料。

第七十七条 公开披露的基金信息包括：

（一）基金招募说明书、基金合同、基金托管协议；

（二）基金募集情况；

（三）基金份额上市交易公告书；

（四）基金资产净值、基金份额净值；

（五）基金份额申购、赎回价格；

（六）基金财产的资产组合季度报告、财务会计报告及中期和年度基金报告；

（七）临时报告；

（八）基金份额持有人大会决议；

（九）基金管理人、基金托管人的专门基金托管部门的重大人事变动；

（十）涉及基金财产、基金管理业务、基金托管业务的诉讼或者仲裁；

（十一）国务院证券监督管理机构规定应予披露的其他信息。

第七十八条 公开披露基金信息，不得有下列行为：

（一）虚假记载、误导性陈述或者重大遗漏；

（二）对证券投资业绩进行预测；

（三）违规承诺收益或者承担损失；

（四）诋毁其他基金管理人、基金托管人或者基金销售机构；

（五）法律、行政法规和国务院证券监督管理机构规定禁止的其他行为。

第八章　公开募集基金的基金合同的变更、终止与基金财产清算

第七十九条　按照基金合同的约定或者基金份额持有人大会的决议，基金可以转换运作方式或者与其他基金合并。

第八十条　封闭式基金扩募或者延长基金合同期限，应当符合下列条件，并报国务院证券监督管理机构备案：

（一）基金运营业绩良好；

（二）基金管理人最近二年内没有因违法违规行为受到行政处罚或者刑事处罚；

（三）基金份额持有人大会决议通过；

（四）本法规定的其他条件。

第八十一条　有下列情形之一的，基金合同终止：

（一）基金合同期限届满而未延期；

（二）基金份额持有人大会决定终止；

（三）基金管理人、基金托管人职责终止，在六个月内没有新基金管理人、新基金托管人承接；

（四）基金合同约定的其他情形。

第八十二条　基金合同终止时，基金管理人应当组织清算组对基金财产进行清算。

清算组由基金管理人、基金托管人以及相关的中介服务机构组成。

清算组作出的清算报告经会计师事务所审计，律师事务所出具法律意见书后，报国务院证券监督管理机构备案并公告。

第八十三条　清算后的剩余基金财产，应当按照基金份额持有人所持份额比例进行分配。

第九章　公开募集基金的基金份额持有人权利行使

第八十四条　基金份额持有人大会由基金管理人召集。基金份额持有人大会设立日常机构的，由该日常机构召集；该日常机构未召集的，由基金管理人召集。基金管理人未按规定召集或者不能召开的，由基金托管人召集。

代表基金份额百分之十以上的基金份额持有人就同一事项要求召开基金份额持有人大会，而基金份额持有人大会的日常机构、基金管理人、基金托管人都不召集的，代表基金份额百分之十以上的基金份额持有人有权自行召

集,并报国务院证券监督管理机构备案。

第八十五条 召开基金份额持有人大会,召集人应当至少提前三十日公告基金份额持有人大会的召开时间、会议形式、审议事项、议事程序和表决方式等事项。

基金份额持有人大会不得就未经公告的事项进行表决。

第八十六条 基金份额持有人大会可以采取现场方式召开,也可以采取通讯等方式召开。

每一基金份额具有一票表决权,基金份额持有人可以委托代理人出席基金份额持有人大会并行使表决权。

第八十七条 基金份额持有人大会应当有代表二分之一以上基金份额的持有人参加,方可召开。

参加基金份额持有人大会的持有人的基金份额低于前款规定比例的,召集人可以在原公告的基金份额持有人大会召开时间的三个月以后、六个月以内,就原定审议事项重新召集基金份额持有人大会。重新召集的基金份额持有人大会应当有代表三分之一以上基金份额的持有人参加,方可召开。

基金份额持有人大会就审议事项作出决定,应当经参加大会的基金份额持有人所持表决权的二分之一以上通过;但是,转换基金的运作方式、更换基金管理人或者基金托管人、提前终止基金合同、与其他基金合并,应当经参加大会的基金份额持有人所持表决权的三分之二以上通过。

基金份额持有人大会决定的事项,应当依法报国务院证券监督管理机构备案,并予以公告。

第十章 非公开募集基金

第八十八条 非公开募集基金应当向合格投资者募集,合格投资者累计不得超过二百人。

前款所称合格投资者,是指达到规定资产规模或者收入水平,并且具备相应的风险识别能力和风险承担能力、其基金份额认购金额不低于规定限额的单位和个人。

合格投资者的具体标准由国务院证券监督管理机构规定。

第八十九条 除基金合同另有约定外,非公开募集基金应当由基金托管人托管。

第九十条 担任非公开募集基金的基金管理人,应当按照规定向基金行业协会履行登记手续，报送基本情况。

第九十一条　未经登记，任何单位或者个人不得使用“基金”或者“基金管理”字样或者近似名称进行证券投资活动；但是，法律、行政法规另有规定的除外。

第九十二条　非公开募集基金，不得向合格投资者之外的单位和个人募集资金，不得通过报刊、电台、电视台、互联网等公众传播媒体或者讲座、报告会、分析会等方式向不特定对象宣传推介。

第九十三条　非公开募集基金，应当制定并签订基金合同。基金合同应当包括下列内容：

（一）基金份额持有人、基金管理人、基金托管人的权利、义务；

（二）基金的运作方式；

（三）基金的出资方式、数额和认缴期限；

（四）基金的投资范围、投资策略和投资限制；

（五）基金收益分配原则、执行方式；

（六）基金承担的有关费用；

（七）基金信息提供的内容、方式；

（八）基金份额的认购、赎回或者转让的程序和方式；

（九）基金合同变更、解除和终止的事由、程序；

（十）基金财产清算方式；

（十一）当事人约定的其他事项。

基金份额持有人转让基金份额的，应当符合本法第八十八条、第九十二条的规定。

第九十四条　按照基金合同约定，非公开募集基金可以由部分基金份额持有人作为基金管理人负责基金的投资管理活动，并在基金财产不足以清偿其债务时对基金财产的债务承担无限连带责任。

前款规定的非公开募集基金，其基金合同还应载明：

（一）承担无限连带责任的基金份额持有人和其他基金份额持有人的姓名或者名称、住所；

（二）承担无限连带责任的基金份额持有人的除名条件和更换程序；

（三）基金份额持有人增加、退出的条件、程序以及相关责任；

（四）承担无限连带责任的基金份额持有人和其他基金份额持有人的转换程序。

第九十五条 非公开募集基金募集完毕，基金管理人应当向基金行业协会备案。对募集的资金总额或者基金份额持有人的人数达到规定标准的基金，基金行业协会应当向国务院证券监督管理机构报告。

非公开募集基金财产的证券投资，包括买卖公开发行的股份有限公司股票、债券、基金份额，以及国务院证券监督管理机构规定的其他证券及其衍生品种。

第九十六条 基金管理人、基金托管人应当按照基金合同的约定，向基金份额持有人提供基金信息。

第九十七条 专门从事非公开募集基金管理业务的基金管理人，其股东、高级管理人员、经营期限、管理的基金资产规模等符合规定条件的，经国务院证券监督管理机构核准，可以从事公开募集基金管理业务。

第十一章 基金服务机构

第九十八条 从事公开募集基金的销售、销售支付、份额登记、估值、投资顾问、评价、信息技术系统服务等基金服务业务的机构，应当按照国务院证券监督管理机构的规定进行注册或者备案。

第九十九条 基金销售机构应当向投资人充分揭示投资风险，并根据投资人的风险承担能力销售不同风险等级的基金产品。

第一百条 基金销售支付机构应当按照规定办理基金销售结算资金的划付，确保基金销售结算资金安全、及时划付。

第一百零一条 基金销售结算资金、基金份额独立于基金销售机构、基金销售支付机构或者基金份额登记机构的自有财产。基金销售机构、基金销售支付机构或者基金份额登记机构破产或者清算时，基金销售结算资金、基金份额不属于其破产财产或者清算财产。非因投资人本身的债务或者法律规定的其他情形，不得查封、冻结、扣划或者强制执行基金销售结算资金、基金份额。

基金销售机构、基金销售支付机构、基金份额登记机构应当确保基金销售结算资金、基金份额的安全、独立，禁止任何单位或者个人以任何形式挪用基金销售结算资金、基金份额。

第一百零二条 基金管理人可以委托基金服务机构代为办理基金的份额登记、核算、估值、投资顾问等事项，基金托管人可以委托基金服务机构代为办理基金的核算、估值、复核等事项，但基金管理人、基金托管人依法应当承担的责任不因委托而免除。

第一百零三条　基金份额登记机构以电子介质登记的数据，是基金份额持有人权利归属的根据。基金份额持有人以基金份额出质的，质权自基金份额登记机构办理出质登记时设立。

基金份额登记机构应当妥善保存登记数据，并将基金份额持有人名称、身份信息及基金份额明细等数据备份至国务院证券监督管理机构认定的机构。其保存期限自基金账户销户之日起不得少于二十年。

基金份额登记机构应当保证登记数据的真实、准确、完整，不得隐匿、伪造、篡改或者毁损。

第一百零四条　基金投资顾问机构及其从业人员提供基金投资顾问服务，应当具有合理的依据，对其服务能力和经营业绩进行如实陈述，不得以任何方式承诺或者保证投资收益，不得损害服务对象的合法权益。

第一百零五条　基金评价机构及其从业人员应当客观公正，按照依法制定的业务规则开展基金评价业务，禁止误导投资人，防范可能发生的利益冲突。

第一百零六条　基金管理人、基金托管人、基金服务机构的信息技术系统，应当符合规定的要求。国务院证券监督管理机构可以要求信息技术系统服务机构提供该信息技术系统的相关资料。

第一百零七条　律师事务所、会计师事务所接受基金管理人、基金托管人的委托，为有关基金业务活动出具法律意见书、审计报告、内部控制评价报告等文件，应当勤勉尽责，对所依据的文件资料内容的真实性、准确性、完整性进行核查和验证。其制作、出具的文件有虚假记载、误导性陈述或者重大遗漏，给他人财产造成损失的，应当与委托人承担连带赔偿责任。

第一百零八条　基金服务机构应当勤勉尽责、恪尽职守，建立应急等风险管理制度和灾难备份系统，不得泄露与基金份额持有人、基金投资运作相关的非公开信息。

第十二章　基金行业协会

第一百零九条　基金行业协会是证券投资基金行业的自律性组织，是社会团体法人。

基金管理人、基金托管人应当加入基金行业协会，基金服务机构可以加入基金行业协会。

第一百一十条 基金行业协会的权力机构为全体会员组成的会员大会。

基金行业协会设理事会。理事会成员依章程的规定由选举产生。

第一百一十一条 基金行业协会章程由会员大会制定,并报国务院证券监督管理机构备案。

第一百一十二条 基金行业协会履行下列职责:

(一) 教育和组织会员遵守有关证券投资的法律、行政法规,维护投资人合法权益;

(二) 依法维护会员的合法权益,反映会员的建议和要求;

(三) 制定和实施行业自律规则,监督、检查会员及其从业人员的执业行为,对违反自律规则和协会章程的,按照规定给予纪律处分;

(四) 制定行业执业标准和业务规范,组织基金从业人员的从业考试、资质管理和业务培训;

(五) 提供会员服务,组织行业交流,推动行业创新,开展行业宣传和投资人教育活动;

(六) 对会员之间、会员与客户之间发生的基金业务纠纷进行调解;

(七) 依法办理非公开募集基金的登记、备案;

(八) 协会章程规定的其他职责。

第十三章 监督管理

第一百一十三条 国务院证券监督管理机构依法履行下列职责:

(一) 制定有关证券投资基金活动监督管理的规章、规则,并行使审批、核准或者注册权;

(二) 办理基金备案;

(三) 对基金管理人、基金托管人及其他机构从事证券投资基金活动进行监督管理,对违法行为进行查处,并予以公告;

(四) 制定基金从业人员的资格标准和行为准则,并监督实施;

(五) 监督检查基金信息的披露情况;

(六) 指导和监督基金行业协会的活动;

(七) 法律、行政法规规定的其他职责。

第一百一十四条 国务院证券监督管理机构依法履行职责,有权采取下列措施:

(一) 对基金管理人、基金托管人、基金服务机构进行现场检查,并要求其报送有关的业务资料；

（二）进入涉嫌违法行为发生场所调查取证；

（三）询问当事人和与被调查事件有关的单位和个人，要求其对与被调查事件有关的事项作出说明；

（四）查阅、复制与被调查事件有关的财产权登记、通讯记录等资料；

（五）查阅、复制当事人和与被调查事件有关的单位和个人的证券交易记录、登记过户记录、财务会计资料及其他相关文件和资料；对可能被转移、隐匿或者毁损的文件和资料，可以予以封存；

（六）查询当事人和与被调查事件有关的单位和个人的资金账户、证券账户和银行账户；对有证据证明已经或者可能转移或者隐匿违法资金、证券等涉案财产或者隐匿、伪造、毁损重要证据的，经国务院证券监督管理机构主要负责人批准，可以冻结或者查封；

（七）在调查操纵证券市场、内幕交易等重大证券违法行为时，经国务院证券监督管理机构主要负责人批准，可以限制被调查事件当事人的证券买卖，但限制的期限不得超过十五个交易日；案情复杂的，可以延长十五个交易日。

第一百一十五条　国务院证券监督管理机构工作人员依法履行职责，进行调查或者检查时，不得少于二人，并应当出示合法证件；对调查或者检查中知悉的商业秘密负有保密的义务。

第一百一十六条　国务院证券监督管理机构工作人员应当忠于职守，依法办事，公正廉洁，接受监督，不得利用职务牟取私利。

第一百一十七条　国务院证券监督管理机构依法履行职责时，被调查、检查的单位和个人应当配合，如实提供有关文件和资料，不得拒绝、阻碍和隐瞒。

第一百一十八条　国务院证券监督管理机构依法履行职责，发现违法行为涉嫌犯罪的，应当将案件移送司法机关处理。

第一百一十九条　国务院证券监督管理机构工作人员在任职期间，或者离职后在《中华人民共和国公务员法》规定的期限内，不得在被监管的机构中担任职务。

第十四章　法 律 责 任

第一百二十条　违反本法规定，未经批准擅自设立基金管理公司或者未经核准从事公开募集基金管理业务的，由证券监督管理机构予以取缔或者责令改正，没收违法所得，并处违法所得一倍以上五倍以下罚款；没有违法所得或者违法所得不足一百万元的，并处十万元以上一百万元以下罚款。对直接负责的主管人员和其他直接责任人员给予警告，并处三万元以上三十万元以下罚款。

基金管理公司违反本法规定，擅自变更持有百分之五以上股权的股东、实际控制人或者其他重大事项的，责令改正，没收违法所得，并处违法所得一倍以上五倍以下罚款；没有违法所得或者违法所得不足五十万元的，并处五万元以上五十万元以下罚款。对直接负责的主管人员给予警告，并处三万元以上十万元以下罚款。

第一百二十一条　基金管理人的董事、监事、高级管理人员和其他从业人员，基金托管人的专门基金托管部门的高级管理人员和其他从业人员，未按照本法第十八条第一款规定申报的，责令改正，处三万元以上十万元以下罚款。

基金管理人、基金托管人违反本法第十八条第二款规定的，责令改正，处十万元以上一百万元以下罚款；对直接负责的主管人员和其他直接责任人员给予警告，暂停或者撤销基金从业资格，并处三万元以上三十万元以下罚款。

第一百二十二条　基金管理人的董事、监事、高级管理人员和其他从业人员，基金托管人的专门基金托管部门的高级管理人员和其他从业人员违反本法第十九条规定的，责令改正，没收违法所得，并处违法所得一倍以上五倍以下罚款；没有违法所得或者违法所得不足一百万元的，并处十万元以上一百万元以下罚款；情节严重的，撤销基金从业资格。

第一百二十三条　基金管理人、基金托管人违反本法规定，未对基金财产实行分别管理或者分账保管，责令改正，处五万元以上五十万元以下罚款；对直接负责的主管人员和其他直接责任人员给予警告，暂停或者撤销基金从业资格，并处三万元以上三十万元以下罚款。

第一百二十四条　基金管理人、基金托管人及其董事、监事、高级管理人员和其他从业人员有本法第二十一条所列行为之一的，责令改正，没收违法所得，并处违法所得一倍以上五倍以下罚款；没有违法所得或者违法所得不足一百万元的，并处十万元以上一百万元以下罚款；基金管理人、基金托管人有上述行为的，还应当对其直接负责的主管人员和其他直接责任人员给予警告，暂停或者撤销基金从业资格，并处三万元以上三十万元以下罚款。

基金管理人、基金托管人及其董事、监事、高级管理人员和其他从业人员侵占、挪用基金财产而取得的财产和收益，归入基金财产。但是，法律、行政法规另有规定的，依照其规定。

第一百二十五条 基金管理人的股东、实际控制人违反本法第二十四条规定的，责令改正，没收违法所得，并处违法所得一倍以上五倍以下罚款；没有违法所得或者违法所得不足一百万元的，并处十万元以上一百万元以下罚款；对直接负责的主管人员和其他直接责任人员给予警告，暂停或者撤销基金或证券从业资格，并处三万元以上三十万元以下罚款。

第一百二十六条 未经核准，擅自从事基金托管业务的，责令停止，没收违法所得，并处违法所得一倍以上五倍以下罚款；没有违法所得或者违法所得不足一百万元的，并处十万元以上一百万元以下罚款；对直接负责的主管人员和其他直接责任人员给予警告，并处三万元以上三十万元以下罚款。

第一百二十七条 基金管理人、基金托管人违反本法规定，相互出资或者持有股份的，责令改正，可以处十万元以下罚款。

第一百二十八条 违反本法规定，擅自公开或者变相公开募集基金的，责令停止，返还所募资金和加计的银行同期存款利息，没收违法所得，并处所募资金金额百分之一以上百分之五以下罚款。对直接负责的主管人员和其他直接责任人员给予警告，并处五万元以上五十万元以下罚款。

第一百二十九条 违反本法第六十条规定，动用募集的资金的，责令返还，没收违法所得，并处违法所得一倍以上五倍以下罚款；没有违法所得或者违法所得不足五十万元的，并处五万元以上五十万元以下罚款；对直接负责的主管人员和其他直接责任人员给予警告，并处三万元以上三十万元以下罚款。

第一百三十条 基金管理人、基金托管人有本法第七十四条第一款第一项至第五项和第七项所列行为之一，或者违反本法第七十四条第二款规定的，责令改正，处十万元以上一百万元以下罚款；对直接负责的主管人员和其他直接责任人员给予警告，暂停或者撤销基金从业资格，并处三万元以上三十万元以下罚款。

基金管理人、基金托管人有前款行为，运用基金财产而取得的财产和收益，归入基金财产。但是，法律、行政法规另有规定的，依照其规定。

第一百三十一条 基金管理人、基金托管人有本法第七十四条第一款第六项规定行为的，除依照《中华人民共和国证券法》的有关规定处罚外，对直接负责的主管人员和其他直接责任人员暂停或者撤销基金从业资格。

第一百三十二条 基金信息披露义务人不依法披露基金信息或者披露的信息有虚假记载、误导性陈述或者重大遗漏的，责令改正，没收违法所得，并处十万元以上一百万元以下罚款；对直接负责的主管人员和其他直接责任人员给予警告，暂停或者撤销基金从业资格，并处三万元以上三十万元以下罚款。

第一百三十三条 基金管理人或者基金托管人不按照规定召集基金份额持有人大会的，责令改正，可以处五万元以下罚款；对直接负责的主管人员和其他直接责任人员给予警告，暂停或者撤销基金从业资格。

第一百三十四条 违反本法规定，未经登记，使用“基金”或者“基金管理”字样或者近似名称进行证券投资活动的，没收违法所得，并处违法所得一倍以上五倍以下罚款；没有违法所得或者违法所得不足一百万元的，并处十万元以上一百万元以下罚款。对直接负责的主管人员和其他直接责任人员给予警告，并处三万元以上三十万元以下罚款。

第一百三十五条 违反本法规定，非公开募集基金募集完毕，基金管理人未备案的，处十万元以上三十万元以下罚款。对直接负责的主管人员和其他直接责任人员给予警告，并处三万元以上十万元以下罚款。

第一百三十六条 违反本法规定，向合格投资者之外的单位或者个人非公开募集资金或者转让基金份额的，没收违法所得，并处违法所得一倍以上五倍以下罚款；没有违法所得或者违法所得不足一百万元的，并处十万元以上一百万元以下罚款。对直接负责的主管人员和其他直接责任人员给予警告，并处三万元以上三十万元以下罚款。

第一百三十七条 违反本法规定，擅自从事公开募集基金的基金服务业务的，责令改正，没收违法所得，并处违法所得一倍以上五倍以下罚款；没有违法所得或者违法所得不足三十万元的，并处十万元以上三十万元以下罚款。对直接负责的主管人员和其他直接责任人员给予警告，并处三万元以上十万元以下罚款。

第一百三十八条 基金销售机构未向投资人充分揭示投资风险并误导其购买与其风险承担能力不相当的基金产品的，处十万元以上三十万元以下罚款；情节严重的，责令其停止基金服务业务。对直接负责的主管人员和其他直接责任人员给予警告，撤销基金从业资格，并处三万元以上十万元以下罚款。

第一百三十九条 基金销售支付机构未按照规定划付基金销售结算资金的，处十万元以上三十万元以下罚款；情节严重的，责令其停止基金服务业务。对直接负责的主管人员和其他直接责任人员给予警告，撤销基金从业资格，并处三万元以上十万元以下罚款。

第一百四十条 挪用基金销售结算资金或者基金份额的，责令改正，没收违法所得，并处违法所得一倍以上五倍以下罚款；没有违法所得或者违法所得不足一百万元的，并处十万元以上一百万元以下罚款。对直接负责的主管人员和其他直接责任人员给予警告，并处三万元以上三十万元以下罚款。

第一百四十一条 基金份额登记机构未妥善保存或者备份基金份额登记数据的，责令改正，给予警告，并处十万元以上三十万元以下罚款；情节严重的，责令其停止基金服务业务。对直接负责的主管人员和其他直接责任人员给予警告，撤销基金从业资格，并处三万元以上十万元以下罚款。

基金份额登记机构隐匿、伪造、篡改、毁损基金份额登记数据的，责令改正，处十万元以上一百万元以下罚款，并责令其停止基金服务业务。对直接负责的主管人员和其他直接责任人员给予警告，撤销基金从业资格，并处三万元以上三十万元以下罚款。

第一百四十二条 基金投资顾问机构、基金评价机构及其从业人员违反本法规定开展投资顾问、基金评价服务的，处十万元以上三十万元以下罚款；情节严重的，责令其停止基金服务业务。对直接负责的主管人员和其他直接责任人员给予警告，撤销基金从业资格，并处三万元以上十万元以下罚款。

第一百四十三条 信息技术系统服务机构未按照规定向国务院证券监督管理机构提供相关信息技术系统资料，或者提供的信息技术系统资料虚假、有重大遗漏的，责令改正，处三万元以上十万元以下罚款。对直接负责的主管人员和其他直接责任人员给予警告，并处一万元以上三万元以下罚款。

第一百四十四条 会计师事务所、律师事务所未勤勉尽责，所出具的文件有虚假记载、误导性陈述或者重大遗漏的，责令改正，没收业务收入，暂停或者撤销相关业务许可，并处业务收入一倍以上五倍以下罚款。对直接负责的主管人员和其他直接责任人员给予警告，并处三万元以上十万元以下罚款。

第一百四十五条 基金服务机构未建立应急等风险管理制度和灾难备份系统，或者泄露与基金份额持有人、基金投资运作相关的非公开信息的，处十万元以上三十万元以下罚款；情节严重的，责令其停止基金服务业务。对直接负责的主管人员和其他直接责任人员给予警告，撤销基金从业资格，并处三万元以上十万元以下罚款。

第一百四十六条 违反本法规定，给基金财产、基金份额持有人或者投资人造成损害的，依法承担赔偿责任。

基金管理人、基金托管人在履行各自职责的过程中，违反本法规定或者基金合同约定，给基金财产或者基金份额持有人造成损害的，应当分别对各自的行为依法承担赔偿责任；因共同行为给基金财产或者基金份额持有人造成损害的，应当承担连带赔偿责任。

第一百四十七条 证券监督管理机构工作人员玩忽职守、滥用职权、徇私舞弊或者利用职务上的便利索取或者收受他人财物的，依法给予行政处分。

第一百四十八条 拒绝、阻碍证券监督管理机构及其工作人员依法行使监督检查、调查职权未使用暴力、威胁方法的，依法给予治安管理处罚。

第一百四十九条 违反法律、行政法规或者国务院证券监督管理机构的有关规定，情节严重的，国务院证券监督管理机构可以对有关责任人员采取证券市场禁入的措施。

第一百五十条 违反本法规定，构成犯罪的，依法追究刑事责任。

第一百五十一条 违反本法规定，应当承担民事赔偿责任和缴纳罚款、罚金，其财产不足以同时支付时，先承担民事赔偿责任。

第一百五十二条 依照本法规定，基金管理人、基金托管人、基金服务机构应当承担的民事赔偿责任和缴纳的罚款、罚金，由基金管理人、基金托管人、基金服务机构以其固有财产承担。

依法收缴的罚款、罚金和没收的违法所得，应当全部上缴国库。

第十五章 附　　则

第一百五十三条 在中华人民共和国境内募集投资境外证券的基金，以及合格境外投资者在境内进行证券投资，应当经国务院证券监督管理机构批准，具体办法由国务院证券监督管理机构会同国务院有关部门规定，报国务院批准。

第一百五十四条 公开或者非公开募集资金，以进行证券投资活动为目的设立的公司或者合伙企业，资产由基金管理人或者普通合伙人管理的，其证券投资活动适用本法。

第一百五十五条 本法自 2013 年 6 月 1 日起施行。

期货交易管理条例

(2007年3月6日国务院令第489号公布　根据2012年10月24日《国务院关于修改〈期货交易管理条例〉的决定》修订　国务院令第627号公布)

第一章　总　　则

第一条　为了规范期货交易行为,加强对期货交易的监督管理,维护期货市场秩序,防范风险,保护期货交易各方的合法权益和社会公共利益,促进期货市场积极稳妥发展,制定本条例。

第二条　任何单位和个人从事期货交易及其相关活动,应当遵守本条例。

本条例所称期货交易,是指采用公开的集中交易方式或者国务院期货监督管理机构批准的其他方式进行的以期货合约或者期权合约为交易标的的交易活动。

本条例所称期货合约,是指期货交易场所统一制定的、规定在将来某一特定的时间和地点交割一定数量标的物的标准化合约。期货合约包括商品期货合约和金融期货合约及其他期货合约。

本条例所称期权合约,是指期货交易场所统一制定的、规定买方有权在将来某一时间以特定价格买入或者卖出约定标的物(包括期货合约)的标准化合约。

第三条　从事期货交易活动,应当遵循公开、公平、公正和诚实信用的原则。禁止欺诈、内幕交易和操纵期货交易价格等违法行为。

第四条　期货交易应当在依照本条例第六条第一款规定设立的期货交易所、国务院批准的或者国务院期货监督管理机构批准的其他期货交易场所进行。

禁止在前款规定的期货交易场所之外进行期货交易。

第五条　国务院期货监督管理机构对期货市场实行集中统一的监督管理。

国务院期货监督管理机构派出机构依照本条例的有关规定和国务院期货监督管理机构的授权,履行监督管理职责。

第二章　期货交易所

第六条　设立期货交易所,由国务院期货监督管理机构审批。

未经国务院批准或者国务院期货监督管理机构批准,任何单位或者个人不得设立期货交易场所或者以任何形式组织期货交易及其相关活动。

第七条　期货交易所不以营利为目的,按照其章程的规定实行自律管理。期货交易所以其全部财产承担民事责任。期货交易所的负责人由国务院期货监督管理机构任免。

期货交易所的管理办法由国务院期货监督管理机构制定。

第八条　期货交易所会员应当是在中华人民共和国境内登记注册的企业法人或者其他经济组织。

期货交易所可以实行会员分级结算制度。实行会员分级结算制度的期货交易所会员由结算会员和非结算会员组成。

第九条　有《中华人民共和国公司法》第一百四十七条规定的情形或者下列情形之一的,不得担任期货交易所的负责人、财务会计人员:

(一) 因违法行为或者违纪行为被解除职务的期货交易所、证券交易所、证券登记结算机构的负责人,或者期货公司、证券公司的董事、监事、高级管理人员,以及国务院期货监督管理机构规定的其他人员,自被解除职务之日起未逾5年;

(二) 因违法行为或者违纪行为被撤销资格的律师、注册会计师或者投资咨询机构、财务顾问机构、资信评级机构、资产评估机构、验证机构的专业人员,自被撤销资格之日起未逾5年。

第十条　期货交易所应当依照本条例和国务院期货监督管理机构的规定,建立、健全各项规章制度,加强对交易活动的风险控制和对会员以及交易所工作人员的监督管理。期货交易所履行下列职责:

(一) 提供交易的场所、设施和服务;

(二) 设计合约,安排合约上市;

(三) 组织并监督交易、结算和交割;

(四) 为期货交易提供集中履约担保;

(五) 按照章程和交易规则对会员进行监督管理;

（六）国务院期货监督管理机构规定的其他职责。

期货交易所不得直接或者间接参与期货交易。未经国务院期货监督管理机构审核并报国务院批准，期货交易所不得从事信托投资、股票投资、非自用不动产投资等与其职责无关的业务。

第十一条　期货交易所应当按照国家有关规定建立、健全下列风险管理制度：

（一）保证金制度；

（二）当日无负债结算制度；

（三）涨跌停板制度；

（四）持仓限额和大户持仓报告制度；

（五）风险准备金制度；

（六）国务院期货监督管理机构规定的其他风险管理制度。

实行会员分级结算制度的期货交易所，还应当建立、健全结算担保金制度。

第十二条　当期货市场出现异常情况时，期货交易所可以按照其章程规定的权限和程序，决定采取下列紧急措施，并应当立即报告国务院期货监督管理机构：

（一）提高保证金；

（二）调整涨跌停板幅度；

（三）限制会员或者客户的最大持仓量；

（四）暂时停止交易；

（五）采取其他紧急措施。

前款所称异常情况，是指在交易中发生操纵期货交易价格的行为或者发生不可抗拒的突发事件以及国务院期货监督管理机构规定的其他情形。

异常情况消失后，期货交易所应当及时取消紧急措施。

第十三条　期货交易所办理下列事项，应当经国务院期货监督管理机构批准：

（一）制定或者修改章程、交易规则；

（二）上市、中止、取消或者恢复交易品种；

（三）上市、修改或者终止合约；

（四）变更住所或者营业场所；

（五）合并、分立或者解散；

（六）国务院期货监督管理机构规定的其他事项。

国务院期货监督管理机构批准期货交易所上市新的交易品种，应当征求国务院有关部门的意见。

第十四条 期货交易所的所得收益按照国家有关规定管理和使用，但应当首先用于保证期货交易场所、设施的运行和改善。

第三章 期货公司

第十五条 期货公司是依照《中华人民共和国公司法》和本条例规定设立的经营期货业务的金融机构。设立期货公司，应当经国务院期货监督管理机构批准，并在公司登记机关登记注册。

未经国务院期货监督管理机构批准，任何单位或者个人不得设立或者变相设立期货公司，经营期货业务。

第十六条 申请设立期货公司，应当符合《中华人民共和国公司法》的规定，并具备下列条件：

（一）注册资本最低限额为人民币3 000万元；

（二）董事、监事、高级管理人员具备任职资格，从业人员具有期货从业资格；

（三）有符合法律、行政法规规定的公司章程；

（四）主要股东以及实际控制人具有持续盈利能力，信誉良好，最近3年无重大违法违规记录；

（五）有合格的经营场所和业务设施；

（六）有健全的风险管理和内部控制制度；

（七）国务院期货监督管理机构规定的其他条件。

国务院期货监督管理机构根据审慎监管原则和各项业务的风险程度，可以提高注册资本最低限额。注册资本应当是实缴资本。股东应当以货币或者期货公司经营必需的非货币财产出资，货币出资比例不得低于85%。

国务院期货监督管理机构应当在受理期货公司设立申请之日起6个月内，根据审慎监管原则进行审查，作出批准或者不批准的决定。

未经国务院期货监督管理机构批准，任何单位和个人不得委托或者接受他人委托持有或者管理期货公司的股权。

第十七条 期货公司业务实行许可制度，由国务院期货监督管理机构按照其商品期货、金融期货业务种类颁发许可证。期货公司除申请经营境内期货经纪业务外，还可以申请经营境外期货经纪、期货投资咨询以及国务院期货监督管理机构规定的其他期货业务。

期货公司不得从事与期货业务无关的活动，法律、行政法规或者国务院期货监督管理机构另有规定的除外。

期货公司不得从事或者变相从事期货自营业务。

期货公司不得为其股东、实际控制人或者其他关联人提供融资，不得对外担保。

第十八条 期货公司从事经纪业务，接受客户委托，以自己的名义为客户进行期货交易，交易结果由客户承担。

第十九条 期货公司办理下列事项，应当经国务院期货监督管理机构批准：

（一）合并、分立、停业、解散或者破产；

（二）变更业务范围；

（三）变更注册资本且调整股权结构；

（四）新增持有5%以上股权的股东或者控股股东发生变化；

（五）设立、收购、参股或者终止境外期货类经营机构；

（六）国务院期货监督管理机构规定的其他事项。

前款第三项、第六项所列事项，国务院期货监督管理机构应当自受理申请之日起20日内作出批准或者不批准的决定；前款所列其他事项，国务院期货监督管理机构应当自受理申请之日起2个月内作出批准或者不批准的决定。

第二十条 期货公司办理下列事项，应当经国务院期货监督管理机构派出机构批准：

（一）变更法定代表人；

（二）变更住所或者营业场所；

（三）设立或者终止境内分支机构；

（四）变更境内分支机构的经营范围；

（五）国务院期货监督管理机构规定的其他事项。

前款第一项、第二项、第四项、第五项所列事项，国务院期货监督管理机构派出机构应当自受理申请之日起20日内作出批准或者不批准的决定；前款第三项所列事项，国务院期货监督管理机构派出机构应当自受理申请之日起2个月内作出批准或者不批准的决定。

第二十一条 期货公司或者其分支机构有《中华人民共和国行政许可法》第七十条规定的情形或者下列情形之一的，国务院期货监督管理机构应当依法办理期货业务许可证注销手续：

（一）营业执照被公司登记机关依法注销；

（二）成立后无正当理由超过3个月未开始营业，或者开业后无正当理由停业连续3个月以上；

（三）主动提出注销申请；

（四）国务院期货监督管理机构规定的其他情形。

期货公司在注销期货业务许可证前，应当结清相关期货业务，并依法返还客户的保证金和其他资产。期货公司分支机构在注销经营许可证前，应当终止经营活动，妥善处理客户资产。

第二十二条 期货公司应当建立、健全并严格执行业务管理规则、风险管理制度，遵守信息披露制度，保障客户保证金的存管安全，按照期货交易所的规定，向期货交易所报告大户名单、交易情况。

第二十三条 从事期货投资咨询业务的其他期货经营机构应当取得国务院期货监督管理机构批准的业务资格，具体管理办法由国务院期货监督管理机构制定。

第四章 期货交易基本规则

第二十四条 在期货交易所进行期货交易的，应当是期货交易所会员。

符合规定条件的境外机构，可以在期货交易所从事特定品种的期货交易。具体办法由国务院期货监督管理机构制定。

第二十五条 期货公司接受客户委托为其进行期货交易，应当事先向客户出示风险说明书，经客户签字确认后，与客户签订书面合同。期货公司不得未经客户委托或者不按照客户委托内容，擅自进行期货交易。

期货公司不得向客户作获利保证；不得在经纪业务中与客户约定分享利益或者共担风险。

第二十六条 下列单位和个人不得从事期货交易，期货公司不得接受其委托为其进行期货交易：

（一）国家机关和事业单位；

（二）国务院期货监督管理机构、期货交易所、期货保证金安全存管监控机构和期货业协会的工作人员；

（三）证券、期货市场禁止进入者；

（四）未能提供开户证明材料的单位和个人；

（五）国务院期货监督管理机构规定不得从事期货交易的其他单位和个人。

第二十七条　客户可以通过书面、电话、互联网或者国务院期货监督管理机构规定的其他方式，向期货公司下达交易指令。客户的交易指令应当明确、全面。

期货公司不得隐瞒重要事项或者使用其他不正当手段诱骗客户发出交易指令。

第二十八条　期货交易所应当及时公布上市品种合约的成交量、成交价、持仓量、最高价与最低价、开盘价与收盘价和其他应当公布的即时行情，并保证即时行情的真实、准确。期货交易所不得发布价格预测信息。

未经期货交易所许可，任何单位和个人不得发布期货交易即时行情。

第二十九条　期货交易应当严格执行保证金制度。期货交易所向会员、期货公司向客户收取的保证金，不得低于国务院期货监督管理机构、期货交易所规定的标准，并应当与自有资金分开，专户存放。

期货交易所向会员收取的保证金，属于会员所有，除用于会员的交易结算外，严禁挪作他用。

期货公司向客户收取的保证金，属于客户所有，除下列可划转的情形外，严禁挪作他用：

（一）依据客户的要求支付可用资金；

（二）为客户交存保证金，支付手续费、税款；

（三）国务院期货监督管理机构规定的其他情形。

第三十条　期货公司应当为每一个客户单独开立专门账户、设置交易编码，不得混码交易。

第三十一条　期货公司经营期货经纪业务又同时经营其他期货业务的，应当严格执行业务分离和资金分离制度，不得混合操作。

第三十二条　期货交易所、期货公司、非期货公司结算会员应当按照国务院期货监督管理机构、财政部门的规定提取、管理和使用风险准备金，不得挪用。

第三十三条　期货交易的收费项目、收费标准和管理办法由国务院有关主管部门统一制定并公布。

第三十四条 期货交易的结算,由期货交易所统一组织进行。

期货交易所实行当日无负债结算制度。期货交易所应当在当日及时将结算结果通知会员。

期货公司根据期货交易所的结算结果对客户进行结算,并应当将结算结果按照与客户约定的方式及时通知客户。客户应当及时查询并妥善处理自己的交易持仓。

第三十五条 期货交易所会员的保证金不足时,应当及时追加保证金或者自行平仓。会员未在期货交易所规定的时间内追加保证金或者自行平仓的,期货交易所应当将该会员的合约强行平仓,强行平仓的有关费用和发生的损失由该会员承担。

客户保证金不足时,应当及时追加保证金或者自行平仓。客户未在期货公司规定的时间内及时追加保证金或者自行平仓的,期货公司应当将该客户的合约强行平仓,强行平仓的有关费用和发生的损失由该客户承担。

第三十六条 期货交易的交割,由期货交易所统一组织进行。

交割仓库由期货交易所指定。期货交易所不得限制实物交割总量,并应当与交割仓库签订协议,明确双方的权利和义务。交割仓库不得有下列行为:

(一) 出具虚假仓单;

(二) 违反期货交易所业务规则,限制交割商品的入库、出库;

(三) 泄露与期货交易有关的商业秘密;

(四) 违反国家有关规定参与期货交易;

(五) 国务院期货监督管理机构规定的其他行为。

第三十七条 会员在期货交易中违约的,期货交易所先以该会员的保证金承担违约责任;保证金不足的,期货交易所应当以风险准备金和自有资金代为承担违约责任,并由此取得对该会员的相应追偿权。

客户在期货交易中违约的,期货公司先以该客户的保证金承担违约责任;保证金不足的,期货公司应当以风险准备金和自有资金代为承担违约责任,并由此取得对该客户的相应追偿权。

第三十八条 实行会员分级结算制度的期货交易所,应当向结算会员收取结算担保金。期货交易所只对结算会员结算,收取和追收保证金,以结算担保金、风险准备金、自有资金代为承担违约责任,以及采取其他相关措施;对非结算会员的结算、收取和追收保证金、代为承担违约责任,以及采取其他相关措施，由结算会员执行。

第三十九条　期货交易所、期货公司和非期货公司结算会员应当保证期货交易、结算、交割资料的完整和安全。

第四十条　任何单位或者个人不得编造、传播有关期货交易的虚假信息，不得恶意串通、联手买卖或者以其他方式操纵期货交易价格。

第四十一条　任何单位或者个人不得违规使用信贷资金、财政资金进行期货交易。

银行业金融机构从事期货交易融资或者担保业务的资格，由国务院银行业监督管理机构批准。

第四十二条　国有以及国有控股企业进行境内外期货交易，应当遵循套期保值的原则，严格遵守国务院国有资产监督管理机构以及其他有关部门关于企业以国有资产进入期货市场的有关规定。

第四十三条　国务院商务主管部门对境内单位或者个人从事境外商品期货交易的品种进行核准。

境外期货项下购汇、结汇以及外汇收支，应当符合国家外汇管理有关规定。

境内单位或者个人从事境外期货交易的办法，由国务院期货监督管理机构会同国务院商务主管部门、国有资产监督管理机构、银行业监督管理机构、外汇管理部门等有关部门制订，报国务院批准后施行。

第五章　期货业协会

第四十四条　期货业协会是期货业的自律性组织，是社会团体法人。

期货公司以及其他专门从事期货经营的机构应当加入期货业协会，并缴纳会员费。

第四十五条　期货业协会的权力机构为全体会员组成的会员大会。

期货业协会的章程由会员大会制定，并报国务院期货监督管理机构备案。

期货业协会设理事会。理事会成员按照章程的规定选举产生。

第四十六条　期货业协会履行下列职责：

（一）教育和组织会员遵守期货法律法规和政策；

（二）制定会员应当遵守的行业自律性规则，监督、检查会员行为，对违反协会章程和自律性规则的，按照规定给予纪律处分；

（三）负责期货从业人员资格的认定、管理以及撤销工作；

（四）受理客户与期货业务有关的投诉，对会员之间、会员与客户之间发生的纠纷进行调解；

（五）依法维护会员的合法权益，向国务院期货监督管理机构反映会员的建议和要求；

（六）组织期货从业人员的业务培训，开展会员间的业务交流；

（七）组织会员就期货业的发展、运作以及有关内容进行研究；

（八）期货业协会章程规定的其他职责。

期货业协会的业务活动应当接受国务院期货监督管理机构的指导和监督。

第六章　监 督 管 理

第四十七条　国务院期货监督管理机构对期货市场实施监督管理，依法履行下列职责：

（一）制定有关期货市场监督管理的规章、规则，并依法行使审批权；

（二）对品种的上市、交易、结算、交割等期货交易及其相关活动，进行监督管理；

（三）对期货交易所、期货公司及其他期货经营机构、非期货公司结算会员、期货保证金安全存管监控机构、期货保证金存管银行、交割仓库等市场相关参与者的期货业务活动，进行监督管理；

（四）制定期货从业人员的资格标准和管理办法，并监督实施；

（五）监督检查期货交易的信息公开情况；

（六）对期货业协会的活动进行指导和监督；

（七）对违反期货市场监督管理法律、行政法规的行为进行查处；

（八）开展与期货市场监督管理有关的国际交流、合作活动；

（九）法律、行政法规规定的其他职责。

第四十八条　国务院期货监督管理机构依法履行职责，可以采取下列措施：

（一）对期货交易所、期货公司及其他期货经营机构、非期货公司结算会员、期货保证金安全存管监控机构和交割仓库进行现场检查；

（二）进入涉嫌违法行为发生场所调查取证；

（三）询问当事人和与被调查事件有关的单位和个人，要求其对与被调查事件有关的事项作出说明；

（四）查阅、复制与被调查事件有关的财产权登记等资料；

（五）查阅、复制当事人和与被调查事件有关的单位和个人的期货交易记录、财务会计资料以及其他相关文件和资料；对可能被转移、隐匿或者毁损的文件和资料，可以予以封存；

（六）查询与被调查事件有关的单位的保证金账户和银行账户；

（七）在调查操纵期货交易价格、内幕交易等重大期货违法行为时，经国务院期货监督管理机构主要负责人批准，可以限制被调查事件当事人的期货交易，但限制的时间不得超过15个交易日；案情复杂的，可以延长至30个交易日；

（八）法律、行政法规规定的其他措施。

第四十九条　期货交易所、期货公司及其他期货经营机构、期货保证金安全存管监控机构，应当向国务院期货监督管理机构报送财务会计报告、业务资料和其他有关资料。

对期货公司及其他期货经营机构报送的年度报告，国务院期货监督管理机构应当指定专人进行审核，并制作审核报告。审核人员应当在审核报告上签字。审核中发现问题的，国务院期货监督管理机构应当及时采取相应措施。

必要时，国务院期货监督管理机构可以要求非期货公司结算会员、交割仓库，以及期货公司股东、实际控制人或者其他关联人报送相关资料。

第五十条　国务院期货监督管理机构依法履行职责，进行监督检查或者调查时，被检查、调查的单位和个人应当配合，如实提供有关文件和资料，不得拒绝、阻碍和隐瞒；其他有关部门和单位应当给予支持和配合。

第五十一条　国家根据期货市场发展的需要，设立期货投资者保障基金。

期货投资者保障基金的筹集、管理和使用的具体办法，由国务院期货监督管理机构会同国务院财政部门制定。

第五十二条　国务院期货监督管理机构应当建立、健全保证金安全存管监控制度，设立期货保证金安全存管监控机构。

客户和期货交易所、期货公司及其他期货经营机构、非期货公司结算会员以及期货保证金存管银行，应当遵守国务院期货监督管理机构有关保证金安全存管监控的规定。

第五十三条 期货保证金安全存管监控机构依照有关规定对保证金安全实施监控，进行每日稽核，发现问题应当立即报告国务院期货监督管理机构。国务院期货监督管理机构应当根据不同情况，依照本条例有关规定及时处理。

第五十四条 国务院期货监督管理机构对期货交易所、期货公司及其他期货经营机构和期货保证金安全存管监控机构的董事、监事、高级管理人员以及其他期货从业人员，实行资格管理制度。

第五十五条 国务院期货监督管理机构应当制定期货公司持续性经营规则，对期货公司的净资本与净资产的比例，净资本与境内期货经纪、境外期货经纪等业务规模的比例，流动资产与流动负债的比例等风险监管指标作出规定；对期货公司及其分支机构的经营条件、风险管理、内部控制、保证金存管、关联交易等方面提出要求。

第五十六条 期货公司及其分支机构不符合持续性经营规则或者出现经营风险的，国务院期货监督管理机构可以对期货公司及其董事、监事和高级管理人员采取谈话、提示、记入信用记录等监管措施或者责令期货公司限期整改，并对其整改情况进行检查验收。

期货公司逾期未改正，其行为严重危及期货公司的稳健运行、损害客户合法权益，或者涉嫌严重违法违规正在被国务院期货监督管理机构调查的，国务院期货监督管理机构可以区别情形，对其采取下列措施：

（一）限制或者暂停部分期货业务；

（二）停止批准新增业务或者分支机构；

（三）限制分配红利，限制向董事、监事、高级管理人员支付报酬、提供福利；

（四）限制转让财产或者在财产上设定其他权利；

（五）责令更换董事、监事、高级管理人员或者有关业务部门、分支机构的负责人员，或者限制其权利；

（六）限制期货公司自有资金或者风险准备金的调拨和使用；

（七）责令控股股东转让股权或者限制有关股东行使股东权利。

对经过整改符合有关法律、行政法规规定以及持续性经营规则要求的期货公司，国务院期货监督管理机构应当自验收完毕之日起 3 日内解除对其采取的有关措施。

对经过整改仍未达到持续性经营规则要求，严重影响正常经营的期货公司,国务院期货监督管理机构有权撤销其部分或者全部期货业务许可、关闭其分支机构。

第五十七条 期货公司违法经营或者出现重大风险,严重危害期货市场秩序、损害客户利益的,国务院期货监督管理机构可以对该期货公司采取责令停业整顿、指定其他机构托管或者接管等监管措施。经国务院期货监督管理机构批准,可以对该期货公司直接负责的董事、监事、高级管理人员和其他直接责任人员采取以下措施:

(一)通知出境管理机关依法阻止其出境;

(二)申请司法机关禁止其转移、转让或者以其他方式处分财产,或者在财产上设定其他权利。

第五十八条 期货公司的股东有虚假出资或者抽逃出资行为的,国务院期货监督管理机构应当责令其限期改正,并可责令其转让所持期货公司的股权。

在股东按照前款要求改正违法行为、转让所持期货公司的股权前,国务院期货监督管理机构可以限制其股东权利。

第五十九条 当期货市场出现异常情况时,国务院期货监督管理机构可以采取必要的风险处置措施。

第六十条 期货公司的交易软件、结算软件,应当满足期货公司审慎经营和风险管理以及国务院期货监督管理机构有关保证金安全存管监控规定的要求。期货公司的交易软件、结算软件不符合要求的,国务院期货监督管理机构有权要求期货公司予以改进或者更换。

国务院期货监督管理机构可以要求期货公司的交易软件、结算软件的供应商提供该软件的相关资料,供应商应当予以配合。国务院期货监督管理机构对供应商提供的相关资料负有保密义务。

第六十一条 期货公司涉及重大诉讼、仲裁,或者股权被冻结或者用于担保,以及发生其他重大事件时,期货公司及其相关股东、实际控制人应当自该事件发生之日起5日内向国务院期货监督管理机构提交书面报告。

第六十二条 会计师事务所、律师事务所、资产评估机构等中介服务机构向期货交易所和期货公司等市场相关参与者提供相关服务时,应当遵守期货法律、行政法规以及国家有关规定,并按照国务院期货监督管理机构的要求提供相关资料。

第六十三条 国务院期货监督管理机构应当与有关部门建立监督管理

的信息共享和协调配合机制。

国务院期货监督管理机构可以和其他国家或者地区的期货监督管理机构建立监督管理合作机制,实施跨境监督管理。

第六十四条 国务院期货监督管理机构、期货交易所、期货保证金安全存管监控机构和期货保证金存管银行等相关单位的工作人员,应当忠于职守,依法办事,公正廉洁,保守国家秘密和有关当事人的商业秘密,不得利用职务便利牟取不正当的利益。

第七章 法律责任

第六十五条 期货交易所、非期货公司结算会员有下列行为之一的,责令改正,给予警告,没收违法所得:

(一)违反规定接纳会员的;

(二)违反规定收取手续费的;

(三)违反规定使用、分配收益的;

(四)不按照规定公布即时行情的,或者发布价格预测信息的;

(五)不按照规定向国务院期货监督管理机构履行报告义务的;

(六)不按照规定向国务院期货监督管理机构报送有关文件、资料的;

(七)不按照规定建立、健全结算担保金制度的;

(八)不按照规定提取、管理和使用风险准备金的;

(九)违反国务院期货监督管理机构有关保证金安全存管监控规定的;

(十)限制会员实物交割总量的;

(十一)任用不具备资格的期货从业人员的;

(十二)违反国务院期货监督管理机构规定的其他行为。

有前款所列行为之一的,对直接负责的主管人员和其他直接责任人员给予纪律处分,处1万元以上10万元以下的罚款。

有本条第一款第二项所列行为的,应当责令退还多收取的手续费。

期货保证金安全存管监控机构有本条第一款第五项、第六项、第九项、第十一项、第十二项所列行为的,依照本条第一款、第二款的规定处罚、处分。期货保证金存管银行有本条第一款第九项、第十二项所列行为的,依照本条第一款、第二款的规定处罚、处分。

第六十六条 期货交易所有下列行为之一的,责令改正,给予警告,没收违法所得,并处违法所得1倍以上5倍以下的罚款;没有违法所得或者违法所得不满10万元的，并处10万元以上50万元以下的罚款；情节严重的，责令停业整顿：

（一）未经批准，擅自办理本条例第十三条所列事项的；

（二）允许会员在保证金不足的情况下进行期货交易的；

（三）直接或者间接参与期货交易，或者违反规定从事与其职责无关的业务的；

（四）违反规定收取保证金，或者挪用保证金的；

（五）伪造、涂改或者不按照规定保存期货交易、结算、交割资料的；

（六）未建立或者未执行当日无负债结算、涨跌停板、持仓限额和大户持仓报告制度的；

（七）拒绝或者妨碍国务院期货监督管理机构监督检查的；

（八）违反国务院期货监督管理机构规定的其他行为。

有前款所列行为之一的，对直接负责的主管人员和其他直接责任人员给予纪律处分，处1万元以上10万元以下的罚款。

非期货公司结算会员有本条第一款第二项、第四项至第八项所列行为之一的，依照本条第一款、第二款的规定处罚、处分。

期货保证金安全存管监控机构有本条第一款第三项、第七项、第八项所列行为的，依照本条第一款、第二款的规定处罚、处分。

第六十七条 期货公司有下列行为之一的，责令改正，给予警告，没收违法所得，并处违法所得1倍以上3倍以下的罚款；没有违法所得或者违法所得不满10万元的，并处10万元以上30万元以下的罚款；情节严重的，责令停业整顿或者吊销期货业务许可证：

（一）接受不符合规定条件的单位或者个人委托的；

（二）允许客户在保证金不足的情况下进行期货交易的；

（三）未经批准，擅自办理本条例第十九条、第二十条所列事项的；

（四）违反规定从事与期货业务无关的活动的；

（五）从事或者变相从事期货自营业务的；

（六）为其股东、实际控制人或者其他关联人提供融资，或者对外担保的；

（七）违反国务院期货监督管理机构有关保证金安全存管监控规定的；

（八）不按照规定向国务院期货监督管理机构履行报告义务或者报送有关文件、资料的；

（九）交易软件、结算软件不符合期货公司审慎经营和风险管理以及国务院期货监督管理机构有关保证金安全存管监控规定的要求的；

（十）不按照规定提取、管理和使用风险准备金的；

（十一）伪造、涂改或者不按照规定保存期货交易、结算、交割资料的；

（十二）任用不具备资格的期货从业人员的；

（十三）伪造、变造、出租、出借、买卖期货业务许可证或者经营许可证的；

（十四）进行混码交易的；

（十五）拒绝或者妨碍国务院期货监督管理机构监督检查的；

（十六）违反国务院期货监督管理机构规定的其他行为。

期货公司有前款所列行为之一的，对直接负责的主管人员和其他直接责任人员给予警告，并处1万元以上5万元以下的罚款；情节严重的，暂停或者撤销任职资格、期货从业人员资格。

期货公司之外的其他期货经营机构有本条第一款第八项、第十二项、第十三项、第十五项、第十六项所列行为的，依照本条第一款、第二款的规定处罚。

期货公司的股东、实际控制人或者其他关联人未经批准擅自委托他人或者接受他人委托持有或者管理期货公司股权的，拒不配合国务院期货监督管理机构的检查，拒不按照规定履行报告义务、提供有关信息和资料，或者报送、提供的信息和资料有虚假记载、误导性陈述或者重大遗漏的，依照本条第一款、第二款的规定处罚。

第六十八条　期货公司有下列欺诈客户行为之一的，责令改正，给予警告，没收违法所得，并处违法所得1倍以上5倍以下的罚款；没有违法所得或者违法所得不满10万元的，并处10万元以上50万元以下的罚款；情节严重的，责令停业整顿或者吊销期货业务许可证：

（一）向客户作获利保证或者不按照规定向客户出示风险说明书的；

（二）在经纪业务中与客户约定分享利益、共担风险的；

（三）不按照规定接受客户委托或者不按照客户委托内容擅自进行期货交易的；

（四）隐瞒重要事项或者使用其他不正当手段，诱骗客户发出交易指令的；

（五）向客户提供虚假成交回报的；

（六）未将客户交易指令下达到期货交易所的；

（七）挪用客户保证金的；

（八）不按照规定在期货保证金存管银行开立保证金账户，或者违规划转客户保证金的；

（九）国务院期货监督管理机构规定的其他欺诈客户的行为。

期货公司有前款所列行为之一的，对直接负责的主管人员和其他直接责任人员给予警告，并处1万元以上10万元以下的罚款；情节严重的，暂停或者撤销任职资格、期货从业人员资格。

任何单位或者个人编造并且传播有关期货交易的虚假信息，扰乱期货交易市场的，依照本条第一款、第二款的规定处罚。

第六十九条　期货公司及其他期货经营机构、非期货公司结算会员、期货保证金存管银行提供虚假申请文件或者采取其他欺诈手段隐瞒重要事实骗取期货业务许可的，撤销其期货业务许可，没收违法所得。

第七十条　期货交易内幕信息的知情人或者非法获取期货交易内幕信息的人，在对期货交易价格有重大影响的信息尚未公开前，利用内幕信息从事期货交易，或者向他人泄露内幕信息，使他人利用内幕信息进行期货交易的，没收违法所得，并处违法所得1倍以上5倍以下的罚款；没有违法所得或者违法所得不满10万元的，处10万元以上50万元以下的罚款。单位从事内幕交易的，还应当对直接负责的主管人员和其他直接责任人员给予警告，并处3万元以上30万元以下的罚款。

国务院期货监督管理机构、期货交易所和期货保证金安全存管监控机构的工作人员进行内幕交易的，从重处罚。

第七十一条　任何单位或者个人有下列行为之一，操纵期货交易价格的，责令改正，没收违法所得，并处违法所得1倍以上5倍以下的罚款；没有违法所得或者违法所得不满20万元的，处20万元以上100万元以下的罚款：

（一）单独或者合谋，集中资金优势、持仓优势或者利用信息优势联合或者连续买卖合约，操纵期货交易价格的；

（二）蓄意串通，按事先约定的时间、价格和方式相互进行期货交易，影响期货交易价格或者期货交易量的；

（三）以自己为交易对象，自买自卖，影响期货交易价格或者期货交易量的；

（四）为影响期货市场行情囤积现货的；

（五）国务院期货监督管理机构规定的其他操纵期货交易价格的行为。

单位有前款所列行为之一的，对直接负责的主管人员和其他直接责任人员给予警告，并处 1 万元以上 10 万元以下的罚款。

第七十二条 交割仓库有本条例第三十六条第二款所列行为之一的，责令改正，给予警告，没收违法所得，并处违法所得 1 倍以上 5 倍以下的罚款；没有违法所得或者违法所得不满 10 万元的，并处 10 万元以上 50 万元以下的罚款；情节严重的，责令期货交易所暂停或者取消其交割仓库资格。对直接负责的主管人员和其他直接责任人员给予警告，并处 1 万元以上 10 万元以下的罚款。

第七十三条 国有以及国有控股企业违反本条例和国务院国有资产监督管理机构以及其他有关部门关于企业以国有资产进入期货市场的有关规定进行期货交易，或者单位、个人违规使用信贷资金、财政资金进行期货交易的，给予警告，没收违法所得，并处违法所得 1 倍以上 5 倍以下的罚款；没有违法所得或者违法所得不满 10 万元的，并处 10 万元以上 50 万元以下的罚款。对直接负责的主管人员和其他直接责任人员给予降级直至开除的纪律处分。

第七十四条 境内单位或者个人违反规定从事境外期货交易的，责令改正，给予警告，没收违法所得，并处违法所得 1 倍以上 5 倍以下的罚款；没有违法所得或者违法所得不满 20 万元的，并处 20 万元以上 100 万元以下的罚款；情节严重的，暂停其境外期货交易。对单位直接负责的主管人员和其他直接责任人员给予警告，并处 1 万元以上 10 万元以下的罚款。

第七十五条 非法设立期货交易场所或者以其他形式组织期货交易活动的，由所在地县级以上地方人民政府予以取缔，没收违法所得，并处违法所得 1 倍以上 5 倍以下的罚款；没有违法所得或者违法所得不满 20 万元的，处 20 万元以上 100 万元以下的罚款。对单位直接负责的主管人员和其他直接责任人员给予警告，并处 1 万元以上 10 万元以下的罚款。

非法设立期货公司及其他期货经营机构，或者擅自从事期货业务的，予以取缔，没收违法所得，并处违法所得 1 倍以上 5 倍以下的罚款；没有违法所得或者违法所得不满 20 万元的，处 20 万元以上 100 万元以下的罚款。对单位直接负责的主管人员和其他直接责任人员给予警告，并处 1 万元以上 10 万元以下的罚款。

第七十六条 期货公司的交易软件、结算软件供应商拒不配合国务院期货监督管理机构调查，或者未按照规定向国务院期货监督管理机构提供相关软件资料，或者提供的软件资料有虚假、重大遗漏的，责令改正，处3万元以上10万元以下的罚款。对直接负责的主管人员和其他直接责任人员给予警告，并处1万元以上5万元以下的罚款。

第七十七条 会计师事务所、律师事务所、资产评估机构等中介服务机构未勤勉尽责，所出具的文件有虚假记载、误导性陈述或者重大遗漏的，责令改正，没收业务收入，暂停或者撤销相关业务许可，并处业务收入1倍以上5倍以下的罚款。对直接负责的主管人员和其他直接责任人员给予警告，并处3万元以上10万元以下的罚款。

第七十八条 任何单位或者个人违反本条例规定，情节严重的，由国务院期货监督管理机构宣布该个人、该单位或者该单位的直接责任人员为期货市场禁止进入者。

第七十九条 国务院期货监督管理机构、期货交易所、期货保证金安全存管监控机构和期货保证金存管银行等相关单位的工作人员，泄露知悉的国家秘密或者会员、客户商业秘密，或者徇私舞弊、玩忽职守、滥用职权、收受贿赂的，依法给予行政处分或者纪律处分。

第八十条 违反本条例规定，构成犯罪的，依法追究刑事责任。

第八十一条 对本条例规定的违法行为的行政处罚，除本条例已有规定的外，由国务院期货监督管理机构决定；涉及其他有关部门法定职权的，国务院期货监督管理机构应当会同其他有关部门处理；属于其他有关部门法定职权的，国务院期货监督管理机构应当移交其他有关部门处理。

第八章 附 则

第八十二条 本条例下列用语的含义：

（一）商品期货合约，是指以农产品、工业品、能源和其他商品及其相关指数产品为标的物的期货合约。

（二）金融期货合约，是指以有价证券、利率、汇率等金融产品及其相关指数产品为标的物的期货合约。

（三）保证金，是指期货交易者按照规定交纳的资金或者提交的价值稳定、流动性强的标准仓单、国债等有价证券，用于结算和保证履约。

（四）结算，是指根据期货交易所公布的结算价格对交易双方的交易结果进行的资金清算和划转。

（五）交割，是指合约到期时，按照期货交易所的规则和程序，交易双方通过该合约所载标的物所有权的转移，或者按照规定结算价格进行现金差价结算，了结到期未平仓合约的过程。

（六）平仓，是指期货交易者买入或者卖出与其所持合约的品种、数量和交割月份相同但交易方向相反的合约，了结期货交易的行为。

（七）持仓量，是指期货交易者所持有的未平仓合约的数量。

（八）持仓限额，是指期货交易所对期货交易者的持仓量规定的最高数额。

（九）标准仓单，是指交割仓库开具并经期货交易所认定的标准化提货凭证。

（十）涨跌停板，是指合约在 1 个交易日中的交易价格不得高于或者低于规定的涨跌幅度，超出该涨跌幅度的报价将被视为无效，不能成交。

（十一）内幕信息，是指可能对期货交易价格产生重大影响的尚未公开的信息，包括：国务院期货监督管理机构以及其他相关部门制定的对期货交易价格可能发生重大影响的政策，期货交易所作出的可能对期货交易价格发生重大影响的决定，期货交易所会员、客户的资金和交易动向以及国务院期货监督管理机构认定的对期货交易价格有显著影响的其他重要信息。

（十二）内幕信息的知情人员，是指由于其管理地位、监督地位或者职业地位，或者作为雇员、专业顾问履行职务，能够接触或者获得内幕信息的人员，包括：期货交易所的管理人员以及其他由于任职可获取内幕信息的从业人员，国务院期货监督管理机构和其他有关部门的工作人员以及国务院期货监督管理机构规定的其他人员。

第八十三条　国务院期货监督管理机构可以批准设立期货专门结算机构，专门履行期货交易所的结算以及相关职责，并承担相应法律责任。

第八十四条　境外机构在境内设立、收购或者参股期货经营机构，以及境外期货经营机构在境内设立分支机构（含代表处）的管理办法，由国务院期货监督管理机构会同国务院商务主管部门、外汇管理部门等有关部门制订，报国务院批准后施行。

第八十五条　在期货交易所之外的国务院期货监督管理机构批准的交易场所进行的期货交易，依照本条例的有关规定执行。

第八十六条　不属于期货交易的商品或者金融产品的其他交易活动，由国家有关部门监督管理，不适用本条例。

第八十七条　本条例自2007年4月15日起施行。1999年6月2日国务院发布的《期货交易管理暂行条例》同时废止。

国务院办公厅转发证监会等部门关于依法打击和防控资本市场内幕交易意见的通知

国办发〔2010〕55号

各省、自治区、直辖市人民政府，国务院各部委、各直属机构：

证监会、公安部、监察部、国资委、预防腐败局《关于依法打击和防控资本市场内幕交易的意见》已经国务院同意，现转发给你们，请认真贯彻执行。

国务院办公厅

二〇一〇年十一月十六日

关于依法打击和防控资本市场内幕交易的意见

证监会　公安部　监察部　国资委　预防腐败局

为维护市场秩序，保护投资者合法权益，促进我国资本市场稳定健康发展，现就依法打击和防控资本市场内幕交易提出以下意见：

一、统一思想，提高认识

内幕交易，是指上市公司高管人员、控股股东、实际控制人和行政审批部门等方面的知情人员，利用工作之便，在公司并购、业绩增长等重大信息公布之前，泄露信息或者利用内幕信息买卖证券谋取私利的行为。这种行为严重违反了法律法规，损害投资者和上市公司合法权益。证券法第五条规定，“禁止欺诈、内幕交易和操纵证券市场的行为”，第七十三条规定，“禁止证券交易内幕信息的知情人和非法获取内幕信息的人利用内幕信息从事证券交易活动”。刑法第一百八十条、第一百八十二条对内幕交易、利用信息优势操纵证券交易价格等行为的量刑和处罚作出了明确规定。

当前，打击和防控资本市场内幕交易面临的形势较为严峻。一些案件参与主体复杂，交易方式多样，操作手段隐蔽，查处工作难度很大。随着股指期货的推出，内幕交易更具隐蔽性、复杂性。各地区、各相关部门要充分认识内幕交易的危害性，统一思想，高度重视，根据刑法和证券法等法律法规规定，按照齐抓共管、打防结合、综合防治的原则，采取针对性措施，切实做好有关工作。

打击和防控资本市场内幕交易工作涉及面广，社会关注度高，需要动员各方面力量，促进全社会参与。要通过法制宣传、教育培训等多种形式，普及刑法、证券法等法律知识，帮助相关人员和社会公众提高对内幕交易危害性的认识，增强遵纪守法意识。要坚持正确的舆论导向，增强舆论引导的针对性和实效性，充分发挥社会舆论监督作用，形成依法打击和防控资本市场内幕交易的社会氛围。

二、完善制度，有效防控

内幕信息，是指上市公司经营、财务、分配、投融资、并购重组、重要人事变动等对证券价格有重大影响但尚未正式公开的信息。加强内幕信息管理是防控内幕交易的重要环节，对从源头上遏制内幕交易具有重要意义。各地区、各相关部门要建立完善内幕信息登记管理制度，提高防控工作的制度化、规范化水平。

一是抓紧制定涉及上市公司内幕信息的保密制度，包括国家工作人员接触内幕信息管理办法，明确内幕信息范围、流转程序、保密措施和责任追究要求，并指定负责内幕信息管理的机构和人员。二是尽快建立内幕信息知情人登记制度，要求内幕信息知情人按规定实施登记，落实相关人员的保密责任和义务。三是完善上市公司信息披露和停复牌等相关制度，督促上市公司等信息披露义务人严格依照法律法规，真实、准确、完整、及时地披露信息。四是健全考核评价制度，将内幕交易防控工作纳入企业业绩考核评价体系，明确考核的原则、内容、标准、程序和方式。五是细化、充实依法打击和防控内幕交易的规定，完善内幕交易行为认定和举证规则，积极探索内幕交易举报奖励制度。

所有涉及上市公司重大事项的决策程序，都要符合保密制度要求，简化决策流程，缩短决策时限，尽可能缩小内幕信息知情人范围。研究论证上市公司重大事项，原则上应在相关证券停牌后或非交易时间进行。

三、明确职责，重点打击

证券监督管理部门要切实负起监管责任，对涉嫌内幕交易的行为，要及时立案稽查，从快作出行政处罚；对涉嫌犯罪的，要移送司法机关依法追究刑事责任，做到有法必依，执法必严，违法必究；对已立案稽查的上市公司，要暂停其再融资、并购重组等行政许可；对负有直接责任的中介机构及相关人员，要依法依规采取行政措施，暂停或取消其业务资格。公安机关在接到依法移送的案件后，要及时立案侦查。各级监察机关、各国有资产监督管理部门要依据职责分工，对泄露内幕信息或从事内幕交易的国家工作人员、国有（控股）企业工作人员进行严肃处理。

各地区要按照依法打击和防控资本市场内幕交易工作的部署和要求，加强组织领导，落实责任主体，进一步细化和落实各项制度，完善配套措施和办法，强化监督，严格问责，积极支持和配合有关方面做好相关工作。

各地区、各相关部门要认真按照法律法规规定，各司其职，协同配合，建立和完善案件移送、执法合作、信息管理、情况沟通等工作机制，形成上下联动、部门联动、地区联动的综合防治体系和强大打击合力。证监会要会同公安部、监察部、国资委、预防腐败局等部门抓紧开展一次依法打击和防控内幕交易专项检查，查办一批典型案件并公开曝光，震慑犯罪分子。

上市公司信息披露管理办法

（2007 年 1 月 30 日　中国证券监督管理委员会第 40 号）

第一章　总　　则

第一条　为了规范发行人、上市公司及其他信息披露义务人的信息披露行为，加强信息披露事务管理，保护投资者合法权益，根据《公司法》、《证券法》等法律、行政法规，制定本办法。

第二条　信息披露义务人应当真实、准确、完整、及时地披露信息，不得有虚假记载、误导性陈述或者重大遗漏。

信息披露义务人应当同时向所有投资者公开披露信息。

在境内、外市场发行证券及其衍生品种并上市的公司在境外市场披露的信息，应当同时在境内市场披露。

第三条　发行人、上市公司的董事、监事、高级管理人员应当忠实、勤勉地履行职责,保证披露信息的真实、准确、完整、及时、公平。

第四条 在内幕信息依法披露前,任何知情人不得公开或者泄露该信息,不得利用该信息进行内幕交易。

第五条 信息披露文件主要包括招股说明书、募集说明书、上市公告书、定期报告和临时报告等。

第六条 上市公司及其他信息披露义务人依法披露信息,应当将公告文稿和相关备查文件报送证券交易所登记,并在中国证券监督管理委员会(以下简称中国证监会)指定的媒体发布。

信息披露义务人在公司网站及其他媒体发布信息的时间不得先于指定媒体,不得以新闻发布或者答记者问等任何形式代替应当履行的报告、公告义务,不得以定期报告形式代替应当履行的临时报告义务。

第七条 信息披露义务人应当将信息披露公告文稿和相关备查文件报送上市公司注册地证监局,并置备于公司住所供社会公众查阅。

第八条 信息披露文件应当采用中文文本。同时采用外文文本的,信息披露义务人应当保证两种文本的内容一致。两种文本发生歧义时,以中文文本为准。

第九条 中国证监会依法对信息披露文件及公告的情况、信息披露事务管理活动进行监督,对上市公司控股股东、实际控制人和信息披露义务人的行为进行监督。

证券交易所应当对上市公司及其他信息披露义务人披露信息进行监督,督促其依法及时、准确地披露信息,对证券及其衍生品种交易实行实时监控。证券交易所制订的上市规则和其他信息披露规则应当报中国证监会批准。

第十条 中国证监会可以对金融、房地产等特殊行业上市公司的信息披露作出特别规定。

第二章 招股说明书、募集说明书与上市公告书

第十一条 发行人编制招股说明书应当符合中国证监会的相关规定。凡是对投资者作出投资决策有重大影响的信息,均应当在招股说明书中披露。

公开发行证券的申请经中国证监会核准后,发行人应当在证券发行前公告招股说明书。

第十二条 发行人的董事、监事、高级管理人员，应当对招股说明书签署书面确认意见，保证所披露的信息真实、准确、完整。

招股说明书应当加盖发行人公章。

第十三条 发行人申请首次公开发行股票的，中国证监会受理申请文件后，发行审核委员会审核前，发行人应当将招股说明书申报稿在中国证监会网站预先披露。

预先披露的招股说明书申报稿不是发行人发行股票的正式文件，不能含有价格信息，发行人不得据此发行股票。

第十四条 证券发行申请经中国证监会核准后至发行结束前，发生重要事项的，发行人应当向中国证监会书面说明，并经中国证监会同意后，修改招股说明书或者作相应的补充公告。

第十五条 申请证券上市交易，应当按照证券交易所的规定编制上市公告书，并经证券交易所审核同意后公告。

发行人的董事、监事、高级管理人员，应当对上市公告书签署书面确认意见，保证所披露的信息真实、准确、完整。

上市公告书应当加盖发行人公章。

第十六条 招股说明书、上市公告书引用保荐人、证券服务机构的专业意见或者报告的，相关内容应当与保荐人、证券服务机构出具的文件内容一致，确保引用保荐人、证券服务机构的意见不会产生误导。

第十七条 本办法第十一条至第十六条有关招股说明书的规定，适用于公司债券募集说明书。

第十八条 上市公司在非公开发行新股后，应当依法披露发行情况报告书。

第三章 定期报告

第十九条 上市公司应当披露的定期报告包括年度报告、中期报告和季度报告。凡是对投资者作出投资决策有重大影响的信息，均应当披露。

年度报告中的财务会计报告应当经具有证券、期货相关业务资格的会计师事务所审计。

第二十条 年度报告应当在每个会计年度结束之日起 4 个月内，中期报告应当在每个会计年度的上半年结束之日起 2 个月内，季度报告应当在每个会计年度第 3 个月、第 9 个月结束后的 1 个月内编制完成并披露。

第一季度季度报告的披露时间不得早于上一年度年度报告的披露时间。

第二十一条 年度报告应当记载以下内容：

（一）公司基本情况；

（二）主要会计数据和财务指标；

（三）公司股票、债券发行及变动情况，报告期末股票、债券总额、股东总数，公司前10大股东持股情况；

（四）持股5%以上股东、控股股东及实际控制人情况；

（五）董事、监事、高级管理人员的任职情况、持股变动情况、年度报酬情况；

（六）董事会报告；

（七）管理层讨论与分析；

（八）报告期内重大事件及对公司的影响；

（九）财务会计报告和审计报告全文；

（十）中国证监会规定的其他事项。

第二十二条 中期报告应当记载以下内容：

（一）公司基本情况；

（二）主要会计数据和财务指标；

（三）公司股票、债券发行及变动情况、股东总数、公司前10大股东持股情况，控股股东及实际控制人发生变化的情况；

（四）管理层讨论与分析；

（五）报告期内重大诉讼、仲裁等重大事件及对公司的影响；

（六）财务会计报告；

（七）中国证监会规定的其他事项。

第二十三条 季度报告应当记载以下内容：

（一）公司基本情况；

（二）主要会计数据和财务指标；

（三）中国证监会规定的其他事项。

第二十四条 公司董事、高级管理人员应当对定期报告签署书面确认意见，监事会应当提出书面审核意见，说明董事会的编制和审核程序是否符合法律、行政法规和中国证监会的规定，报告的内容是否能够真实、准确、完整地反映上市公司的实际情况。

董事、监事、高级管理人员对定期报告内容的真实性、准确性、完整性无法保证或者存在异议的，应当陈述理由和发表意见，并予以披露。

第二十五条　上市公司预计经营业绩发生亏损或者发生大幅变动的，应当及时进行业绩预告。

第二十六条　定期报告披露前出现业绩泄露，或者出现业绩传闻且公司证券及其衍生品种交易出现异常波动的，上市公司应当及时披露本报告期相关财务数据。

第二十七条　定期报告中财务会计报告被出具非标准审计报告的，上市公司董事会应当针对该审计意见涉及事项作出专项说明。

定期报告中财务会计报告被出具非标准审计意见，证券交易所认为涉嫌违法的，应当提请中国证监会立案调查。

第二十八条　上市公司未在规定期限内披露年度报告和中期报告的，中国证监会应当立即立案稽查，证券交易所应当按照股票上市规则予以处理。

第二十九条　年度报告、中期报告和季度报告的格式及编制规则，由中国证监会另行制定。

第四章　临 时 报 告

第三十条　发生可能对上市公司证券及其衍生品种交易价格产生较大影响的重大事件，投资者尚未得知时，上市公司应当立即披露，说明事件的起因、目前的状态和可能产生的影响。

前款所称重大事件包括：

（一）公司的经营方针和经营范围的重大变化；

（二）公司的重大投资行为和重大的购置财产的决定；

（三）公司订立重要合同，可能对公司的资产、负债、权益和经营成果产生重要影响；

（四）公司发生重大债务和未能清偿到期重大债务的违约情况，或者发生大额赔偿责任；

（五）公司发生重大亏损或者重大损失；

（六）公司生产经营的外部条件发生的重大变化；

（七）公司的董事、1/3 以上监事或者经理发生变动；董事长或者经理无法履行职责；

（八）持有公司 5% 以上股份的股东或者实际控制人，其持有股份或者控制公司的情况发生较大变化；

（九）公司减资、合并、分立、解散及申请破产的决定；或者依法进入破产程序、被责令关闭；

（十）涉及公司的重大诉讼、仲裁，股东大会、董事会决议被依法撤销或者宣告无效；

（十一）公司涉嫌违法违规被有权机关调查，或者受到刑事处罚、重大行政处罚；公司董事、监事、高级管理人员涉嫌违法违纪被有权机关调查或者采取强制措施；

（十二）新公布的法律、法规、规章、行业政策可能对公司产生重大影响；

（十三）董事会就发行新股或者其他再融资方案、股权激励方案形成相关决议；

（十四）法院裁决禁止控股股东转让其所持股份；任一股东所持公司5%以上股份被质押、冻结、司法拍卖、托管、设定信托或者被依法限制表决权；

（十五）主要资产被查封、扣押、冻结或者被抵押、质押；

（十六）主要或者全部业务陷入停顿；

（十七）对外提供重大担保；

（十八）获得大额政府补贴等可能对公司资产、负债、权益或者经营成果产生重大影响的额外收益；

（十九）变更会计政策、会计估计；

（二十）因前期已披露的信息存在差错、未按规定披露或者虚假记载，被有关机关责令改正或者经董事会决定进行更正；

（二十一）中国证监会规定的其他情形。

第三十一条 上市公司应当在最先发生的以下任一时点，及时履行重大事件的信息披露义务：

（一）董事会或者监事会就该重大事件形成决议时；

（二）有关各方就该重大事件签署意向书或者协议时；

（三）董事、监事或者高级管理人员知悉该重大事件发生并报告时。

在前款规定的时点之前出现下列情形之一的，上市公司应当及时披露相关事项的现状、可能影响事件进展的风险因素：

（一）该重大事件难以保密；

（二）该重大事件已经泄露或者市场出现传闻；

（三）公司证券及其衍生品种出现异常交易情况。

第三十二条　上市公司披露重大事件后,已披露的重大事件出现可能对上市公司证券及其衍生品种交易价格产生较大影响的进展或者变化的,应当及时披露进展或者变化情况、可能产生的影响。

第三十三条　上市公司控股子公司发生本办法第三十条规定的重大事件,可能对上市公司证券及其衍生品种交易价格产生较大影响的,上市公司应当履行信息披露义务。

上市公司参股公司发生可能对上市公司证券及其衍生品种交易价格产生较大影响的事件的,上市公司应当履行信息披露义务。

第三十四条　涉及上市公司的收购、合并、分立、发行股份、回购股份等行为导致上市公司股本总额、股东、实际控制人等发生重大变化的,信息披露义务人应当依法履行报告、公告义务,披露权益变动情况。

第三十五条　上市公司应当关注本公司证券及其衍生品种的异常交易情况及媒体关于本公司的报道。

证券及其衍生品种发生异常交易或者在媒体中出现的消息可能对公司证券及其衍生品种的交易产生重大影响时,上市公司应当及时向相关各方了解真实情况,必要时应当以书面方式问询。

上市公司控股股东、实际控制人及其一致行动人应当及时、准确地告知上市公司是否存在拟发生的股权转让、资产重组或者其他重大事件,并配合上市公司做好信息披露工作。

第三十六条　公司证券及其衍生品种交易被中国证监会或者证券交易所认定为异常交易的,上市公司应当及时了解造成证券及其衍生品种交易异常波动的影响因素,并及时披露。

第五章　信息披露事务管理

第三十七条　上市公司应当制定信息披露事务管理制度。信息披露事务管理制度应当包括:

(一) 明确上市公司应当披露的信息,确定披露标准;

(二) 未公开信息的传递、审核、披露流程;

(三) 信息披露事务管理部门及其负责人在信息披露中的职责;

(四) 董事和董事会、监事和监事会、高级管理人员等的报告、审议和披露的职责;

(五) 董事、监事、高级管理人员履行职责的记录和保管制度;

（六）未公开信息的保密措施，内幕信息知情人的范围和保密责任；

（七）财务管理和会计核算的内部控制及监督机制；

（八）对外发布信息的申请、审核、发布流程；与投资者、证券服务机构、媒体等的信息沟通与制度；

（九）信息披露相关文件、资料的档案管理；

（十）涉及子公司的信息披露事务管理和报告制度；

（十一）未按规定披露信息的责任追究机制，对违反规定人员的处理措施。

上市公司信息披露事务管理制度应当经公司董事会审议通过，报注册地证监局和证券交易所备案。

第三十八条 上市公司董事、监事、高级管理人员应当勤勉尽责，关注信息披露文件的编制情况，保证定期报告、临时报告在规定期限内披露，配合上市公司及其他信息披露义务人履行信息披露义务。

第三十九条 上市公司应当制定定期报告的编制、审议、披露程序。经理、财务负责人、董事会秘书等高级管理人员应当及时编制定期报告草案，提请董事会审议；董事会秘书负责送达董事审阅；董事长负责召集和主持董事会会议审议定期报告；监事会负责审核董事会编制的定期报告；董事会秘书负责组织定期报告的披露工作。

第四十条 上市公司应当制定重大事件的报告、传递、审核、披露程序。董事、监事、高级管理人员知悉重大事件发生时，应当按照公司规定立即履行报告义务；董事长在接到报告后，应当立即向董事会报告，并敦促董事会秘书组织临时报告的披露工作。

第四十一条 上市公司通过业绩说明会、分析师会议、路演、接受投资者调研等形式就公司的经营情况、财务状况及其他事件与任何机构和个人进行沟通的，不得提供内幕信息。

第四十二条 董事应当了解并持续关注公司生产经营情况、财务状况和公司已经发生的或者可能发生的重大事件及其影响，主动调查、获取决策所需要的资料。

第四十三条 监事应当对公司董事、高级管理人员履行信息披露职责的行为进行监督；关注公司信息披露情况，发现信息披露存在违法违规问题的，应当进行调查并提出处理建议。

监事会对定期报告出具的书面审核意见，应当说明编制和审核的程序是否符合法律、行政法规、中国证监会的规定，报告的内容是否能够真实、准确、完整地反映上市公司的实际情况。

第四十四条　高级管理人员应当及时向董事会报告有关公司经营或者财务方面出现的重大事件、已披露的事件的进展或者变化情况及其他相关信息。

第四十五条　董事会秘书负责组织和协调公司信息披露事务，汇集上市公司应予披露的信息并报告董事会，持续关注媒体对公司的报道并主动求证报道的真实情况。董事会秘书有权参加股东大会、董事会会议、监事会会议和高级管理人员相关会议，有权了解公司的财务和经营情况，查阅涉及信息披露事宜的所有文件。

董事会秘书负责办理上市公司信息对外公布等相关事宜。除监事会公告外，上市公司披露的信息应当以董事会公告的形式发布。董事、监事、高级管理人员非经董事会书面授权，不得对外发布上市公司未披露信息。

上市公司应当为董事会秘书履行职责提供便利条件，财务负责人应当配合董事会秘书在财务信息披露方面的相关工作。

第四十六条　上市公司的股东、实际控制人发生以下事件时，应当主动告知上市公司董事会，并配合上市公司履行信息披露义务。

（一）持有公司5%以上股份的股东或者实际控制人，其持有股份或者控制公司的情况发生较大变化；

（二）法院裁决禁止控股股东转让其所持股份，任一股东所持公司5%以上股份被质押、冻结、司法拍卖、托管、设定信托或者被依法限制表决权；

（三）拟对上市公司进行重大资产或者业务重组；

（四）中国证监会规定的其他情形。

应当披露的信息依法披露前，相关信息已在媒体上传播或者公司证券及其衍生品种出现交易异常情况的，股东或者实际控制人应当及时、准确地向上市公司作出书面报告，并配合上市公司及时、准确地公告。

上市公司的股东、实际控制人不得滥用其股东权利、支配地位，不得要求上市公司向其提供内幕信息。

第四十七条　上市公司非公开发行股票时，其控股股东、实际控制人和发行对象应当及时向上市公司提供相关信息，配合上市公司履行信息披露义务。

第四十八条 上市公司董事、监事、高级管理人员、持股5%以上的股东及其一致行动人、实际控制人应当及时向上市公司董事会报送上市公司关联人名单及关联关系的说明。上市公司应当履行关联交易的审议程序，并严格执行关联交易回避表决制度。交易各方不得通过隐瞒关联关系或者采取其他手段，规避上市公司的关联交易审议程序和信息披露义务。

第四十九条 通过接受委托或者信托等方式持有上市公司5%以上股份的股东或者实际控制人，应当及时将委托人情况告知上市公司，配合上市公司履行信息披露义务。

第五十条 信息披露义务人应当向其聘用的保荐人、证券服务机构提供与执业相关的所有资料，并确保资料的真实、准确、完整，不得拒绝、隐匿、谎报。

保荐人、证券服务机构在为信息披露出具专项文件时，发现上市公司及其他信息披露义务人提供的材料有虚假记载、误导性陈述、重大遗漏或者其他重大违法行为的，应当要求其补充、纠正。信息披露义务人不予补充、纠正的，保荐人、证券服务机构应当及时向公司注册地证监局和证券交易所报告。

第五十一条 上市公司解聘会计师事务所的，应当在董事会决议后及时通知会计师事务所，公司股东大会就解聘会计师事务所进行表决时，应当允许会计师事务所陈述意见。股东大会作出解聘、更换会计师事务所决议的，上市公司应当在披露时说明更换的具体原因和会计师事务所的陈述意见。

第五十二条 为信息披露义务人履行信息披露义务出具专项文件的保荐人、证券服务机构，应当勤勉尽责、诚实守信，按照依法制定的业务规则、行业执业规范和道德准则发表专业意见，保证所出具文件的真实性、准确性和完整性。

第五十三条 注册会计师应当秉承风险导向审计理念，严格执行注册会计师执业准则及相关规定，完善鉴证程序，科学选用鉴证方法和技术，充分了解被鉴证单位及其环境，审慎关注重大错报风险，获取充分、适当的证据，合理发表鉴证结论。

第五十四条 资产评估机构应当恪守职业道德，严格遵守评估准则或者其他评估规范，恰当选择评估方法，评估中提出的假设条件应当符合实际情况，对评估对象所涉及交易、收入、支出、投资等业务的合法性、未来预测的可靠性取得充分证据，充分考虑未来各种可能性发生的概率及其影响，形成合理的评估结论。

第五十五条　任何机构和个人不得非法获取、提供、传播上市公司的内幕信息，不得利用所获取的内幕信息买卖或者建议他人买卖公司证券及其衍生品种，不得在投资价值分析报告、研究报告等文件中使用内幕信息。

第五十六条　媒体应当客观、真实地报道涉及上市公司的情况，发挥舆论监督作用。

任何机构和个人不得提供、传播虚假或者误导投资者的上市公司信息。

违反前两款规定，给投资者造成损失的，依法承担赔偿责任。

第六章　监督管理与法律责任

第五十七条　中国证监会可以要求上市公司及其他信息披露义务人或者其董事、监事、高级管理人员对有关信息披露问题作出解释、说明或者提供相关资料，并要求上市公司提供保荐人或者证券服务机构的专业意见。

中国证监会对保荐人和证券服务机构出具的文件的真实性、准确性、完整性有疑义的，可以要求相关机构作出解释、补充，并调阅其工作底稿。

上市公司及其他信息披露义务人、保荐人和证券服务机构应当及时作出回复，并配合中国证监会的检查、调查。

第五十八条　上市公司董事、监事、高级管理人员应当对公司信息披露的真实性、准确性、完整性、及时性、公平性负责，但有充分证据表明其已经履行勤勉尽责义务的除外。

上市公司董事长、经理、董事会秘书，应当对公司临时报告信息披露的真实性、准确性、完整性、及时性、公平性承担主要责任。

上市公司董事长、经理、财务负责人应对公司财务报告的真实性、准确性、完整性、及时性、公平性承担主要责任。

第五十九条　信息披露义务人及其董事、监事、高级管理人员，上市公司的股东、实际控制人、收购人及其董事、监事、高级管理人员违反本办法的，中国证监会可以采取以下监管措施：

（一）责令改正；

（二）监管谈话；

（三）出具警示函；

（四）将其违法违规、不履行公开承诺等情况记入诚信档案并公布；

（五）认定为不适当人选；

（六）依法可以采取的其他监管措施。

第六十条 上市公司未按本办法规定制定上市公司信息披露事务管理制度的,中国证监会责令改正。拒不改正的,中国证监会给予警告、罚款。

第六十一条 信息披露义务人未在规定期限内履行信息披露义务,或者所披露的信息有虚假记载、误导性陈述或者重大遗漏的,中国证监会按照《证券法》第一百九十三条处罚。

第六十二条 信息披露义务人未在规定期限内报送有关报告,或者报送的报告有虚假记载、误导性陈述或者重大遗漏的,中国证监会按照《证券法》第一百九十三条处罚。

第六十三条 上市公司通过隐瞒关联关系或者采取其他手段,规避信息披露、报告义务的,中国证监会按照《证券法》第一百九十三条处罚。

第六十四条 上市公司股东、实际控制人未依法配合上市公司履行信息披露义务的,或者非法要求上市公司提供内幕信息的,中国证监会责令改正,给予警告、罚款。

第六十五条 为信息披露义务人履行信息披露义务出具专项文件的保荐人、证券服务机构及其人员,违反《证券法》、行政法规和中国证监会的规定,由中国证监会依法采取责令改正、监管谈话、出具警示函、记入诚信档案等监管措施;应当给予行政处罚的,中国证监会依法处罚。

第六十六条 任何机构和个人泄露上市公司内幕信息,或者利用内幕信息买卖证券及其衍生品种,中国证监会按照《证券法》第二百零一条、第二百零二条处罚。

第六十七条 任何机构和个人编制、传播虚假信息扰乱证券市场;媒体传播上市公司信息不真实、不客观的,中国证监会按照《证券法》第二百零六条处罚。

在证券及其衍生品种交易活动中作出虚假陈述或者信息误导的,中国证监会按照《证券法》第二百零七条处罚。

第六十八条 涉嫌利用新闻报道以及其他传播方式对上市公司进行敲诈勒索的,中国证监会责令改正,向有关部门发出监管建议函,由有关部门依法追究法律责任。

第六十九条 上市公司及其他信息披露义务人违反本办法的规定,情节严重的,中国证监会可以对有关责任人员采取证券市场禁入的措施。

第七十条 违反本办法,涉嫌犯罪的,依法移送司法机关,追究刑事责任。

第七章　附　　则

第七十一条　本办法下列用语的含义：

（一）为信息披露义务人履行信息披露义务出具专项文件的保荐人、证券服务机构，是指为证券发行、上市、交易等证券业务活动制作、出具保荐书、审计报告、资产评估报告、法律意见书、财务顾问报告、资信评级报告等文件的保荐人、会计师事务所、资产评估机构、律师事务所、财务顾问机构、资信评级机构。

（二）及时，是指自起算日起或者触及披露时点的两个交易日内。

（三）上市公司的关联交易，是指上市公司或者其控股子公司与上市公司关联人之间发生的转移资源或者义务的事项。

关联人包括关联法人和关联自然人。

具有以下情形之一的法人，为上市公司的关联法人：

1. 直接或者间接地控制上市公司的法人；

2. 由前项所述法人直接或者间接控制的除上市公司及其控股子公司以外的法人；

3. 关联自然人直接或者间接控制的、或者担任董事、高级管理人员的，除上市公司及其控股子公司以外的法人；

4. 持有上市公司5%以上股份的法人或者一致行动人；

5. 在过去12个月内或者根据相关协议安排在未来12月内，存在上述情形之一的；

6. 中国证监会、证券交易所或者上市公司根据实质重于形式的原则认定的其他与上市公司有特殊关系，可能或者已经造成上市公司对其利益倾斜的法人。

具有以下情形之一的自然人，为上市公司的关联自然人：

1. 直接或者间接持有上市公司5%以上股份的自然人；

2. 上市公司董事、监事及高级管理人员；

3. 直接或者间接地控制上市公司的法人的董事、监事及高级管理人员；

4. 上述第1、2项所述人士的关系密切的家庭成员，包括配偶、父母、年满18周岁的子女及其配偶、兄弟姐妹及其配偶，配偶的父母、兄弟姐妹，子女配偶的父母；

5. 在过去12个月内或者根据相关协议安排在未来12个月内，存在上述情形之一的；

6. 中国证监会、证券交易所或者上市公司根据实质重于形式的原则认定的其他与上市公司有特殊关系，可能或者已经造成上市公司对其利益倾斜的自然人。

（四）指定媒体，是指中国证监会指定的报刊和网站。

第七十二条 本办法自公布之日起施行。《公开发行股票公司信息披露实施细则》（试行）（证监上字〔1993〕43号）、《关于股票公开发行与上市公司信息披露有关事项的通知》（证监研字〔1993〕19号）、《关于加强对上市公司临时报告审查的通知》（证监上字〔1996〕26号）、《关于上市公司发布澄清公告若干问题的通知》（证监上字〔1996〕28号）、《上市公司披露信息电子存档事宜的通知》（证监信字〔1998〕50号）、《关于进一步加强ST、PT公司信息披露监管工作的通知》（证监公司字〔2000〕63号）、《关于拟发行新股的上市公司中期报告有关问题的通知》（证监公司字〔2001〕69号）、《关于上市公司临时公告及相关附件报送中国证监会派出机构备案的通知》（证监公司字〔2003〕7号）同时废止。

上市公司重大资产重组管理办法

（2008年3月24日中国证券监督管理委员会第224次主席办公会审议通过，根据2011年8月1日中国证券监督管理委员会《关于修改上市公司重大资产重组与配套融资相关规定的决定》修订）

第一章 总　　则

第一条 为了规范上市公司重大资产重组行为，保护上市公司和投资者的合法权益，促进上市公司质量不断提高，维护证券市场秩序和社会公共利益，根据《公司法》、《证券法》等法律、行政法规的规定，制定本办法。

第二条 本办法适用于上市公司及其控股或者控制的公司在日常经营活动之外购买、出售资产或者通过其他方式进行资产交易达到规定的比例，导致上市公司的主营业务、资产、收入发生重大变化的资产交易行为（以下简称重大资产重组）。

上市公司发行股份购买资产应当符合本办法的规定。

上市公司按照经中国证券监督管理委员会（以下简称中国证监会）核准的发行证券文件披露的募集资金用途，使用募集资金购买资产、对外投资的行为，不适用本办法。

第三条　任何单位和个人不得利用重大资产重组损害上市公司及其股东的合法权益。

第四条　上市公司实施重大资产重组，有关各方必须及时、公平地披露或者提供信息，保证所披露或者提供信息的真实、准确、完整，不得有虚假记载、误导性陈述或者重大遗漏。

第五条　上市公司的董事、监事和高级管理人员在重大资产重组活动中，应当诚实守信、勤勉尽责，维护公司资产的安全，保护公司和全体股东的合法权益。

第六条　为重大资产重组提供服务的证券服务机构和人员，应当遵守法律、行政法规和中国证监会的有关规定，遵循本行业公认的业务标准和道德规范，严格履行职责，不得谋取不正当利益，并应当对其所制作、出具文件的真实性、准确性和完整性承担责任。

第七条　任何单位和个人对所知悉的重大资产重组信息在依法披露前负有保密义务。

禁止任何单位和个人利用重大资产重组信息从事内幕交易、操纵证券市场等违法活动。

第八条　中国证监会依法对上市公司重大资产重组行为进行监管。

第九条　中国证监会在发行审核委员会中设立上市公司并购重组审核委员会（以下简称并购重组委），以投票方式对提交其审议的重大资产重组申请进行表决，提出审核意见。

第二章　重大资产重组的原则和标准

第十条　上市公司实施重大资产重组，应当符合下列要求：

（一）符合国家产业政策和有关环境保护、土地管理、反垄断等法律和行政法规的规定；

（二）不会导致上市公司不符合股票上市条件；

（三）重大资产重组所涉及的资产定价公允，不存在损害上市公司和股东合法权益的情形；

（四）重大资产重组所涉及的资产权属清晰，资产过户或者转移不存在法律障碍，相关债权债务处理合法；

（五）有利于上市公司增强持续经营能力，不存在可能导致上市公司重组后主要资产为现金或者无具体经营业务的情形；

（六）有利于上市公司在业务、资产、财务、人员、机构等方面与实际控制人及其关联人保持独立，符合中国证监会关于上市公司独立性的相关规定；

（七）有利于上市公司形成或者保持健全有效的法人治理结构。

第十一条 上市公司及其控股或者控制的公司购买、出售资产，达到下列标准之一的，构成重大资产重组：

（一）购买、出售的资产总额占上市公司最近一个会计年度经审计的合并财务会计报告期末资产总额的比例达到50%以上；

（二）购买、出售的资产在最近一个会计年度所产生的营业收入占上市公司同期经审计的合并财务会计报告营业收入的比例达到50%以上；

（三）购买、出售的资产净额占上市公司最近一个会计年度经审计的合并财务会计报告期末净资产额的比例达到50%以上，且超过5 000万元人民币。

购买、出售资产未达到前款规定标准，但中国证监会发现存在可能损害上市公司或者投资者合法权益的重大问题的，可以根据审慎监管原则责令上市公司按照本办法的规定补充披露相关信息、暂停交易并报送申请文件。

第十二条 自控制权发生变更之日起，上市公司向收购人购买的资产总额，占上市公司控制权发生变更的前一个会计年度经审计的合并财务会计报告期末资产总额的比例达到100%以上的，除符合本办法第十条、第四十二条规定的要求外，上市公司购买的资产对应的经营实体持续经营时间应当在3年以上，最近两个会计年度净利润均为正数且累计超过人民币2 000万元。上市公司购买的资产属于金融、创业投资等特定行业的，由中国证监会另行规定。

前款规定的重大资产重组完成后，上市公司应当符合中国证监会关于上市公司治理与规范运作的相关规定，在业务、资产、财务、人员、机构等方面独立于控股股东、实际控制人及其控制的其他企业，与控股股东、实际控制人及其控制的其他企业间不存在同业竞争或者显失公平的关联交易。

第十三条 计算本办法第十一条、第十二条规定的比例时，应当遵守下列规定：

（一）购买的资产为股权的，其资产总额以被投资企业的资产总额与该项投资所占股权比例的乘积和成交金额二者中的较高者为准，营业收入以被投资企业的营业收入与该项投资所占股权比例的乘积为准，资产净额以被投资企业的净资产额与该项投资所占股权比例的乘积和成交金额二者中的较高者为准；出售的资产为股权的，其资产总额、营业收入以及资产净额分别以被投资企业的资产总额、营业收入以及净资产额与该项投资所占股权比例的乘积为准。

购买股权导致上市公司取得被投资企业控股权的，其资产总额以被投资企业的资产总额和成交金额二者中的较高者为准，营业收入以被投资企业的营业收入为准，资产净额以被投资企业的净资产额和成交金额二者中的较高者为准；出售股权导致上市公司丧失被投资企业控股权的，其资产总额、营业收入以及资产净额分别以被投资企业的资产总额、营业收入以及净资产额为准。

（二）购买的资产为非股权资产的，其资产总额以该资产的账面值和成交金额二者中的较高者为准，资产净额以相关资产与负债的账面值差额和成交金额二者中的较高者为准；出售的资产为非股权资产的，其资产总额、资产净额分别以该资产的账面值、相关资产与负债账面值的差额为准；该非股权资产不涉及负债的，不适用第十一条第一款第（三）项规定的资产净额标准。

（三）上市公司同时购买、出售资产的，应当分别计算购买、出售资产的相关比例，并以二者中比例较高者为准。

（四）上市公司在 12 个月内连续对同一或者相关资产进行购买、出售的，以其累计数分别计算相应数额。已按照本办法的规定报经中国证监会核准的资产交易行为，无须纳入累计计算的范围，但本办法第十二条规定情形除外。

交易标的资产属于同一交易方所有或者控制，或者属于相同或者相近的业务范围，或者中国证监会认定的其他情形下，可以认定为同一或者相关资产。

第十四条　本办法第二条所称通过其他方式进行资产交易，包括：

（一）与他人新设企业、对已设立的企业增资或者减资；

（二）受托经营、租赁其他企业资产或者将经营性资产委托他人经营、租赁；

（三）接受附义务的资产赠与或者对外捐赠资产；

（四）中国证监会根据审慎监管原则认定的其他情形。

上述资产交易实质上构成购买、出售资产，且按照本办法规定的标准计算的相关比例达到50%以上的，应当按照本办法的规定履行信息披露等相关义务并报送申请文件。

第三章 重大资产重组的程序

第十五条 上市公司与交易对方就重大资产重组事宜进行初步磋商时，应当立即采取必要且充分的保密措施，制定严格有效的保密制度，限定相关敏感信息的知悉范围。上市公司及交易对方聘请证券服务机构的，应当立即与所聘请的证券服务机构签署保密协议。

上市公司关于重大资产重组的董事会决议公告前，相关信息已在媒体上传播或者公司股票交易出现异常波动的，上市公司应当立即将有关计划、方案或者相关事项的现状以及相关进展情况和风险因素等予以公告，并按照有关信息披露规则办理其他相关事宜。

第十六条 上市公司应当聘请独立财务顾问、律师事务所以及具有相关证券业务资格的会计师事务所等证券服务机构就重大资产重组出具意见。

独立财务顾问和律师事务所应当审慎核查重大资产重组是否构成关联交易，并依据核查确认的相关事实发表明确意见。重大资产重组涉及关联交易的，独立财务顾问应当就本次重组对上市公司非关联股东的影响发表明确意见。

资产交易定价以资产评估结果为依据的，上市公司应当聘请具有相关证券业务资格的资产评估机构出具资产评估报告。

证券服务机构在其出具的意见中采用其他证券服务机构或者人员的专业意见的，仍然应当进行尽职调查，审慎核查其采用的专业意见的内容，并对利用其他证券服务机构或者人员的专业意见所形成的结论负责。

第十七条 上市公司及交易对方与证券服务机构签订聘用合同后，非因正当事由不得更换证券服务机构。确有正当事由需要更换证券服务机构的，应当在申请材料中披露更换的具体原因以及证券服务机构的陈述意见。

第十八条 上市公司购买资产的，应当提供拟购买资产的盈利预测报告。上市公司拟进行本办法第二十八条第一款第（一）至（三）项规定的重大资产重组以及发行股份购买资产的，还应当提供上市公司的盈利预测报告。

盈利预测报告应当经具有相关证券业务资格的会计师事务所审核。

上市公司确有充分理由无法提供上述盈利预测报告的，应当说明原因，在上市公司重大资产重组报告书（或者发行股份购买资产报告书，下同）中作出特别风险提示，并在管理层讨论与分析部分就本次重组对上市公司持续经营能力和未来发展前景的影响进行详细分析。

第十九条　重大资产重组中相关资产以资产评估结果作为定价依据的，资产评估机构原则上应当采取两种以上评估方法进行评估。

上市公司董事会应当对评估机构的独立性、评估假设前提的合理性、评估方法与评估目的的相关性以及评估定价的公允性发表明确意见。上市公司独立董事应当对评估机构的独立性、评估假设前提的合理性和评估定价的公允性发表独立意见。

第二十条　上市公司进行重大资产重组，应当由董事会依法作出决议，并提交股东大会批准。

上市公司董事会应当就重大资产重组是否构成关联交易作出明确判断，并作为董事会决议事项予以披露。

上市公司独立董事应当在充分了解相关信息的基础上，就重大资产重组发表独立意见。重大资产重组构成关联交易的，独立董事可以另行聘请独立财务顾问就本次交易对上市公司非关联股东的影响发表意见。上市公司应当积极配合独立董事调阅相关材料，并通过安排实地调查、组织证券服务机构汇报等方式，为独立董事履行职责提供必要的支持和便利。

第二十一条　上市公司应当在董事会作出重大资产重组决议后的次一工作日至少披露下列文件，同时抄报上市公司所在地的中国证监会派出机构（以下简称派出机构）：

（一）董事会决议及独立董事的意见；

（二）上市公司重大资产重组预案。

本次重组的重大资产重组报告书、独立财务顾问报告、法律意见书以及重组涉及的审计报告、资产评估报告和经审核的盈利预测报告至迟应当与召开股东大会的通知同时公告。

本条第一款第（二）项及第二款规定的信息披露文件的内容与格式另行规定。

上市公司应当在至少一种中国证监会指定的报刊公告董事会决议、独立董事的意见和重大资产重组报告书摘要，并应当在证券交易所网站全文披露重大资产重组报告书及相关证券服务机构的报告或者意见。

第二十二条 上市公司股东大会就重大资产重组作出的决议，至少应当包括下列事项：

（一）本次重大资产重组的方式、交易标的和交易对方；

（二）交易价格或者价格区间；

（三）定价方式或者定价依据；

（四）相关资产自定价基准日至交割日期间损益的归属；

（五）相关资产办理权属转移的合同义务和违约责任；

（六）决议的有效期；

（七）对董事会办理本次重大资产重组事宜的具体授权；

（八）其他需要明确的事项。

第二十三条 上市公司股东大会就重大资产重组事项作出决议，必须经出席会议的股东所持表决权的2/3以上通过。

上市公司重大资产重组事宜与本公司股东或者其关联人存在关联关系的，股东大会就重大资产重组事项进行表决时，关联股东应当回避表决。

交易对方已经与上市公司控股股东就受让上市公司股权或者向上市公司推荐董事达成协议或者默契，可能导致上市公司的实际控制权发生变化的，上市公司控股股东及其关联人应当回避表决。

上市公司就重大资产重组事宜召开股东大会，应当以现场会议形式召开，并应当提供网络投票或者其他合法方式为股东参加股东大会提供便利。

第二十四条 上市公司应当在股东大会作出重大资产重组决议后的次一工作日公告该决议，并按照中国证监会的有关规定编制申请文件，委托独立财务顾问在3个工作日内向中国证监会申报，同时抄报派出机构。

第二十五条 上市公司全体董事、监事、高级管理人员应当出具承诺，保证重大资产重组申请文件不存在虚假记载、误导性陈述或者重大遗漏。

第二十六条 中国证监会依照法定条件和法定程序对重大资产重组申请作出予以核准或者不予核准的决定。

中国证监会在审核期间提出反馈意见要求上市公司作出书面解释、说明的，上市公司应当自收到反馈意见之日起30日内提供书面回复意见，独立财务顾问应当配合上市公司提供书面回复意见。逾期未提供的，上市公司应当在到期日的次日就本次重大资产重组的进展情况及未能及时提供回复意见的具体原因等予以公告。

第二十七条　中国证监会审核期间，上市公司拟对交易对象、交易标的、交易价格等作出变更，构成对重组方案重大调整的，应当在董事会表决通过后重新提交股东大会审议，并按照本办法的规定向中国证监会重新报送重大资产重组申请文件，同时作出公告。

在中国证监会审核期间，上市公司董事会决议终止或者撤回本次重大资产重组申请的，应当说明原因，予以公告，并按照公司章程的规定提交股东大会审议。

第二十八条　上市公司重大资产重组存在下列情形之一的，应当提交并购重组委审核：

（一）符合本办法第十二条的规定；

（二）上市公司出售资产的总额和购买资产的总额占其最近一个会计年度经审计的合并财务会计报告期末资产总额的比例均达到70%以上；

（三）上市公司出售全部经营性资产，同时购买其他资产；

（四）中国证监会在审核中认为需要提交并购重组委审核的其他情形。

重大资产重组不存在前款规定情形，但存在下列情形之一的，上市公司可以向中国证监会申请将本次重组方案提交并购重组委审核：

（一）上市公司购买的资产为符合本办法第五十条规定的完整经营实体且业绩需要模拟计算的；

（二）上市公司对中国证监会有关职能部门提出的反馈意见表示异议的。

第二十九条　上市公司在收到中国证监会关于召开并购重组委工作会议审核其重大资产重组申请的通知后，应当立即予以公告，并申请办理并购重组委工作会议期间直至其表决结果披露前的停牌事宜。

上市公司在收到并购重组委关于其重大资产重组申请的表决结果后，应当在次一工作日公告表决结果并申请复牌。公告应当说明，公司在收到中国证监会作出的予以核准或者不予核准的决定后将再行公告。

第三十条　上市公司收到中国证监会就其重大资产重组申请作出的予以核准或者不予核准的决定后，应当在次一工作日予以公告。

中国证监会予以核准的，上市公司应当在公告核准决定的同时，按照相关信息披露准则的规定补充披露相关文件。

第三十一条　中国证监会核准上市公司重大资产重组申请的，上市公司应当及时实施重组方案，并于实施完毕之日起3个工作日内编制实施情况报告书,向中国证监会及其派出机构、证券交易所提交书面报告,并予以公告。

上市公司聘请的独立财务顾问和律师事务所应当对重大资产重组的实施过程、资产过户事宜和相关后续事项的合规性及风险进行核查,发表明确的结论性意见。独立财务顾问和律师事务所出具的意见应当与实施情况报告书同时报告、公告。

第三十二条 自收到中国证监会核准文件之日起60日内,本次重大资产重组未实施完毕的,上市公司应当于期满后次一工作日将实施进展情况报告中国证监会及其派出机构,并予以公告;此后每30日应当公告一次,直至实施完毕。超过12个月未实施完毕的,核准文件失效。

第三十三条 上市公司在实施重大资产重组的过程中,发生法律、法规要求披露的重大事项的,应当及时向中国证监会及其派出机构报告。该事项导致本次重组发生实质性变动的,须重新报经中国证监会核准。

第三十四条 根据本办法第十八条规定提供盈利预测报告的,上市公司应当在重大资产重组实施完毕后的有关年度报告中单独披露上市公司及相关资产的实际盈利数与利润预测数的差异情况,并由会计师事务所对此出具专项审核意见。

资产评估机构采取收益现值法、假设开发法等基于未来收益预期的估值方法对拟购买资产进行评估并作为定价参考依据的,上市公司应当在重大资产重组实施完毕后3年内的年度报告中单独披露相关资产的实际盈利数与评估报告中利润预测数的差异情况,并由会计师事务所对此出具专项审核意见;交易对方应当与上市公司就相关资产实际盈利数不足利润预测数的情况签订明确可行的补偿协议。

第三十五条 上市公司重大资产重组发生下列情形的,独立财务顾问应当及时出具核查意见,向中国证监会及其派出机构报告,并予以公告:

(一) 中国证监会作出核准决定前,上市公司对交易对象、交易标的、交易价格等作出变更,构成对原重组方案重大调整的;

(二) 中国证监会作出核准决定后,上市公司在实施重组过程中发生重大事项,导致原重组方案发生实质性变动的;

第三十六条 独立财务顾问应当按照中国证监会的相关规定,对实施重大资产重组的上市公司履行持续督导职责。持续督导的期限自中国证监会核准本次重大资产重组之日起,应当不少于一个会计年度。实施本办法第十二条规定的重大资产重组,持续督导的期限自中国证监会核准本次重大资产重组之日起，应当不少于3个会计年度。

第三十七条　独立财务顾问应当结合上市公司重大资产重组当年和实施完毕后的第一个会计年度的年报，自年报披露之日起15日内，对重大资产重组实施的下列事项出具持续督导意见，向派出机构报告，并予以公告：

（一）交易资产的交付或者过户情况；

（二）交易各方当事人承诺的履行情况；

（三）盈利预测的实现情况；

（四）管理层讨论与分析部分提及的各项业务的发展现状；

（五）公司治理结构与运行情况；

（六）与已公布的重组方案存在差异的其他事项。

独立财务顾问还应当结合本办法第十二条规定的重大资产重组实施完毕后的第二、三个会计年度的年报，自年报披露之日起15日内，对前款第（二）至（六）项事项出具持续督导意见，向派出机构报告，并予以公告。

第四章　重大资产重组的信息管理

第三十八条　上市公司筹划、实施重大资产重组，相关信息披露义务人应当公平地向所有投资者披露可能对上市公司股票交易价格产生较大影响的相关信息（以下简称股价敏感信息），不得有选择性地向特定对象提前泄露。

第三十九条　上市公司的股东、实际控制人以及参与重大资产重组筹划、论证、决策等环节的其他相关机构和人员，应当及时、准确地向上市公司通报有关信息，并配合上市公司及时、准确、完整地进行披露。上市公司获悉股价敏感信息的，应当及时向证券交易所申请停牌并披露。

第四十条　上市公司及其董事、监事、高级管理人员，重大资产重组的交易对方及其关联方，交易对方及其关联方的董事、监事、高级管理人员或者主要负责人，交易各方聘请的证券服务机构及其从业人员，参与重大资产重组筹划、论证、决策、审批等环节的相关机构和人员，以及因直系亲属关系、提供服务和业务往来等知悉或者可能知悉股价敏感信息的其他相关机构和人员，在重大资产重组的股价敏感信息依法披露前负有保密义务，禁止利用该信息进行内幕交易。

第四十一条　上市公司筹划重大资产重组事项，应当详细记载筹划过程中每一具体环节的进展情况，包括商议相关方案、形成相关意向、签署相关协议或者意向书的具体时间、地点、参与机构和人员、商议和决议内容等，制作书面的交易进程备忘录并予以妥当保存。参与每一具体环节的所有人员应当即时在备忘录上签名确认。

上市公司预计筹划中的重大资产重组事项难以保密或者已经泄露的，应当及时向证券交易所申请停牌，直至真实、准确、完整地披露相关信息。停牌期间，上市公司应当至少每周发布一次事件进展情况公告。

上市公司股票交易价格因重大资产重组的市场传闻发生异常波动时，上市公司应当及时向证券交易所申请停牌，核实有无影响上市公司股票交易价格的重组事项并予以澄清，不得以相关事项存在不确定性为由不履行信息披露义务。

第五章　发行股份购买资产的特别规定

第四十二条　上市公司发行股份购买资产，应当符合下列规定：

（一）有利于提高上市公司资产质量、改善公司财务状况和增强持续盈利能力；有利于上市公司减少关联交易和避免同业竞争，增强独立性；

（二）上市公司最近一年及一期财务会计报告被注册会计师出具无保留意见审计报告；被出具保留意见、否定意见或者无法表示意见的审计报告的，须经注册会计师专项核查确认，该保留意见、否定意见或者无法表示意见所涉及事项的重大影响已经消除或者将通过本次交易予以消除；

（三）上市公司发行股份所购买的资产，应当为权属清晰的经营性资产，并能在约定期限内办理完毕权属转移手续；

（四）中国证监会规定的其他条件。

上市公司为促进行业或者产业整合，增强与现有主营业务的协同效应，在其控制权不发生变更的情况下，可以向控股股东、实际控制人或者其控制的关联人之外的特定对象发行股份购买资产，发行股份数量不低于发行后上市公司总股本的5%；发行股份数量低于发行后上市公司总股本的5%的，主板、中小板上市公司拟购买资产的交易金额不低于1亿元人民币，创业板上市公司拟购买资产的交易金额不低于5 000万元人民币。

特定对象以现金或者资产认购上市公司非公开发行的股份后，上市公司用同一次非公开发行所募集的资金向该特定对象购买资产的，视同上市公司发行股份购买资产。

第四十三条　上市公司发行股份购买资产的，可以同时募集部分配套资金,其定价方式按照现行相关规定办理。

第四十四条 上市公司发行股份的价格不得低于本次发行股份购买资产的董事会决议公告日前20个交易日公司股票交易均价。

前款所称交易均价的计算公式为:董事会决议公告日前20个交易日公司股票交易均价=决议公告日前20个交易日公司股票交易总额/决议公告日前20个交易日公司股票交易总量。

上市公司破产重整,涉及公司重大资产重组拟发行股份购买资产的,其发行股份价格由相关各方协商确定后,提交股东大会作出决议,决议须经出席会议的股东所持表决权的2/3以上通过,且经出席会议的社会公众股东所持表决权的2/3以上通过。关联股东应当回避表决。

第四十五条 特定对象以资产认购而取得的上市公司股份,自股份发行结束之日起12个月内不得转让;属于下列情形之一的,36个月内不得转让:

(一)特定对象为上市公司控股股东、实际控制人或者其控制的关联人;

(二)特定对象通过认购本次发行的股份取得上市公司的实际控制权;

(三)特定对象取得本次发行的股份时,对其用于认购股份的资产持续拥有权益的时间不足12个月。

第四十六条 上市公司申请发行股份购买资产,应当提交并购重组委审核。

第四十七条 上市公司发行股份购买资产导致特定对象持有或者控制的股份达到法定比例的,应当按照《上市公司收购管理办法》(证监会令第56号)的规定履行相关义务。

特定对象因认购上市公司发行股份导致其持有或者控制的股份比例超过30%或者在30%以上继续增加,且上市公司股东大会同意其免于发出要约的,可以在上市公司向中国证监会报送发行股份申请的同时,提出豁免要约义务的申请。

第四十八条 中国证监会核准上市公司发行股份购买资产的申请后,上市公司应当及时实施。向特定对象购买的相关资产过户至上市公司后,上市公司聘请的独立财务顾问和律师事务所应当对资产过户事宜和相关后续事项的合规性及风险进行核查,并发表明确意见。上市公司应当在相关资产过户完成后3个工作日内就过户情况作出公告,并向中国证监会及其派出机构提交书面报告,公告和报告中应当包括独立财务顾问和律师事务所的结论性意见。

上市公司完成前款规定的公告、报告后，可以到证券交易所、证券登记结算公司为认购股份的特定对象申请办理证券登记手续。

第六章 重大资产重组后申请发行新股或者公司债券

第四十九条 经并购重组委审核后获得核准的重大资产重组实施完毕后，上市公司申请公开发行新股或者公司债券，同时符合下列条件的，本次重大资产重组前的业绩在审核时可以模拟计算：

（一）进入上市公司的资产是完整经营实体；

（二）本次重大资产重组实施完毕后，重组方的承诺事项已经如期履行，上市公司经营稳定、运行良好；

（三）本次重大资产重组实施完毕后，上市公司和相关资产实现的利润达到盈利预测水平。

上市公司在本次重大资产重组前不符合中国证监会规定的公开发行证券条件，或者本次重组导致上市公司实际控制人发生变化的，上市公司申请公开发行新股或者公司债券，距本次重组交易完成的时间应当不少于一个完整会计年度。

第五十条 本办法所称完整经营实体，应当符合下列条件：

（一）经营业务和经营资产独立、完整，且在最近两年未发生重大变化；

（二）在进入上市公司前已在同一实际控制人之下持续经营两年以上；

（三）在进入上市公司之前实行独立核算，或者虽未独立核算，但与其经营业务相关的收入、费用在会计核算上能够清晰划分；

（四）上市公司与该经营实体的主要高级管理人员签订聘用合同或者采取其他方式，就该经营实体在交易完成后的持续经营和管理作出恰当安排。

第七章 监督管理和法律责任

第五十一条 未经核准擅自实施重大资产重组的，责令改正，可以采取监管谈话、出具警示函等监管措施；情节严重的，处以警告、罚款，并可以对有关责任人员采取市场禁入的措施。

第五十二条 上市公司或者其他信息披露义务人未按照本办法规定报送重大资产重组有关报告，或者报送的报告有虚假记载、误导性陈述或者重大遗漏的，责令改正，依照《证券法》第一百九十三条予以处罚；情节严重的，责令停止重组活动，并可以对有关责任人员采取市场禁入的措施。

第五十三条 上市公司或者其他信息披露义务人未按照规定披露重大资产重组信息，或者所披露的信息存在虚假记载、误导性陈述或者重大遗漏的，责令改正，依照《证券法》第一百九十三条规定予以处罚；情节严重的，责令停止重组活动，并可以对有关责任人员采取市场禁入的措施；涉嫌犯罪的，依法移送司法机关追究刑事责任。

第五十四条 上市公司董事、监事和高级管理人员在重大资产重组中，未履行诚实守信、勤勉尽责义务，导致重组方案损害上市公司利益的，责令改正，采取监管谈话、出具警示函等监管措施；情节严重的，处以警告、罚款，并可以采取市场禁入的措施；涉嫌犯罪的，依法移送司法机关追究刑事责任。

第五十五条 为重大资产重组出具财务顾问报告、审计报告、法律意见、资产评估报告及其他专业文件的证券服务机构及其从业人员未履行诚实守信、勤勉尽责义务，违反行业规范、业务规则，或者未依法履行报告和公告义务、持续督导义务的，责令改正，采取监管谈话、出具警示函等监管措施；情节严重的，依照《证券法》第二百二十六条予以处罚。

前款规定的证券服务机构及其从业人员所制作、出具的文件存在虚假记载、误导性陈述或者重大遗漏的，责令改正，依照《证券法》第二百二十三条予以处罚；情节严重的，可以采取市场禁入的措施；涉嫌犯罪的，依法移送司法机关追究刑事责任。

第五十六条 重大资产重组实施完毕后，凡不属于上市公司管理层事前无法获知且事后无法控制的原因，上市公司或者购买资产实现的利润未达到盈利预测报告或者资产评估报告预测金额的80%，或者实际运营情况与重大资产重组报告书中管理层讨论与分析部分存在较大差距的，上市公司的董事长、总经理以及对此承担相应责任的会计师事务所、财务顾问、资产评估机构及其从业人员应当在上市公司披露年度报告的同时，在同一报刊上作出解释，并向投资者公开道歉；实现利润未达到预测金额50%的，可以对上市公司、相关机构及其责任人员采取监管谈话、出具警示函、责令定期报告等监管措施。

第五十七条 任何知悉重大资产重组信息的人员在相关信息依法公开前，泄露该信息、买卖或者建议他人买卖相关上市公司证券、利用重大资产重组散布虚假信息、操纵证券市场或者进行欺诈活动的，依照《证券法》第二百零二条、第二百零三条、第二百零七条予以处罚；涉嫌犯罪的，依法移送司法机关追究刑事责任。

第八章 附 则

第五十八条 本办法自2008年5月18日起施行。中国证监会发布的《关于上市公司重大购买、出售、置换资产若干问题的通知》(证监公司字〔2001〕105号)同时废止。

证券期货市场诚信监督管理暂行办法

(2012年7月25日 中国证券监督管理委员会令第80号)

第一章 总 则

第一条 为了加强证券期货市场诚信建设,保护投资者合法权益,维护证券期货市场秩序,促进证券期货市场健康稳定发展,根据有关法律、行政法规,制定本办法。

第二条 中国证券监督管理委员会(以下简称中国证监会)建立全国统一的证券期货市场诚信档案数据库(以下简称诚信档案),记录证券期货市场诚信信息。

第三条 记入诚信档案的诚信信息的界定、采集与管理,诚信信息的公开、查询,诚信约束、激励与引导等,适用本办法。

第四条 公民(自然人)、法人或其他组织从事证券期货市场活动,应当诚实信用,遵守法律、行政法规、规章和依法制定的自律规则,禁止欺诈、内幕交易、操纵市场以及其他损害投资者合法权益的不诚实信用行为。

第五条 中国证监会鼓励、支持诚实信用的公民、法人或其他组织从事证券期货市场活动,实施诚信约束、激励与引导。

第六条 中国证监会可以和国务院其他部门、地方政府、司法机关、行业组织建立诚信监督合作机制,实施诚信信息共享,推动健全社会信用体系。

第二章 诚信信息的采集

第七条 下列从事证券期货市场活动的公民、法人或其他组织的诚信信息,记入诚信档案:

（一）证券业从业人员和期货从业人员；

（二）发行人、上市公司及其董事、监事、高级管理人员、主要股东和实际控制人；

（三）证券公司、基金管理公司、期货公司及其董事、监事、高级管理人员、主要股东和实际控制人；

（四）会计师事务所、律师事务所、保荐机构、财务顾问机构、资产评估机构、投资咨询机构、信用评级机构等证券期货服务机构及其从业人员；

（五）独立基金销售机构、基金评价机构及其相关业务人员，非公开募集基金管理人、合格境外机构投资者、合格境内机构投资者及其主要投资管理人员，境外证券类机构驻华代表机构及其首席代表；

（六）为证券期货业提供信息技术服务或者软硬件产品的供应商；

（七）为发行人、上市公司提供投资者关系管理及其他公关服务的服务机构及其人员；

（八）其他有与证券期货市场活动相关的违法失信行为的公民、法人或其他组织。

第八条 本办法所称诚信信息包括：

（一）公民的姓名、性别、国籍、身份证件号码，法人或其他组织的名称、住所、组织机构代码等基本信息；

（二）中国证监会、国务院其他主管部门等其他省部级及以上单位和证券期货交易所、证券期货市场行业协会、证券登记结算机构等全国性证券期货市场行业组织（以下简称证券期货市场行业组织）作出的表彰、奖励、评比，以及信用评级机构作出的信用评级；

（三）中国证监会及其派出机构作出的行政许可决定；

（四）发行人、上市公司及其主要股东、实际控制人，董事、监事和高级管理人员，重大资产重组交易各方，及收购人所作的公开承诺的未履行或未如期履行、正在履行、已如期履行等情况；

（五）中国证监会及其派出机构作出的行政处罚、市场禁入决定和采取的监督管理措施；

（六）证券期货市场行业组织实施的纪律处分措施和法律、行政法规、规章规定的管理措施；

（七）因涉嫌证券期货违法被中国证监会及其派出机构调查及采取强制措施；

（八）因涉嫌证券期货犯罪被中国证监会及其派出机构移送公安机关、人民检察院处理；

（九）因证券期货犯罪或其他犯罪被人民法院判处刑罚；

（十）因证券期货侵权、违约行为被人民法院判决承担较大民事赔偿责任；

（十一）因违法开展经营活动被银行、保险、财政、税收、环保、工商、海关等相关主管部门予以行政处罚；

（十二）违背诚实信用原则的其他行为信息。

第九条 本办法第七条所列公民、法人或其他组织所受表彰、奖励、评比和信用评级信息，由其自行向中国证监会及其派出机构申报，记入诚信档案。

第十条 本办法第八条第（一）项、第（三）项至第（八）项诚信信息，由中国证监会及其派出机构、证券期货市场行业组织依其职责采集并记入诚信档案。

第十一条 本办法第八条第（九）项至第（十一）项诚信信息，由中国证监会及其派出机构通过政府信息公开、信用信息共享等途径采集并记入诚信档案。

第十二条 记入诚信档案的诚信信息所对应的决定或者行为经法定程序撤销、变更的，中国证监会及其派出机构将相应删除、修改该诚信信息。

第十三条 本办法第八条规定的违法失信信息，在诚信档案中的效力期限为5年，但因证券期货违法行为被行政处罚、市场禁入、刑事处罚的违法信息，其效力期限为10年。

前款所规定的期限，自对违法失信行为的处理决定作出之日起算，被行政处罚、市场禁入、刑事处罚的，自处罚执行完毕或禁入期满之日起算。

第三章 诚信信息的公开与查询

第十四条 本办法第八条第（二）、（三）、（四）、（六）项信息和第（五）项的行政处罚、市场禁入信息依法向社会公开。

第十五条 除本办法第十四条规定之外的诚信信息，公民、法人或其他组织可以根据本办法规定向中国证监会及其派出机构申请查询。

第十六条 公民、法人或其他组织提出诚信信息查询申请，符合以下条件之一的，中国证监会及其派出机构应当予以办理：

（一）公民、法人或其他组织申请查询自己的诚信信息的；

（二）发行人、上市公司申请查询拟任董事、监事、高级管理人员的诚信信息的；

（三）发行人、上市公司申请查询拟参与本公司并购、重组的公民、法人或其他组织的诚信信息的；

（四）发行人、上市公司申请查询拟委托的证券公司、证券服务机构及其相关从业人员的诚信信息的；

（五）证券公司、证券服务机构申请查询其所提供专业服务的发行人、上市公司及其董事、监事、高级管理人员、控股股东和实际控制人的诚信信息的；

（六）证券公司、基金管理公司、期货公司、证券期货服务机构申请查询已聘任或拟聘任的董事、监事、高级管理人员或其他从业人员的诚信信息的；

（七）中国证监会规定的其他条件。

第十七条　公民、法人或其他组织提出诚信信息查询申请，应当提供如下材料：

（一）查询申请书；

（二）身份证明文件；

（三）办理本办法第十六条第（二）项至第（六）项查询申请的，查询申请书应经查询对象签字或盖章同意，或有查询对象的其他书面同意文件。

第十八条　公民、法人或其他组织提出的查询申请，符合条件，材料齐备的，中国证监会及其派出机构应当自收到查询申请之日起5个工作日内反馈。

第十九条　公民、法人或其他组织申请查询的诚信信息属于国家秘密，其他公民、法人或其他组织的商业秘密及个人隐私的，中国证监会及其派出机构不予查询，但应当在答复中说明。

第二十条　记入诚信档案的公民、法人或其他组织，认为其诚信信息具有本办法第十二条规定的应予删除、修改情形的，或者具有其他重大、明显错误的，可以向中国证监会及其派出机构申请更正。

中国证监会及其派出机构收到公民、法人或其他组织的信息更正申请后，应当在15个工作日内进行处理，并将处理结果告知申请人。确有本办法第十二条规定的应予删除、修改情形的，或者其他重大、明显错误情形的，应予更正。

第二十一条　公民、法人或其他组织通过查询获取诚信信息的，不得泄露或提供他人使用，不得进行以营利为目的的使用、加工或处理，不得用于其他非法目的。

第四章　诚信约束、激励与引导

第二十二条　中国证监会及其派出机构审核行政许可申请，应当查阅申请人以及申请事项所涉及的有关当事人的诚信档案。

第二十三条　中国证监会及其派出机构审核行政许可申请，发现申请人以及有关当事人有本办法第八条第（四）项中的未履行或未如期履行承诺信息，或者第（五）项至第（十一）项规定的违法失信信息的，可以要求申请人或受申请人委托为行政许可申请提供证券期货服务的有关机构，进行口头或书面说明、解释。

第二十四条　根据本办法第二十三条规定进行书面说明、解释的，申请人或有关证券期货服务机构应当在规定期限内提交书面回复意见。

书面回复意见应就如下事项进行说明：

（一）诚信信息所涉及相关事实的基本情况；

（二）有关部门对申请人所作决定的执行及其他后续情况，并提供证明材料；

（三）有关证券期货服务机构关于诚信信息对行政许可事项是否构成影响的分析。

第二十五条　申请人或有关证券期货服务机构的书面回复意见不明确，有关分析、说明不充分的，中国证监会及其派出机构可以直接或者委托有关机构对有关事项进行核查。

第二十六条　根据本办法第二十三条、第二十四条、第二十五条进行书面说明、解释或核查的时间，不计入行政许可审核法定期限。

第二十七条　行政许可申请人以及申请事项所涉及的有关当事人有本办法第八条第（四）项中的未履行或未如期履行承诺信息，或者第（五）项至第（十一）项规定的违法失信信息之一，属于法定不予许可条件范围的，中国证监会及其派出机构应当依法作出不予许可的决定。

申请人以及申请事项所涉及的有关当事人的诚信信息虽不属于法定不予许可条件范围，但有关法律、行政法规和规章对行政许可法定条件提出诚实信用要求、作出原则性规定或设定授权性条款的，中国证监会及其派出机构可以综合考虑诚信状况等相关因素，审慎审核申请人提出的行政许可申请事项。

第二十八条　非行政许可事项、业务创新试点申请人有本办法第八条第（四）项中的未履行或未如期履行承诺信息，或者第（五）项至第（十一）项规定的违法失信信息之一的，中国证监会及其派出机构可以暂缓或不予审批、安排，但申请人能证明该违法失信信息与非行政许可事项或业务创新明显无关的除外。

第二十九条　中国证监会及其派出机构在非行政许可审批、业务创新试点安排中，可以在法律、行政法规规定的范围内，对于同等条件下诚信状况较好的申请人予以优先审批、安排。

第三十条　中国证监会及其派出机构在对公民、法人或其他组织进行行政处罚、实施市场禁入和采取监督管理措施中，可以查阅诚信档案，在综合考虑当事人违法行为的性质、情节以及损害投资者合法权益的程度的基础上，将当事人的诚信状况作为确定处罚幅度、禁入期间和监督管理措施类别的酌定因素。

第三十一条　中国证监会及其派出机构在开展监督检查等日常监管工作中，可以综合考虑被监管的机构及其人员的诚信状况，有针对性地进行现场检查和非现场检查，或者适当调整、安排现场检查的对象、频率和内容。

第三十二条　公民、法人或其他组织公开发布证券期货市场评论信息，所述事实内容与实际情况不相符合的，或者存在其他显著误导公众情形的，中国证监会及其派出机构可以对其出具诚信关注函，记入诚信档案，并可将有关情况向其所在工作单位、所属主管部门或行业自律组织通报。

证券期货投资咨询机构及其人员公开发布证券期货市场评论信息违反规定的，依照有关规定处理、处罚。

公民、法人或其他组织利用公开发布证券期货市场评论信息进行内幕交易、操纵市场等违法行为的，依法予以处罚；构成犯罪的，由司法机关依法追究刑事责任。

第三十三条　证券期货市场行业组织应当教育和鼓励其成员以及从业人员遵守法律，诚实信用。对遵守法律、诚实信用的成员以及从业人员，可以给予表彰、奖励。

中国证监会鼓励证券期货市场行业组织等建立证券期货市场诚信评估制度，组织开展对有关行业和市场主体的诚信状况评估，并将评估结果予以公示。

第三十四条 上市公司、证券公司、基金管理公司、期货公司和证券期货服务机构等应当不断完善内部诚信监督、约束制度机制，提高诚信水平。

中国证监会及其派出机构对前款规定机构的内部诚信监督、约束制度机制建设情况进行检查、指导，并可将检查情况在行业和辖区内进行通报。

第三十五条 对有本办法第八条第（四）项中的未履行或未如期履行承诺信息，或者第（五）项至第（十一）项规定的违法失信信息的公民，中国证监会及其派出机构、证券期货市场行业组织可以不聘任其担任下列职务：

（一）中国证监会主板、创业板发行审核委员会委员；

（二）中国证监会上市公司并购重组审核委员会委员；

（三）中国证监会及其派出机构、证券期货市场行业组织成立的负有审核、监督、核查、咨询职责的其他组织的成员。

第五章 监督与管理

第三十六条 中国证监会诚信监督管理机构履行下列职责：

（一）界定、组织采集证券期货市场诚信信息；

（二）建立、管理诚信档案，组织、督促诚信信息的记入；

（三）组织办理诚信信息的公开、查询和共享；

（四）建立、协调实施诚信监督、约束与激励机制；

（五）中国证监会规定的其他诚信监督管理与服务职责。

第三十七条 中国证监会各派出机构负责接收、办理住所地在本辖区的公民、法人或其他组织根据本办法规定提出的诚信信息记入申报、诚信信息查询申请、诚信信息更正申请等事项。

第三十八条 中国证监会及其派出机构、证券期货市场行业组织，未按照本办法规定及时、真实、准确、完整地记入诚信信息，造成不良后果的，按照有关规定对相关责任人员进行行政处分；情节严重的，依法追究法律责任。

第三十九条 公民、法人或其他组织对自己申报和依法报告、公告的诚信信息的真实性、准确性、完整性负责。

公民、法人或其他组织申报、报告和公告的诚信信息，有虚假内容的，中国证监会及其派出机构可以采取责令改正、监管谈话、出具警示函、责令公开说明等监督管理措施；情节严重的，依法追究法律责任。

第四十条 公民、法人或其他组织违反本办法规定获取、使用、泄露诚信信息的，中国证监会及其派出机构可以采取责令改正、监管谈话、出具警示函等监督管理措施;情节严重的,依法追究法律责任。

第六章　附　　则

第四十一条　中国证监会及其派出机构办理诚信信息查询,除可以收取打印、复制、装订、邮寄成本费用外,不得收取其他费用。

第四十二条　证券期货市场行业组织在履行自律管理职责中,查询诚信档案,实施诚信约束、激励的,参照本办法有关规定执行。

第四十三条　本办法自2012年9月1日起施行。

非上市公众公司监督管理办法

(2012年9月28日中国证券监督管理委员会第17次主席办公会议审议通过　根据2013年12月26日中国证券监督管理委员会《关于修改〈非上市公众公司监督管理办法〉的决定》修订)

第一章　总　　则

第一条　为了规范非上市公众公司股票转让和发行行为,保护投资者合法权益,维护社会公共利益,根据《证券法》、《公司法》及相关法律法规的规定,制定本办法。

第二条　本办法所称非上市公众公司(以下简称公众公司)是指有下列情形之一且其股票未在证券交易所上市交易的股份有限公司:

(一)股票向特定对象发行或者转让导致股东累计超过200人;

(二)股票公开转让。

第三条　公众公司应当按照法律、行政法规、本办法和公司章程的规定,做到股权明晰,合法规范经营,公司治理机制健全,履行信息披露义务。

第四条　公众公司公开转让股票应当在全国中小企业股份转让系统进行,公开转让的公众公司股票应当在中国证券登记结算公司集中登记存管。

第五条　公众公司可以依法进行股权融资、债权融资、资产重组等。

公众公司发行优先股等证券品种,应当遵守法律、行政法规和中国证券监督管理委员会(以下简称中国证监会)的相关规定。

第六条 为公司出具专项文件的证券公司、律师事务所、会计师事务所及其他证券服务机构,应当勤勉尽责、诚实守信,认真履行审慎核查义务,按照依法制定的业务规则、行业执业规范和职业道德准则发表专业意见,保证所出具文件的真实性、准确性和完整性,并接受中国证监会的监管。

第二章 公司治理

第七条 公众公司应当依法制定公司章程。

中国证监会依法对公众公司章程必备条款作出具体规定,规范公司章程的制定和修改。

第八条 公众公司应当建立兼顾公司特点和公司治理机制基本要求的股东大会、董事会、监事会制度,明晰职责和议事规则。

第九条 公众公司的治理结构应当确保所有股东,特别是中小股东充分行使法律、行政法规和公司章程规定的合法权利。

股东对法律、行政法规和公司章程规定的公司重大事项,享有知情权和参与权。

公众公司应当建立健全投资者关系管理,保护投资者的合法权益。

第十条 公众公司股东大会、董事会、监事会的召集、提案审议、通知时间、召开程序、授权委托、表决和决议等应当符合法律、行政法规和公司章程的规定;会议记录应当完整并安全保存。

股东大会的提案审议应当符合程序,保障股东的知情权、参与权、质询权和表决权;董事会应当在职权范围和股东大会授权范围内对审议事项作出决议,不得代替股东大会对超出董事会职权范围和授权范围的事项进行决议。

第十一条 公众公司董事会应当对公司的治理机制是否给所有的股东提供合适的保护和平等权利等情况进行充分讨论、评估。

第十二条 公众公司应当强化内部管理,按照相关规定建立会计核算体系、财务管理和风险控制等制度,确保公司财务报告真实可靠及行为合法合规。

第十三条 公众公司进行关联交易应当遵循平等、自愿、等价、有偿的原则,保证交易公平、公允,维护公司的合法权益,根据法律、行政法规、中国证监会的规定和公司章程,履行相应的审议程序。

第十四条 公众公司应当采取有效措施防止股东及其关联方以各种形式占用或者转移公司的资金、资产及其他资源。

第十五条　公众公司实施并购重组行为，应当按照法律、行政法规、中国证监会的规定和公司章程，履行相应的决策程序并聘请证券公司和相关证券服务机构出具专业意见。

任何单位和个人不得利用并购重组损害公众公司及其股东的合法权益。

第十六条　进行公众公司收购，收购人或者其实际控制人应当具有健全的公司治理机制和良好的诚信记录。收购人不得以任何形式从被收购公司获得财务资助，不得利用收购活动损害被收购公司及其股东的合法权益。

在公众公司收购中，收购人持有的被收购公司的股份，在收购完成后12个月内不得转让。

第十七条　公众公司实施重大资产重组，重组的相关资产应当权属清晰、定价公允，重组后的公众公司治理机制健全，不得损害公众公司和股东的合法权益。

第十八条　公众公司应当按照法律的规定，同时结合公司的实际情况在章程中约定建立表决权回避制度。

第十九条　公众公司应当在章程中约定纠纷解决机制。股东有权按照法律、行政法规和公司章程的规定，通过仲裁、民事诉讼或者其他法律手段保护其合法权益。

第三章　信息披露

第二十条　公司及其他信息披露义务人应当按照法律、行政法规和中国证监会的规定，真实、准确、完整、及时地披露信息，不得有虚假记载、误导性陈述或者重大遗漏。公司及其他信息披露义务人应当向所有投资者同时公开披露信息。

公司的董事、监事、高级管理人员应当忠实、勤勉地履行职责，保证公司披露信息的真实、准确、完整、及时。

第二十一条　信息披露文件主要包括公开转让说明书、定向转让说明书、定向发行说明书、发行情况报告书、定期报告和临时报告等。具体的内容与格式、编制规则及披露要求，由中国证监会另行制定。

第二十二条　股票公开转让与定向发行的公众公司应当披露半年度报告、年度报告。年度报告中的财务会计报告应当经具有证券期货相关业务资格的会计师事务所审计。

股票向特定对象转让导致股东累计超过200人的公众公司，应当披露年度报告。年度报告中的财务会计报告应当经会计师事务所审计。

第二十三条 公众公司董事、高级管理人员应当对定期报告签署书面确认意见；对报告内容有异议的，应当单独陈述理由，并与定期报告同时披露。公众公司不得以董事、高级管理人员对定期报告内容有异议为由不按时披露定期报告。

公众公司监事会应当对董事会编制的定期报告进行审核并提出书面审核意见，说明董事会对定期报告的编制和审核程序是否符合法律、行政法规、中国证监会的规定和公司章程，报告的内容是否能够真实、准确、完整地反映公司实际情况。

第二十四条 证券公司、律师事务所、会计师事务所及其他证券服务机构出具的文件和其他有关的重要文件应当作为备查文件，予以披露。

第二十五条 发生可能对股票价格产生较大影响的重大事件，投资者尚未得知时，公众公司应当立即将有关该重大事件的情况报送临时报告，并予以公告，说明事件的起因、目前的状态和可能产生的后果。

第二十六条 公众公司实施并购重组的，相关信息披露义务人应当依法严格履行公告义务，并及时准确地向公众公司通报有关信息，配合公众公司及时、准确、完整地进行披露。

参与并购重组的相关单位和人员，在并购重组的信息依法披露前负有保密义务，禁止利用该信息进行内幕交易。

第二十七条 公众公司应当制定信息披露事务管理制度并指定具有相关专业知识的人员负责信息披露事务。

第二十八条 除监事会公告外，公众公司披露的信息应当以董事会公告的形式发布。董事、监事、高级管理人员非经董事会书面授权，不得对外发布未披露的信息。

第二十九条 公司及其他信息披露义务人依法披露的信息，应当在中国证监会指定的信息披露平台公布。公司及其他信息披露义务人可在公司网站或者其他公众媒体上刊登依本办法必须披露的信息，但披露的内容应当完全一致，且不得早于在中国证监会指定的信息披露平台披露的时间。

股票向特定对象转让导致股东累计超过200人的公众公司可以在公司章程中约定其他信息披露方式；在中国证监会指定的信息披露平台披露相关信息的，应当符合本条第一款的要求。

第三十条　公司及其他信息披露义务人应当将信息披露公告文稿和相关备查文件置备于公司住所供社会公众查阅。

第三十一条　公司应当配合为其提供服务的证券公司及律师事务所、会计师事务所等证券服务机构的工作，按要求提供所需资料，不得要求证券公司、证券服务机构出具与客观事实不符的文件或者阻碍其工作。

第四章　股 票 转 让

第三十二条　股票向特定对象转让导致股东累计超过 200 人的股份有限公司，应当自上述行为发生之日起 3 个月内，按照中国证监会有关规定制作申请文件，申请文件应当包括但不限于：定向转让说明书、律师事务所出具的法律意见书、会计师事务所出具的审计报告。股份有限公司持申请文件向中国证监会申请核准。在提交申请文件前，股份有限公司应当将相关情况通知所有股东。

在 3 个月内股东人数降至 200 人以内的，可以不提出申请。

股票向特定对象转让应当以非公开方式协议转让。申请股票公开转让的，按照本办法第三十三条、第三十四条的规定办理。

第三十三条　公司申请其股票公开转让的，董事会应当依法就股票公开转让的具体方案作出决议，并提请股东大会批准，股东大会决议必须经出席会议的股东所持表决权的 2/3 以上通过。

董事会和股东大会决议中还应当包括以下内容：

（一）按照中国证监会的相关规定修改公司章程；

（二）按照法律、行政法规和公司章程的规定建立健全公司治理机制；

（三）履行信息披露义务，按照相关规定披露公开转让说明书、年度报告、半年度报告及其他信息披露内容。

第三十四条　股东人数超过 200 人的公司申请其股票公开转让，应当按照中国证监会有关规定制作公开转让的申请文件，申请文件应当包括但不限于：公开转让说明书、律师事务所出具的法律意见书、具有证券期货相关业务资格的会计师事务所出具的审计报告、证券公司出具的推荐文件。公司持申请文件向中国证监会申请核准。

公开转让说明书应当在公开转让前披露。

第三十五条　中国证监会受理申请文件后，依法对公司治理和信息披露进行审核，在 20 个工作日内作出核准、中止审核、终止审核、不予核准的决定。

第三十六条 股东人数未超过200人的公司申请其股票公开转让,中国证监会豁免核准,由全国中小企业股份转让系统进行审查。

第三十七条 公司及其董事、监事、高级管理人员,应当对公开转让说明书、定向转让说明书签署书面确认意见,保证所披露的信息真实、准确、完整。

第三十八条 本办法施行前股东人数超过200人的股份有限公司,符合条件的,可以申请在全国中小企业股份转让系统挂牌公开转让股票、首次公开发行并在证券交易所上市。

第五章 定向发行

第三十九条 本办法所称定向发行包括向特定对象发行股票导致股东累计超过200人,以及股东人数超过200人的公众公司向特定对象发行股票两种情形。

前款所称特定对象的范围包括下列机构或者自然人:

(一)公司股东;

(二)公司的董事、监事、高级管理人员、核心员工;

(三)符合投资者适当性管理规定的自然人投资者、法人投资者及其他经济组织。

公司确定发行对象时,符合本条第二款第(二)项、第(三)项规定的投资者合计不得超过35名。

核心员工的认定,应当由公司董事会提名,并向全体员工公示和征求意见,由监事会发表明确意见后,经股东大会审议批准。

投资者适当性管理规定由中国证监会另行制定。

第四十条 公司应当对发行对象的身份进行确认,有充分理由确信发行对象符合本办法和公司的相关规定。

公司应当与发行对象签订包含风险揭示条款的认购协议。

第四十一条 公司董事会应当依法就本次股票发行的具体方案作出决议,并提请股东大会批准,股东大会决议必须经出席会议的股东所持表决权的2/3以上通过。

申请向特定对象发行股票导致股东累计超过200人的股份有限公司,董事会和股东大会决议中还应当包括以下内容:

(一)按照中国证监会的相关规定修改公司章程;

（二）按照法律、行政法规和公司章程的规定建立健全公司治理机制；

（三）履行信息披露义务，按照相关规定披露定向发行说明书、发行情况报告书、年度报告、半年度报告及其他信息披露内容。

第四十二条　公司应当按照中国证监会有关规定制作定向发行的申请文件，申请文件应当包括但不限于：定向发行说明书、律师事务所出具的法律意见书、具有证券期货相关业务资格的会计师事务所出具的审计报告、证券公司出具的推荐文件。公司持申请文件向中国证监会申请核准。

第四十三条　中国证监会受理申请文件后，依法对公司治理和信息披露以及发行对象情况进行审核，在 20 个工作日内作出核准、中止审核、终止审核、不予核准的决定。

第四十四条　公司申请定向发行股票，可申请一次核准，分期发行。自中国证监会予以核准之日起，公司应当在 3 个月内首期发行，剩余数量应当在 12 个月内发行完毕。超过核准文件限定的有效期未发行的，须重新经中国证监会核准后方可发行。首期发行数量应当不少于总发行数量的 50%，剩余各期发行的数量由公司自行确定，每期发行后 5 个工作日内将发行情况报中国证监会备案。

第四十五条　在全国中小企业股份转让系统挂牌公开转让股票的公众公司向特定对象发行股票后股东累计不超过 200 人的，中国证监会豁免核准，由全国中小企业股份转让系统自律管理，但发行对象应当符合本办法第三十九条的规定。

第四十六条　股票发行结束后，公众公司应当按照中国证监会的有关要求编制并披露发行情况报告书。申请分期发行的公众公司应在每期发行后按照中国证监会的有关要求进行披露，并在全部发行结束或者超过核准文件有效期后按照中国证监会的有关要求编制并披露发行情况报告书。

豁免向中国证监会申请核准定向发行的公众公司，应当在发行结束后按照中国证监会的有关要求编制并披露发行情况报告书。

第四十七条　公司及其董事、监事、高级管理人员，应当对定向发行说明书、发行情况报告书签署书面确认意见，保证所披露的信息真实、准确、完整。

第四十八条　公众公司定向发行股份购买资产的，按照本章有关规定办理。

第六章 监督管理

第四十九条 中国证监会会同国务院有关部门、地方人民政府，依照法律法规和国务院有关规定，各司其职，分工协作，对公众公司进行持续监管，防范风险，维护证券市场秩序。

第五十条 中国证监会依法履行对公司股票转让、定向发行、信息披露的监管职责，有权对公司、证券公司、证券服务机构采取《证券法》第一百八十条规定的措施。

第五十一条 全国中小企业股份转让系统应当发挥自律管理作用，对在全国中小企业股份转让系统公开转让股票的公众公司及相关信息披露义务人披露信息进行监督，督促其依法及时、准确地披露信息。发现公开转让股票的公众公司及相关信息披露义务人有违反法律、行政法规和中国证监会相关规定的行为，应当向中国证监会报告，并采取自律管理措施。

第五十二条 中国证券业协会应当发挥自律管理作用，对从事公司股票转让和定向发行业务的证券公司进行监督，督促其勤勉尽责地履行尽职调查和督导职责。发现证券公司有违反法律、行政法规和中国证监会相关规定的行为，应当向中国证监会报告，并采取自律管理措施。

第五十三条 中国证监会可以要求公司及其他信息披露义务人或者其董事、监事、高级管理人员对有关信息披露问题作出解释、说明或者提供相关资料，并要求公司提供证券公司或者证券服务机构的专业意见。

中国证监会对证券公司和证券服务机构出具文件的真实性、准确性、完整性有疑义的，可以要求相关机构作出解释、补充，并调阅其工作底稿。

第五十四条 证券公司在从事股票转让、定向发行等业务活动中，应当按照中国证监会的有关规定勤勉尽责地进行尽职调查，规范履行内核程序，认真编制相关文件，并持续督导所推荐公司及时履行信息披露义务、完善公司治理。

第五十五条 证券服务机构为公司的股票转让、定向发行等活动出具审计报告、资产评估报告或者法律意见书等文件的，应当严格履行法定职责，遵循勤勉尽责和诚实信用原则，对公司的主体资格、股本情况、规范运作、财务状况、公司治理、信息披露等内容的真实性、准确性、完整性进行充分的核查和验证，并保证其出具的文件不存在虚假记载、误导性陈述或者重大遗漏。

第五十六条 中国证监会依法对公司进行监督检查或者调查，公司有义务提供相关文件资料。对于发现问题的公司，中国证监会可以采取责令改正、监管谈话、责令公开说明、出具警示函等监管措施，并记入诚信档案；涉嫌违法、犯罪的，应当立案调查或者移送司法机关。

第七章 法律责任

第五十七条 公司以欺骗手段骗取核准的，公司报送的报告有虚假记载、误导性陈述或者重大遗漏的，除依照《证券法》有关规定进行处罚外，中国证监会可以采取终止审核并自确认之日起在36个月内不受理公司的股票转让和定向发行申请的监管措施。

第五十八条 公司未按照本办法第三十二条、第三十四条、第四十二条规定，擅自转让或者发行股票的，按照《证券法》第一百八十八条的规定进行处罚。

第五十九条 证券公司、证券服务机构出具的文件有虚假记载、误导性陈述或者重大遗漏的，除依照《证券法》及相关法律法规的规定处罚外，中国证监会可视情节轻重，自确认之日起采取3个月至12个月内不接受该机构出具的相关专项文件，36个月内不接受相关签字人员出具的专项文件的监管措施。

第六十条 公司及其他信息披露义务人未按照规定披露信息，或者所披露的信息有虚假记载、误导性陈述或者重大遗漏的，依照《证券法》第一百九十三条的规定进行处罚。

第六十一条 公司向不符合本办法规定条件的投资者发行股票的，中国证监会可以责令改正，并可以自确认之日起在36个月内不受理其申请。

第六十二条 信息披露义务人及其董事、监事、高级管理人员，公司控股股东、实际控制人，为信息披露义务人出具专项文件的证券公司、证券服务机构及其工作人员，违反《证券法》、行政法规和中国证监会相关规定的，中国证监会可以采取责令改正、监管谈话、出具警示函、认定为不适当人选等监管措施，并记入诚信档案；情节严重的，中国证监会可以对有关责任人员采取证券市场禁入的措施。

第六十三条 公众公司内幕信息知情人或非法获取内幕信息的人，在对公众公司股票价格有重大影响的信息公开前，泄露该信息、买卖或者建议他人买卖该股票的，依照《证券法》第二百零二条的规定进行处罚。

第八章　附　　则

第六十四条　公众公司向不特定对象公开发行股票的,应当遵守《证券法》和中国证监会的相关规定。

公众公司申请在证券交易所上市的,应当遵守中国证监会和证券交易所的相关规定。

第六十五条　本办法施行前股东人数超过200人的股份有限公司,不在全国中小企业股份转让系统挂牌公开转让股票或证券交易所上市的,应当按相关要求规范后申请纳入非上市公众公司监管。

第六十六条　本办法所称股份有限公司是指首次申请股票转让或定向发行的股份有限公司;所称公司包括非上市公众公司和首次申请股票转让或定向发行的股份有限公司。

第六十七条　本办法自2013年1月1日起施行。

信息披露违法行为行政责任认定规则

（2011年4月29日　中国证券监督管理委员会公告〔2011〕11号）

第一章　总　　则

第一条　为规范信息披露违法行政责任认定工作,引导、督促发行人、上市公司及其控股股东、实际控制人、收购人等信息披露义务人(以下统称信息披露义务人)及其有关责任人员依法履行信息披露义务,保护投资者合法权益,根据《中华人民共和国证券法》(以下简称《证券法》)、《中华人民共和国行政处罚法》(以下简称《行政处罚法》)和其他相关法律、行政法规等,结合证券监管实践,制定本规则。

第二条　《证券法》规定的信息披露违法行为行政责任认定适用本规则。

第三条　信息披露义务人应当按照有关信息披露法律、行政法规、规章和规范性文件,以及证券交易所业务规则等规定,真实、准确、完整、及时、公平披露信息。

发行人、上市公司的董事、监事、高级管理人员应当为公司和全体股东的利益服务，诚实守信，忠实、勤勉地履行职责，独立作出适当判断，保护投资者的合法权益，保证信息披露真实、准确、完整、及时、公平。

第四条　认定信息披露违法行为行政责任，应当根据有关信息披露法律、行政法规、规章和规范性文件，以及证券交易所业务规则等规定，遵循专业标准和职业道德，运用逻辑判断和监管工作经验，审查运用证据，全面、客观、公正地认定事实，依法处理。

第五条　信息披露违法行为情节严重，涉嫌犯罪的，证监会依法移送司法机关追究刑事责任。

依法给予行政处罚或者采取市场禁入措施的，按照规定记入证券期货诚信档案。

依法不予处罚或者市场禁入的，可以根据情节采取相应的行政监管措施并记入证券期货诚信档案。

第六条　在信息披露中保荐人、证券服务机构及其人员未勤勉尽责，或者制作、出具的文件有虚假记载、误导性陈述或者重大遗漏的，证监会依法认定其责任和予以行政处罚。

第二章　信息披露违法行为认定

第七条　信息披露义务人未按照法律、行政法规、规章和规范性文件，以及证券交易所业务规则规定的信息披露（包括报告，下同）期限、方式等要求及时、公平披露信息，应当认定构成未按照规定披露信息的信息披露违法行为。

第八条　信息披露义务人在信息披露文件中对所披露内容进行不真实记载，包括发生业务不入账、虚构业务入账、不按照相关规定进行会计核算和编制财务会计报告，以及其他在信息披露中记载的事实与真实情况不符的，应当认定构成所披露的信息有虚假记载的信息披露违法行为。

第九条　信息披露义务人在信息披露文件中或者通过其他信息发布渠道、载体，作出不完整、不准确陈述，致使或者可能致使投资者对其投资行为发生错误判断的，应当认定构成所披露的信息有误导性陈述的信息披露违法行为。

第十条　信息披露义务人在信息披露文件中未按照法律、行政法规、规章和规范性文件以及证券交易所业务规则关于重大事件或者重要事项信息披露要求披露信息，遗漏重大事项的，应当认定构成所披露的信息有重大遗漏的信息披露违法行为。

第三章 信息披露义务人信息披露违法的责任认定

第十一条 信息披露义务人行为构成信息披露违法的，应当根据其违法行为的客观方面和主观方面等综合审查认定其责任。

第十二条 认定信息披露违法行为的客观方面通常要考虑以下情形：

（一）违法披露信息包括重大差错更正信息中虚增或者虚减资产、营业收入及净利润的数额及其占当期所披露数的比重，是否因此资不抵债，是否因此发生盈亏变化，是否因此满足证券发行、股权激励计划实施、利润承诺条件，是否因此避免被特别处理，是否因此满足取消特别处理要求，是否因此满足恢复上市交易条件等；

（二）未按照规定披露的重大担保、诉讼、仲裁、关联交易以及其他重大事项所涉及的数额及其占公司最近一期经审计总资产、净资产、营业收入的比重，未按照规定及时披露信息时间长短等；

（三）信息披露违法所涉及事项对投资者投资判断的影响大小；

（四）信息披露违法后果，包括是否导致欺诈发行、欺诈上市、骗取重大资产重组许可、收购要约豁免、暂停上市、终止上市，给上市公司、股东、债权人或者其他人造成直接损失数额大小，以及未按照规定披露信息造成该公司证券交易的异动程度等；

（五）信息披露违法的次数，是否多次提供虚假或者隐瞒重要事实的财务会计报告，或者多次对依法应当披露的其他重要信息不按照规定披露；

（六）社会影响的恶劣程度；

（七）其他需要考虑的情形。

第十三条 认定信息披露义务人信息披露违法主观方面通常要考虑以下情形：

（一）信息披露义务人为单位的，在单位内部是否存在违法共谋，信息披露违法所涉及的具体事项是否是经董事会、公司办公会等会议研究决定或者由负责人员决定实施的，是否只是单位内部个人行为造成的；

（二）信息披露义务人的主观状态，信息披露违法是否是故意的欺诈行为，是否是不够谨慎、疏忽大意的过失行为；

（三）信息披露违法行为发生后的态度，公司董事、监事、高级管理人员知道信息披露违法后是否继续掩饰，是否采取适当措施进行补救；

（四）与证券监管机构的配合程度，当发现信息披露违法后，公司董事、监事、高级管理人员是否向证监会报告，是否在调查中积极配合，是否对调查机关欺诈、隐瞒，是否有干扰、阻碍调查情况；

（五）其他需要考虑的情形。

第十四条　其他违法行为引起信息披露义务人信息披露违法的，通常综合考虑以下情形认定责任：

（一）信息披露义务人是否存在过错，有无实施信息披露违法行为的故意，是否存在信息披露违法的过失；

（二）信息披露义务人是否因违法行为直接获益或者以其他方式获取利益，是否因违法行为止损或者避损，公司投资者是否因该项违法行为遭受重大损失；

（三）信息披露违法责任是否能被其他违法行为责任所吸收，认定其他违法行为行政责任、刑事责任是否能更好体现对违法行为的惩处；

（四）其他需要考虑的情形。

前款所称其他违法行为，包括上市公司的董事、监事、高级管理人员违背对公司的忠实义务，利用职务便利，操纵上市公司从事损害公司利益行为；上市公司的控股股东或者实际控制人，指使上市公司董事、监事、高级管理人员从事损害公司利益行为；上市公司董事、监事、高级管理人员和持股5%以上股东违法买卖公司股票行为；公司工作人员挪用资金、职务侵占等行为；配合证券市场内幕交易、操纵市场以及其他可能致使信息披露义务人信息披露违法的行为。

第四章　信息披露违法行为责任人员及其责任认定

第十五条　发生信息披露违法行为的，依照法律、行政法规、规章规定，对负有保证信息披露真实、准确、完整、及时和公平义务的董事、监事、高级管理人员，应当视情形认定其为直接负责的主管人员或者其他直接责任人员承担行政责任，但其能够证明已尽忠实、勤勉义务，没有过错的除外。

第十六条　信息披露违法行为的责任人员可以提交公司章程，载明职责分工和职责履行情况的材料，相关会议纪要或者会议记录以及其他证据来证明自身没有过错。

第十七条　董事、监事、高级管理人员之外的其他人员，确有证据证明其行为与信息披露违法行为具有直接因果关系，包括实际承担或者履行董事、监事或者高级管理人员的职责，组织、参与、实施了公司信息披露违法行为或者直接导致信息披露违法的,应当视情形认定其为直接负责的主管人员或者其他直接责任人员。

第十八条 有证据证明因信息披露义务人受控股股东、实际控制人指使,未按照规定披露信息,或者所披露的信息有虚假记载、误导性陈述或者重大遗漏的,在认定信息披露义务人责任的同时,应当认定信息披露义务人控股股东、实际控制人的信息披露违法责任。信息披露义务人的控股股东、实际控制人是法人的,其负责人应当认定为直接负责的主管人员。

控股股东、实际控制人直接授意、指挥从事信息披露违法行为,或者隐瞒应当披露信息、不告知应当披露信息的,应当认定控股股东、实际控制人指使从事信息披露违法行为。

第十九条 信息披露违法责任人员的责任大小,可以从以下方面考虑责任人员与案件中认定的信息披露违法的事实、性质、情节、社会危害后果的关系,综合分析认定:

(一) 在信息披露违法行为发生过程中所起的作用。对于认定的信息披露违法事项是起主要作用还是次要作用,是否组织、策划、参与、实施信息披露违法行为,是积极参加还是被动参加。

(二) 知情程度和态度。对于信息披露违法所涉事项及其内容是否知情,是否反映、报告,是否采取措施有效避免或者减少损害后果,是否放任违法行为发生。

(三) 职务、具体职责及履行职责情况。认定的信息披露违法事项是否与责任人员的职务、具体职责存在直接关系,责任人员是否忠实、勤勉履行职责,有无懈怠、放弃履行职责,是否履行职责预防、发现和阻止信息披露违法行为发生。

(四) 专业背景。是否存在责任人员有专业背景,对于信息披露中与其专业背景有关违法事项应当发现而未予指出的情况,如专业会计人士对于会计问题、专业技术人员对于技术问题等未予指出。

(五) 其他影响责任认定的情况。

第二十条 认定从轻或者减轻处罚的考虑情形:

(一) 未直接参与信息披露违法行为;

(二) 在信息披露违法行为被发现前,及时主动要求公司采取纠正措施或者向证券监管机构报告;

(三) 在获悉公司信息披露违法后,向公司有关主管人员或者公司上级主管提出质疑并采取了适当措施；

（四）配合证券监管机构调查且有立功表现；

（五）受他人胁迫参与信息披露违法行为；

（六）其他需要考虑的情形。

第二十一条　认定为不予行政处罚的考虑情形：

（一）当事人对认定的信息披露违法事项提出具体异议记载于董事会、监事会、公司办公会会议记录等，并在上述会议中投反对票的；

（二）当事人在信息披露违法事实所涉及期间，由于不可抗力、失去人身自由等无法正常履行职责的；

（三）对公司信息披露违法行为不负有主要责任的人员在公司信息披露违法行为发生后及时向公司和证券交易所、证券监管机构报告的；

（四）其他需要考虑的情形。

第二十二条　任何下列情形，不得单独作为不予处罚情形认定：

（一）不直接从事经营管理；

（二）能力不足、无相关职业背景；

（三）任职时间短、不了解情况；

（四）相信专业机构或者专业人员出具的意见和报告；

（五）受到股东、实际控制人控制或者其他外部干预。

第二十三条　下列情形认定为应当从重处罚情形：

（一）不配合证券监管机构监管，或者拒绝、阻碍证券监管机构及其工作人员执法，甚至以暴力、威胁及其他手段干扰执法；

（二）在信息披露违法案件中变造、隐瞒、毁灭证据，或者提供伪证，妨碍调查；

（三）两次以上违反信息披露规定并受到行政处罚或者证券交易所纪律处分；

（四）在信息披露上有不良诚信记录并记入证券期货诚信档案；

（五）证监会认定的其他情形。

第五章　附　　则

第二十四条　本规则自公布之日起施行。本规则施行前尚未做出处理决定的案件适用本规则。

关于上市公司建立内幕信息知情人登记管理制度的规定

（2011年10月25日　中国证券监督管理委员会公告〔2011〕30号）

第一条　为完善上市公司内幕信息管理制度，做好内幕信息保密工作，有效防范和打击内幕交易等证券违法违规行为，根据《证券法》、《上市公司信息披露管理办法》等法律法规和规章，制定本规定。

第二条　本规定所称内幕信息知情人，是指《证券法》第七十四条规定的有关人员。

第三条　本规定所称内幕信息，是指根据《证券法》第七十五条规定，涉及上市公司的经营、财务或者对公司证券及其衍生品种交易价格有重大影响的尚未公开的信息。

第四条　内幕信息知情人在内幕信息公开前负有保密义务。

第五条　上市公司应当根据本规定，建立内幕信息知情人登记管理制度，对内幕信息的保密管理及在内幕信息依法公开披露前的内幕信息知情人的登记管理作出规定。

第六条　在内幕信息依法公开披露前，上市公司应当按照本规定填写上市公司内幕信息知情人档案（必备项目见附件），及时记录商议筹划、论证咨询、合同订立等阶段及报告、传递、编制、决议、披露等环节的内幕信息知情人名单，及其知悉内幕信息的时间、地点、依据、方式、内容等信息。

第七条　上市公司董事会应当保证内幕信息知情人档案真实、准确和完整，董事长为主要责任人。董事会秘书负责办理上市公司内幕信息知情人的登记入档事宜。

上市公司监事会应当对内幕信息知情人登记管理制度实施情况进行监督。

第八条　上市公司的股东、实际控制人及其关联方研究、发起涉及上市公司的重大事项，以及发生对上市公司股价有重大影响的其他事项时，应当填写本单位内幕信息知情人的档案。

证券公司、证券服务机构、律师事务所等中介机构接受委托从事证券服务业务，该受托事项对上市公司股价有重大影响的，应当填写本机构内幕信息知情人的档案。

收购人、重大资产重组交易对方以及涉及上市公司并对上市公司股价有重大影响事项的其他发起方，应当填写本单位内幕信息知情人的档案。

上述主体应当根据事项进程将内幕信息知情人档案分阶段送达相关上市公司，但完整的内幕信息知情人档案的送达时间不得晚于内幕信息公开披露的时间。内幕信息知情人档案应当按照本规定第六条的要求进行填写。

上市公司应当做好其所知悉的内幕信息流转环节的内幕信息知情人的登记，并做好第一款至第三款涉及各方内幕信息知情人档案的汇总。

第九条　行政管理部门人员接触到上市公司内幕信息的，应当按照相关行政部门的要求做好登记工作。

上市公司在披露前按照相关法律法规政策要求需经常性向相关行政管理部门报送信息的，在报送部门、内容等未发生重大变化的情况下，可将其视为同一内幕信息事项，在同一张表格中登记行政管理部门的名称，并持续登记报送信息的时间。除上述情况外，内幕信息流转涉及到行政管理部门时，上市公司应当按照一事一记的方式在知情人档案中登记行政管理部门的名称、接触内幕信息的原因以及知悉内幕信息的时间。

第十条　上市公司进行收购、重大资产重组、发行证券、合并、分立、回购股份等重大事项，除按照本规定第六条填写上市公司内幕信息知情人档案外，还应当制作重大事项进程备忘录，内容包括但不限于筹划决策过程中各个关键时点的时间、参与筹划决策人员名单、筹划决策方式等。上市公司应当督促备忘录涉及的相关人员在备忘录上签名确认。

第十一条　上市公司内幕信息知情人登记管理制度中应当包括对公司下属各部门、分公司、控股子公司及上市公司能够对其实施重大影响的参股公司的内幕信息管理的内容，明确上述主体的内部报告义务、报告程序和有关人员的信息披露职责。

上市公司内幕信息知情人登记管理制度中应当明确内幕信息知情人的保密义务、违反保密规定责任和通过签订保密协议、禁止内幕交易告知书等必要方式将上述事项告知有关人员等内容。

第十二条　上市公司根据中国证监会的规定，对内幕信息知情人买卖本公司股票及其衍生品种的情况进行自查。发现内幕信息知情人进行内幕交易、泄露内幕信息或者建议他人利用内幕信息进行交易的，上市公司应当进行核实并依据其内幕信息知情人登记管理制度对相关人员进行责任追究，并在2个工作日内将有关情况及处理结果报送公司注册地中国证监会派出机构。

第十三条 上市公司应当及时补充完善内幕信息知情人档案信息。内幕信息知情人档案自记录(含补充完善)之日起至少保存10年。中国证监会及其派出机构、证券交易所可查询内幕信息知情人档案。

上市公司进行本规定第十条所列重大事项的，应当在内幕信息依法公开披露后及时将内幕信息知情人档案及重大事项进程备忘录报送证券交易所。证券交易所可视情况要求上市公司披露重大事项进程备忘录中的相关内容。

第十四条 中国证监会及其派出机构可以根据《上市公司现场检查办法》的规定，对上市公司内幕信息知情人登记管理制度的建立、执行和上市公司内幕信息知情人档案保管情况进行现场检查。

第十五条 有下列情形之一的，中国证监会可以对上市公司及相关主体采取责令改正、监管谈话、出具警示函等监督管理措施；情节严重的，可以认定相关人员为不适当人选，或者对其采取市场禁入措施：

(一) 未按照本规定的要求建立内幕信息知情人登记管理制度；

(二) 未按照本规定的要求报送内幕信息知情人档案、重大事项进程备忘录；

(三) 内幕信息知情人档案、重大事项进程备忘录有虚假、重大遗漏和重大错误；

(四) 拒不配合上市公司进行内幕信息知情人登记。

中国证监会依照前款规定采取监督管理措施，涉及国有控股上市公司或其控股股东的，通报有关国有资产监督管理机构。

发现内幕信息知情人泄露内幕信息、进行内幕交易或者建议他人利用内幕信息进行交易等情形的，中国证监会将对有关单位和个人进行立案稽查，涉嫌犯罪的，依法移送司法机关追究刑事责任。

第十六条 本规定自2011年11月25日起施行。

上市公司内幕信息知情人档案格式

上市公司内幕信息知情人档案格式(注1)：

内幕信息事项(注2)：

序号	内幕信息知情人姓名	身份证号码	知悉内幕信息时间	知悉内幕信息地点	知悉内幕信息方式	内幕信息内容	内幕信息所处阶段	登记时间	登记人
					注3	注4	注5		注6

公司简称：　　公司代码：

法定代表人签名：　　公司盖章：

注:1. 本表所列项目仅为必备项目,上市公司可根据自身内幕信息管理的需要增加内容;涉及到行政管理部门的,应按照第九条的要求内容进行登记。具体档案格式由上市公司根据需要确定,并注意保持稳定性。

2. 内幕信息事项应采取一事一记的方式,即每份内幕信息知情人档案仅涉及一个内幕信息事项,不同内幕信息事项涉及的知情人档案应分别记录。

3. 填报获取内幕信息的方式,包括但不限于会谈、电话、传真、书面报告、电子邮件等。

4. 填报各内幕信息知情人所获知的内幕信息的内容,可根据需要添加附页进行详细说明。

5. 填报内幕信息所处阶段,包括商议筹划,论证咨询,合同订立,公司内部的报告、传递、编制、决议等。

6. 如为上市公司登记,填写上市公司登记人名字;如为上市公司汇总,保留所汇总表格中原登记人的姓名。

关于加强与上市公司重大资产重组相关股票异常交易监管的暂行规定

（2012年11月6日　中国证券监督管理委员会公告〔2012〕33号）

第一条　为加强与上市公司重大资产重组相关股票异常交易监管，防控和打击内幕交易，维护证券市场秩序，保护投资者合法权益，根据《中华人民共和国证券法》、《中华人民共和国行政许可法》、《国务院办公厅转发证监会等部门关于依法打击和防控资本市场内幕交易意见的通知》、《上市公司信息披露管理办法》、《上市公司重大资产重组管理办法》，制定本规定。

第二条　上市公司和交易对方，以及其控股股东、实际控制人，为本次重大资产重组提供服务的证券公司、证券服务机构等重大资产重组相关主体，应当严格按照法律、行政法规、规章的规定，做好重大资产重组信息的管理和内幕信息知情人登记工作，增强保密意识。

第三条　上市公司及其控股股东、实际控制人等相关方研究、筹划、决策涉及上市公司重大资产重组事项的，原则上应当在相关股票停牌后或者非交易时间进行，并应当简化决策流程、提高决策效率、缩短决策时限，尽可能缩小内幕信息知情人范围。如需要向有关部门进行政策咨询、方案论证的，应当在相关股票停牌后进行。

上市公司控股股东、实际控制人等相关方，应当及时主动向上市公司通报有关信息，并配合上市公司做好股票停牌和信息披露工作。

第四条　上市公司应当在重大资产重组交易各方初步达成实质性意向或者虽未达成实质性意向但预计该信息难以保密时，及时向证券交易所申请股票停牌，真实、准确、完整、及时、公平地进行分阶段信息披露，充分揭示风险。

第五条　上市公司因重大资产重组事项停牌后，证券交易所立即启动二级市场股票交易核查程序，并在后续各阶段对二级市场股票交易情况进行持续监管。

第六条　上市公司向中国证监会提出重大资产重组行政许可申请，如该重大资产重组事项涉嫌内幕交易被中国证监会立案调查或者被司法机关立案侦查，尚未受理的，中国证监会不予受理；已经受理的，中国证监会暂停审核。

第七条　按照本规定第六条不予受理或暂停审核的行政许可申请，如符合以下条件，未受理的，中国证监会恢复受理程序，暂停审核的恢复审核：

（一）中国证监会或者司法机关经调查核实未发现上市公司、占本次重组总交易金额比例在20%以上的交易对方（如涉及多个交易对方违规的，交易金额合并计算），及上述主体的控股股东、实际控制人及其控制的机构存在内幕交易的；

（二）中国证监会或者司法机关经调查核实未发现上市公司董事、监事、高级管理人员，上市公司控股股东、实际控制人的董事、监事、高级管理人员，交易对方的董事、监事、高级管理人员，占本次重组总交易金额比例在20%以下的交易对方及其控股股东、实际控制人及上述主体控制的机构，为本次重大资产重组提供服务的证券公司、证券服务机构及其经办人员，参与本次重大资产重组的其他主体等存在内幕交易的；或者上述主体虽涉嫌内幕交易，但已被撤换或者退出本次重大资产重组交易的；

（三）被立案调查或者立案侦查的事项未涉及本款第（一）项、第（二）项所列主体的。

依据前款第（二）项规定撤换财务顾问的，上市公司应当撤回原重大资产重组行政许可申请，重新向中国证监会提出申请。上市公司对交易对象、交易标的等作出变更导致重大资产重组方案重大调整的，还应当重新履行相应的决策程序。

第八条　中国证监会根据履行职责掌握的情况，确认不予受理或暂停审核的上市公司重大资产重组行政许可申请符合本规定第七条规定条件的，及时恢复受理或者审核。

上市公司有证据证明其重大资产重组行政许可申请符合本规定第七条规定条件的，经聘请的财务顾问和律师事务所对本次重大资产重组有关的主体进行尽职调查，并出具确认意见，可以向中国证监会提出恢复受理或者审核的申请。中国证监会根据履行职责掌握的情况，决定是否恢复受理或者审核。

第九条　因本次重大资产重组事项存在重大市场质疑或者有明确线索的举报，上市公司及涉及的相关机构和人员应当就市场质疑及时作出说明或澄清；中国证监会应当对该项举报进行核查。如果该涉嫌内幕交易的重大市场质疑或者举报涉及事项已被中国证监会立案调查或者被司法机关立案侦查，按照本规定第六条至第八条的规定执行。

第十条 中国证监会受理行政许可申请后，本规定第七条第一款第（一）项所列主体因本次重大资产重组相关的内幕交易被中国证监会行政处罚或者被司法机关依法追究刑事责任的，中国证监会终止审核，并将行政许可申请材料退还申请人或者其聘请的财务顾问。

第十一条 重大资产重组行政许可申请被中国证监会不予受理、恢复受理程序、暂停审核、恢复审核或者终止审核的，上市公司应当及时公告并作出风险提示。

第十二条 上市公司披露重大资产重组预案或者草案后主动终止重大资产重组进程的，上市公司应当同时承诺自公告之日起至少 3 个月内不再筹划重大资产重组，并予以披露。

重大资产重组行政许可申请因上市公司控股股东及其实际控制人存在内幕交易被中国证监会依照本规定第十条的规定终止审核的，上市公司应当同时承诺自公告之日起至少 12 个月内不再筹划重大资产重组，并予以披露。

第十三条 本规定第七条所列主体因涉嫌本次重大资产重组相关的内幕交易被立案调查或者立案侦查的，自立案之日起至责任认定前不得参与任何上市公司的重大资产重组。中国证监会作出行政处罚或者司法机关依法追究刑事责任的，上述主体自中国证监会作出行政处罚决定或者司法机关作出相关裁判生效之日起至少 36 个月内不得参与任何上市公司的重大资产重组。

第十四条 上市公司及其控股股东、实际控制人和交易相关方、证券公司及证券服务机构、其他信息披露义务人，应当配合中国证监会的监管执法工作。拒不配合的，中国证监会将依法采取监管措施，并将实施监管措施的情况对外公布。

第十五条 关于上市公司吸收合并、分立的行政许可事项，参照本规定执行。

第十六条 本规定自 2012 年 12 月 17 日起施行。

基金管理公司开展投资、研究活动防控内幕交易指导意见

（2012年11月15日　中国证券监督管理委员会公告〔2012〕38号）

第一条　为规范基金管理公司开展投资、研究活动，防控内幕交易，保护基金份额持有人的合法权益，维护证券市场秩序，根据证券投资基金法律法规，制定本指导意见。

第二条　本指导意见所称投资、研究活动，是指基金管理公司为受托管理的投资组合进行投资分析、决策、交易或者向客户提供投资咨询建议的活动，包括参与上市公司调研、路演和研究分析外部研究报告、撰写内部研究报告、召开投研交流会议等活动。

第三条　中国证监会及其派出机构依法对基金管理公司投资、研究活动防控内幕交易情况实施监督管理，检查相关制度制定及实施情况，查处违法违规行为。

中国证券投资基金业协会依据有关法律法规和本指导意见制定相应的自律规则，对基金管理公司投资、研究活动防控内幕交易情况实行自律管理。

第四条　基金管理公司应当遵循守法诚信、审慎自律、责任明晰的原则，针对公司投资、研究活动建立全面的防控内幕交易机制，重点防范公司利用内幕信息进行投资决策和交易等。

第五条　基金管理公司应当将防控内幕交易机制纳入公司内部控制体系，结合基金行业特点和公司实际情况，制定专门的防控内幕交易制度，规范公司投资、研究活动流程，对公司投资、研究活动中可能接触到的内幕信息进行识别、报告、处理和检查，对违法违规行为进行责任追究。

基金管理公司应当定期评价防控内幕交易机制的有效性，并根据法律法规的变化和管理内幕信息的需要及时调整、完善。

第六条　基金管理公司应当明确董事会、经理层、督察长、监察稽核部门和从事投资、研究活动的部门及相关人员在防控内幕交易机制建立、实施方面的职责：

（一）董事会对建立防控内幕交易机制和维持其有效性承担最终责任，

经理层对防控内幕交易机制的有效实施承担责任；

（二）从事投资、研究活动的部门承担本部门防控内幕交易机制执行落实的直接责任，从事投资、研究活动的人员（以下简称投研人员）承担对内幕信息的识别、报告等职责，发挥事前甄别与防控作用；

（三）督察长、监察稽核部门协助董事会、经理层建立、实施防控内幕交易机制，并承担防控内幕交易机制的培训、咨询、检查、监督等职责。

第七条 基金管理公司应当根据《证券法》等法律法规、司法解释和中国证监会相关规定，建立内幕信息、知情人的识别标准。对实际工作接触到的未明确信息类型，应当结合内幕信息具有的价格敏感性、未公开性特征，遵循实质重于形式的原则进行识别。

第八条 基金管理公司应当建立内幕信息报告、知情人登记和保密制度。

投研人员对因履行工作职责知悉的内幕信息必须立即向基金管理公司报告，并进行内幕信息知情人登记，在内幕信息公开前承担保密义务，防止内幕信息进一步不当传播和使用。

第九条 基金管理公司应当加强对投资、研究活动的规范，保证信息来源合法合规，研究方法专业严谨，分析结论客观合理，投资决策独立审慎。

禁止投研人员主动打探内幕信息，利用内幕信息从事证券交易，或者泄露该信息，或者明示、暗示他人从事内幕交易活动。

第十条 基金管理公司应当与所合作研究机构作出协议约定，要求其提供的研究报告必须合法合规，不得涉及内幕信息。

第十一条 基金管理公司应当建立对投资、研究活动的合规审查机制，防止内幕信息通过外部、内部研究报告或者投研交流会议等方式进入公司投资决策或者投资咨询流程。

第十二条 基金管理公司应当对投研人员加强合规教育和业务培训，营造合规经营的制度文化环境。

投研人员应当加强合规学习，准确理解法律法规和中国证监会规定的内幕信息、知情人的范围和内幕交易的含义、特征、危害、法律责任等，牢固树立遵规守法意识，审慎开展投资、研究活动。

第十三条 基金管理公司应当结合岗位职责，将防控内幕交易情况纳入相关人员的绩效考核范围，并建立违反防控内幕交易机制的责任追究制度。

对涉嫌构成内幕交易的，基金管理公司应当立即制止并及时向监管机构等有关部门如实报告。

第十四条　基金管理公司应当建立完善投资、研究活动的记录和档案管理制度，对内幕信息的识别、报告、处理、检查、责任追究和合规审查、培训、考核等防控内幕交易制度的实施情况，以及投资决策依据完整留痕。相关资料应当妥善保存，保存期限不得少于20年。

基金管理公司年度监察稽核报告应当载明公司防控内幕交易机制的建立及实施情况。

第十五条　基金管理公司违反有关法律法规和本指导意见，未能有效建立、实施防控内幕交易机制的，中国证监会责令其限期整改，整改期间可以暂停受理及审核其基金产品募集申请或者其他业务申请，对负有责任的人员可以采取监管谈话、出具警示函、暂停履行职务等行政监管措施。

基金管理公司及其相关人员进行内幕交易的，中国证监会依照有关规定进行行政处罚；涉嫌犯罪的，依法移送司法机关追究刑事责任。

第十六条　本指导意见自2012年12月15日起施行。

中国证券监督管理委员会关于规范上市公司信息披露及相关各方行为的通知

（2007年8月15日　证监公司字〔2007〕128号）

各上市公司：

为维护证券市场的秩序，打击内幕交易和市场操纵行为，保护投资者合法权益，现就有关事项通知如下：

一、上市公司及相关信息披露义务人应当严格按照《证券法》、《上市公司信息披露管理办法》（证监会令第40号）的相关规定，切实履行信息披露义务，公平地向所有投资者披露可能对上市公司股票交易价格产生较大影响的重大事件（以下简称股价敏感重大信息），以使所有投资者均可以同时获悉同样的信息，不得有选择性地、提前向特定对象单独泄露。特定对象包括（但不限于）从事证券投资、证券分析、咨询及其他证券服务业的机构、个人及其关联人等。

二、上市公司的股东、实际控制人及筹划并购重组等重大事件过程中的相关人员，应及时主动向上市公司通报有关信息，并配合上市公司及时、准确、完整地进行披露。上市公司在获悉相关信息时,应及时向证券交易所申请停牌并披露影响股价的重大信息。

三、对于正在筹划中的可能影响公司股价的重大事项,上市公司及其董事、监事、高级管理人员,交易对手方及其关联方和其董事、监事、高级管理人员(或主要负责人),聘请的专业机构和经办人员,参与制订、论证、审批等相关环节的有关机构和人员,以及提供咨询服务、由于业务往来知悉或可能知悉该事项的相关机构和人员等(以下简称内幕信息知情人)在相关事项依法披露前负有保密义务。在上市公司股价敏感重大信息依法披露前,任何内幕信息知情人不得公开或者泄露该信息,不得利用该信息进行内幕交易。

四、上市公司预计筹划中的重大事件难以保密或相关事件已经泄露的,应及时向证券交易所主动申请停牌,直至真实、准确、完整地披露信息。停牌期间,上市公司应当至少每周发布一次事件进展情况公告。

发生涉及上市公司的市场传闻或在没有公布任何股价敏感重大信息的情况下股票交易发生异常波动时,上市公司应当向证券交易所主动申请停牌,并核实有无影响上市公司股票交易的重大事件,不得以相关事项存在不确定性为由不履行信息披露义务。

五、剔除大盘因素和同行业板块因素影响,上市公司股价在股价敏感重大信息公布前20个交易日内累计涨跌幅超过20%的,上市公司在向中国证监会提起行政许可申请时,应充分举证相关内幕信息知情人及直系亲属等不存在内幕交易行为。证券交易所应对公司股价敏感重大信息公布前股票交易是否存在异常行为进行专项分析,并报中国证监会。中国证监会可对上市公司股价异动行为进行调查,调查期间将暂缓审核上市公司的行政许可申请。

六、上市公司如在澄清公告及股票交易异常波动公告中披露不存在重大资产重组、收购、发行股份等行为的,应同时承诺至少3个月内不再筹划同一事项。对于上市公司澄清公告涉嫌虚假记载、误导性陈述、或者重大遗漏的,中国证监会依法追究法律责任。

七、上市公司拟实施无先例、存在重大不确定性、需要向有关部门进行政策咨询、方案论证的重大事项,在向有关部门政策咨询、方案论证前,均应当在闭市后向证券交易所申请停牌。停牌的同时应披露该重大事项类型,原则上自停牌后5个工作日内携带相关材料向相关部门咨询论证。

上市公司向证券交易所申请停牌时,应同时提交停牌和复牌的书面申请。复牌书面申请应当明确:自公司股票停牌之日起5个工作日内(含停牌当日),如果公司未就停牌事项及方案与相关部门咨询、论证,或者经论证方案未获准的,则其股票在下一个交易日自动复牌。自动复牌时,公司应按规定进行公告。

上市公司应在方案咨询、论证结束后立即向证券交易所申请复牌,复牌的同时披露方案论证结果。如果方案未通过论证,公司应披露原因;如果通过论证,公司应公告方案。

八、上市公司涉及行政许可及无先例、存在重大不确定性、需要向有关部门进行政策咨询、方案论证的重大事项的,上市公司应当向中国证监会提交内幕信息知情人以及直系亲属在事实发生之日起前6个月内有无持有或买卖上市公司股票的相关文件,并充分举证相关人员不存在内幕交易行为。中国证监会、证券交易所将密切关注股价敏感重大信息公布前的上市公司股票交易情况,发现其股票交易存在涉嫌内幕交易或操纵行为的,中国证监会将依法立案查处,并对可疑账户采取限制交易,冻结、查封等措施。涉嫌犯罪的,移交公安机关追究其刑事责任。

特此通知。

中国证券监督管理委员会关于进一步加强稽查执法工作的意见

(2013年8月19日)

稽查执法是证监会的基本职责和核心工作,是加快资本市场改革开放、实现市场创新发展的重要基础,是维护公开、公平、公正的市场秩序、维护投资者合法权益、促进资本市场健康发展的根本保障。为进一步加强稽查执法工作,切实做到严格执法、公正执法、文明执法,提出以下意见。

一、提升线索发现及处理能力

(一)提高监管工作发现违法违规线索的能力。会机关业务监管部门和派出机构要以发现线索、及时移送等为重点,进一步完善行政许可、日常监管、现场检查等工作的制度建设与程序规范,提高监管工作的有效性和针对性,增强违法违规线索发现能力;发现违法违规迹象的,应按照稽查执法要求固化证据,也可会同稽查执法部门采取稽查提前介入方式进行调查取证,确保相关材料能够有效转换为稽查执法案件证据；违法违规线索清楚的，应在5个工作日内向稽查执法部门移送，由稽查执法部门开展初步调查或立案调查。

（二）拓宽发现违法违规线索的渠道。各证券期货交易所等自律监管组织要加强异常交易等监控系统建设，提高交易数据分析水平，明确内幕交易、操纵市场等违法违规行为的识别标准，同时建立信息披露类案件线索报送标准和工作机制。达到违法立案标准的线索，应在5个工作日内报送稽查局；涉及上市公司、非上市公众公司、证券期货经营机构、基金管理机构以及会计师事务所、律师事务所等中介服务机构的，同时抄送相关辖区的派出机构。制定证券期货违法违规举报受理工作规程，完善处理工作机制和程序，建立举报人保护和奖励制度。充分发挥证券期货经营机构、基金管理机构、会计师事务所、律师事务所等中介机构的作用，建立向监管部门报送违法违规线索的激励与约束机制。加强对新闻媒体有关证券期货违法违规行为的报道、评论等信息的监测和分析，对于社会影响广泛、线索基本清楚的重大媒体线索，及时展开调查。

（三）完善违法违规线索处理工作机制。设立违法违规线索处理中心，提高对内幕交易、操纵市场、虚假陈述等违法违规线索的监测能力和分析处理能力。在分析、评估的基础上，根据线索清晰度、与立案标准的符合度等因素，将线索分为立案线索、待查线索和其他线索。对于立案线索，要及时开展立案调查；对于待查线索，要及时启动初步调查；对于其他线索，可转日常监管部门或有关单位处理。稽查局要通过日常单项通报、定期通报、信息系统共享以及召开联席会议等方式，与自律监管组织、派出机构和日常监管部门建立案件及线索的快速处理机制，定期向线索报送单位反馈线索处理情况。派出机构受理的案件线索，参照上述要求分类办理，并通报相关单位。

二、完善案件调查管理机制

（四）进一步加强立案工作。制定并印发各类案件的立案标准，对于触发立案标准的行为及时立案调查。稽查局和各派出机构均有立案权，稽查局立案事宜根据《会领导班子成员关于审批事项分工合作的意见》（证监发〔2013〕27号）办理，涉案主体为拟上市公司、上市公司、非上市公众公司、证券期货经营机构、基金管理机构以及会计师事务所、律师事务所等中介服务机构的重大案件，必要时，稽查局可会签相关业务部门。派出机构要进一步规范有关立案事宜，建立和完善相应的立案会商制度。自律监管组织和日常监管部门要进一步明确监管措施适用的具体条件和程序，细化自由裁量的标准，实现与立案标准的有机衔接；存在需要及时对违法违规行为予以制止、纠正、警示、惩戒等情形的，要及时采取行政监管或自律监管措施并记入诚信档案；需要采取监管措施的行为达到立案标准的，在采取监管措施的同时，要及时移送稽查执法部门，不得以监管措施替代行政处罚。在加强立案工作的同时，要进一步梳理完善行政许可和监管标准，清晰界定责任，实现精准打击、过罚相当。

（五）建立案件分类管理制度。建立大案要案类（A 类）、常规案件类（B 类）、简单案件类（C 类）三类案件的分类标准，并根据案件具体进展适时进行动态调整。A 类案件主要包括涉嫌证券期货犯罪、涉案主体特殊、涉嫌违法情节特别严重、市场持续高度关注、上级机关有具体明确查办要求以及涉及其他重大敏感新型案件；C 类案件包括成交金额和违法所得较少或没有违法所得的内幕交易案件、案情简单的操纵市场案件、不涉及重大财务造假的信息披露案件等违法情节较轻的案件；B 类案件为 A 类、C 类案件以外的其他案件。稽查执法部门要对不同类别的案件进行分类管理，优先组织安排 A 类案件的调查、审理等工作，确保重大案件的查办质量和效率。

（六）改进案件调查组织方式。稽查局负责所受理线索的立案交办、全系统案件调查工作的协调督导评价、交办案件的统一复核移送以及派出机构自立自办案件备案管理工作。上海、深圳专员办分别与稽查总队上海支队、深圳支队合署办公，主要负责案件调查工作。稽查总队、上海稽查支队、深圳稽查支队以承办 A 类案件为主。各证券期货交易所和证券登记结算公司等会管单位的执法部门在承担自律监管职责的同时，应按照稽查局的统一调配，配合做好稽查执法工作。天津、沈阳、上海、济南、武汉、广州、深圳、成都、西安等 9 个大区稽查局在承办所在辖区案件的同时，需承办稽查局交办的跨辖区案件。大区稽查局以外的派出机构以自立自办所在辖区案件为主，同时根据稽查局的指定，承办或参与承办跨辖区案件的调查。调查过程中遇到可能影响案件质量、查办效果等情形的，稽查局可根据需要或承办单位申请，另行指定案件承办单位。稽查局要建立统一的案件管理系统，建立健全案件调查的取证标准和制度规范，及时进行现场或非现场督导，切实履行全系统案件调查的协调、督导、评价、统计、宣传以及调查力量的调配使用等职责，同时定期向会领导和系统各单位通报全系统立案及案件调查情况。稽查执法部门要按规定及时将立案以及案件进展等信息录入案件管理系统。

（七）明确调查取证基本要求。案件调查工作要在保证质量的基础上，更加注重执法效率和社会效果，进一步提升及时性、针对性和有效性。初步调查和立案调查应当使用统一的调查通知书等法律文书，相关法律文书的样式、编号、使用规范等由稽查局负责制定。案件调查的取证工作应当突出法律责任导向，集约使用调查资源，按照行政处罚的证明标准，优化取证内容，做到事实清楚、证据充分、程序合法。完善稽查工作底稿制度，通过工作底稿如实记录调查程序、取证过程、调查事项和初步意见。稽查工作底稿连同证据装订入卷，与调查终结报告一起保存，任何人不得更改。进一步完善调查终结报告的编制归档制度，制定证券期货违法违规行为调查认定卷宗规范，围绕认定违法违规行为的证明目的、证据类别、证据形式等，准确撰写调查终结报告，有效立卷装卷，确保符合审理处罚、行政复议和行政诉讼的证据要求。

三、坚持和优化查审分离体制

（八）全面授予派出机构行政处罚权限。制定《派出机构行政处罚工作规定》，将行使行政处罚权的范围扩大至全部派出机构。扩大派出机构自办案件范围，纳入自办范围的案件，原则上由派出机构审理、处罚，但大案要案、疑难复杂案件和可能对当事人权益造成重大影响的案件仍由行政处罚委员会审理、处罚，相关复核移送工作按照交办案件的程序办理。行政处罚委员会负责派出机构行政处罚工作制度和拟处罚案件的备案审查工作，加强对案件审理的监督、指导，保障全系统行政处罚工作的统一性。派出机构审理案件的相关法律文书及作出的行政处罚决定，由该派出机构负责送达与执行，也可以根据工作需要委托其他派出机构送达或执行；行政处罚委员会作出的行政处罚决定，由稽查执法部门委托当事人相关辖区派出机构负责送达与执行。各派出机构要确保及时、规范送达，提高行政处罚的执行率。

（九）加强调查、审理工作的衔接、配合。在坚持查审分离原则的前提下，调查和审理部门要加强衔接配合，在法律法规规定范围内，用足用好法律赋予的职责，加大对违法违规行为的惩处力度。行政处罚委员会要加快制定各类案件审理标准，统一案件认定、处理标准，为案件调查提供指引。进一步加强案件管理，明确各类案件审理时限，优化审理工作机制和程序，不断提高审理效率。对于事实清楚、依据充分、情节轻微的案件适用独任审理程序。对于重大、复杂、疑难或新型案件，在调查取得主要证据、调查部门形成初步认定意见后可以按相关规程开展审理提前介入。在审理提前介入阶段及正式审理阶段发现证据不足时，审理部门可根据相关规定和程序要求调查部门补充证据。补充证据以两次为限，每次补充证据应当在30个工作日内完成。补充证据后经审理认为证据不足，不能认定违法行为成立的，审理部门可以结案。进一步完善查审部门分歧解决机制，经调查、审理部门沟通协调后仍存在重大分歧的案件，由会领导召集调查、审理、法律等相关部门研究决定，派出机构依照上述原则办理。加强行政处罚工作透明度建设，依法及时公开行政处罚信息，在依法保护证人的前提下，为当事人行使阅卷权利提供便利，保障行政处罚当事人的知情权和救济权。

（十）建立特殊案件快速会商处理机制。会机关和派出机构要分别建立特别重大案件的快速会商处理机制，主要负责处理A类案件中需要快速回应社会关注等情形的特别重大案件。会机关快速会商处理机制由会领导牵头，协调稽查局、行政处罚委员会、法律部及相关调查部门组成专门工作小组研究案件调查和处理问题，必要时可吸收会机关相关部门和派出机构、相关交易所、会管单位参加。在特殊处理机制下，需要采取监管措施的，有关部门要及时跟进。办公厅、稽查局牵头做好舆论宣传工作，实行分阶段新闻通报办法，及时公布行政处罚及日常监管措施等处理情况。派出机构可参照上述机制办理。

（十一）建立完善快速结案制度。坚持保护投资者合法权益的原则，鼓励涉案当事人自查自认自纠违法违规行为，主动减轻或消除危害后果和不良影响，积极补偿投资者。对于整改效果较好、危害后果和不良影响明显消除、投资者利益得到有效补偿的，可以依法酌情从轻或减轻行政处罚。会机关交办案件在调查环节出现规定结案情形的，由调查部门提出结案建议，稽查局复核后按程序报会领导批准；在审理环节出现规定结案情形的，由审理部门按程序报会领导批准。派出机构自办案件结案的，按照相关规定办理。

四、加强系统内外的协调配合

（十二）完善内部执法联动机制。建立稽查执法与信息披露监管联动机制，对上市公司、非上市公众公司等信息披露义务人进行立案调查的，要在调查通知书中载明涉嫌违法的主要类型，并在立案、调查结案、审理结案、行政处罚等环节及时告知信息披露义务人，督促其及时披露案件有关信息。办公厅、稽查局等部门要按照稽查执法信息发布的相关规定，加强信息发布工作管理，在发布涉及信息披露义务人的执法信息时，应先由信息披露义务人进行披露。建立健全稽查执法部门、日常监管部门、自律监管组织之间的会商沟通机制，及时通报相关立案、调查和审理情况，研究解决案件查办难题，协同做好各类监管措施的实施工作。稽查执法部门应及时将当事人拒不配合接受调查的情况记入诚信档案，对于虽未达到立案标准或不予行政处罚但需要持续加以关注的，通过稽查关注名单的方式通报日常监管及自律监管部门，并及时将发现的问题以稽查建议书等形式反馈相关单位或部门。有关派出机构、日常监管和自律管理部门要建立稽查通报事项的后续应对机制，有针对性地予以持续关注，涉及整改要求的，督促当事人限期整改，及时通报稽查执法部门，并依法公开披露当事人整改情况。

（十三）加大行政司法衔接配合力度。进一步健全与各级公检法机关的执法协作机制，加强涉嫌刑事犯罪案件的会商、移送与办理，推动完善证券期货犯罪行为的追诉标准和司法解释。对于达到刑事追诉标准的案件，在案情基本清晰、主要证据已调取后，即可启动与公安机关的沟通会商。会机关移送公安部的案件，由稽查局、证券犯罪侦查局与案件调查单位会商，必要时可邀请会内相关部门参加；经上级机关同意移送的重大案件，必要时可通过最高法、最高检、公安部、证监会共同参加的打击证券期货犯罪协作平台，依法做好侦办组织、侦查监督、审查起诉、司法审判等相关工作，切实加大刑事追责力度。派出机构向所在辖区公安机关移送的案件，可参照建立相应的会商机制，必要时提请会机关有关部门研究。推动建立证券期货案件行政执法商请公安机关支持的工作机制，会同公安机关研究细化并有效落实执法协作、治安处罚、刑事追责等相关规定，探索建立办案支持工作机制，有效解决涉案信息查询困难、当事人阻碍执法等突出问题。

（十四）健全行政执法外部协作体系。从会机关和派出机构两个层面，通过签订合作备忘录等方式，与地方人民政府建立制度化的案件反馈机制与协同执法机制，涉及对地方经济或社会有较大影响的执法行动要及时通报当地政府；与其他金融监管机构、政府有关部门建立专门的沟通协作机制，畅通案件信息查询渠道，落实《证券法》赋予我会的执法职权，建立健全跨部门的资本市场监管与执法协作体系。加强跨境执法协作，畅通跨境调查与协查通道，提升跨境取证效率，有效打击跨境违法犯罪行为。

五、严格执法监督与考核问责

（十五）完善稽查执法流程控制。提高案件查办效率，案件调查审理周期原则上不得超过一年，确需延长办理期限的，应报会领导审批。大力推进稽查执法信息化建设，规范案卷管理制度，实现稽查、处罚和行政复议等工作规范化、标准化、信息化。进一步强化执法信息公开，增强执法工作透明度，主动接受社会监督。调查、审理部门做出的立案或处罚决定，上级领导和其他部门、单位不得提出不予立案、不予处罚或从轻处罚的意见，但有权对不予立案、不予处罚或从轻处罚的意见提出立案调查、依法予以处罚或从重处罚的要求，由调查、审理部门依法定程序重新研究处理决定。严禁证监会系统任何人为涉案主体或当事人说情以及违反程序干预、影响稽查执法工作。同时，建立说情人备案通报制度，进一步完善稽查执法工作保密制度，违反规定的，严格追究责任。

（十六）建立健全执法评估评价机制。建立稽查执法评估工作机制，按照我会关于监管执法评估工作的总体部署，评估稽查执法工作的合法合规性及综合执法效果，不断改进稽查执法工作。采取定性和定量相结合的方法，设定科学的评价考核指标，根据案件调查、审理、执行的数量、质量、效率、效果，以及执法行为是否规范、合作机制是否健全等情况，综合评价各执法单位的稽查执法工作，确保严格、公正、文明执法。派出机构监管工作的评价考核、稽查经费的分配、稽查执法干部的考核等，要将上述评价结果作为重要依据。

（十七）建立健全执法监督问责机制。制订我会行政复议意见书和行政复议建议书工作规程，明确发布的形式、程序、效力等内容，有效落实复议意见书和建议书制度。强化行政复议对稽查执法的监督规范作用，稽查执法部门要对复议意见书中提出的问题及时提出改正方案并切实改进完善。结合相关行政诉讼应诉和答复工作，及时将司法机关或国务院法制部门对我会稽查执法的审查意见转化为内部工作要求。建立稽查执法专项巡视、案卷评查等制度，进一步加强执法监督，对于不严格执行法律法规、因故意或重大过失未发现线索、发现线索不报、有案不立、查处不力以及影响干扰正常案件查办的，依法严格追究责任。

六、健全稽查执法组织保障体系

（十八）强化稽查执法信息技术保障。建立监管信息电子化查询机制，实现会机关监管数据互联互通。会机关各部门、各证券期货交易所和证券登记结算公司等会管单位要支持案件调查对相关数据的查询，建立稽查执法电子化查询机制和渠道，简化稽查执法查询程序，并在查询支持单位和案件调查单位建立专门的查询登记备案制度。组建稽查执法技术服务中心，加强新型取证工具和数据分析系统的研发和使用，提高快速取证能力。发布实施《关于加强证券期货经营机构客户交易终端信息等客户信息管理的规定》，制定配套技术指引，规范证券期货经营机构按照统一标准收集和存储客户交易终端信息，提高调查部门采集和分析数据的效率。

（十九）加大稽查执法经费保障。稽查执法经费的增长要适应执法任务和执法力量快速增加的需要。探索建立经费的分配使用与各执法单位案件查处工作量相挂钩的机制。加大对稽查执法部门核心技术服务、重要稽查取证设备以及执法信息化系统建设的投入。改善稽查执法人员待遇，建立稽查案件补贴制度，进一步提高办案差旅食宿标准，深入推进稽查总队、上海稽查支队、深圳稽查支队事业单位薪酬制度改革。建立稽查保障基金，为一线调查办案人员人身意外伤害及案件查办等工作提供保障和支持。

（二十）大力充实稽查执法力量。增加稽查执法人员数量，重点充实一线执法力量和调查取证技术支持队伍。加强大区稽查局领导班子建设，实行稽查局长单列管理，局长可以配备为正局级，副局长可以配备为副局级。大区稽查局局长兼任所在辖区派出机构党委委员，派出机构主要负责人为稽查执法工作第一责任人。派出机构及大区稽查局分管稽查、审理工作的局领导分工调整及相关处室负责人的任免，需分别征求稽查局、行政处罚委员会的意见。各证券期货交易所和证券登记结算公司执法部门负责人的任免，需征求稽查局的意见。建立后备干部稽查执法挂职锻炼制度，司局级后备干部应分期分批到一线执法岗位参与案件调查审理工作。

（二十一）强化执法队伍建设。大力加强稽查执法队伍的思想政治建设，打造一支政治坚定、作风优良、业务过硬、坚持原则、敢于碰硬的执法队伍。同时，大力加强专业能力建设，建立稽查岗位专业（技术）职务序列管理制度，完善行政处罚委员会委员、审理员聘任制度，加大专业职务人员公开遴选力度。建立稽查执法岗位与日常监管等岗位定期轮岗及干部交流制度。建立虚假陈述、操纵市场、内幕交易等违法案件的专业执法队伍。对稽查执法干部每年开展不少于两周的专业培训，不断优化稽查干部队伍的专业技能和知识结构，持续提高稽查执法队伍的战斗力。

【执法协作相关】

国务院关于整顿和规范市场经济秩序的决定（节选）

（2001年4月27日　国发〔2001〕11号）

……

三、加大打击力度，严惩破坏市场经济秩序的违法犯罪活动

（六）加大打击违法犯罪活动的力度。依法严惩破坏市场经济秩序的违法犯罪行为，是整顿和规范市场经济秩序的重要措施。行政主管部门与执法部门要加强协调配合，始终保持严打的高压态势。行政执法部门在查处违法行为中发现的犯罪线索，必须及时通报并依法移送公安部门及其他有关部门，坚决制止一些地方和部门存在的瞒案不报、以罚代管、以罚代刑现象，造成严重后果的要严肃追究责任。依法加大对破坏市场经济秩序行为的处罚力度，让违法犯罪者为其行为付出巨大代价，切实起到震慑作用。

……

五、健全市场法律法规，严格执法

……

（十三）坚决纠正执法不严、违法不究的现象。依法行政、有法必依、严格执法是政府的重要职责，对扰乱市场经济秩序行为不予制止是政府的失职。加强行政执法与刑事执法的衔接，建立信息共享、沟通便捷、防范有力、查处及时的打击经济犯罪的协作机制，对破坏市场经济秩序构成犯罪行为的，及时移送司法机关处理。

……

行政执法机关移送涉嫌犯罪案件的规定(节选)

(2001 年 7 月 9 日　国务院令第 310 号)

……

第三条　行政执法机关在依法查处违法行为过程中,发现违法事实涉及的金额、违法事实的情节、违法事实造成的后果等,根据刑法关于破坏社会主义市场经济秩序罪、妨害社会管理秩序罪等罪的规定和最高人民法院、最高人民检察院关于破坏社会主义市场经济秩序罪、妨害社会管理秩序罪等罪的司法解释以及最高人民检察院、公安部关于经济犯罪案件的追诉标准等规定,涉嫌构成犯罪,依法需要追究刑事责任的,必须依照本规定向公安机关移送。

……

第五条　行政执法机关对应当向公安机关移送的涉嫌犯罪案件,应当立即指定 2 名或者 2 名以上行政执法人员组成专案组专门负责,核实情况后提出移送涉嫌犯罪案件的书面报告,报经本机关正职负责人或者主持工作的负责人审批。

行政执法机关正职负责人或者主持工作的负责人应当自接到报告之日起 3 日内作出批准移送或者不批准移送的决定。决定批准的,应当在 24 小时内向同级公安机关移送;决定不批准的,应当将不予批准的理由记录在案。

第六条　行政执法机关向公安机关移送涉嫌犯罪案件,应当附有下列材料:

(一) 涉嫌犯罪案件移送书;

(二) 涉嫌犯罪案件情况的调查报告;

(三) 涉案物品清单;

(四) 有关检验报告或者鉴定结论;

(五) 其他有关涉嫌犯罪的材料。

第七条　公安机关对行政执法机关移送的涉嫌犯罪案件,应当在涉嫌犯罪案件移送书的回执上签字;其中,不属于本机关管辖的,应当在 24 小时内转送有管辖权的机关,并书面告知移送案件的行政执法机关。

第八条　公安机关应当自接受行政执法机关移送的涉嫌犯罪案件之日起 3 日内,依照刑法、刑事诉讼法以及最高人民法院、最高人民检察院关于立案标准和公安部关于公安机关办理刑事案件程序的规定,对所移送的案件进行审查。认为有犯罪事实，需要追究刑事责任，依法决定立案的，应当书面通知移送案件的行政执法机关；认为没有犯罪事实，或者犯罪事实显著轻微，不需要追究刑事责任，依法不予立案的，应当说明理由，并书面通知移送案件的行政执法机关，相应退回案卷材料。

第九条　行政执法机关接到公安机关不予立案的通知书后，认为依法应当由公安机关决定立案的，可以自接到不予立案通知书之日起3日内，提请作出不予立案决定的公安机关复议，也可以建议人民检察院依法进行立案监督。

作出不予立案决定的公安机关应当自收到行政执法机关提请复议的文件之日起3日内作出立案或者不予立案的决定，并书面通知移送案件的行政执法机关。移送案件的行政执法机关对公安机关不予立案的复议决定仍有异议的，应当自收到复议决定通知书之日起3日内建议人民检察院依法进行立案监督。

公安机关应当接受人民检察院依法进行的立案监督。

第十条　行政执法机关对公安机关决定不予立案的案件，应当依法作出处理；其中，依照有关法律、法规或者规章的规定应当给予行政处罚的，应当依法实施行政处罚。

第十一条　行政执法机关对应当向公安机关移送的涉嫌犯罪案件，不得以行政处罚代替移送。

行政执法机关向公安机关移送涉嫌犯罪案件前已经作出的警告，责令停产停业，暂扣或者吊销许可证、暂扣或者吊销执照的行政处罚决定，不停止执行。

依照行政处罚法的规定，行政执法机关向公安机关移送涉嫌犯罪案件前，已经依法给予当事人罚款的，人民法院判处罚金时，依法折抵相应罚金。

第十二条　行政执法机关对公安机关决定立案的案件，应当自接到立案通知书之日起3日内将涉案物品以及与案件有关的其他材料移交公安机关，并办结交接手续；法律、行政法规另有规定的，依照其规定。

第十三条　公安机关对发现的违法行为，经审查，没有犯罪事实，或者立案侦查后认为犯罪事实显著轻微，不需要追究刑事责任，但依法应当追究行政责任的，应当及时将案件移送同级行政执法机关，有关行政执法机关应当依法作出处理。

……

最高人民检察院、全国整顿和规范市场经济秩序领导小组办公室、公安部《关于加强行政执法机关与公安机关、人民检察院工作联系的意见》(节选)

(2004 年 3 月 18 日 高检会〔2004〕1 号)

……

一、树立全局观念,形成打击合力。整顿和规范市场经济秩序,是建立和完善社会主义市场经济体制的重大举措。加强行政执法机关与公安机关、人民检察院的工作联系,对于保证准确、及时地查明犯罪事实,依法追究破坏社会主义市场经济秩序犯罪分子的刑事责任,确保整顿和规范市场经济秩序工作取得实效,具有十分重要的意义。各级行政执法机关、公安机关、人民检察院要从有利于打击犯罪的大局出发,加强工作联系,加强协调配合,切实解决涉嫌犯罪案件移送中存在的突出问题,实现行政执法与刑事执法的有效衔接,促进执法资源的合理利用,提高工作效率,增强打击破坏社会主义市场经济秩序犯罪的力度。

二、加强联系配合,建立信息共享机制。各级行政执法机关、公安机关、人民检察院要在充分发挥各自职能作用的基础上,做到信息共享、密切合作。要建立情况信息通报制度,并在加强保密工作的前提下,逐步实现各行政执法机关信息管理系统与公安机关、人民检察院的信息联网共享。行政执法机关定期向公安机关、人民检察院通报查处破坏社会主义市场经济秩序案件情况以及向公安机关移送涉嫌犯罪案件情况;公安机关定期向行政执法机关通报行政执法机关移送案件的受理、立案、销案情况;人民检察院定期向行政执法机关通报立案监督、批捕、起诉破坏社会主义市场经济秩序犯罪案件的情况。建立联席会议制度,定期或不定期召开不同层次的联席会议,沟通情况,统一认识,共同研究执法中遇到的新情况、新问题,协调解决疑难问题。

三、强化案件移送工作,推动涉嫌犯罪案件及时进入司法程序。行政执法机关查处的破坏社会主义市场经济秩序违法案件,根据法律和司法解释的规定,凡是达到刑事追诉标准、涉嫌犯罪的,应按照《行政执法机关移送涉嫌犯罪案件的规定》,及时向公安机关移送,并向人民检察院备案,切实防止"以罚代刑"现象的发生。对于案情重大、可能涉嫌犯罪的案件,行政执法机关在查处过程中应及时向公安机关、人民检察院通报,并可以就涉嫌犯罪的标准、证据的固定和保全等问题进行咨询,公安机关、人民检察院应当认真研究,及时答复。对于行政执法机关不移送涉嫌犯罪案件,有关单位、个人举报或者群众反映强烈的,人民检察院可以向行政执法机关查询案件情况;经协商同意,还可以派员查阅有关案卷材料,行政执法机关应予配合。

必要时,人民检察院应当向行政执法机关提出检察意见,建议其按照管辖规定向公安机关移送涉嫌犯罪案件,行政执法机关应当反馈落实情况。行政执法机关仍不移送的,检察机关应将情况书面通知公安机关。公安机关经过审查,认为有犯罪事实需要追究刑事责任,且属于公安机关管辖的,应当立案侦查。

……

六、积极开展联合调查研究,及时解决工作中遇到的突出问题。行政执法机关、公安机关、人民检察院应当有针对性地共同开展专题调研活动,分析破坏社会主义市场经济秩序犯罪的新情况、新特点,提出相应对策。行政执法人员和公安、检察人员应当加强业务交流,相互学习业务知识、业务技能,增进相互之间的理解和信任,并不断总结办案经验,提高业务水平。

七、各地整顿和规范市场经济秩序领导小组办公室要发挥综合协调作用,促进行政执法与刑事执法的有效衔接。公安机关、人民检察院要积极主动地与行政执法机关建立联系,立足本职,加强配合,把打击破坏社会主义市场经济秩序犯罪的工作不断推向深入。

公安机关办理经济犯罪案件的若干规定(节选)

(2005 年 12 月 31 日 公通字〔2005〕101 号)

……

第二章 立案、销案

第六条 公安机关接受涉嫌……

公安机关接受行政执法机关移送的涉嫌经济犯罪案件后,应当在三日内进行审查,并决定是否立案。

……

第七条 在立案审查过程中，可以请有关单位协助调查，或者依照规定的程序采取必要的调查措施，但不得采取刑事强制措施，不得查封、扣押、冻结财产。

……

最高人民检察院、全国整顿和规范市场经济秩序领导小组办公室、公安部、监察部《关于在行政执法中及时移送涉嫌犯罪案件的意见》（节选）

（2006年1月26日　高检会〔2006〕2号）

……

一、行政执法机关在查办案件过程中，对符合刑事追诉标准、涉嫌犯罪的案件，应当制作《涉嫌犯罪案件移送书》，及时将案件向同级公安机关移送，并抄送同级人民检察院。对未能及时移送并已作出行政处罚的涉嫌犯罪案件，行政执法机关应当于作出行政处罚十日以内向同级公安机关、人民检察院抄送《行政处罚决定书》副本，并书面告知相关权利人。

现场查获的涉案货值或者案件其他情节明显达到刑事追诉标准、涉嫌犯罪的，应当立即移送公安机关查处。

……

四、行政执法机关在查办案件过程中，应当妥善保存案件的相关证据。对易腐烂、变质、灭失等不宜或者不易保管的涉案物品，应当采取必要措施固定证据；对需要进行检验、鉴定的涉案物品，应当由有关部门或者机构依法检验、鉴定，并出具检验报告或者鉴定结论。

行政执法机关向公安机关移送涉嫌犯罪的案件，应当附涉嫌犯罪案件的调查报告、涉案物品清单、有关检验报告或者鉴定结论及其他有关涉嫌犯罪的材料。

五、对行政执法机关移送的涉嫌犯罪案件，公安机关应当及时审查，自受理之日起十日以内作出立案或者不立案的决定；案情重大、复杂的，可以在受理之日起三十日以内作出立案或者不立案的决定。公安机关作出立案或者不立案决定，应当书面告知移送案件的行政执法机关、同级人民检察院及相关权利人。

公安机关对不属于本机关管辖的案件，应当在二十四小时以内转送有管辖权的机关，并书面告知移送案件的行政执法机关、同级人民检察院及相关权利人。

六、行政执法机关对公安机关决定立案的案件，应当自接到立案通知书之日起三日以内将涉案物品以及与案件有关的其他材料移送公安机关，并办理交接手续；法律、行政法规另有规定的，依照其规定办理。

七、行政执法机关对公安机关不立案决定有异议的，在接到不立案通知书后的三日以内，可以向作出不立案决定的公安机关提请复议，也可以建议人民检察院依法进行立案监督。

公安机关接到行政执法机关提请复议书后，应当在三日以内作出复议决定，并书面告知提请复议的行政执法机关。行政执法机关对公安机关不立案的复议决定仍有异议的，可以在接到复议决定书后的三日以内，建议人民检察院依法进行立案监督。

……

九、公安机关对发现的违法行为，经审查，没有犯罪事实，或者立案侦查后认为犯罪情节显著轻微，不需要追究刑事责任，但依法应当追究行政责任的，应当及时将案件移送行政执法机关，有关行政执法机关应当依法作出处理，并将处理结果书面告知公安机关和人民检察院。

十、行政执法机关对案情复杂、疑难，性质难以认定的案件，可以向公安机关、人民检察院咨询，公安机关、人民检察院应当认真研究，在七日以内回复意见。对有证据表明可能涉嫌犯罪的行为人可能逃匿或者销毁证据，需要公安机关参与、配合的，行政执法机关可以商请公安机关提前介入，公安机关可以派员介入。对涉嫌犯罪的，公安机关应当及时依法立案侦查。

……

十六、在查办违法犯罪案件工作中，公安机关、监察机关、行政执法机关和人民检察院应当建立联席会议、情况通报、信息共享等机制，加强联系，密切配合，各司其职，相互制约，保证准确有效地执行法律。

……

中国证券监督管理委员会
《关于在打击证券期货违法犯罪中加强执法协作的通知》(节选)

(2006年3月2日　证监发〔2006〕17号)

……

二、对阻碍证券监管人员进入相关工作场所进行检查、调查和依法行使查阅、复制、查询、冻结、查封、限制交易等职权,阻碍或拒不接受证券监管人员询问,涉嫌违反治安管理行为的,证券监管机关应当及时收集有关证据,制作《阻碍证券行政执法案件移送函》,向县级以上公安机关移送有关证据和材料,公安机关应当及时依法查处。

三、对证券监管机关移送的阻碍证券行政执法的违反治安管理案件,公安机关应当及时受理、登记,并依法调查处理。属于违反治安管理行为的,给予治安管理处罚;不属于违反治安管理行为的,应当书面告知移送案件的证券监管机关;构成犯罪的,依法追究刑事责任。

四、对隐藏、转移、变卖或者毁损证券监管机关依法扣押、查封、冻结的财物,伪造、隐匿、毁灭证据或者提供虚假证言、谎报案情,影响证券监管机关依法办案的,公安机关应当依法给予治安管理处罚。构成犯罪的,依法追究刑事责任。

五、证券监管机关在日常监管和调查证券期货违法案件过程中,对可能涉嫌经济犯罪的线索,应当及时向公安机关通报,商请公安机关配合开展调查工作。公安机关可依照有关规定采取下列措施:

(一)对案件的查处进行会商;

(二)协助证券监管机关调查人员查阅、复制被调查对象的户籍、出入境信息等资料;

(三)对涉嫌经济犯罪的线索,依照《公安机关办理经济犯罪案件的若干规定》进行立案审查并开展相应的调查;

(四)依法可以采取的其他措施。

六、证券监管机关在依法履行职责时,需要对有关涉案人员采取口岸查控、报备等限制出境措施的,报经中国证监会同意后,按照公安部的有关规定办理。对需要继续限制出境的,应提前10个工作日办理。

七、中国证监会对涉嫌犯罪的证券期货案件,应按《移送规定》的有关规定,及时向公安部移送。为方便工作的衔接,中国证监会移送重大、复杂、疑难的涉嫌犯罪案件前,应与公安部就案件的认定和处理意见提前会商。

八、中国证监会向公安部移送涉嫌犯罪案件，应依照《移送规定》的有关规定，附下列材料：

（一）涉嫌犯罪案件移送书；

（二）涉嫌犯罪案件情况的调查报告；

（三）涉案物品清单及主要证据目录；

（四）有关的认定意见和鉴定结论；

（五）其他有关涉嫌犯罪的材料。

九、对中国证监会移送的案件，公安部应当依照《移送规定》受理并及时进行审查。依法决定立案的，应书面通知移送机关；对依法不予立案的，应当书面说明理由，并书面通知移送机关，相应退回案卷材料。

十、公安机关在办理证券监管机关移送的证券犯罪案件过程中，需证券监管机关协助的，可以商请证券监管机关对侦查提供协助。商请证券监管机关协助侦查，由公安部有关部门统一向中国证监会有关部门发函联系。

十一、中国证监会有关部门收到公安部有关部门协助侦查的来函后，应当积极配合，根据案情需要，可依法采取下列措施：

（一）商请有关部门或指定派出机构专业人员协助侦查；

（二）需要出具专业认定意见的，作出或提请有关部门、机构作出认定；

（三）协助侦查人员查阅、复制有关专业资料；

（四）依法可以采取的其他措施。

十二、公安机关在办理证券监管机关移送的案件时，如需在交易所、登记结算公司查询、复制有关资料，交易所、登记结算公司应积极配合，依照证券监管机关有关规定执行。

十三、公安机关对证券监管机关移送的案件，立案侦查后认为没有犯罪事实或者犯罪情节显著轻微，不认为是犯罪的，以及其他依法不需要追究刑事责任的，应当撤销案件并及时向证券监管机关通报有关情况，退回有关案卷。

十四、公安机关在侦查工作中发现的证券违法违规线索和案件，应当及时向证券监管机关移送。证券监管机关对公安机关移送的案件应当受理并及时进行审查。依法决定立案查处的，应当书面通知移送机关，并及时向对方通报查处情况；依法不予立案的，应当书面说明理由，并书面通知移送机关，相应退回案卷材料。

十五、证券监管机关与公安机关之间应建立情报信息交流机制和工作联系会商机制，及时通报情报信息、市场动态和双方在执法中发现的问题，会商重要案件和其他重要事项。

……

第四部分

附 录 材 料

【新闻发布稿】

最高人民法院、最高人民检察院
《关于办理内幕交易、泄露内幕信息刑事案件具体应用法律若干问题的解释》的新闻发布稿

最高人民法院新闻发言人　孙军工

（2012 年 5 月 22 日）

各位记者：

大家上午好！今天新闻发布会的主题是向大家通报最高人民法院审判委员会第 1529 次会议、最高人民检察院第十一届检察委员会第 72 次会议审议通过，并将于 2012 年 6 月 1 日正式施行的《关于办理内幕交易、泄露内幕信息刑事案件具体应用法律若干问题的解释》（以下简称《内幕交易解释》）的有关情况，并将公布黄光裕等非法经营、内幕交易、泄露内幕信息、单位行贿案和杜兰库、刘乃华内幕交易、泄露内幕信息案两起典型案例。《内幕交易解释》共 11 条，全面系统地对内幕信息知情人员、非法获取内幕信息人员、内幕信息敏感期、内幕交易、泄露内幕信息定罪处罚标准等法律适用问题进行了规定。下面我简要介绍一下《内幕交易解释》制定的背景、主要内容。

一、《内幕交易解释》制定的背景

近年来，随着我国证券、期货市场的发展，内幕交易、泄露内幕信息犯罪案件也呈逐年增多态势。截至 2011 年底，全国法院审结内幕交易、泄露内幕信息犯罪案件共 22 件，其中 2007 年 1 件、2008 年 1 件、2009 年 4 件、2010 年 5 件，2011 年 11 件。

通过对近五年来司法机关查处的内幕交易、泄露内幕信息犯罪案件的研究和分析，与普通犯罪相比，内幕交易、泄露内幕信息犯罪呈现出以下特征：

一是社会危害大。证券、期货犯罪涉案金额大，社会影响面广，涉及投资者众多，严重危及资本市场运行安全和经济社会秩序。如在黄光裕案件中，被告人黄光裕作为中关村上市公司的董事及鹏泰公司的法定代表人，在公司重大资产置换、重组信息公告前，前后三次指令他人累计购入“中关村”股票 1.4 亿余股，成交额人民币 18 亿余元，账面收益近 4 亿余元。

二是专业性强。资本市场关系复杂,技术手段先进,涉及证券、期货、法律、会计、计算机和网络通信技术等诸多领域,犯罪分子往往具有较深的专业背景,熟悉资本市场运行规则和信息技术。如杜兰库、刘乃华内幕交易、泄露内幕信息案。杜兰库是具有专业技术职称的中国电子科技集团公司原总会计师,凭借专业知识判断出重组对象,后又利用其通过职务便利获取的内幕信息做出交易决定。

三是查处难度大。证券、期货交易具有无纸化、信息化等特点,犯罪分子往往利用互联网、3G通信等先进技术传递信息和意图,加大了事后取证的难度,导致实践中查办的内幕交易、泄露内幕信息犯罪案件数量与实发案件数量相差甚远。据中国证券监督管理委员会(以下简称"中国证监会")的相关材料显示,2008年初至2011年底,中国证监会共获取内幕交易线索的案件426件,立案调查的只有153件。鉴于上述情况,最高人民法院、最高人民检察院、公安部、中国证监会成立了整治非法证券活动协调小组。2009年8月,整治非法证券活动协调小组专设打击证券、期货犯罪专题工作组,专门负责推进打击证券、期货犯罪专项工作达成共识,并明确了由最高人民法院牵头制定关于办理内幕交易、泄露内幕信息刑事案件司法解释的工作任务。历经两年多的调研,最高人民法院、最高人民检察院联合起草了《内幕交易解释》初稿,并在征求全国人大常委会法工委等部门和部分证券、期货案件高发、频发省、市高级法院意见的基础上,提交最高人民法院审判委员会、最高人民检察院检察委员会审议通过。

二、《内幕交易解释》的主要内容

《内幕交易解释》旨在解决当前司法实践中争议较大、反映突出的法律适用问题,在内容上既充分吸收了中外法学理论研究成果,又合理借鉴了国外成功司法经验;既保证了合法性,又力求有所突破,准确把握内幕交易、泄露内幕信息犯罪的发展态势和规律。

(一)关于内幕信息知情人员的范围。《内幕交易解释》关于内幕信息知情人员的范围援引了《证券法》第74条、《期货交易管理条例》第82条第(十二)项的规定。即内幕信息知情人员包括"(一)发行人的董事、监事、高级管理人员;(二)持有公司百分之五以上股份的股东及其董事、监事、高级管理人员,公司的实际控制人及其董事、监事、高级管理人员;(三)发行人控股的公司及其董事、监事、高级管理人员;(四)由于所任公司职务可以获取公司有关内幕信息的人员;(五)证券监督管理机构工作人员以及由于法定职责对证券的发行、交易进行管理的其他人员;(六）保荐人、承销的证券公司、证券交易所、证券登记结算机构、证券服务机构的有关人员;(七）国务院证券监督管理机构规定的其他人”以及“由于其管理地位、监督地位或者职业地位,或者作为雇员、专业顾问履行职务,能够接触或者获得内幕信息的人员,包括:期货交易所的管理人员以及其他由于任职可获取内幕信息的从业人员,国务院期货监督管理机构和其他有关部门的工作人员以及国务院期货监督管理机构规定的其他人员”。

在起草过程中,有观点提出,发行人、上市公司的控股股东、实际控制人控制的其他公司的董事、监事、高级管理人员可以通过发行人、上市公司的内部传阅文件获悉内幕信息,且较为典型,因此应当将该类人员明确为内幕信息知情人员。后经调研,该类人员仅是可能知悉而非必然知悉内幕信息,因而不宜在司法解释中一律直接规定为内幕信息知情人员。

（二）关于非法获取内幕信息人员的认定。《内幕交易解释》第2条规定了三类非法获取内幕信息的人员:一是利用窃取、骗取、套取、窃听、利诱、刺探或者私下交易等非法手段获取内幕信息的人员;二是具有特殊身份,即内幕信息知情人员的近亲属或者其他与内幕信息知情人员关系密切的人员;三是在内幕信息敏感期内,与内幕信息知情人员联络、接触的人员。对于后两类人员,只要从事或者明示、暗示他人从事,或者泄露内幕信息导致他人从事与内幕信息有关的证券、期货交易,相关交易行为被认定为明显异常,且无正当理由或者正当信息来源的,就应当认定为非法获取内幕信息人员。

（三）关于相关交易行为明显异常的认定。《内幕交易解释》第3条规定从以下三个方面的典型特征认定相关交易行为是否明显异常:一是时间吻合程度。即从行为时间与内幕信息形成、变化、公开的时间吻合程度把握。所要比对的时间主要有以下三类:行为人开户、销户、激活资金账户或者指定交易(托管)、撤销指定交易(转托管)时间;资金变化时间;相关证券、期货合约买入或者卖出时间。二是交易背离程度。即从交易行为与正常交易的背离程度把握。正常交易主要体现在以下两点:基于平时交易习惯而采取的交易行为;基于证券、期货公开信息而理应采取的交易行为。三是利益关联程度。即从账户交易资金进出与该内幕信息知情人员或者非法获取人员有无关联或者利害关系把握。考虑到实践中还可能出现新的情况,《内幕交易解释》在本条规定了兜底项。

（四）关于不属于从事内幕交易的认定。为保障被告人的抗辩权,防止内幕交易、泄露内幕信息罪的适用对象被不当扩大,《内幕交易解释》借鉴成熟资本市场国家和地区的做法,采用列举表述加兜底条款的方式规定了不属于从事与内幕信息有关的证券、期货交易的情形:一是持有或者通过协议、其他安排与他人共同持有上市公司百分之五以上股份的自然人、法人或者其他组织收购该上市公司股份的。《证券法》第76条第2款已明确将该类行为作为禁止从事内幕交易的除外情形;二是按照事先订立的书面合同、指令、计划从事相关证券、期货交易的;三是依据已被他人披露的信息而交易的;四是交易具有其他正当理由或者正当信息来源的。

(五)关于内幕信息敏感期的认定。《内幕交易解释》第5条第1款规定内幕信息敏感期是指内幕信息自形成至公开的期间。鉴于内幕信息形成时间的认定比较复杂,《内幕交易解释》对内幕信息形成时间的认定区分了一般情况和特殊情况。一般情况下,内幕信息形成的时间与《证券法》第67条第2款、第75条规定的可能对上市公司股票价格产生重大影响的“重大事件”“计划”“方案”以及《期货交易管理条例》第82条第(十一)项规定的“政策”“决定”的形成时间是一致的;特殊情况下,要看交易主体对市场预期判断的主要依据是什么,由于影响内幕信息形成的动议、筹划、决策或者执行人员对其行为所带来的市场影响具有较高的确信度,且该类人员往往是在“重大事件”“计划”“方案”“政策”和“决定”形成时间之前就从事相关证券、期货交易,所以其动议、筹划、决策或者执行的初始时间,应当认定为内幕信息的形成之时。

(六)关于内幕交易、泄露内幕信息罪情节严重、情节特别严重的认定。《内幕交易解释》从犯罪数额和犯罪情节两个方面对内幕交易、泄露内幕信息罪的情节严重、情节特别严重的认定标准作了规定。《内幕交易解释》第6条规定具有以下情形之一的,应当认定情节严重:1. 证券交易成交额在50万元以上;2. 期货交易占用保证金数额在30万元以上;3. 获利或者避免损失数额在15万元以上;4. 内幕交易或泄露内幕信息3次以上;5. 具有其他严重情节。《内幕交易解释》第7条规定了情节特别严重的认定标准。《内幕交易解释》对情节严重的认定标准与最高人民检察院、公安部联合发布的相关立案追诉标准保持了一致,并参照其他司法解释中普遍采用的情节严重与情节特别严重的量比标准,将内幕交易、泄露内幕信息罪情节严重与情节特别严重的量比确定为1:5。

(七)关于单位犯罪的定罪处罚标准。就本罪而言,刑法对单位犯罪规定了单独的法定刑，即便对单位犯罪和个人犯罪的量刑标准不作区分，也可以实现两者之间的量刑平衡。因此，《内幕交易解释》在定罪量刑标准上未区分单位主体和自然人主体。

《内幕交易解释》是最高人民法院、最高人民检察院针对证券、期货犯罪出台的第一部司法解释，是最高人民法院、最高人民检察院坚持为大局服务，为人民司法，不断为国家经济发展提供司法保障的重大阶段性成果。它的出台，对于指导人民法院、人民检察院正确办理证券、期货犯罪案件，增强资本市场监管力度，有效维护资本市场秩序，保护广大投资者合法权益，将会产生重大而深远的影响。全国各级人民法院、人民检察院将认真学习贯彻《内幕交易解释》的具体规定，确保《内幕交易解释》在司法实践中得到贯彻落实，为资本市场健康发展提供有力司法保障。

谢谢大家。

【专访】

人民日报专访中国证券监督管理委员会副主席刘新华：内幕交易颠覆股市根基

内幕交易行为本质上是资本市场的“偷窃”，任其泛滥足以摧垮一个国家的资本市场，严重拖累实体经济。

保证投资者能公平获取信息是市场监管者最重要的责任，打击内幕交易是市场监管永恒的主题。

对内幕交易违法犯罪的打击力度还不足以震慑不法分子，必须敢于创新、大胆改革，不断提高监管执法的有效性。

近日，最高人民法院、最高人民检察院出台了《关于办理内幕交易、泄露内幕信息刑事案件具体应用法律若干问题的解释》（以下简称《内幕交易解释》）。此前，最高人民法院、最高人民检察院、公安部和中国证券监督管理委员会（以下简称“中国证监会”）出台了《关于办理证券期货违法犯罪案件工作若干问题的意见》（以下简称《四部委意见》）。就打击内幕交易有关问题，中国证监会副主席刘新华接受了本报记者独家专访。

一、内幕交易对证券市场造成颠覆性破坏，难以估量

记者：一直以来，中国证监会在打击内幕交易方面做了大量工作。特别是这两年，中国证监会对内幕交易的查处力度明显加强，对一批违法犯罪分子的严惩可谓大快人心。郭树清主席多次强调对内幕交易保持“零容忍”。监管机构如此重视打击内幕交易的主要考虑是什么？

刘新华：最高人民法院、最高人民检察院出台的《内幕交易解释》，以及最高人民法院、最高人民检察院、公安部和中国证监会出台的《四部委意见》，是司法机关发挥职能作用，支持资本市场监管的重要制度成果，对于打击证券期货违法犯罪，维护资本市场秩序，保护投资者合法权益具有非常重要的意义。中国证监会对司法机关以及国家立法机关和国务院有关部门一直以来对证券期货监管工作的重视、关心和支持表示感谢。

资本市场的核心功能是用市场化的方法配置社会资源。投资者作出投资决定，意味着对企业的信赖和对未来回报的期待，这种信赖和期待必须建立在公司披露的信息真实、准确、完整的基础之上。按照有效市场理论，市场全体参与者能否公平、及时、充分地分享信息，即做到“信息对称”，是判断和衡量市场是否有效的基础。因此，强化信息披露、保证投资者能够公平获取信息就成为市场监管者最重要的责任。

内幕交易行为人利用提前掌握的内幕信息，在其他投资者通过公开渠道获知信息之前，抢先买入或卖出股票等证券非法谋取利益，这种行为直接违反和破坏信息公平原则，本质上是资本市场的“偷窃”。美国证券法学者曾说：“假如游戏规则允许某人在牌上做记号，那么还有谁愿意继续玩这种游戏呢？”内幕交易对证券市场运行根基造成的颠覆性破坏是任何纯粹的经济分析方法都无法进行精确评估的。内幕交易泛滥足以摧垮一个国家的资本市场，严重拖累实体经济的发展。

二、并购重组领域是“重灾区”，内幕信息爆炸式传递

记者：目前我国证券市场内幕交易违法、违规是什么状况？造成这种状况的主要原因是什么？

刘新华：内幕交易是证券市场的一种伴生现象，是资本市场的痼疾和顽症。即便是经历了多年发展的成熟资本市场，也不时曝出内幕交易丑闻。因此，打击内幕交易是市场监管永恒的主题。

我国资本市场自股权分置改革实现全流通以来，并购重组活动增多，内幕交易呈现易发、高发的态势。2008 年至 2011 年，中国证监会调查的内幕交易案件在非正式调查案件中占比分别达 38%、56%、71%、61%，在正式调查案件中占比 32%、24%、51%、51%，在移送公安机关案件中占比 15%、42%、50%、80%。内幕交易案件占比上升明显，成为监管执法的主要矛盾。

近年来查处的内幕交易案件表现出以下特点：一是上市公司并购重组领域是内幕交易的“重灾区”。中国证监会查处的内幕交易案中，近一半涉及并购重组。由于一些并购重组项目决策环节多，直接涉及的知情人员多，在这种情况下，内幕信息不泄露具有相当难度；二是内幕信息呈爆炸式传递，内幕交易主体“群体化”“裙带化”，形成一批“窝案”“串案”。内幕信息在亲戚朋友之间层层传递，扩散范围广，速度快；三是一些党政领导干部在研究或审批企业改制、产权交易、资本运营和经营管理过程中，卷入内幕交易，以权谋私。

三、与内幕交易造成的危害相比，目前查处打击力度还不够

记者：针对内幕交易违法犯罪案件易发、高发的情况，监管执法部门采取了哪些对策措施？国外成熟资本市场内幕交易监管有何新动向？

刘新华：中国证监会始终坚持“两手抓”，一手抓预防，一手抓打击。2010

年10月,在中国证监会推动下,国务院办公厅转发了中国证监会等五部委《关于打击和防控资本市场内幕交易意见的通知》,通过推行内幕信息知情人登记等制度,对构建内幕交易综合防控体系作出全面部署。自2010年以来,我会一共立案调查内幕交易案件122起,行政处罚21起,移送公安机关36起,查处了“黄光裕案”“中山公用案”“高淳陶瓷案”“上海祖龙案”“天山纺织案”等一批大案要案,社会反响十分强烈。

尽管我们在打击内幕交易方面做了很多努力,但投资者直观感觉对内幕交易查处打击力度还不够,一个重要原因是,与内幕交易对资本市场造成的危害,特别是违法犯罪分子获取的不法收益相比,对内幕交易违法犯罪的打击和制裁力度还不足以震慑不法分子。

四、打击内幕交易有待行政和司法的有效衔接

记者:目前在查处内幕交易违法犯罪方面存在哪些困难?

刘新华:打击内幕交易是一个世界性难题,原因在于内幕交易自身的特殊性,特别是内幕信息传递等关键环节隐蔽,很多时候,内幕信息传递行为是一个电话甚至只是一个暗示,除非当事人承认,否则很难取得直接证据。

查处内幕交易案件在调查取证、证明认定、法律适用等方面面临着许多现实困难和问题。特别是内幕交易犯罪案件大多先由监管机关启动调查,取得必要证据后移送公安司法机关。由于行政调查手段客观上有一定的局限性,容易形成“刑事立案要有证据支持,行政手段难获必要证据”的现实矛盾。国外监管经验表明,对于内幕交易犯罪案件,必须要有行政和司法有效衔接的工作机制安排。比如,德国明确规定对于内幕交易等证券案件,直接交由刑事部门查办。美国司法部门对于有重大嫌疑但调查无法突破的内幕交易案件,往往也会提前介入,会同证监会一起展开调查。

五、两个司法解释就像“给老虎装上了牙齿”

记者:《内幕交易解释》主要从实体规则角度解决认定难的问题,《四部委意见》则主要是从程序角度进一步完善了查处证券期货案件的工作机制。有评论认为,两个司法文件为监管执法部门提供了打击内幕交易的“撒手锏”,是规制内幕交易的重大制度进步。对此,您如何评价?

刘新华:两个司法文件对症下药,较好地解决了内幕交易调查认定难的问题,进一步完善了行政执法和刑事制裁的有效衔接机制,对于打击内幕交易等证券期货违法犯罪具有重要意义。

《内幕交易解释》在严格遵循现有刑事法律制度的前提下,采取明确公诉机关证明标准和要求的思路解决了内幕交易认定难问题，降低了举证和认定难度。

在法律适用方面规定内幕交易证明认定制度的同时，《四部委意见》立足于完善行政和司法的工作衔接，在工作机制方面做了一些专门的制度安排，一是规定了专门的集中管辖制度。明确涉嫌证券期货犯罪第一审案件由中级人民法院集中管辖，同级检察机关负责提起公诉，地(市)级以上公安机关负责立案侦查；二是规定了专门的证据制度。证券监管部门在行政执法和查办案件过程中收集的物证、书证、视听资料等证据在符合相关条件的前提下可以转化为刑事诉讼证据使用。《四部委意见》还针对我国证券期货市场全面实现无纸化交易的现实情况，明确了电子证据的取证方法及效力，以及涉众型证券期货犯罪案件可以按一定比例收集和调取相关证据；三是明确了专门的行政执法和司法的执法协作内容。

对于这两个司法文件，有人形象地比喻，就像“给老虎装上了牙齿”。专家指出，两个司法文件在坚持刑事法律基本原则的基础上，对境外成熟资本市场规制内幕交易立法的先进经验充分加以吸收，相关制度安排更加科学有效，符合规制内幕交易犯罪立法的发展方向，显现出资本市场法律制度的重大进步。

六、让内幕交易成人人喊打的“过街老鼠”

记者：中国证监会下一步将采取怎样措施加大监管执法力度？

刘新华：法律的生命在于执行，司法政策出台后，效果好不好，关键在于贯彻实施。《内幕交易解释》和《四部委意见》的出台，体现了司法机关对资本市场改革发展的关心支持，同时也对证券监管执法工作提出了更高、更新的要求。中国证监会责无旁贷，将配合司法机关，积极主动做好贯彻落实工作：

一是做好制度配套。抓紧制定或修改内幕交易行政处罚认定指引、稽查办案规则、流程以及涉嫌犯罪案件的移送标准等配套制度，调整和改进内幕交易案件调查、处罚和移送的思路、重点和方法，使前端行政执法与后端刑事司法标准和要求相互衔接。

二是加强执法协作。在执行层面具体制定和完善调查取证、案件移送和行政认定等机制，在积极争取公安司法机关支持证券监管执法工作的同时，统筹协调证监会、交易所和行业协会等系统资源，积极在案件办理、人员培训和普法宣传等方面为公安司法机关提供专业支持。

三是深入开展业务培训，不断提高监管部门和司法机关办案人员的专业素质和执法水平，从线索发现、分析立案、调查审理等各个环节入手，力求做到“六及时”，即及时发现、及时立案、及时调查、及时处罚、及时移送和及时公布，保证案件查办效果。

四是加大执法力度。始终将打击内幕交易作为监管执法工作重心，集中执法资源，狠抓大案、要案查处，充分利用内幕交易行为的认定规则，进一步加大行政处罚的力度，一旦涉嫌犯罪，发现一起，移送一起，配合公安司法机关追究刑事责任，始终保持对内幕交易的严打和高压态势。

五是广泛宣传教育。中国证监会积极会同最高法、最高检和公安部，通过多种形式进行集中宣传。特别是加强案件的披露和宣传工作，不仅要及时公布和宣传已经处罚的案件，处于立案环节、调查环节的案件也要及时披露和宣传，以有效震慑违法犯罪分子，让内幕交易成为全社会人人喊打的“过街老鼠”。

七、必须不断提高监管执法的有效性

记者：从完善监管执法手段和制度的角度，还可以在哪些方面进一步创新，以更好地适应执法需要？

刘新华：随着市场不断创新发展，内幕交易等危害市场基础、侵害投资者合法权益的违法犯罪会以各种新的形式表现出来，从而对监管执法工作提出更多挑战。要应对这些挑战，必须拿出敢于创新、大胆改革的精神，不断提高监管执法的有效性。

一是进一步创新执法体制。资本市场监管是中央事权，客观上需要集中统一监管。因此，与之相适应，立足于监管执法机关专业优势和刑事执法机关职权优势的协调和配合，有必要建立健全相应的打击证券期货犯罪执法工作体制。比如，研究建立行政与司法职能统一、职权统一、队伍统一、指挥统一的案件调查部门，建立健全专门的审查起诉和司法审判制度和机制。

二是进一步创新执法模式。从更加注重提高执法效率，节约执法成本，有效实现执法目标的需要出发，可以积极探索高效、便捷、成本低廉的执法模式。比如，考虑研究实行成熟市场普遍采用的“执法和解”制度。

三是进一步完善投资者保护机制。健全完善民事赔偿机制，更好地保护投资者，同时提高不法分子的违法成本，震慑违法违规行为。例如，美国的集团诉讼制度往往让违法者赔得倾家荡产。与之相比，我国市场中的不法分子违法行为成本偏低，从健全完善投资者的长效保护机制的角度，有必要总结近年来资本市场民事赔偿经验，尽快修改、制定相关司法解释，不断完善证券民事赔偿机制。

【工作报告】

关于打击证券期货犯罪专项工作主要问题的报告

为落实2009年8月24日整治非法证券活动协调小组会议的要求,专题工作组对内幕交易、操纵市场等犯罪的司法认定、集中管辖、证明标准、证据转换和执法协作等问题开展了调研和论证,取得了积极成果。现将有关情况报告如下。

一、关于内幕交易

(一)关于内幕交易的认定

内幕交易犯罪隐蔽性极强,除当事人自身承认外很难获取直接证据,如果严格按照通常"排除合理怀疑"的刑事证明标准,强调证明内幕信息的"获悉""利用"和意图、手段等直接证据,查处和认定将非常困难。特别是"传递型内幕交易",即直接接触、掌握内幕信息的人不亲自实施交易,而是将内幕信息泄露给配偶、近亲属或者朋友,由后者从事交易的行为,更是难以将行为链条的每一个环节都查实。因此,尽管法定内幕信息知情人员对其近亲属泄露内幕信息的情形日趋增加,但近亲属之间信息交流的取证十分困难,故司法实践中对上述人员从事内幕交易的行为,目前真正追究刑事责任的并不多。这一现实矛盾已构成进一步加大内幕交易犯罪惩处力度的制度性"瓶颈",迫切需要采取有效措施减轻检控机关的证明责任。

美国1968年重订《威廉斯法案》(Williams Act)之前,对内幕交易的起诉必须证明内幕交易人有行事意图,即控方必须证明行为人有欺诈的企图。由于举证责任完全在控方,对内幕交易的认定非常困难。1968年,美国证监会根据《威廉斯法案》授权制定的《规则14e-3》明确指出,对涉及利用要约收购信息进行内幕交易行为的认定,控方不需要证明被告的行事意图,只要有内幕交易的事实,不管是谁,无论直接或间接、有意或无意得到这个内幕信息(初级的、基础的举证责任在控方),都被假设为从事了内幕交易,被告必须提供所有证据来证明自己的清白(次级举证责任在辩方)。一旦控方证实内幕信息知情人员有从事内幕交易的事实,被控方除非提供有力证据证明自己的清白,否则就将遭到美国证监会的民事诉讼或者通过司法部进行的刑事诉讼。法国、英国、欧盟和我国香港地区先后通过修改立法，明确在某些情况下控方不需要证明内幕交易人的行事意图。

从国内司法实践看，巨额财产来源不明罪中，具有特定身份的公职人员，其财产或支出明显超过合法收入，而本人不能说明合法来源的，即为有罪；对毒品犯罪，在符合一定条件下，可以"孤证"定罪，并不要求涉案的所有环节都由检控机关指证。证券期货领域，"董正青"等案的生效判例，在通过间接证据认定犯罪等重大执法原则方面进行了有益尝试，并取得较好效果，为有效打击证券期货犯罪积累了经验。我们认为，在坚持刑事基本理论和基本原则的大前提下，从实践需要出发，针对特殊罪名采取一些必要的、有限的、有条件的技术性创新，有利于刑事法律规范终极价值目标的实现，能较好地实现法律效果和社会效果的有机统一。

《证券法》第 74 条、《期货交易管理条例》第 82 条第（十二）项规定了内幕信息知情人员的范围，并授权证券监管机构作出补充规定；《刑法》第 180 条规定，内幕信息知情人员的范围，由法律、行政法规规定。从具体运用上述法律的角度，通过明确、补充内幕信息知情人员范围的方式，合理配置检控机关和犯罪嫌疑人的证明责任，在一定程度上可以解决查办此类案件的"认定难"问题。

为此，有必要在坚持刑法基本理论和基本原则的前提下，充分借鉴资本市场发达国家和地区的经验，结合国内审判实践，运用明确犯罪主体的表述方式有效解决实践中内幕信息知情人员的近亲属从事内幕交易难以查处认定的难题，即法定内幕信息知情人员包括其近亲属，只要在内幕信息敏感期内有相应交易行为，就可以认定构成内幕交易，除非被告人能做出合理解释。

同时，考虑上述处理方式对传统的刑事证明标准确有一定程度的创新，需要特别注意几个问题：一是应当严格限定适用罪名和适用主体的范围，根据不同的内幕信息知情人的法律义务和责任区别不同的认定条件，防止刑事打击扩大化；二要充分保障被告人的抗辩权，应当明确和细化合理解释的理由，给行为人以充分的反证机会，排除不属于内幕交易的情形；三是有必要通过案件管辖的制度安排，有效统一执法的尺度和标准。

研究过程中，有少数同志提出两点意见：一是法定内幕信息知情人的近亲属往往是"非法获取内幕信息的人员"，将其认定为内幕信息知情人，值得斟酌；二是泄露内幕信息的情状千差万别，特别是近亲属之间，无论是交流的理由还是默契的程度都远非一般情况可比，采取列举方式容易"挂一漏万"，且容易导致办案法官形成思维定势等负面效应，为此不必列举“合理解释”的具体情形，而由司法机关在实践中把握。我们认为，一是，采取有条件认定方式的原因，就在于难以证明“非法获取内幕信息”，减轻检控机关的证明责任，是基于“查处难”这一客观现实而作出的务实安排，并且此类人员是否属“非法获取内幕信息的人员”，仅是学理解释上的观点，法律规范并未明确，现行法律授权主管机关对内幕信息知情人员作出补充规定，从具体运用法律的角度将其认定为内幕信息的知情人员，并无不妥。二是，为克服有条件认定方式带来的打击面扩大化风险，有必要具体列举在现有认识水平条件下能取得共识的、排除内幕交易可能性的情形，并辅以兜底条款，防范“挂一漏万”。

（二）关于非法获取内幕信息的人员

一般理解，非法获取内幕信息的行为包括利用窃取、骗取、套取、偷听、利诱、刺探或者私下交易等手段获取内幕信息，但在司法实践中，对于与内幕信息知情人员联络、接触或“明知”信息为内幕信息情形下非法获取内幕信息人员的认定，存在较大困难。

由于内幕信息无纸化的特征，行为人与内幕信息知情人员的联络、接触行为，难以证实其获取了内幕信息，即行为人如真实地通过联络、接触获取了内幕信息，检控机关往往因难以举证而最终不得不作撤案处理。鉴于这种情况，有必要作出如下安排：对于检控机关能够证明行为人在内幕信息敏感期内与内幕信息知情人员及其近亲属有过联络、接触行为，且从事了与内幕信息有关的证券、期货交易的案件，转移举证责任，由行为人来证明其未通过联络、接触获取内幕信息或者其从事相关内幕交易完全是基于其他合理理由；行为人不能作出合理解释的，应当认定为非法获取内幕信息的人员。

实践中，存在不少行为人明知是内幕信息，而利用该信息从事内幕交易获利的行为。有观点认为，这种行为的社会危害性与非法获取内幕信息从事内幕交易的社会危害性相当，如不加以刑事规制，则与当前打击内幕交易、维护证券期货公开和公平交易、保护证券期货投资者合法权益的政策导向不符。反对观点认为，该类人员既不能认定为《刑法》第182条规定的内幕信息知情人员，也不宜认定为非法获取内幕信息人员。我们认为，刑法对内幕信息的保护与商业秘密相当，对内幕信息的保护可以适度参照《刑法》第219条侵犯商业秘密罪的规定，部分明知情形下的获取内幕信息人员可以扩大解释为非法获取内幕信息人员。

当然,明知情形下获取内幕信息情形十分复杂,要认定行为人是非法获取内幕信息应当注意从主客观两个方面严加把握:主观方面必须明知,客观方面必须从事了与内幕信息有关的交易行为。主观明知的内容又至少包括两点:其一,必须明知是内幕信息;其二,必须明知泄露的主体是内幕信息知情人员或者非法获取人员。至于内幕信息人员是故意泄露还是过失泄露,在所不问。

(三)关于内幕信息的认定

司法实践中,内幕信息的形成、公开和敏感期也是认定的重点和难点。关于内幕信息的形成之时,一般理解为《证券法》第75条规定的"重大事件""计划""方案",《期货交易管理条例》第82条第(十一)项规定的"政策""决定"等的发生时间或者决策正式形成之时。然而,随着证券、期货市场的迅速发展,这种理解越来越难适应打击证券、期货市场犯罪的需要。如董正青内幕交易案,董是影响"广发证券借壳延边公路"内幕信息形成的主要决策人,董指使他人买入相关证券的行为远在内幕信息正式形成之前,如按照传统理解,董的大部分行为都不在敏感期内,对于该部分行为也就不能认定为泄露内幕信息行为;再如刘宝春内幕交易、泄露内幕信息案,刘是南京市经济委员会主任,是牵头重组高淳陶瓷股份有限公司并借壳上市的主要人员,在洽谈过程中,刘指使其妻买入股票六十余万股,金额430万元,最终获利七百多万元。如按照传统理解,刘在重组计划、方案正式形成之前,就指使其妻从事相关证券交易,该部分行为不能认定为泄露内幕信息和内幕交易行为。然而,这部分行为的社会危害性,并不亚于传统的内幕交易、泄露内幕信息行为。因此,对于内幕信息的决策者、筹划者或推动者而言,由于其能左右内幕信息的形成,内幕信息的敏感期应自其决意、决策、动议形成之时起计算。

关于内幕信息敏感期的截止期,有观点认为,内幕信息公布后的较短时间内,公布的信息难以反馈到广大民众,内幕信息的部分影响力仍然存在,因此,内幕信息敏感期的截止期限应从实质影响力上把握,一般应为内幕信息公布后的24小时或者12小时。我们认为,上述观点有一定道理,也符合实践需要,但毕竟刑法明文规定内幕交易、泄露内幕信息罪的时间点必须是内幕信息尚未公开前,就刑法相关条款修改之前,恐不能在操作层面予以突破。

(四)关于"老鼠仓"问题

《刑法修正案(七)》在《刑法》第180条增加了一款作为第4款,"证券交易所、期货交易所、证券公司、期货经纪公司、基金管理公司、商业银行、保险公司等金融机构从业人员以及有关监管部门或者行业协会工作人员，利用因职务便利获取的内幕信息以外的其他未公开的信息，违反规定，从事与该信息相关的证券、期货交易活动，或者明示、暗示他人从事相关交易活动，情节严重的，依照第一款的规定处罚”。

上述规定对“老鼠仓”行为定向规制，在金融行业内产生了积极有效的威慑、教育作用。但由于刑法规定的抽象性与原则性，该款规定的现实适用产生了诸多争议。一是，如何界定“从业人员”的范围，是否指所有与金融机构签订有劳动合同的工作人员，或者是指在金融机构工作并具有从业资格的人员，抑或参照“内幕信息知情人”的认定，指向所有直接或者间接接触过“非公开信息”的人员。二是，如何界定“内幕信息以外的其他未公开的信息”的范围。在内幕交易、泄露内幕信息罪中，《刑法》明确规定了内幕消息的范围依照法律、行政法规的规定确定，《证券法》关于内幕消息的范围有明确界定。但是，关于“内幕信息以外的其他未公开的信息”的范围，刑法没有规定，其他法律及行政法规也没有规定。执法实践中如何把握该类信息的性质与特征，如何界定其范围，需要予以明确。

我们认为，应当从具体法律运用的角度明确上述“未公开信息”范围等问题，以有利于遏制和打击频繁发生的“老鼠仓”行为。

有少数意见认为，目前关于“老鼠仓”条款尚无司法案例，对涉案主体和未公开信息的界定还需要在进一步积累执法经验的基础上才能形成更多共识，为不影响专项工作的整体推进，暂不宜明确相关问题，而另行安排研究、解决，更为合适。

二、关于新型操纵市场

近年来，操纵证券市场刑事案件判例数量较少，与证券期货违法犯罪案件多发、频发的现状不相吻合，与市场反映和预期差距较大。截至目前，全国没有一起2005年以后新发的操纵刑事判例。究其原因，一方面是由于股权分置改革以来，证券市场结构的变化带来市场利益机制的变化，在非流通股逐渐转化为解除限售条件股之后，市场中能够流通的股份大量增加，传统“做庄”模式的操纵手法成本增加、操纵获利的预期效果较差，逐渐被违法行为人摈弃。市场环境的变化，使得违法行为人寻求其他方式达成操纵获利的预期效果，因此操纵手法不断翻新，更加隐蔽，操纵行为表现多样。然而，现行刑法明确列举的传统情形已经严重滞后，“其他方法”操纵的兜底规定由于未有操作层面的标准而在司法实践中适用困难。另一方面是因为刑法关于操纵市场的主观方面的描述非常概括,认定证明操纵市场的主观故意,区分操纵市场行为与正常投资行为比较困难,导致新型操纵市场不法行为难以查处。

(一) 关于新型操纵方法

尽管刑事处罚的案例较少,但从近几年证券监管机构查处的行政处罚案例看,这些新型的操纵手法主要包括:

(1) 蛊惑交易操纵。行为人通过编造、传播或者散布不真实、不确定、不准确或者不完整的重大信息,影响证券、期货市场交易价格或者交易量,买入或者卖出相关证券、期货。

(2) "抢帽子"交易操纵。行为人通过公开评价、预测或者投资建议,影响证券、期货市场交易价格或者交易量,买入或者卖出相关证券、期货。

(3) 虚假申报交易操纵。即以频繁申报、撤销申报等方式影响证券、期货市场交易价格或者交易量,买入或者卖出相关证券、期货。

(4) 影响特定价格交易操纵。即在计算相关证券的参考价格、结算价格、参考价值的特定时间或者在即将收市时通过拉抬、打压或锁定手段,影响相关证券及其衍生的金融工具的参考价格、结算价格,买入或者卖出相关证券、期货。

(5) 行为型交易操纵。即以洽谈或者签订股权转让协议、资产重组协议等方式,影响证券、期货交易价格或者证券、期货交易量,卖出相关证券、期货。

(6) 控制信息披露操纵。即上市公司董事、监事、高级管理人员、实际控制人、控股股东或者其他关联人通过控制公司信息披露,影响证券、期货市场价格,买入或者卖出相关证券、期货。

对上述新型操纵行为,中国证监会制定的《证券市场操纵行为认定指引(试行)》(以下简称《操纵行为指引》(试行))将其纳入行政规制的范围;2010 年 5 月公安部、最高人民检察院发布的《关于公安机关管辖的刑事案件立案追诉标准的规定(二)》(公通字〔2010〕23 号,以下简称《标准(二)》),规定了"抢帽子"交易操纵、虚假申报交易操纵、控制信息披露操纵的追诉标准。我们认为,应当将上述 6 种新型操纵全面纳入刑事打击的范围。

(二) 关于"抢帽子"交易的主体

《操纵行为认定指引(试行)》第 35 条第 1 款、《标准(二)》第 39 条第(七)项将该类行为的主体限定为证券公司、证券咨询机构、专业中介机构及其工作人员。我们认为，将“抢帽子”交易限定为《操纵行为指引（试行）》《标准（二）》所规定的特定主体，不利于打击证券、期货犯罪，容易给狷獗的犯罪分子开辟绿色通道。如郑某操纵市场案，郑某聘用三十多位证券咨询人员，这些人员并未与郑某通谋，仅是根据自己真实的判断对证券、期货市场行情作出分析、预测，而郑某则通过这些分析、预测对证券、期货交易价格、交易量的影响，买卖相关证券。郑某虽最终获利人民币三亿多，但因不是特定主体，又未与特定主体通谋，不能认定为《操纵行为指引（试行）》《标准（二）》规定的操纵证券、期货行为。可见，将“抢帽子”交易严格限定为特定主体将会放纵部分严重操纵证券、期货市场的犯罪行为。

研究过程中，对“抢帽子”交易操纵是否适用于证券投资咨询等中介机构之外的其他一般主体，主要有三种观点：

第一种观点认为“抢帽子”交易操纵的犯罪主体应为一般主体，因为《刑法》第 182 条已明确操纵证券期货市场罪的犯罪主体为一般主体，并且执法实践中该类操纵行为有向一般主体蔓延扩展的态势。

第二种观点认为不是任何人的分析、预测都能使股民跟风交易，《操纵行为指引（试行）》《标准（二）》所规定的主体是具有专业知识背景的人员，且具有专门的从业资格，股民对其分析、预测的信任源于其深厚的专业知识和所在部门的公信形象。值得注意的是，一般人的分析、预测难以对股民的交易行为形成影响，但即使本人不具有上述特殊主体资格，而通过、利用上述特殊主体分析、预测的影响，买卖相关证券、期货的行为，也符合“抢帽子”交易的基本特征。如果无资质主体冒充有资质主体作出分析、预测，对不知情者股民而言，也可以达到与真实主体分析、预测相当的效果。鉴此，有必要补充将通过特定主体和假冒特定主体以公开评价、预测、建议实施“抢帽子”交易操纵的行为纳入规制范围。

第三种观点认为应以非法经营论处。非特殊主体从事“抢帽子”交易，外在表现是从交易中获得利益，但公开评价、预测或者提供投资建议是其有机组成部分，是交易前提条件。根据《证券法》第 169 条、《期货交易管理条例》第 23 条、《证券、期货投资咨询管理暂行办法》第 2 条、第 3 条，这些行为构成证券、期货投资咨询，应当取得行政许可方可从业。未经批准从事投资咨询业务的非特殊主体从事“抢帽子”交易，与非法经营行为存在竞合。鉴于非法经营罪的法定最高刑（15 年）要高于操纵证券期货市场罪的法定最高刑（10 年），起刑标准更低，按照“从一重处理”的原则，应以非法经营罪论处。

我们认为,取消特殊主体的限制,将犯罪主体扩大为一般主体,对于遏制和打击此类犯罪具有非常积极的作用,因此,赞成第一种意见。

(三)是否以股价波动为操纵证券、期货市场罪的追诉标准

一种观点认为,要以股价波动为操纵证券、期货市场罪的追诉标准。如果市场股票价格没有波动,则缺乏操纵的对象,很难讲其行为构成了操纵犯罪。另一种观点认为,操纵证券、期货市场犯罪不是结果犯,不应当以是否造成实质的股价波动为追诉标准。因为与老的操纵手法相比较,新型的操纵不一定利用大量的资金去完成操纵行为,而是更多地运用信息来蛊惑、诱导投资者去买卖某只股票。因此,股价的波动不一定很明显。比如"抢帽子"交易操纵、蛊惑交易操纵等操纵主体,很可能对多只股票建仓,散布出关于多只股票的信息,然后卖出获利。由于单只股票投入的资金量小,且引起股票波动的因素非常复杂,很可能单只股票的波动并不明显。但是,散布信息诱使他人买入,一定是自己卖出获利的主要原因。

我们认为,从理论上讲,构成操纵行为需要股票交易量的波动,而有了量的变化就必然会有价格的波动。但是,实践中如汪建中案等抢帽子交易、虚假申报交易等操纵形式并不一定有股价的明显波动,强调价量影响会导致难以计算违法所得数额,盈利无法计入违法所得,使得犯罪分子逍遥法外。因此,操纵证券市场犯罪是行为犯而不是结果犯,不应当以是否造成实质的股价波动为追诉标准。

三、关于执法体制

刑事案件涉及案件移送、立案侦查、批捕起诉和审判各环节的前后衔接,证券期货犯罪案件实行集中管辖,必然需要前端公安立案环节做出相应安排。近年来,公安部证券犯罪侦查局与中国证监会稽查部门密切配合,不断加大对打击证券期货犯罪的打击力度,保持了相对稳定的立案数量和高近60%的办案成功率,查办了杭萧钢构案、高淳陶瓷案、黄光裕案、汪建中案等一批内幕交易和操纵市场的大要案。但由于体制设计和办案机制等原因,反映到执法实践中,主要有以下几方面问题:

1. 办案力量不匹配,影响案件办理。中国证监会稽查办案人员近200人,而公安部证券犯罪侦查局目前直接负责侦查证券期货案件的力量只有不到20人,客观上办案力量严重不匹配,难以适应证券期货违法犯罪高发、多发的严峻形势,制约了案件办理的效率和效果。

2. 案件受理和立案分离的办案机制导致立案审查环节多、时间长,容易

贻误战机。证券期货类案件时效性极强，但证券犯罪侦查局由于没有直接办理案件的力量，需要将中国证监会移送的案件向有管辖权的省级公安机关交办，后者往往还要向下级公安机关交办，导致多数案件立案时间较长，容易错过最佳调查时机。据不完全统计，从中国证监会移送案件到公安机关立案的平均时间是82天。

3. 案件移送审查条件过高导致移送案件占行政调查案件的比例偏低。实践中，由于后端认定难导致立案审查条件过高，公安机关往往将“案件基本事实清楚，基本证据确实充分”作为移送的条件。但中国证监会由于没有传唤、讯问等措施和技术侦察手段，很难查实内幕交易案的信息传递记录，也难以落实当事人的口供，而且提前跟嫌疑人正面接触，容易导致打草惊蛇和当事人串供，最终一些案件特别是内幕交易案不得不放弃移送。这几年，中国证监会每年向公安机关移送的正式案件在二十件左右，但调查案件超过200件，移送比例约为10%。

4. 移送后的案件办理效果不太理想。证券期货类案件专业性较强，地方公安机关专业水平参差不齐，而且部分敏感案件交办地方后，受重视程度、专业能力、干扰因素等影响，效果不太理想。据统计，2003年以来，公安机关受理证监会移送的案件及线索120起，立案侦查99起，检察机关移送起诉45起，法院最终判决34起，已判决案件的平均周期为20个月。

我们认为，有必要从以下几个方面入手克服上述客观矛盾，解决案件移送和执法协作中存在的问题和困难：

一是明确不同案件类型的移送标准和移送时机。解决移送条件高的问题，需要根据双方职责分工，充分发挥各自优势，区分不同类型案件，选择适当的移送时机和移送标准。对于行政调查手段能够基本查清违法犯罪问题、行政调查证据能够转化为刑事司法证据的案件，如上市公司、证券公司类案件，中国证监会可进行深入调查，在调查结束后将案件移送公安机关。对于行政调查手段难以获取关键证据的案件，且深入调查不利于后续刑事侦查的内幕交易、操纵市场等案件，如果经行政调查表明有重大内幕交易、操纵市场的迹象，可作为线索直接移送公安机关调查，中国证监会配合公安机关开展工作。

二是缩短移送案件的立案审查时间并及时反馈结果。落实国务院310号令和最高人民检察院、全国整顿和规范市场经济秩序领导小组办公室、公安部、监察部《关于在行政执法中及时移送涉嫌犯罪案件的意见》（高检会

〔2006〕2号)的要求,明确证券监管机构移送的涉嫌证券期货犯罪案件,公安机关应当及时审查,在受理之日起10日内作出立案或者不立案的决定,案情重大、复杂的,可以在受理之日起30日内作出立案或者不立案的决定。同时明确,依法不予立案的,应当书面说明理由,并退回有关案卷材料;公安机关立案侦查后依法撤销案件或移送起诉的,应及时将有关情况书面通报证券监管机构。

三是建立健全提前介入、办案会商和联席会议等协作机制。在案件调查过程中,公安机关和证券监管机构需要互相配合,特别是针对证券监管机构办案手段的局限性,明确公安机关提前介入、办案会商机制,以及与司法机关建立联席会议制度,并增强相关规定的操作性。

四是理顺办案机制。最佳解决方案是明确公安部证券犯罪侦查局的工作定位和运行体制,实现直属分局职能归位,直接办理证券期货案件特别是内幕交易、操纵市场和"老鼠仓"等重点类型案件,增加办案力量,落实立案审查时限,明确案件移送条件,加强案件初查和情况反馈机制。考虑到直属分局即便直接办案力量仍然不足,可以适当加强地方公安局经侦部门办理证券期货犯罪的力量,分担证券犯罪侦查局和直属分局的压力,同时规范程序和要求,严格立案审查时限和反馈机制。

四、关于案件管辖

(一)案件办理的特点

从我国目前内幕交易、操纵市场案件的查处情况看,主要存在以下特点:

1. 案件涉及范围广、调查取证难度大。证券期货交易本身具有无纸化、信息化的特点,投资者在设有证券营业部的全国1 000多个县、市、区的近4 000家网点开立证券账户和资金账户后,即可通过电话、移动通讯工具、互联网等方式在全国各地进行证券交易。而内幕交易、操纵市场犯罪的隐蔽性、间接性,又导致这类犯罪往往主体多元、账户分散、涉及犯罪地多,因此这类案件一旦发生,调查范围就非一地一市,而是往往涉及多个省、市、地区,调查取证难度相对较大。

2. 案件专业性强、涉及复杂问题多。证券期货市场交易活动不同于一般商品交易,涉及交易关系复杂、技术手段先进,尤其是无纸化、信息化的市场特点,并且综合了财务、税收、金融、经营管理、贸易等诸多经济专业问题,再加上市场创新能力很强,业务不断推陈出新。相应地,证券期货犯罪案件的专业性也很强,特别是内幕交易、操纵市场案件涉及复杂问题更多,包括内幕交易犯罪中内幕信息知情人范围、非法获取内幕信息途径、内幕信息形成时点准、内幕信息公开的方式、犯罪嫌疑人在价格敏感期内反复卖出和买入的内幕交易数额、内幕交易社会危害性等复杂问题的认定，以及操纵市场犯罪中操纵手段、操纵行为对股票价格的影响程度、操纵行为与股票价格波动之间的因果关系的认定等，专业性特征更加明显。

3. 各地区办案力量不均衡。我国资本市场发展时间不长，各地区市场发展程度存在差异，东部沿海城市、省会城市等大城市资本市场发展速度快、水平高，当地司法机关办理证券期货犯罪案件的力量多、能力强，而有些地方由于市场发育程度相对较慢，当地司法机关接触资本市场的案件少，不熟悉资本市场规则，在办理证券期货犯罪案件尤其是内幕交易、操纵市场这类专业性非常强的案件方面，存在办案力量不足等问题，案件办理时间往往较长，影响了案件的查处效率和效果。

4. 案件查办过程中，地方保护保护主义还一定程度地存在。内幕交易、操纵市场犯罪案件利益巨大、敏感度高，再加上相关主体往往是上市公司及其控股股东、关联方的高级管理人员，甚至是地方政府官员身份“特殊”，案件在侦查、审查起诉、提起公诉以及审判等环节受到各方面的干扰和压力较大，对案件的查处产生了一定影响。

（二）案件相对集中管辖的必要性

如前所述，证券、期货市场是全国性的集中、统一市场，内幕交易、操纵市场等证券期货犯罪往往涉及面广，专业性强，牵涉地方利益，情况复杂。与上述特点相适应，在案件管辖方面实行相对集中的管辖制度，对于遏制和打击此类严重违法行为，具有非常重要的意义：

一是有利于集中办案，统一执法尺度，提高刑事打击效率、效果。内幕交易、操纵市场的犯罪案件不仅专业性强、查处难度大，而且从犯罪主体到犯罪行为都具有一定的分散性特征，集中查办是证券期货犯罪案件的客观要求。总体看，通过相对集中司法系统的专门力量办理内幕交易、操纵市场案件，可以节约司法成本，统一审判标准，减少协调环节可能发生困难。

二是有利于监管机构与司法机关的合作、衔接。内幕交易、操纵市场犯罪案件多由证券监管机构移送，对于公安机关主动侦查的案件，在侦查过程也大多需要证券监管部门专业技术支持和协助，行政机关、自律管理机构与司法机关的合作在这方面的体现较为明显。由于提供这种支持和协助的部门和机构，多为证监会稽查部门、证券登记结算机构、证券交易所以及中国证监会相关派出机构等，因此对于中国证监会移送的涉嫌内幕交易、操纵市场犯罪的案件集中管辖，有利于这种合作与衔接。

三是有利于有效整合司法资源，培养专业化的办案队伍，保障办案力量。内幕交易、操纵市场案件中相关犯罪构成的判断需要办案人员有较强的专业把握能力，对于办案人员的专业知识和素养要求较高，未接触或办理过这类案件的人员往往需要经过长期的培训和积累才能适应办理这类案件的需要。专业化的案件要求专业化的力量办理，也是刑事司法的规律之一。目前，内幕交易、操纵市场犯罪案件专业性强但数量有限，被一些司法机关办案人员比作"屠龙之术"，由办案经验丰富的司法机关办理更有利于保障案件的效果。在美国，同样有管辖权的几个法院中，往往选择办理这类案件较多、办案经验丰富的法院审理，比如纽约南区法院是美国办理证券期货案件方面比较著名的法院。近年来，上海、北京、深圳等地区的司法机关办理证券期货犯罪案件相对较多，在这方面积累了不少人才，并且初步形成了"案随人走"的办案模式，即由于案件的专业化程度较高，内幕交易、操纵市场这类案件发生后，为了保证案件的办理质量和效果，往往交由专业能力较强法官所在的法院办理，取得了良好的效果。进行相对集中的案件管辖，有利于造就一支专家型的证券期货刑事案件司法队伍。

此外，实行相对集中的管辖制度，有利于防止和克服地方保护主义干扰，使案件得以更高效、公正地处理。

（三）案件相对集中管辖的依据和具体方案的建议

1. 关于依据问题。在研究过程中，有同志担心集中管辖的法律依据不足。《刑事诉讼法》第 23 条规定，"上级人民法院在必要的时候，可以审判下级人民法院管辖的第一审刑事案件"；第 26 条规定，"上级人民法院可以指定下级人民法院审判管辖不明的案件，也可以指定下级人民法院将案件移送其他人民法院审判"。我们理解，根据上述规定，上级法院可以在"必要的时候"管辖下一级法院的一审案件，也可以指定下级法院将案件移送其他法院审判。从立法精神出发，上述规定可以作为某类犯罪案件集中管辖的依据。在司法实践中也有类似做法，例如涉及较高职级官员的职务犯罪案件，中央统一协调指定管辖已经形成比较固定的模式。

2. 关于具体方案的建议。在研究过程中，对内幕交易罪、泄露内幕信息罪、利用未公开信息交易罪和操纵证券期货市场罪的案件进行相对集中的管辖方案是，集中由北京、上海、深圳等地（如有必要可适当增加）的中级人民法院审判证监会移送的涉嫌内幕交易罪、泄露内幕信息罪、利用未公开信息交易罪和操纵证券期货市场罪第一审案件。

该方案的优势在于:第一,这些地方的证券期货市场发育程度较高,法官对有关证券期货犯罪案件的审理已经积累了较为丰富的经验;第二,与目前证券犯罪侦查局直属分局的设立相对一致,有利于案件集中查办的统一协调和案件管辖区域的确定;第三,这些地方多是证券期货监管机构、自律机构所在地,有利于行政执法和刑事司法的有效衔接与合作。

但是,由于目前实践中北京、上海、深圳三个直属分局未直接办案,相关证券期货犯罪案件一般交由地方公安经侦部门办理,因此有同志提出如将此类案件集中在这三地或少数几个城市管辖,在侦查与检察、审理的衔接操作上存在一定困难,比如对犯罪嫌疑人强制措施的采取和证据的调取等,可能会产生"铐着人、带着卷"跨省审查起诉和审理等问题。因此,实行该方案,需要协调公安目前对证券期货犯罪案件的侦办体制。此外,还有同志提出,集中在少数几个城市的中级人民法院管辖在法院系统内部进行协调的难度也较大。

五、关于证据问题

由于证券、期货产品的虚拟性以及证券、期货交易过程中普遍使用电子化、远程终端等交易方式,证券期货犯罪行为隐蔽性强,直接证据少,证据容易灭失,加上取证范围广、跨度大、难度高。特别是"传递型内幕交易"等特殊类型的案件,在未对有关主体进行有条件认定作出制度安排的情形下,强调证明内幕信息的"获悉""利用"和操纵意图、手段等直接证据,要求按照一般刑事案件证据审查、采信规则,达到传统刑法理论"排除合理怀疑"的证明标准,将使得案件查办特别困难。在证据收集方面,司法机关目前对行政执法调查证据指向的事实需要重新调查取证,一则增加诉讼成本,影响办案效率,二则很多犯罪证据可能已经灭失难以获得,影响犯罪认定和追究刑事责任。

(一)关于证明标准

通常理解,证明标准是指运用证据证明案件事实所要达到的程度,不仅是衡量负证明责任的一方是否切实履行了证明责任的尺度,而且也是决定具体事实能否认定的行为准则。根据证明程度的由高到低的不同,美国证据法将证明标准分为九个层次:第一是绝对确定;第二是排除合理怀疑;第三是清楚而有说服力;第四是优势证据;第五是合理根据;第六是有理由的相信;第七是有理由的怀疑；第八是怀疑，可以开始侦查；第九是无线索，不足以采取任何法律行动。我国《刑事诉讼法》第 195 条规定，“案件事实清楚、证据确实、充分，依据法律认定被告人有罪的，应当作出有罪判决”，有学者认为，上述标准的证明程度与美国的“排除合理怀疑”标准，比较接近。

“排除合理怀疑”的证明标准与证券期货违法行为的特殊性，在一定程度上存在不适应之处：一是违法行为过程具有隐蔽性的特点，如内幕交易行为中的信息传递，很多情况下都是在当事人之间秘密进行，控方极难证明传递的过程；二是违法手段具有翻新快的特点，往往披上合法交易的外衣，违规行为的外在表现方式更具有欺诈性或迷惑性；三是造成的危害具有间接性、分散性的特点，一般没有直接的被侵害对象或受害人，市场投资者的利益是在“不知不觉”中受到侵害，这就使得证券期货违法行为往往缺少了来自受害人的指证。

为此，我们曾将证明标准作为重点研究内容，主要希望从犯罪行为的角度，通过细化证据要求降低信息传递即“知悉”的证明标准。但如前所述，如内幕交易的认定改从主体入手，直接认定相关人员为内幕信息知情人，则解决了“知悉”的证明问题，同样达到了大幅度降低控方举证责任的目的。亦即，如果由控方证明内幕信息形成过程、行为人交易行为以及与内幕信息的联系等基础事实、证据，行为人举证排除不属于内幕交易的可能性（即合理解释），共同完成案件待证事实的证明，有利于提高查处效率，缓解内幕交易等证券期货犯罪“暗数”问题。同样，在操纵证券市场罪认定上，不再强调价量影响，不以是否造成实质的股价波动为追诉标准。因此，在对相关主体进行有条件认定的情形下，目前证明标准方面所面临的难题，将在一定程度上得以解决。

（二）关于证据转换

证券期货犯罪案件进入刑事司法程序后，如果重新收集证据，可能面临如下问题：一是案件经过行政调查阶段后，取证的最佳时机已经丧失，可能导致证据灭失或被人为破坏，无法重新收集证据；二是证券期货案件一般涉及大量书证材料，且分布全国各地不同单位保存，书证的收集涉及大量人力、物力，对这些证据重新收集必然严重影响案件办理进度；三是案件涉及证券期货专业性知识，公安、司法机关经常需要证券监管机构专业人员协助收集，其中不少在行政执法中已经参与取证，在刑事司法程序重新收集，不仅在证据内容方面没有本质区别，甚至在具体办案人员方面都是一样的，对有限的执法、司法资源也是一种浪费。

为此,有必要明确行政调查证据按照一定标准和程序可以转化为刑事证据,一方面按照刑诉法规定,进一步明确行政机关提供的书证可以直接用作刑事证据;另一方面研究如何将行政调查证据以适当形式转换为刑事证据,例如行政调查阶段公安机关提前介入取得的言词证据在符合审查标准的前提下直接作为刑事证据。

但是,行政执法和刑事司法毕竟属于不同的执法部门和法律程序,基于对当事人合法权益的进行有效保护的考虑,为更好地解决这一矛盾,应当根据各类证据的不同特点进行了不同的规定:书证、物证、视听资料、鉴定结论、勘验笔录和现场笔录,其证据内容相对固定,不易篡改,在行政执法中证据收集程序合法,证据形式符合法律规定的,经公安、司法机关依法审查后,可以转化为刑事司法证据使用;当事人陈述和证人证言受各种外界因素影响,容易发生变动,且从言辞证据原则和保护当事人合法诉讼权利角度出发,司法刑事程序应以重新收集为原则,以使用行政执法证据为例外。

(三) 关于电子证据

我国证券期货市场均采用无纸化交易,委托、交易记录由交易所、证券公司等单位以电子数据形式保存。然而,关于电子证据的提供要求,《刑事诉讼法》并无明确规定。《最高人民法院关于行政诉讼证据若干问题的规定》第12条规定,“根据行政诉讼法第三十一条第一款第(三)项的规定,当事人向人民法院提供计算机数据或者录音、录像等视听资料的,应当符合下列要求:(一) 提供有关资料的原始载体。提供原始载体确有困难的,可以提供复制件;(二) 注明制作方法、制作时间、制作人和证明对象等;(三) 声音资料应当附有该声音内容的文字记录”。

为此,有必要参考《行政诉讼法》的规定,就证券期货交易记录的电子数据如何收集、提供提出具体要求,以确保电子证据的法律效力,即要求电子资料提供单位以电子光盘或者其他载体记录相关原始数据,并注明制作时间、方法和制作人等内容。

(四) 关于抽样取证

由于资本市场是全国集中统一的市场,证券期货案件涉及的证据在内容和形式上常常具备同一性,在地域分布具备广泛性和分散性的特征。尤其以涉众型证券期货案件为典型,其所涉及的受害人或证人众多,分布地点分散,一一调查取证不但耗费大量资源,且在现实中非常困难。

《行政处罚法》第37条第2款规定，“行政机关在收集证据时，可以采取抽样取证的方法”。而在刑事司法实践中，根据实际调研情况，上海等一些地方的公安机关已经开始尝试在一些涉众型刑事案件侦查过程中采用了抽样取证。我们认为，抽样取证的调查方法是针对证券期货案件自身证据特点的一种有效调查方法，有必要进一步明确其法律效力。

六、关于行政认定

近年来，在一些重大证券期货犯罪案件的查处和审判中，证券监管机构的有关认定意见成为追究当事人刑事责任的关键和涉案各方争议的焦点。如何通过认定意见这一工作安排，既保证案件查处效率效果，又实现各部门依法规范履行职责，理顺行政执法与刑事司法的衔接关系，是需要研究的一项重要课题。其中，明确证券监管机构出具关于证券期货违法行为认定意见的条件、性质和效力，具有非常重要的理论和现实意义。

证券监管机构向公安司法机关出具专业认定意见的工作依据，主要包括：一是《证券法》第75条、《期货交易管理条例》第82条关于内幕信息的规定中，将国务院证券期货监督管理机构认定的其他重要信息作为认定内幕信息的兜底条款；二是政策性文件规定，按照国务院办公厅《关于严厉打击非法发行股票和非法经营证券业务有关问题的通知》（国办发〔2006〕99号）、中国证监会与公安部联合下发的《关于在打击证券期货违法犯罪中加强执法协作的通知》（证监发〔2006〕17号）以及中国证监会与最高法、最高检、公安部《关于整治非法证券活动有关问题的通知》（证监发〔2008〕1号）的相关要求，证监系统根据司法机关需要，对非法证券类案件及时出具性质认定意见。其中，《关于整治非法证券活动有关问题的通知》关于这一工作机制的规定较为明确，即“由公安机关、司法机关认定非法经营证券行为是否构成犯罪，公安机关、司法机关认为需要有关行政主管机关进行性质认定的，行政主管机关应当出具认定意见”。

从实践看，认定事项的范围主要为：一是否具备证券期货业务资格；二是非法经营证券期货业务，包括非法发行股票和非法经营未上市公司股票活动、非法证券投资咨询、非法委托理财活动、非法期货（变相期货）、非法基金活动；三是内幕交易行为及内幕信息；四是市场操纵行为。其中内幕交易、市场操纵行为成为公安司法商请认定的重点与难点。

目前，行政认定存在以下问题需要进一步解决：

一是需要进一步有关机构的明确职责。证券期货违法行为性质的认定具有较强的专业性，加之新型案件不断出现，司法机关对于违法行为的罪与非罪、此罪与彼罪、罪轻与罪重的问题把握存在疑虑，转而征询证券监管机构意见。在一些重大疑难证券期货犯罪案件的查处中，认定意见有效解决了认定障碍，推动了起诉审判进程，但部分办案机关和工作人员久而久之形成惯性依赖，一定程度上模糊了此项工作的协作配合性质。在经济金融犯罪等专业性、技术性较强的案件查处中，公安机关与保监、外汇、工商、海关等行政主管部门也建立有类似的出具认定意见协作机制，相关规范性文件对出具认定意见行为的协作配合性质表述比较明确。

二是需要防范法律风险，解决认定意见的法律定位问题。当前执法环境下，认定意见在较大程度上对当事人权益造成影响，必然引起当事人对该意见提出异议，成为案件争议的焦点。当事人为辩护目的，可能会针对认定意见提起复议或者诉讼，实际工作中相关法律风险初露端倪。认定意见是否属于具体行政行为，能否作为证据或认定刑事责任的依据使用，其可复议性与可诉性如何，以及利害关系人的救济权利问题，需要予以明确。

我们认为，并非所有证券期货犯罪案件都需要行政认定，法律法规有明确规定的，证券监管机构可以出具认定意见；法律没有明确规定的需要继续研究。但应当明确，上述认定等相关意见不是针对当事人作出的具体行政行为。讨论中，不少意见认为该问题由司法机关在办案实践中把握较好，不宜在司法政策文件中对其性质、效力等予以明确。

七、关于发文形式

目前，针对专项打击某类犯罪而出台的司法政策文件常见的形式有司法解释、办理意见、联合通知和会议纪要等形式。上述形式的文件各有特点，在执法实践中都能发挥很好的指导作用。司法解释法律效力高，稳定性强，侧重实体性内容；办理意见综合性强，便于汇总涵盖实体和程序问题；联合通知和会议纪要政策性强，制定程序和内容相对比较灵活，多用于明确具体工作方法和要求，划分职责权限，统一执法认识，有时也用于明确法律适用问题和执法标准。

我们认为，就实体法律制度和程序性规则方面达成的共识，应当以适当的文件载体加以确认，并且最终发文应尽量少而精，增强针对性和操作性，避免与以往发文内容重复。为此，有必要制定两部司法政策文件：一是由“两高”联合出台司法解释，重点解决内幕交易和操纵市场罪认定的实体性问题；二是由最高人民法院、最高人民检察院、公安部、中国证监会联合出台综合性司法政策文件，可采用意见、通知或会议纪要的形式，重点解决案件管辖、案件移送、执法协作和证据转换等程序性和机制性相关问题。

研究过程中，有意见认为，证券期货犯罪的刑事和行政证据规则密不可分，可以就证据出台单独的司法政策文件。也有意见认为，目前证据理论和制度尚不完善，出台专项证据规则文件难度很大，刑事证据规则和行政证据规则在概念、原则、标准和表述方面差别很大，放在同一个法律文件中容易引起混淆。我们认为，首选方案是将现有成果中有关证据采集、转化等较为成熟的内容统一放入《四部委意见》。